戦後日本＝インドネシア関係史

倉沢愛子

草思社

序

本書は、「大東亜」戦争終結以後の日本とインドネシアの関係を、広い意味での戦後処理という観点から、「戦争」の問題を常に念頭に置きつつ、また戦後の新たな関係への移行過程を踏まえつつ考察したものである。その意味で一九九二年に同じく草思社から刊行した『日本占領下のジャワ農村の変容』の続編ともいうべきものであり、筆者の思考のなかでは連続している。

以下、本論に入る前に、まず戦前・戦中からの延長線上で戦後を眺めるために、本テーマに関連する歴史的背景を概観し、問題の所在を指摘しよう。

歴史的背景

明治以降の日本とインドネシア（当時はオランダ領東インド）の関係は、早い時期には「からゆきさん」の悲しい歴史に始まり、さらに貧しい移民が新天地を求めて海を渡り、国家の後ろ盾なくして裸一貫から生活基盤を確立していった名もなき民の発展の時代がある。その後、第一次世界大戦の頃になると国家を後ろ盾とした大企業の進出や外交使節の派遣が始まったが、基本的には在留邦人の大多数は小規模な商業活動に従事する庶民であった。一九三〇年代末にはすでに六五〇〇名ほどの日本人が居住していたという記録がある。その多くはある程度の資産を築いて安定した生活を営んでいたが、彼らの努力によってそれまでに築き上げた人間関係や財産は、日中戦争によって日本と英米蘭諸国との関係が悪化し、やがて日本が「大東亜」戦争に突入していったことから、すべて失われてしまった。

開戦直前になって在留邦人たちは国家の命令で祖国への緊急引き揚げを行なったが、それがまだ完了しないうちに開戦となり、残っていた約二〇〇〇人は敵性国人としてオランダ官憲に逮捕された。財産も自由も奪われたこの日本人たちは、その後オーストラリアの収容所に送られ、一部、連合軍の捕虜と交換で釈放された者はいたものの終戦までここで過ごすことになる。

日本軍はやがてインドネシアに攻め入り、一九四二年三月にオランダの権力を崩壊させてこの地を占領した。そして、それ以後、一九四五年八月の終戦までこの国は日本軍の占領統治下に置かれることになる。

一九四五年八月に日本軍が降伏したとき、それを知ったインドネシアの民族主義者たちは、やがて復帰してくるであろうオランダによって植民地支配が復活するのを阻止すべく、終戦の二日後に独立を宣言した。インドネシア人たちは、敗戦で呆然としている日本人に、官庁・事業所・企業の運営権や、さらには武器の引き渡しを要求し、ときには交渉で、しかし、ときには武力衝突をもって目的を達成した。

まもなくオランダに代わってイギリス軍が終戦処理業務遂行のためにインドネシアに上陸し、インドネシア、イギリス、日本と三つ巴の勢力が相対峙するなかで、日本軍の降伏手続き、日本人の収容と復員、連合軍捕虜の釈放などが進められた。その後オランダが復帰してきてイギリス軍にとって代わり、主要都市を占領し、ジャカルタに総督府（植民地政庁）を復活させた。インドネシア共和国政府はジャワ島中部のジョクジャカルタに後退し、これ以後、独立の承認を求めて四年間にわたり外交交渉と武力抵抗を並行して続けることになった。

この間、日本人は、戦犯容疑者や、後述する「逃亡者」などごく一部を除いて引き揚げを完了した。

彼らが戻っていった祖国日本は、この時期、米軍に代表される連合軍の占領下に置かれており、いかなる国とも直接的な関係を持つことはできなかった。つまりサンフランシスコ講和条約の締結（一九五一年九月）で主権を回復するまで日本は、国際社会から独立国として認知されておらず、したがってインドネシアとのいかなる直接的な関係も断絶した状態であった。

インドネシアをめぐってこの時期に存在した正式な関係は、オランダ統治下の「バタヴィア（ジャカルタ）」と、米軍占領下の「トウキョウ」とのあいだの連合軍同士の関係のみである。すなわち連合軍総司令部（ＧＨＱ）に信任状を提出して、オランダ軍事使節団の事務所が開設され、ここが当時のインドネシアにまつわる諸問題を取り扱った。

ハーグ円卓会議でインドネシアがオランダとのあいだに協定を結び、インドネシアに主権が完全に委譲される（一九四九年十二月）と、インドネシア政府代表事務所が東京に開設されたが、日本がまだ完全に主権を回復していなかったため、両国が直接的な接点を持つのはサンフランシスコ講和条約の締結以降に持ち越される。

そのサンフランシスコ講和会議にインドネシアも代表団を送り、条約に調印したが、それが批准されなかったため、両国の外交関係は日本がインドネシアに支払うべき戦争賠償の二国間交渉の決着を待って樹立されることになり、またしても「お預け」を食った。

一九五八年一月、六年間にわたる交渉が妥結して賠償協定と平和条約が締結され、ようやく両国の正式な外交関係が樹立された。二〇〇八年には、そこから数えて五〇年目を祝う日イ友好の行事の数々が両国のあいだで実施されたのはまだ記憶に新しいことである。

それ以後は、まず賠償資金による事業の実施を通じて両国間にさまざまな経済関係が築かれていった。

容共的と見られていたスカルノ政権と欧米諸国とが距離を置くなかで、日本だけが賠償を通じて太いパイプを持っていた時代である。

次いで一九六五年のクーデター未遂事件を契機としてスカルノが失脚したのち、インドネシアはナショナリズムと脱植民地化の時代に終止符を打ち、スハルトによる「開発」の時代を迎える。スハルト政権成立後は大規模な企業進出、経済協力を通じて日本との関係はさらに太いものになっていったが、その関係は個人のネットワークや心理的なアタッチメントによって左右されていた関係を越えた、より制度化されたものに変質していった。それは良くも悪くも「戦争」の跡を引きずった世代との訣別でもあった。

本書の概要

本書は、タイトルに国家と国家の名前を冠しているが、国際関係論や外交史ではなく、できるだけ両国、とりわけインドネシアの内政問題や社会変容、さらには国家関係では見えてこない、歴史のアクターとしての「人間」(「人物」と言うよりは「人間」)にも焦点をあてることを目指している。本書を通じて筆者が強調したいことは、国と国との関係を外交という公式な側面のみで見ていくと見落とされがちな非公式のさまざまな関係が多々あり、それは「国交」がない時期においても脈々と続いているということである。たとえば国家同士の正式の接点が何もなかった一九四五年から一九五一年までの時代でさえ、実際には、「人間」をめぐってさまざまな深刻なやりとりや人の動きがあった。こもごもの「人間の歴史」というのは、一見当り前のことであるが、国際関係的な視野から見たとき常に本筋からは見落とされている部分である。

具体的に取り上げるトピックは大きく分けて三点ある。その一つは、戦争によって移動（招集、抑留、連行その他）させられた人々の、戦争直後における帰還や残留にまつわる諸問題と、その後、彼らが定住した社会における立場や役割の分析などである。具体的には終戦を日本で迎えたインドネシア人の帰国問題、戦前からの在留邦人で敵性国民としてオーストラリアに抑留された人たちの終戦後の処遇、日本人のインドネシアからの引き揚げに絡む諸問題（とりわけ終戦時に日本の軍人や軍属と婚姻手続きを踏んで夫に同行し、終戦直後の日本へ足を踏み入れたインドネシアの女性たちの運命と、復員を拒んでインドネシアに残留した日本人の処遇）などである（1章・2章）。この時期はインドネシアと日本とのバイラテラルな関係というよりは、オランダが中心的に仕切っている時代なので、三カ国の動きを総合的に解明していく。

戦争というような国家間の出来事に際しては、個々人の意思ではなく、国と国との関係を律する国際法によって個々人の運命が決められる。そこでは個々人の意思はほとんど尊重されず、人は自己のアイデンティティーや資質ではなく、「国籍」とか「市民権」というような冷徹な法的判断によって敵と味方に分類される。そのいくつかの悲惨な例を「人」の移動とアイデンティティーという問題を軸として分析していく。

第二のトピックは、日本が戦争によって被害を与えた対象（国家、社会、個人）への償いの問題である。サンフランシスコ講和条約によって具体的課題になってきた国家による戦争賠償の支払い問題を、賠償交渉の経緯と問題点（3章）、ならびに賠償事業の展開（4章）を中心に論じる。ここでも単に日本＝インドネシア関係ではなく、オランダという存在を念頭に入れ、空間的により広いパースペクティヴで問題を論じる。特にインドネシアのオランダからの脱植民地化、とりわけ経済的自立という観点からオランダの存在や役割をも念頭に入れて論じる。

償いの問題は、いわゆる賠償問題のみならず、そこから排除されて償われなかった部分、つまり平成の今なお残るロームシャ問題、兵補問題、慰安婦問題などさまざまな側面をも抱えている。戦争責任問題ともつながるこの問題を7章でまとめて取り上げる。

第三のトピックは、戦争と賠償を引きずっていた戦後の日イ関係が、スハルト政権の誕生により人脈的にも新たな局面へと移っていく過程でどのように変化していったのかを、日本の企業進出、対日批判そして反日暴動《マラリ》（一九七四年一月）などを軸に分析する（5章）。それとともに、スハルトの権威主義体制下でなおも見出された日本軍政の残映を検証する。開発優先政策を目指すこの新たなスハルト時代、日＝イ関係は極めて太い経済関係で結ばれ、一見新しい時代が到来したかのようであるが、実はこの時代にも思わぬところで戦争、日本の占領の影が見受けられる。スハルト体制は、統治のメカニズムとして日本軍の戦争中の統治に範を取ったさまざまなシステムを採用していき、実はその大部分は今なお継続している。その具体的事実を指摘し、日本の統治が残した戦争の跡がどのようにインドネシア社会に今なお投影されているかを検証する（6章）。

最後に、以上のような「戦後」を踏まえたうえで、日本のインドネシア占領の問題を中心にインドネシアの対日認識がどのように変遷してきたかを教科書の分析を通じて明らかにすることを試みる（終章）。

筆者の主張と問題提起

さて、そのような三つの大きな問題を論じるなかで、筆者が本書で主張したいこと、さらに検証を試みたいことは何であろうか。そのひとつは、戦後間もない時期（一九四五年から一九五八年頃まで）の日イ関係は、両国とも第一義的な国益そのものが明確でなく、混乱と試行錯誤の連続であったのではないかということである。少なくとも本書で取り上げる諸問題、たとえば国籍や外国人の定住問題、賠償支払いの是非について、いったん公的な場で出された路線が点々と覆されている。インドネシアの場合は、脱植民地化を第一とするのか、あるいは経済発展を重視するのかという点での不一致。日本の場合は、戦争の責任をめぐって東南アジアとどう向き合うのかという点で国内のコンセンサスの欠如があった。そして、そのことが外交の右往左往へとつながり、国交回復がかくも遅れた原因だったのではないだろうか。つまり日本、インドネシア双方ともある意味で「新興国家」であり、国益や国家の進む方向が良くも悪くも充分に「固まっていない」時代の両国関係を反映しているのではないだろうか。アメリカの核の傘の下にあった日本の行動は「冷戦」を軸に解釈されがちであるが、単に東西対立の軸だけでは理解しがたいファクターがあるように思われる。

本書では資料を綿密に調べて、至るところで散見される国内の利害の対立、場合によっては担当官レベルでの考え方の違いなどを提示することによって、国の内部が必ずしも一枚岩でないということの一例を検証したいと思う。外交史においては「日本」あるいは「インドネシア」などの国家が、ひとつのまとまった主張と国益を持った単体であるかのように記述されるが、実はそうでないという事例である。

第二の主張点は、やがてその混乱と試行錯誤のなかからも、最終的な路線が徐々に明確になってきたこと、そしてそれはインドネシアにとっては脱植民地化の徹底（オランダとの全面的対決）であり、日本にとっては東南アジア重視政策であったということである。

第三に、少なくとも一九六〇年代中頃までは、戦前・戦中からの人的ネットワークの連続性が強く見られ、これが公的な政策決定に少なからぬ影響を与えていたのではないかという点である。賠償交渉ならびに賠償支払い期において、その実施過程に関与した多くの人材は、戦前あるいは戦中にもインドネシアに関与した人材であった。このような日本側の人脈の継続性は、スカルノ時代の末期まで顕著であった。

第四に、「戦後」は本当に終わったのか、という問いである。インドネシアでは世代交代によってもはや戦後補償問題はあまり取りざたされなくなり、戦争に起因する反日感情もほとんど見られなくなった。経済を中心とする新しい日イ関係が歴史的過去を凌駕しているのである。しかしながら、過去は本当にはるか彼方に追いやられてしまったのであろうか。インドネシアの現代社会を研究するなかで筆者は、実は日本の統治時代の名残は、不可視状態でいまなお根強くインドネシア社会やインドネシアの人たちの言説のなかに息づいているのではないかという印象を強くしている。何かのきっかけでメディアに表れる「反日」について歴史的に分析するとともに、教科書の分析、社会構造や生活習慣の分析などを通じて日本統治の残映が今なお存在することを検証していきたい。

先行研究

日本とインドネシアの関係を論じた研究は数多くある。そのいくつかを紹介しつつ、これまでの研究と本書がどのような点で異なるのかを明らかにしたい。

戦前の関係に関しては後藤乾一の『昭和期日本とインドネシア』（勁草書房、一九八六年）に代表される蓄積がある。また戦時期、すなわち日本軍による占領の時代に関しては後藤乾一による『日本占領期インドネシア研究』（龍渓書舎、一九八九年）や、筆者による『日本占領下のジャワ農村の変容』など多くの蓄積がある。

また本書が対象とする戦後に関しては、まず西原正の *The Japanese and Sukarno's Indonesia*（The University Press of Hawaii 1976）がある。これは長いあいだ、この時期の両国関係を扱う唯一の研究書であり、今でも非常に重要な歴史的価値を持っている。この本の一つの大きなテーマは戦争賠償の交渉とその実施に関してであるが、幅広い文献にあたるとともに関係者との綿密なインタビューをたくさん行なっており、今は鬼籍に入ってしまった方々の証言はとりわけ貴重である。西原はそのなかで、この時期の両国関係において、インドネシアとの個人的ネットワークを持っていた日本人によるロビー活動や裏での非公式な二国間交渉がいかに大きな役割を果たしたかを強調している。賠償に関しては、他の研究者による研究も多々あるが、いずれも問題を賠償交渉そのものに限定して論じており、その背景となるインドネシアの政治事情をも視野に入れた研究はこれ以外には諸外国を含めても見当たらない。ただ一九七〇年代の研究であるため、時代の制約があってインドネシア側の新聞報道などは利用できなかったし、当然のことながら、まだ未公開であった両国の公文書は活用されていない。

その後、一九九〇年代に筆者自身が、一九五〇年代の日本＝インドネシア関係について、オランダとの関係も含めて分析することを試みて三篇の論考を刊行した（引用文献に掲載した一九九五年六月、一九九五年十一月、一九九九年）が、それは本書の第2章から4章にほぼ相当する。そのなかで筆者は、この時期の歴史はオランダも含めた三国関係で見ていかないと理解が難しいことを指摘した。つまりオランダからの経済的脱植民地化を目指していたインドネシアにとって日本との関係が意味するものは何だったのかということである。そして岸＝スカルノ会談で賠償問題の合意に達したわずか一週間後にインドネシアがオランダ資産の接収に乗り出したことに注目した。まだ日本の外交文書が開示されていない段階での推測的な論考ではあったが、今回の著作においてはその後解禁になった外交文書を活用して再確認し、さらに発展させている。

その後、宮城大蔵の『バンドン会議と日本のアジア復帰――アメリカとアジアの狭間で』（草思社、二〇〇一年）ならびに『戦後アジア秩序の模索と日本――「海のアジア」の戦後史 一九五七―一九六六』（創文社、二〇〇四年）と題する大著が刊行された。宮城は、戦後のアジア史は「冷戦」というイデオロギー的な視点のみでは描けず、「脱植民地化から開発へ」という新しい歴史軸で分析すべきだと主張する。たとえば、岸信介が首相就任後初の外遊先として東南アジアを選び、スカルノとの一対一の話し合いの結果、長年の懸案であった対インドネシア賠償問題を即座に解決したことは、元宗主国オランダからの経済的独立を求めていたこの国の脱植民地化にとって大きな意味を持っていたことを外交文書を活用して確認している。

また宮城はこの「脱植民地化」という根本的なエネルギーこそが、日本の「アジア復帰」を南方へと引き寄せる誘因となったという解釈をしている。アジア主義的な要因を過大評価しすぎている感もあるが、宮城の言わんとするところは、脱植民地化の過程で日本が果たした役割は、その後のアジアの国造りと、アジアの非政治化に向けての経済的な貢献であったということであろうと思われ、この点で筆者の論考と通じるところがある。

宮城は、開発の時代になると、アジアの潮流は政治の時代から経済の時代へと大きく変化し、そこにおいて日本は重要な経済的役割を果たすようになると述べ、その入口でこの大著の記述を終えている。そして著者は最後に、戦後の日本外交を貫く柱は「経済志向」と「非政治化」であったという評価に行きついている。

インドネシアにおける研究としては、筆者の知る限り、一九五一年（サンフランシスコ講和条約）から一九五八年（日イ国交回復）までの日イ外交史を扱ったドゥイ・ダラリス・ハルディニ（Dwi Daralis Hardini）の論文（引用文献を参照）があるのみである。これはスラカルタ（通称ソロ）の三月一一日大学へ提出した卒業論文であるが、サンフランシスコ会議関連のインドネシアの公文書を引用しているという点で注目に値するものである。

これらの先行研究の積み重ねの上に立って、本書が新たに提示できる特徴は何であろうか。ひとつは戦前、戦中、戦後それぞれの時代の連続性に焦点をあてて日本＝インドネシア関係を分析しようというものである。その分析を通じて検証してゆくのは、日本＝インドネシア関係において戦前、戦中、戦後がどのように人的につながっているのかいないのかという問題、さらに、広義の終戦処理の問題が、現在にまで及ぼしている影響を検証することにある。

第二に、これまでの研究から抜け落ちていた一九四五年（終戦）から一九五八年（国交回復）までの時期を視野に入れているということである。とりわけ、インドネシアがオランダとの独立戦争に突入し、一方、日本は連合軍の占領下にあった一九五〇年前後までの時期は、両国の関係史からはほとんど抜け落ちていた。

第三に、これまでの研究でほとんど使用されてこなかった新たな資料を数多く使用したことである。そのひとつは解禁になったり、整理が進んで閲覧可能になったりした、日本、オランダ、インドネシア所蔵の公文書である。日本の外交史料館の文書に加え、一九四五年から一九四九年までのオランダの第一次資料をふんだんに利用することができた。その大部分は、インドネシアならびにオランダの国立文書館所蔵の、オランダ当局（ハーグの本国政府、バタヴィアの総督府、東京のオランダ軍事使節団）のあいだで取り交わされた膨大な書簡や電報、あるいは報告書である。それらを綿密に分析することによって多くの新しい発見があった。

さらに、それぞれの時代の日本、インドネシアの新聞をかなり丹念に読むことができた。

また、オーラルリサーチの手法を取り入れて数多くの関係者とのインタビューの成果を活用した。インタビューの多くは一九九〇年代初めに実施しており、その後、鬼籍に入られた方も多いので、今となっては貴重な証言である。

これらの新しい資料は巻末の引用文献一覧において、今後使用される研究者の便宜を考えてできる限り詳細に列挙したので参照されたい。

戦後日本＝インドネシア関係史●目　次

第6章　インドネシア社会に息づく日本軍政の名残

第1章　戦争で運命を狂わされた人たち
——もう一つの終戦処理

戦争が終わったとき、満州を中心に中国大陸から、また植民地の台湾・朝鮮から多くの日本人が引き揚げてきたこと、そして、そのなかには意思に反して家族の一部——多くは小さな子供——を残してこなければならないケースもあったことは、日本人なら皆知っている。東南アジアの占領地からも多くの日本人の引き揚げがあり、ここでも悲喜こもごもの様々なドラマが展開された。ポツダム宣言に基づいて日本国籍の者はすべて撤退を余儀なくされたため、たとえば現地の女性と愛を育み家庭を持っていた者は、妻子を残して泣く泣く引揚船に乗るか、困難な手続きを経て婚姻を成立させ、妻子を日本に連れ帰るか、あるいはそのいずれも困難と判断して姿を隠し、引き揚げを拒否して現地に残留するか、いずれかを選ばねばならなかった。その際には常に「国籍」とか「市民権」というような法的な壁に突き当たり、辛い選択に直面しなければならなかったのである。

一方、日本人の引き揚げ問題とは反対に、意思に反して日本へ連れてこられ、あるいは自由意志で来たものの戦争で帰国を阻まれ、平和が訪れたいま、祖国への帰還を望んでいたインドネシア人たちもいた。彼らはなんとか祖国へ帰りたいと願ったが、日本とインドネシアとのあいだに正規の国交がないために終戦直後の混乱のなかでその願いは簡単には叶わなかった。

本章ではそのように、戦争によって異国に連れていかれ、それが契機となって運命が大きく変わってしまった人たちの、それぞれに異なる運命に焦点をあて、それに対して日本やインドネシア、あるいはオランダの「国家」がどのような対応をとったかという問題を検討する。

まず第1節で、留学生として戦前戦中に日本へ行き、戦争や終戦処理の成り行きに翻弄されて日本に足留めされてしまったインドネシア人の問題を取り上げる。彼らの多くは、インドネシアが独立を宣言したいま、自らをオランダ臣民と認めたくないがために、オランダのパスポートを取得して帰国することを諦め、一九五〇年代まで日本に留まった。

次いで第2節では、一九四六年から四七年にかけて、意思に反して抑留先のオーストラリアから日本へ送られた日イ混血の人たち、および、日本の男性と結婚して一緒に日本へ来たものの、日本社会に受け入れられずに路頭に迷ってしまった女性たちの問題を取り上げる。彼らは日本から「祖国」インドネシアへの送還を望み、それに向けて奔走するが、オランダが「臣民」として認めてくれないために、その願いがなかなか叶わず辛酸をなめた。

第3節は、インドネシアで終戦を迎えたが、帰国を拒否してあえて異国の地に留まる選択をした日本人、いわゆる残留日本人たちの軌跡と、彼らに対して日本、オランダ、インドネシア当局がとった政策を追う。

このいずれの人たちも、戦争によってその運命を翻弄されたうえに、戦争の後始末のなかで終戦後も国際法や「国家」の法律、あるいは政治的な思惑の壁に突き当たって振りまわされたのだった。

本論に入る前に当時のインドネシア国内の情勢について概略を述べておきたい。インドネシア共和国は日本軍の敗戦二日後の一九四五年八月十七日に独立を宣言した。この日付からも推測できるように、この独立宣言は、日本が降伏し、連合軍が再上陸してくるまでの、いわば権力の真空状態を利用して行われたもので、それとの関連で日本は微妙な立場に立たされていた。やがて九月半ば過ぎにまず英印軍を主体とする連合軍が終戦処理のために進駐してきたが、それまでに日本軍から官庁・事業所の運営権を奪取して国家の体裁を整え、多少の武器も奪って軍隊組織を備えていたインドネシア共和国は、連合軍の介入を認めようとしなかった。

ポツダム宣言によって縛られていた日本人は、終戦処理にやって来た連合軍の命令下に置かれ、日本への引き揚げ業務が完了するまでのあいだは、集結キャンプに収容され、一部の軍人は捕虜として連合軍の使役に従事するなどしていた。その間、ジャカルタ（オランダ名はバタヴィア、以下オランダ関連で言及するときはこの呼称を使用する）で開催されることに決まったBC級戦犯裁判に向けて、容疑者の逮捕、取り調べが開始され、インドネシア領内にいる者たちはもちろん、すでに日本国内へ帰国していた者もジャカルタに送り返され、刑務所に収監された。

これ以後、新生インドネシア共和国は、一九四九年十二月まで、元宗主国オランダとのあいだに、四年以上にわたる独立のための闘いを展開することになる。この間、一方で政府間の外交交渉が続けられ、もう一方で武力を行使するという二本立ての闘争が展開された。

独立闘争の路線や、目指すべき独立国家の形態などに関しては、民族主義者のあいだでも必ずしもコンセンサスが得られず、新しい国づくりは絶えず内紛を繰り返しながら進められた。「一〇〇パーセントの独立達成と外国企業の国有化」をスローガンとして掲げている者もいたが、政府首脳の態度は、とりあえずオランダに独立を認めさせることが先決であるとして、おおむね妥協的であった。一九四五年十一月一日に発せられたハッタ副大統領の政治宣言で外国人所有の財産を返還する義務を認め、これ以後シャフリル内閣は、基本的にはこの方針を貫き、現実的な判断としてスカルノ大統領もこれを承認していた。しかしこの問題は、共和国内を二分する大きな政治的課題として常に論争の焦点になっていた。

一方、オランダ側を代表していた東インド生まれのファン・モーク副総督は、三年数カ月の日本占領を経て、インドネシアの住民が予想もできなかったような大きな精神的変化を遂げていることを理解し、もはや日本軍侵攻以前の完全な植民地支配を復活させることは不可能であると認識するようになった。そして早くも一九四五年十一月頃には、オランダ＝インドネシア連合という形態によって将来、非植民地化する構想を打ちだした。

しかしながら独立を宣言したとはいえ、インドネシア共和国の主権が及んでいたのは、旧オランダ領東インド（以下、必要に応じて蘭印と記述）のなかでジャワ、マドゥラとスマトラの一部にすぎず、その他の広大な地域ではオランダが徐々に勢力を復活させ、インドネシア人官僚や伝統的支配者を中心とする親オランダ的な傀儡《かいらい》国家を次々に組織していった。首都のジャカルタ自体はオランダによって占領され、ここにはオランダ領東インド政庁が復活して副総督（総督は空席）のもとに各種政府機関が置かれた。

やがてリンガルジャティ協定（一九四六年十一月調印）において、オランダはジャワ、マドゥラ、スマトラには現実にインドネシア共和国が実効的な主権を行使している地域があることを認めたうえで、一九四九年一月までにオランダ女王を元首とするオランダ＝インドネシア連合の枠内で、これらのいくつかの「国家」を統合した連邦国家を樹立するという方向を固めるようになった。

しかしインドネシア共和国側にはオランダ支配下の連邦制は認めないとする反対勢力が強く、その後、オランダとのあいだで細目を決める話し合いはなかなか進まなかった。日本人の引き揚げも、終戦時に日本や旧大東亜共栄圏の各地に置き去りにされたインドネシア人の帰国問題の処理も、このような状況下で、おおむねオランダ主導で行われることになった。

第1節　終戦を日本で迎えた留学生たち

終戦時の在日インドネシア人

厳しい食糧難のなかで生き延びて日本で終戦を迎えたインドネシア人たちが一〇〇人ほどいた。戦争中、日本の国策として日本へ送られてきたいわゆる南方特別留学生が中心だが、そのほかに、戦前から日本に滞在していて開戦によって帰国の機会を失い、そのままになっていた人たちもいた。後者も大半が留学生であるが、稀にそうでない人もいた。以下、主としてインドネシアやオランダの国立文書館に所蔵されている蘭印政庁官房長官文書や駐日オランダ政府外交代表団関係文書を参考に彼らの状況をながめてみよう。

アメリカ国務省が日本の出先機関からの報告に基づいて作成し、駐米オランダ大使館へ送ったメモランダム（一九四六年四月三十日付け、蘭印政庁官房長官文書 II-⑬ AS-1029）のなかでは、その時点で一八二人の「蘭領インドのネイティヴ」が日本にいると記されており、その名簿も添付されている。この一八二人を調べていくと名前の表記が違うだけで同じ人物のことを指していると思われるケースなどがあり、実数はこれよりかなり少ないと思われる。また、正確な時期は不明であるが同年六月以前に極東委員会がまとめたと思われる"Dutch Indonesian subjects living in Japan"と題する報告書（蘭印政庁官房長官文書II-⑲ AS-1029）にもいくつかの名簿が添付されている。この名簿を少し詳細に点検し、終戦直後の日本にいったいどのくらいの数のインドネシア人がおり、彼らはどのような背景で日本へ来たのかを眺めてみよう。[1] まず、開戦時に日本にいたインドネシア人は、男性一二人、女性六人（うち五人が日本出身）、子供六人（全員、日本人の母親をもつ）の計二四人であったという。その多くは留学生として来た者であったが、なかにはビジネスマンや教師として来た者も混ざっており、そのいくつかのケースを紹介すると、次のようである。

イスマイル・ナジールは一九三二年に、あるインドネシア企業の職員として来日し、大阪に居住した。その傍ら天理大学や大阪外国語学校（戦後の大阪外国語大学、現在の大阪大学外国語学部）でインドネシア語の教鞭をとっており、妻と二人の子供がいた。[2] またウマルヤディは、戦前、東京外国語学校の講師をし、その後はラジオ・トウキョウのインドネシア向け放送のアナウンサーをしており、妻と二人の子供がいた（ウマルヤディとのインタビュー）。またスウィトは、一九三四年に来日し、マレー語教師と記されている。イエムという名のジャワ人女性は、一九三九年にオランダ人家庭のメードとして連れてこられ、そのまま帰国の機会を失っていた。当時四十二歳で、この名簿に記載されている六人の成人女性のうちで唯一の（血統上の）インドネシア人である。

それ以外の九人の成人男性は留学生として来日した人たちである。そのうちアミール・ハッサンは一九三三年にビンタン・ティムール（*Bintang Timur*）紙が募集した日本視察団に同行して、同紙の主宰パラダ・ハラハップ（Parada Harahap）や国民党系の民族主義者ガトット・マンクプラジャ（Gatott Mangkupraja）らと一緒の船で来日し、そのまま居残って留学した（Soebagio, p. 147）。彼には妻と二人の子供がいた。

西スマトラのミナンカバウ族出身のジョン・ライス（John Rais 早大政経学部卒）と従兄弟のハッサン・バスリ（Hassan Basri 早大政経学部卒）は、東京にも支店をもっていた大手の商事会社、ジョハン・ジョホール社の経営者の息子たちで、一九三五年に来日した(3)（ジョン・ライスとのインタビュー）。ライスには妻がいた。

マリオノは、民族主義者サヌシの影響を受けて一九三六年に来日し、玉川学園で学んだ。戦時期には日本軍に協力してジャワへ戻り、軍政監部で働いたのち、後述する南方特別留学生を引率して一九四三年に再び日本へ渡った（マリオノとのインタビュー）。

アフマッド・ブサールは一九三六年に来日し、慈恵医科大学で学び、卒業後いったんインドネシアへ戻ったが、オランダ当局が日本の医師免許を認めないため再び日本へ行き、終戦当時は病院で勤務していた（アフマッド・ブサール夫人とのインタビュー）。彼も日本女性と結婚していた。

トラスノ・カリプロゴはパリンドラ（大インドネシア党）などの影響を受けて一九四〇年に来日し、水産講習所で学んでいるとき開戦になった。マリオノと同じく、日本軍の命令でジャワへ送られ、軍政監部で働いたのちに南方特別留学生と一緒の船で日本へ戻った（トラスノとのインタビュー）。

カリマンタンのサマリンダ出身のオマル・バラックは、一九四〇年に来日し、ラジオ・トウキョウのインドネシア向け放送のアナウンサー、興南学院のインドネシア語講師などのアルバイトをしながら早稲田大学政経学部で学んでいた（オマル・バラックとのインタビュー）。ジュマリ・ウィルヨスタントは、一九三八年に来日して上智大学で聴講生として学んでいたが、一九四〇年からラジオ・トウキョウのインドネシア向け放送のアナウンサーをしていた（*Suka Duka*... pp. 212-213）。

またバビン・ハシールはスマトラ出身で一九四一年に来日し水産学校に在籍していたというだけで詳細は分からない。

一二人の男性のうちウマルヤディ（二人の子供あり）、イスマイル・ナジール（二人の子供あり）、アミール・ハッサン（二人の子供あり）、ジョン・ライス、アフマッド・ブサールの五人が日本女性と結婚していた。当時の日本の婚姻法では日本女性が外国人男性と結婚した場合、夫の国籍を選択することになっていたため、妻たちも、そしてもちろん子供も「インドネシア人」とみなされ、この数に入っている。

その後、戦争中に八四名の男性が日本政府の招聘で留学生として来日した。その多くは南方特別留学生である。南方特別留学生とは、戦争中、日本の国策で南方各地の日本占領地から将来の指導者たるべく選ばれて留学した青年たちで、インドネシアからは、一九四三年（第一期）に五二人（ジャワ二四人、スマトラ七人、海軍地区二一人）、翌一九四四年（第二期）に二九人（ジャワ二〇人、スマトラ九人）が来日したが、空襲で一名が死亡したので八〇人残っていた。年齢は十四歳から二十五歳まで様々であった。(4) そのほかに国際文化振興会（現在の国際交流基金の前身）の招きで一九四三年に三人が来た。

南方特別留学生たちの多くはオランダ式教育を受けた良家の子弟たちで、ジャワ島出身者の場合、父親が貴族の称号を持っていた者が約半数を占めている（後藤乾一、一九八九年、一九八頁）。彼らは来日後半年間、国際学友会で寮生活をしつつ日本語の勉強をしたのち、各地の大学や専門学校、あるいは陸軍士官学校に分かれて勉学に励んだ。(5) そして終戦とともに日本政府による奨学金が停止されたため、突然、巷に放り出されてしまったのである。いずれの人々も、戦争が終わって安堵を覚えたにちがいない。留学生の多くは終戦の詔勅のラジオ放送を、日本の学友たちとともに大学の講堂や学友会の一室に集められて聞いた。ごく一部、隠れて連合軍のラジオ放送を傍受していた学生などは成り行きを薄々知っていたが、多くの学生にとっては青天の霹靂《へきれき》だったという。日本を信じ、期待してやって来た者たちにとっては、これは強い衝撃であった。しかしまた、日本の統制や厳しい経済状況に、苦しみのほうをより多く感じていた者にとっては、それは解放を意味した(6)。

彼らは国際学友会に集められ、日本の外務省職員から、「帰国したい者は何らかの機会を捕らえて帰国してもよい。学業を続けたい者は続けてもよいし、国際学友会の寮に引き続き滞在してもよいが、生活費の面倒は見られない」と通達された。これ以後しばらくはまだ奨学金が支給されたが、やがて一九四六年秋にはＧＨＱの命令で完全に打ち切られるようになる(7)（駐日オランダ政府外交代表団関係文書 Inventaris 346-①）。

日本の敗戦と前後して、祖国ではスカルノとハッタが独立を宣言したというニュースが八月十九日に入ってきた。突然の大きな変動を前にして、留学生たちの心が千々に乱れたであろうことは想像に難くない（*Suka Duka...* 収録のウマル・トシン［Umar Tusin］の手記。五一〇頁）。

インドネシア（人）は、これ以後四年間にわたる壮烈な独立戦争をオランダとのあいだに展開することになる。そのため彼らは、まだ国際的には市民権のない祖国の影を背負いながら、筆舌に尽くせない苦労をした。それでも多くの者が、祖国からの送金も日本政府の奨学金も途絶えた状態で学業を続けることを決意した。ちなみに、他の東南アジア留学生のうち、ビルマ、マレー、フィリピンなど、本国でただちに植民地支配が復活した国々の学生たちには、宗主国から帰国命令が出て、多くがそれに従った。すなわち、フィリピンの学生一五人は一九四五年八月から十月にかけて、またビルマ人学生四七名は、同年九月に、またマレー、英領ボルネオの学生は八月から十月にかけて帰国している（江上、二二〇―二二一頁)。したがって、残留した者の多くは、独立国のタイ人と少数のフィリピン人のほか、独立闘争を展開していたヴェトナムとインドネシアの留学生であった。

これらの日本在住インドネシア人たちはまもなく戦争で一時解散状態だったスリカット・インドネシアという組織を再建した。(8) この団体は、独立を宣言したインドネシア共和国を支持しており、同政府の代表部が日本に置かれていない状況では、単なる親睦団体ではなく、国を代表する役割を果たすこともあったようである。スリカット・インドネシアはその会員に身分証明書を交付し、パスポートのない彼らにとってはこれが唯一の身分証明書になった。スリカット・インドネシアは、反オランダ的な政治活動を展開していたようで、早くも一九四五年十一月四日には日比谷公園で「本国独立達成大会」を開催している。この集会はインドネシア留学生だけでなく、一九四五年九月七日にホー・チ・ミンが独立宣言を行なったヴェトナムの学生が中心になり開催したものである(後藤乾一、一九八九年、一二二頁)。

この集会とデモは、この頃オランダやフランスに代わって、連合軍を代表してインドネシアならびにヴェトナムで終戦処理業務に当たっていた英軍を当惑させたようである。そしてイギリス当局は、その直後に、このようなデモは連合軍東南アジア司令官マウントバッテンの業務の遂行を困難にしているので、マッカーサーに今後は禁止させるよう申し入れたほどであった(イギリス国立文書館[旧 Public Record Office]文書 FO 371/46430)。

当然のことながらオランダ当局はもっと神経をとがらせていたと思われる。少しあとになるが、一九四六年九月十八日付けの東京のオランダ軍事使節団の報告書は次のように伝えている(蘭印政庁官房長官文書 II-㉗ AS-1029)。

現在、日本には約二六〇人のインドネシア人がいます。[9]……そのうち約一〇〇人は、スワントに率いられているスリカット・インドネシアのメンバーです。このスリカット（引用者注：協会の意）は、日本においてインドネシア共和国についての宣伝をしています。ときどき会合を開き、八月十七日には国際学友会の建物でインドネシア建国一周年を祝いました。その席上スワントは、共和国の目指しているものは何であるかという演説や、共和国は形式だけでなく実態のあるものだと認めてほしい、という要請をしました。在東京の英領インドやアンナン（引用者注：ヴェトナムのこと）の組織の代表も演説をしました。

スワントはインドネシア共和国のためのプロパガンディストで、戦争中ラジオ・ジャパンで何度かマレー語によるスピーチを行いました。このスピーチではインドネシア人が日本から受けた扱いが称えられています。スピーチのなかにはいくつか不用意なところがありますが、危険なものではありません。

ここに記されているスリカット・インドネシア会長のスワントは、極東委員会が作成した名簿によれば、ジャワ出身のラデン・スワントのことで、彼は南方特別留学生とは別に国際文化振興会の招待で一九四三年に来日した。以前は同振興会の通訳をしていたという。一九一三年生まれで他の留学生よりはだいぶ年配であったためリーダーになったのであろう。そして日本からインドネシアに向けて、宗教的な問題で自分たちがいかによい扱いを受けているかを伝えるスピーチをしたことがある、と記されている（駐日オランダ政府外交代表団関係文書 Inventaris 346–④）。

オランダ当局はスリカット・インドネシアに対してはかなりの警戒心を持って、その動向を探っていたようである。たとえば、この組織の内部でスマトラ出身者とジャワ出身者のあいだで対立があり、当初会長であったスワント（ジャワ人）はやがてマジッド・ウスマン（スマトラのパダン人）にその地位から追われたなどという細部にわたる状況も把握していた。またスリカット・インドネシアと関係を持っていた佐藤信英（元東京市経済局バタヴィア出張所長）や石居太楼（元バタヴィア日本人会会長）などの日本人たちに対しても警戒を強めていた様子が、オランダ国立文書館所蔵の詳細な報告書のなかからうかがえる（駐日オランダ政府外交代表団関係文書 Inventaris 346–⑤）。

帰国問題

帰国に関してインドネシアの学生たちの希望は個々人によって異なっていた。早くもオランダ軍事使節団の開設前に一部のインドネシア人は帰国の可能性を打診するために、当時日本におけるオランダの権益を代表していたスウェーデン大使館ならびにＧＨＱに問い合わせを行なっていた（駐日オランダ政府外交代表団関係文書 Inventaris 346–①）。一刻も早く帰りたい人がいる反面、祖国が独立を宣言してオランダとの独立戦争に突入したいま、オランダ臣民であることを認めてオランダ軍事使節団に出頭することを潔しとしない者も多かった。自分の意志で日本を選んで戦前から日本へ留学した人たちと、軍政下で、軍政当局から選ばれて日本へ送られてきた南方特別留学生とのあいだには多少の温度差があったと思われる。

極東委員会のメンバー国として連合国軍最高司令官総司令部（ＧＨＱ）との折衝にあたるために、一九四六年五月二十日に東京にオランダ軍事使節団事務所が開設され、ここがこの在日インドネシア人（オランダ臣民）の帰国問題を取り扱うことになった（蘭印政庁官房長官文書 I–⑤ AS–1592）。この事務所は、オランダ王国を代表する外交使節団のような任務を負っているが、日本政府からではなく、GHQから認証を受けていた。したがって彼らが日本政府と直接やり取りすることはなく、日本との折衝はすべて極東委員会の出先機関である対日理事会（在東京）を通して進められた。この使節団は正式開設前の準備段階にはバタヴィアに置かれており、開設後、メンバーはすべてバタヴィア経由で東京に赴任した。バタヴィア事務所はこれ以後も引き続き存続した。

東京事務所の所長にはスヒリング（Schilling）中将、政治経済部門の顧問には戦前、駐日オランダ大使館に勤務していたペニンクが赴任した。一九四七年度の同使節団の報告書によれば、職員は三七人のオランダ人（うち一〇人は女性）と八六人の日本人であった。日本人職員は書記、運転手、家事使用人らで、彼らの給料は占領費用から出ており、オランダ本国の財政からは支出されていなかった（蘭印政庁官房長官文書 I-⑥ AS-1592）。また戦前、蘭印で事業を興し、オランダの信頼厚かった原口竹次郎が顧問というポストで勤務することになった（後藤乾一、一九八七年、二四七頁）。なお団長は一九四八年末にモーウ（Mouw）に、また政治経済顧問は一九四七年にケテル（Ketel）と交代した。

使節団の事務所には運良く空襲を免れた戦前のオランダ公使館の建物が使われた（現在の芝公園のオランダ大使館と同じ場所である）。使節団の西日本方面の代表として神戸に支部が置かれていた。使節団には、外交・領事部門のほかに、商業、船舶輸送、戦争賠償、検察部門などがあった（蘭印政庁官房長官文書 I-⑥ AS-1592）。

インドネシア国立文書館所蔵の蘭印政庁官房長官文書ならびにオランダ国立文書館所蔵の駐日オランダ政府外交代表団関係文書（toegang no. 2. 05. 116）のなかに、終戦直後に在日インドネシア人が東京のオランダ軍事使節団宛てに提出した帰国を希望する旨の書類や、それに対する連合国側の対応に関する文書が残されている。東京のＧＨＱやオランダ軍事使節団、ジャカルタの蘭印政庁ならびに各州の州長官、そしてハーグの海外領土省や外務省、さらにまたアメリカの国務省のあいだで交わされたおびただしい数の手紙や電報である。蘭印政庁は総督府のみならず、内務省、その管轄下の州政府、教育・宗教省、法務省法制局、入国管理局などがアクティヴに動いて、これらの在日インドネシア人の帰国問題に取り組んだようである。

アメリカ国務省から駐米オランダ大使館に送られた一八二人の名簿付きのメモランダム（蘭印政庁官房長官文書 II-⑬ AS-1029）は、オランダ政府がこれらの人々のインドネシアへの帰還に関心を持っているか、またそうだとした場合、その費用はどうするのかを問い合わせるためであった。そのメモランダムの一ページ目には以下のように記されている。

極東にいるオランダ臣民の帰還に関する駐米オランダ大使館とのこれまでの通信に関連して書きます。大使館のご参考までに一八二人の名簿を添付します。彼らは現在日本にいて、東インドへの帰国を希望しています。このリストを提出してくれたわが国務省の駐日代表によれば、もっとも現実的かつ経済的な方法は、在日連合国最高司令官のコントロール下にあって、東南アジアからの日本人の復員のために使っている船を使用することです。オランダ政府がそのような方法に関心を持っているかどうかを知りたいと思います。

留学生を中心とするこれらの人々の帰還に関心を持っているか否かというアメリカ側からの問い合わせに対するオランダ側の反応はどうだったのであろうか。これに関しては、東京、バタヴィア、ハーグ間でおびただしい書簡のやり取りが行われたようである。それらによれば、オランダは基本的にはこれらのインドネシア人を帰国させるべきだという方針であったが、いくつかの留保をつけていた。一方では、彼らをこのまま日本に滞在させておくと日本のプロパガンダの影響をさらに受けるだろうと恐れていた。しかし他方、親インドネシア共和国派の人間を帰国させると火に油を注ぐようなことになるので、政治的背景をもった者はできるだけ帰国させたくないという意見もあった。たとえば一九四六年八月二十九日付けでバタヴィアの内務大臣が副総督宛てに送った書簡には次のように記されている（蘭印政庁官房長官文書 II–㉑ AS–1029）。

（兵補たちは）自分の意志に反して占領者によって連れていかれました……。しかし日本にいる臣民たちはそのようなケースではありません。これまでのところ、蘭印の占領時代の史料に基づいて見ると、彼らは日本占領中に日本に招待されて学生として日本へ出発した者たちです。史料に依拠してみると、彼らは自分たちで納得して、また、占領者からの招待を受けて日本へ来たということが分かります。彼らが日本滞在中に反オランダ的ファシズムの影響を受けていることは間違いありません。これらの知識人をジャワやスマトラへ返すということは問題ないでしょう。しかしボルネオやその他の大東地区（引用者注：スラウェシ、モルッカ諸島、ニューギニアなどの東部インドネシア）はオランダが十分に状況を掌握していないので、それらの地域へ帰還させることに関しては考慮したほうがよいと思います……。さらに明らかに敵の側に動員された者たちが何の障害もなく帰還すれば、占領者の抑圧のもとで苦しんだ人たちのあいだに驚きを呼び起こします。

そこで私は政府がどうしてもオランダ臣民の帰国事業を実施しなければならないなら、ジャワ、スマトラ出身の人たちは「共和国領土」である彼らの出身地に返してもよいと思いますが、ボルネオや東インドネシア出身の学生はバタヴィアに留めておいたほうがよいということを提案します。

実はすでにこれ以前の一九四五年九月二日に、マニラから蘭印軍のオーエン（Oyen）中将が、GHQの将軍宛てに以下のような書簡を送り、それには留学生の帰国に関しては消極的な意見が述べられている（蘭印政庁官房長官文書 II-① AS-1027）。

多数のインドネシア人が自発的にオランダ領東インドを去って勉学その他のために日本へ行きました。彼らは（オランダ人の戦争捕虜や収容されていた民間人と一緒に帰国させるのではなく）スクリーニングするまで、もうしばらく日本に留めておいてほしいというのが蘭印政庁の希望です。

一九四六年九月四日付けの蘭印内務省のファン・デル・ヴァルの書簡は、学生たちが騙されて（日本へ）行ったのかどうか、彼らの政治的見解がオランダの見解と対立しないかどうかなどをまず調査すべきだと述べている（蘭印政庁官房長官文書 II-㉕ AS-1029）。

オランダ当局は、「彼らが（日本で）反オランダ的なプロパガンダを行うなら、全世界に対してオープンになってしまうので、日本に置いておくほうがオランダ側にとって不利です」とも述べている。そしてもっとも危険な人物としてマジッド・ウスマンとアリフィン・バクリの名をあげている[10]（蘭印政庁官房長官文書 II-㉗ AS-1029）。

留学生の政治的背景に関するスクリーニングについては、ボルネオ各地（バンジェルマシン、バリックパパン、ポンティアナ）のオランダ人理事官と総督とのあいだに交わされた書簡が多数残っており、そのなかでボルネオ出身の学生たちのかなり詳細な身元調査が行われていたことが分かる。一人一人の父親の職業、渡日までの経歴、特に政治活動の有無などが詳細に報告されている。そしてその人物の帰国が当該社会に及ぼす影響が問われている（蘭印政庁官房長官文書 II–② & ⑧ AS–1029）。

そのような政治的判断とは別に、財政的にオランダに負担がかからぬよう早く彼らを帰国させたほうがよいという意見も出ている（蘭印政庁官房長官文書 II–㉗ AS–1029）。

多くのインドネシア人はアメリカ当局のために働いて、充分よい給料を得ています。食料も日本人よりよいものを得ています。……昼間は仕事をして、夜はアメリカ陸軍のカレジで学んでいます。まだこれを最低一年か二年続けることを希望しています。しかし、もしアメリカ軍が去ってしまったら、これらの人々は取り残されてオランダ政府の代表が面倒を見なくてはならなくなります。それゆえ、日本にいなければならない強い理由がある場合を除いて、彼らをできるだけ早く帰国させたほうがよいと提案します。

一方、インドネシア人たち自身はどのような態度をとっていたのだろうか。帰国のためには入国管理上の手続きにまつわる問題もあった。特に戦争中に日本へやって来た留学生たちは、旅券に相当するものを持っておらず、帰国するにはこれを改めて取得しなければならなかった。問題は、当時、東京にはインドネシア政府を代表する公的な機関はなかったので、インドネシアの旅券ではなく、オランダの旅券しか取れなかったことである。そしてそのためにはオランダ軍事使節団へ出頭して自らをオランダ臣民として認めるしかなかった[11]。

そのようななかで、在日インドネシア人の組織スリカット・インドネシアは、オランダの動きとは別に、独自に帰国の方向を探っていたようである。一九四六年八月三十日に蘭印諜報局（NEFIS）が、バタヴィアの総督府の内務大臣宛てに送った書簡では次のように述べられている（蘭印政庁官房長官文書II-㉓ AS-1029）。

ご指摘にあったような彼らの反ファシズム的ムードのほかに、インドネシアの学生は今受けている勉学を最後まで続けるためにまだしばらく日本に滞在することを希望する旨の手紙を両親・家族に送ったことが分かっています。なお、この家族宛ての手紙において「スリカット・インドネシアという組織があって、学生たちがインドネシアへ帰国できるような道を探ったり、蘭印へプロパガンダの材料を持って帰国したりしている」という記述がなされていることに注目する必要があります。

スリカット・インドネシアの代表、ムイスとスワントが、一九四六年九月十二日にシャフリル首相宛てに書いた書簡のオランダ語訳（蘭印政庁官房長官文書II-㉖ AS-1019）がオランダの公文書のなかに残っているが、そのなかで彼らは日本での生活の窮状を訴えたのち、ほかに帰国の手段がないので、オランダの援助を受け入れてオランダ船で帰国しても差し障りがないかどうか、そのためにはオランダ臣民として認めてもらわねばならないがかまわないかどうか、尋ねている。そのことが祖国への裏切りと見なされるのではないかという不安が見え隠れしている。興味深いことに、この書簡は明らかにオランダ軍事使節団を経て本国に送られたものであり、返事もオランダ軍事使節団宛てにして下さいと明記されていて、スリカット・インドネシアはオランダ当局と連絡をとらざるをえなかった様子がうかがえる。

この頃、帰国問題は別としても、日本に在住するすべての外国人はいずれかの国の代表部へ届け出るようにとGHQから指令があった。食糧の配給を受けるためにもそれは必要であった。スリカット・インドネシア内部では、生活のためにはオランダ軍事使節団へ届け出ることはしかたがないと主張する者と、絶対に嫌だと主張する者とに分かれて紛糾していたが、結局、日本の外務省からもオランダ当局に届け出ることを助言されたため、会長のスワントと書記のムハディが代表して名簿を提出した（ムハディとのインタビュー）。そしてこれ以降は外国人用の食糧の配給を受けることができるようになった。しかし、オランダ軍事使節団がUNRRA《アンラ》（国連救済復興機関）からの支援物資を分配しようとしたのを、スリカット・インドネシアは辞退したという。そしてスリカット・インドネシアのメンバーが個々にオランダ当局と連絡をとることは禁止しており（駐日オランダ政府外交代表団関係文書 Inventaris 346-①）、ある日ペリック・パネがアメリカへの留学の可能性について問い合わせるために、同じく留学生のルマナウとともにオランダ軍事使節団事務所を尋ねたことがスリカット・インドネシアに知られ、組織を除名されてしまったという（ペリック・パネとのインタビュー②）。

チバダック号による引き揚げ

一九四七年にオランダ政府とインドネシア共和国のあいだで一時的に停戦が実現し、その協定（リンガルジャティ協定）のなかでオランダは、事実上（de facto）、共和国の存在を認めた。そしてそのときの取り決めにより、帰国を希望する者にはその機会が与えられることになった[12]。

南方特別留学生たちは、このことをGHQから国際学友会を通じて知らされた。帰国費用は無料であるので、希望者は申し出るようにということであった。金沢謹によれば、このとき出されたGHQのメモランダムには、これが帰国の唯一の機会であり、これを利用しない者は自分自身の危険負担で日本に残らねばならないと付け加えられていたという（金沢、九八頁）。帰国希望者の名簿のとりまとめ等は国際学友会の手で行われた（ペリック・パネとのインタビュー）。

帰国のために用意された船は、ジャワ・チャイナ船舶会社（Java China Pakketvaart Lijen）の客船チバダック号であり、[13]これは四回にわたって神戸から出港した（駐日オランダ政府外交代表団関係文書 Inventaris 346-⑤）。江上芳郎の著作に掲載（三二九—三四二頁、三六五—三六七頁）されている学友会の資料によれば、一九四七年に帰国した者たちの帰国時期は二月、三月、五月の三回に分かれているが、[14]さらにこのあと八月にも船が出たようである。東京の終戦連絡中央事務局管理部長から終戦連絡神戸事務局長宛ての一九四七年一月二十四日付けの電報には「約百名のインドネシア人が神戸発のチバダック号で帰国するために二月五日に神戸に到着の予定である」と記されているので、恐らくそれが第一回目だったのであろう。GHQから日本政府に宛てられたその四日後のメモランダムのなかでは「引き揚げのためにチバダック号という船が二月四日に神戸港に入港予定であるので、帰国を希望する者たちには手続きのために二月五日に兵庫軍政部当局に出頭するように伝達してある」ということであった（外務省外交史料館文書 K'-0091-①）。その後、三月と五月の二回に関しては、蘭印政庁官房長官文書（II-㊱ & ㊳ AS-1029）のなかに乗船予定者の名簿も残っており、出発日も三月二十四日と五月十三日であったことがはっきりしている。一九四七年六月十三日付けでペニンクがバタヴィアの総督府の官房長官宛てに書いた書簡のなかで「ジャワ—チャイナ—ジャパン・ラインから受け取った情報によれば、八月十二日出港のチバダック号がオランダ臣民が帰国する最後のチャンスだそうです」と述べられている。また一九四八年四月にオランダ軍事使節団がGHQに出した書簡のなかでも「最後の引揚船は一九四七年八月に出ました」と記されている。こういったことから引揚船は一九四七年中に四回出たものと思われる。

オランダの手によって帰国するのには抵抗があるという者もいれば、一方、一刻も早く帰って独立のために貢献するのが自分たちの任務であるから、たとえオランダのパスポートを使ってでも帰るべきだと考える者もいた。

戦前からの留学生は、一二人中ジョン・ライス、アミール・ハッサン、アフマッド・ブサール、ジュマリの四人の帰国が確認されている。そのうちジュマリを除く三名が妻子を連れていた。ジョン・ライスは、弟から手紙が来て、父親の病状が芳しくないため早く帰ってきてほしいということだったので、やむをえず早く帰国せざるをえなかった。彼は、一九四四年に代々木のモスクで正式に結婚式を挙げていたが、妻を連れて帰国するに際してそれは有効とは見なされず、再度オランダ軍事使節団事務所においてオランダ臣民として結婚の手続きをすることを余儀なくされた。一九四七年夏に日本を訪問したバタヴィアの入管局長は、留学生と結婚した日本人女性は自動的にオランダの国籍を取得することはできないとペニンクに伝えた。つまり、オランダの亡命政府が一九四三年にロンドンで制定した法令によれば、一九四〇年五月にオランダがドイツに占領されて以降に敵国人と結婚したオランダ人の結婚は無効であるとされており、この法律はまだ生きていたため、改めて帰化申請をしない限りインドネシアへの入国は認められないということであった（駐日オランダ政府外交代表団関係文書 Inventaris 400-④）。彼自身、一九三五年に来日したときはオランダのパスポートを持ってきていたので、それを活用して帰国した（ジョン・ライスとのインタビュー）。

南方特別留学生は、三月と五月の乗船名簿でそれぞれ一五人と一一人の名が確認されている。後藤乾一論文（一九八九年）に添付されている国際学友会の名簿（二三六―二七一頁）によれば、南方特別留学生三三名が一九四七年に帰国したと記されているので、[15]おそらく残りの七人は同年二月ならびに八月に出航したチバダック号（乗船名簿なし）に乗船したものと思われる。

後藤が述べている一九四七年に帰国した三三名の出身地別内訳を見ると、ジャワが一二人（ジャワからの全学生の二七％）スマトラが二人（スマトラからの全学生の一三％）、海軍地区が一九人（同地区からの全学生の九〇％）で、帰国者の割合からいうと、海軍地区が圧倒的に多い。しかしその理由は不明である。

上記の二回の乗船名簿を見ると、南方特別留学生のなかで妻帯者は五名（実際には六名）で、[16]うち三月二十四日の船で出発したバンジェルマシン出身のマス・ラファイエは三月十三日に、五月十三日に出発したメナドのサエランは四月十五日に結婚したばかりであった。このときキリスト教教会で結婚式を挙げ、居住地（大阪市港区）へ届け出てその証明をオランダ軍事使節団に提出し、そこでそのオランダ語訳を出してもらった（サエラン夫人、絹子とのインタビュー）。また、このときスラウェシ出身のタノスの妻は両親が許してくれないので、見送りに行くと偽って実際に船に飛び乗ってしまった（スヤティム夫人、たねことのインタビュー）。

ペリック・パネは、当初は帰国を希望してオランダ軍事使節団に登録した（駐日オランダ政府外交代表団関係文書 Inventaris 398-①）が、オランダ船で帰国するというのだからどこへ連れていかれるか分からない、という疑心から、とりあえず様子を見ることにしようと思い、帰国を思いとどまった。三月に帰国したバリ島出身のイ・マデ・クプトゥランがのちにバリから手紙を送ってきて「君の心配していたようなことはなかった。大丈夫だから君も帰っておいでよ」と伝えてきたが、そのときはもう少し冒険してみたいという気があって日本に残ることを決めたという。ペリック・パネはその後も今日に至るまで日本に在住している数少ない元留学生の一人である（ペリック・パネとの二回目のインタビュー。ただし一回目のインタビューでは、帰国しなかった理由を、そのときにはもう帰国船がなかったため、と述べている）。

オランダ船の船長は留学生たちをロームシャ（戦争中、日本軍の労働力として徴発されて国の内外へ送られた人たち）だと思ったらしく、当初、船のデッキに乗せられたため、全員で抗議して船室に移してもらったという（ジョン・ライスならびにスヤティムとのインタビュー）。

彼らは、当時オランダの支配下にあったジャカルタのタンジュンプリオク港に到着したのち、インドネシア共和国赤十字の手に引き渡され、それぞれ希望する地方へ戻っていった。このときの帰国者はほとんど共和国政府や軍に身を投じて革命に参加している。後藤は、ジャワへ戻った南方特別留学生一二人中四人が陸軍士官学校への留学生であったという事実は、民族解放戦争の戦士たらんとするパトリアティックな意識が強かったことを裏付けるものだと述べている。その一人に、のちにスハルト体制下でBAKIN（国家情報調整局）長官となったヨガ・スガマ（Yoga Sugama）将軍もいる。また、スパディ（Supadi）のように帰国してまもなく独立戦争で戦死した者もいる（後藤、一九八九年、二一二頁ならびに二二〇頁）。

どのような経緯からであるかは不明であるが、その後、一九四八年七月に南方特別留学生のナタアトマジャ（日本人の妻と二人の子供とともに）が「帰国を許されて」帰国したという記録が、オランダの文書（蘭印政庁官房長官文書 II-㊶）ならびに本人の手記（*Suka duka*... p. 458）で確認された。このときウサダルト・クスモ・ウトヨも同時に帰国している。また後藤の前述の名簿には、一九四九年にさらに三人の南方特別留学生が帰国したと記載されているが、詳細は分からない。

オランダの文書のなかで危険人物として書かれているマジッド・ウスマンは、帰国を希望しつつも結局、許可が出なかったようで、一九五一年になってようやく帰国している（夫人とのインタビュー）。

第2節　日系二世と戦争花嫁

留学生のほかにも、次のような二つのグループの「オランダ臣民」（onderdaan）がかなりまとまった数で終戦直後の日本にいたことが、ワシントン、ハーグ、ジャカルタ（バタヴィア）、東京のあいだで頻繁に交わされた書簡から明らかになった。ひとつは戦前オランダ領東インドで、日本人の父親と、中国人、インドネシア人、あるいはオランダ人等の母親とのあいだに生まれた混血の子供たちである。彼らは父方で日本の血筋を引いていたがゆえに、開戦時（一九四一年十二月八日）に敵性国人としてオランダ官憲に身柄を拘束され、戦争中はオーストラリアの日本人収容所に入れられていた。そして、戦争が終わると、自分たちの意志とは関係なく連合軍当局によって他の純粋な日本人と一緒に日本へ送られてしまった。しかし日本には身柄を引き受けてくれる身内がいない者や日本の生活になじめない者もおり、それよりは母親の住むインドネシアへ戻りたいということで、生まれ故郷へ「帰郷」を希望していた者たちがいたのである。

さらにもうひとつ、戦争中にインドネシアで日本人男性と結ばれ、終戦処理の過程で正式に結婚手続きをとって夫の国へやって来たインドネシア人、中国人、オランダ系混血の女性たちがいる。その多くは、日本の社会にうまく適応できずに間もなく夫と離婚して帰国を希望するようになっていた。

この二つのグループはいずれも、意図せずして終戦直後の日イ関係の渦のなかに放りこまれ、運命を翻弄された人たちであった。

（1）オーストラリアの収容所からの引き揚げ二世たち

日系二世のオランダ臣民権問題

最初のグループ、すなわち日系混血二世たちは、一九四一年十二月八日の開戦と同時に、敵性国民（日本人）としてオランダ官憲に逮捕された。戦前、蘭領東インドには、約六〇〇〇人の日本人が住んでいたが、日蘭関係の悪化に伴って徐々に引き揚げ、開戦時には約二〇〇〇人が残っていた。最後まで残っていた人たちのなかには、インドネシアの女性と結婚し、この地に根を生やしていた者も多くいた。オランダの法律は父系制で、子供は父親の国籍を取得することになっていたので、インドネシアの女性とのあいだに生まれた子供たちも日本国民であった。

タトゥラ収容所でくつろぐ混血の若者たち。2列目右端がトミコ・ヒラキ。中央はメリー・ステイス。後列右はベン・ミズタニ。

彼らは、開戦後、インドネシア各地の収容所に入れられていたが、日本軍の蘭印侵攻が迫った翌年二月にオーストラリアへ移送され、アデレイドから約二〇〇キロのラヴデイ収容所（十六歳以上の単身の男性）とメルボルン北方一八〇キロのタトゥラ収容所（家族持ち用）に終戦まで身柄を抑留されていた[17]。

終戦後の一九四五年十月三十日、GHQはオーストラリアの陸軍司令部に対し、オーストラリアに抑留されているすべての日本人を日本へ帰還させるよう申し入れる電報を送った。十一月二十八日にオーストラリア政府はこれを基本的に受け入れることを決定した。ただしオーストラリア生まれの日本人、オーストラリア人ならびにイギリス生まれの配偶者と結婚した日本人は除かれた。この考え方に従えば、属地主義をとっていた蘭領東インド生まれの日本人ならびに、オランダ臣民と結婚した日本人も、日本への帰還を免除され、蘭領東インドへの帰還の可能性が考慮されてしかるべきであったが、彼らに対しては例外が適応されず、全員が選択の余地なく日本へ送られた（Nagata, p. 193）。

ちなみに、シンガポール、マレー、英領ボルネオ、ビルマ、インドなどイギリス領に住んでいた日本人は、開戦時にインドのデオリ収容所に抑留されたが、現地生まれや混血の者は終戦時に、それぞれの出身地への帰還が許されたようである[18]。開戦時にフィリピンで身柄を拘束された日系二世は、東南アジアの他の国々の場合のように国外へ移送されることなく、日本軍が上陸してきたときまだフィリピン国内の収容所や監獄に留め置かれていた。そのため日本軍による占領開始とともに身柄を釈放されて戦時期をフィリピン国内で過ごし、終戦時には日本へ引き揚げるかフィリピン人として残留するかの選択肢を与えられた。残留した者も多い反面、戦争中、軍への協力を余儀なくされ、ゲリラの討伐などに加わったためフィリピン人とのあいだに禍根を残し、残留が難しくなって、不本意ながら日本へ引き揚げた者も多い（新垣安子を参照）。

オーストラリアからの引揚船，光栄丸。

さて、そのような事情から女性一六五名、子供二〇三名を含む一二四〇人の元蘭領東インドの居住者は、選択の余地なく一九四六年三月にオーストラリアから日本への引揚船、光栄丸に乗った（Nagata, p. 198）。彼らの輸送に関して駐日オランダ軍事使節団政治経済問題顧問のペニンクから一九四六年六月二十六日付けで以下のような報告がハーグの外務大臣に送られている（蘭印政庁官房長官文書 III-① AS-1029）。

生まれながらにしてオランダ臣民である多くの混血児たちが、一九四六年三月十三日に光栄丸でオーストラリアから日本へ到着しました。ある者は父か母が日本人、ある者は父か母が日本人とのハーフ、父も母も日本人ではないというケースもありました。

……彼らはアデレイド近くのラヴデイ・キャンプと、メルボルン近くのタトゥラ・キャンプに収容されていました。彼らは現在、横浜周辺のキャンプで生活しています。

彼らが浦賀に着いたとき、関東地方はちょうど雪に見舞われ、引揚者たちはその寒さに震えた。親戚などの逗留先のある者はそこまでの汽車賃を日本政府が負担し、身寄りのない者は金沢文庫に用意された引揚者寮に身を寄せた。別の資料では引揚者寮に収容された人数は二五名と報告されている（蘭印政庁官房長官文書 I-⑥ AS-1592）。

インドネシアで生まれ、インドネシアで育った混血の若者たちは、オランダ式教育を受けていて日本語はあまり自由に話せず、日本に住むのも初めてという者が多かった。そしてたとえ父方の国籍を継いで法的には「日本人」ではあっても、文化的アイデンティティーはまったく日本にないという者が多かったのである。しかも日本へ来てもどうやって生計を立てるかという経済的問題もあった。前掲のペニンクからの書簡はさらに以下のように述べている。

アメリカの援助により一時的な仕事をもらうことができました。彼らは日本の配給を受け、それを給料のなかから払っています。しかし日本の臣民とは見なされていません。少なくとも一部の人はそのように見なされていません。一部の母子のように働くことができない者は配給を受け取れず、他の人たちとシェアしなければなりません（蘭印政庁官房長官文書 III-① AS-1029）。

たまたまキャンプは米軍基地に隣接していたため、オランダ式教育を受けて英語の堪能な者たちはそこで仕事を得たようである。

いずれにせよ、意思に反して日本へ送られた日系混血たちは、ほとんどが「祖国」インドネシアへの帰国を希望した。母親がインドネシアに住んでいる場合にはなおさらその願望は強かった。

ペニンクは前述の外務大臣宛ての書簡のなかで次のように結んでいる（蘭印政庁官房長官文書 III-⑴ AS-1029）。

……私の考えでは……状況を考慮に入れると、彼らは今なおオランダ臣民であり、そうであるという証明の発給を受ける権利を持っていると思われます。ただし、証明書を発行した際には「これはハーグのオランダ外務省の最終的認可を必要とする」という一文を追加しました。

……私を訪ねてきた多くの者は、蘭印にいる両親、仲間、兄弟姉妹のもとへ帰りたがっています。

……船の都合がついたのちは、もう一度家族と合流したいという彼らのこの要求を拒否できるとは思いません。そもそも彼らは日本へ送られるべきではなかったのです。

こうしてペニンクの判断によって、これらの日系インドネシア人の多くに対しては、結局「ハーグの外務省の最終的な同意により、この者は一九二〇年二月十日の法令に基づいてオランダ臣民である」という趣旨の証明書が発行された（蘭印政庁官房長官文書 III-⑭ AS-1029　なお Inventaris 393 中に多数の証明書のコピーが保存されている）。

しかしバタヴィアの法務省入管局長はもう少し慎重な対応をとろうとしたようで、一九四六年九月に副総督宛てに次のような書簡を送っている（蘭印政庁官房長官文書 III-⑸ AS-1029）。

……半分日本人の血を持っているが生まれによってオランダ臣民である者たちで、オランダ官憲によって一九四二年二月にオーストラリアへ連れていかれた者たちは、その後、日本に戻って横浜周辺のキャンプに収容されています。その多くは蘭印の両親や夫や子供や兄弟のもとへ帰りたがっています。

……帰還を希望する者に、出生地と生年月日、戦争前の職業、どのような入国管理関連の書類を所有していたか、どこへ帰りたいか、両親の名前、本人および両親の現地における最終居住地／滞在地、配偶者の名前、現地にいる親類の名前などを書いて提出させることを勧めます。これにより、必要な場合には彼らを追跡できるようになり、また現地に到着後、何らかの対策が必要か、どのような対策が必要かを検討することができるからです。

インドネシアへの帰国を希望する日系二世に関しては、オランダはこの子たちがオランダの法に照らし合わせて、出生によってオランダ臣民権（onderdaanschap）を持っていたかどうか、そしてそれを今なお保持しているかどうかという点にこだわり、関係官庁のあいだでこれ以後ずっと法律論議が交わされた。オランダは国籍に関して属地主義を取っているため、一九二〇年二月十日付けの「非オランダ系オランダ臣民に関する法令（Staatsblad 1920 no. 296）」は、定住証明書（Kart van Vastiging）を取得して合法的に蘭領東インド領土内に居住している両親からその領土内で生まれた者は、国籍がどうであれオランダ臣民権を持っていると定めていた。帰国を望んでいる者たちが本当に臣民権を持っていたかどうか確認する必要があったが、彼らの多くは、開戦直後にインドネシアで身柄を拘束されたときにその種の証明書類をほとんど失っていた。そこでオランダ当局は、帰国希望者に両親の名前、出生地、生年月日、戦前の職業などを記入した申請書を提出させ、それに基づいてインドネシア・サイドで一人一人詳細な調査を行なったのである。

こうして一九四七年にチバダック号での帰国が実現した。しかし一九四七年三月と五月のチバダック号による帰国者名簿のなかには日系二世の名前はあまり多くは見出せない[19]。恐らく日系二世の大部分は、その父親に関しては純粋な日本人であったため、インドネシアへの渡航が許されなかった。つまりこの帰国事業は家族の分散を意味する場合もあったのである。

ミズタニ三兄弟とその周辺の人たち

金沢郷（文庫）の戦争引揚者援護施設（正式名は神奈川県総合社会事業金沢郷保育所。現在は横浜市金沢区になり、今なおその場所は神奈川県の福祉施設として使われている）で帰国の機会を待つ二五名のなかに、ミズタニ姓を名乗る三人の混血男性がいた。ジャワに残っている彼らの家族とオランダ当局とのあいだに取り交わされた書簡が、蘭印政庁官房長官文書のなかに残されており、これを読み進んでいくと、この一家の運命はまさしく戦争によって翻弄されたとしか言いようがない。

この三名は水谷ヨシマツという鳥取県人の息子たちで、ヨシマツ（一九〇八年生まれ）は二十六歳でジャワへ渡った。そして中国系の女性シエム・チョン・ニオ（Siem Tjong Nio）と結婚して西ジャワのスカブミで農園を経営し、六人の子供をもうけた。長男のベンは一九一八年九月十二日に、次男のカールは一九二〇年二月十七日に、三男のエディーは一九二四年八月二十五日にスカブミで生まれた。この三人の息子のほかに、まつこ、モニ、ますこ（ヨン）という三人の姉がいた。スカブミで生まれたことによって子供たちはオランダ臣民としてのステータスを与えられた。そして彼らはオランダ式中等学校

（Mulo）や高等学校（ＡＭＳ）で教育を受けた。父親は開戦を待たずして一九三七年にスカブミで死んだ（蘭印政庁官房長官文書III-⑥ AS-1029）。

戦争前にモニはカレル・コニッヒ（Karel Konig）というオランダ国籍の男性と結婚したが、その夫は戦時中、日本軍の捕虜になり、タイへ連れていかれた。コニッヒは終戦後に解放されたが、インドネシアへ戻る途中、下痢で死亡したという。妹のヨンはクリスチャン・ドールマン（Christiaan Doorman）というユーラシアン（オランダ人とアジア系種族の混血）の男性と結婚し、この夫も日本軍の捕虜になり、戦時中には収容所に入っていたが、無事生き抜いて一九四六年当時はボゴールのキャンプに滞在していた（蘭印政庁官房長官文書III-⑥ AS-1029ならびにエディー［ミズタニ］・プルマディとのインタビュー）。

開戦時に三兄弟はオランダ官憲に逮捕された。カールは開戦前に中国系の女性ルイーズと結婚したが、開戦と同時に身重の妻を残してオランダ官憲に身柄を拘束された。三男のエディーは開戦のときジョクジャカルタの高校で学んでいたが、自宅へ帰ったほうがよいと言われてスカブミへ戻った。そのときには兄たちはすでに身柄を拘束されており、彼も警察へ出頭したところ身柄を拘束された。「オランダ女王の名において」発行されたオランダ臣民であるという証明書を持っていたが、聞き入れられなかったという。一方、姉たちはオランダ籍の男性と結婚していたので逮捕を免れた。三兄弟はオーストラリアへ送られ、そこで終戦を迎えたのち他のすべての日本人と同じように日本へ送られ、横浜の金沢文庫の収容所に収容された。

彼らはインドネシアにいる妻子や母親のもとに帰りたいと願い、東京のオランダ軍事使節団へ赴いて政治担当顧問のペニンクに会い、帰国の道を探った。ペニンクは彼らに同情的で、最初から「あなた方

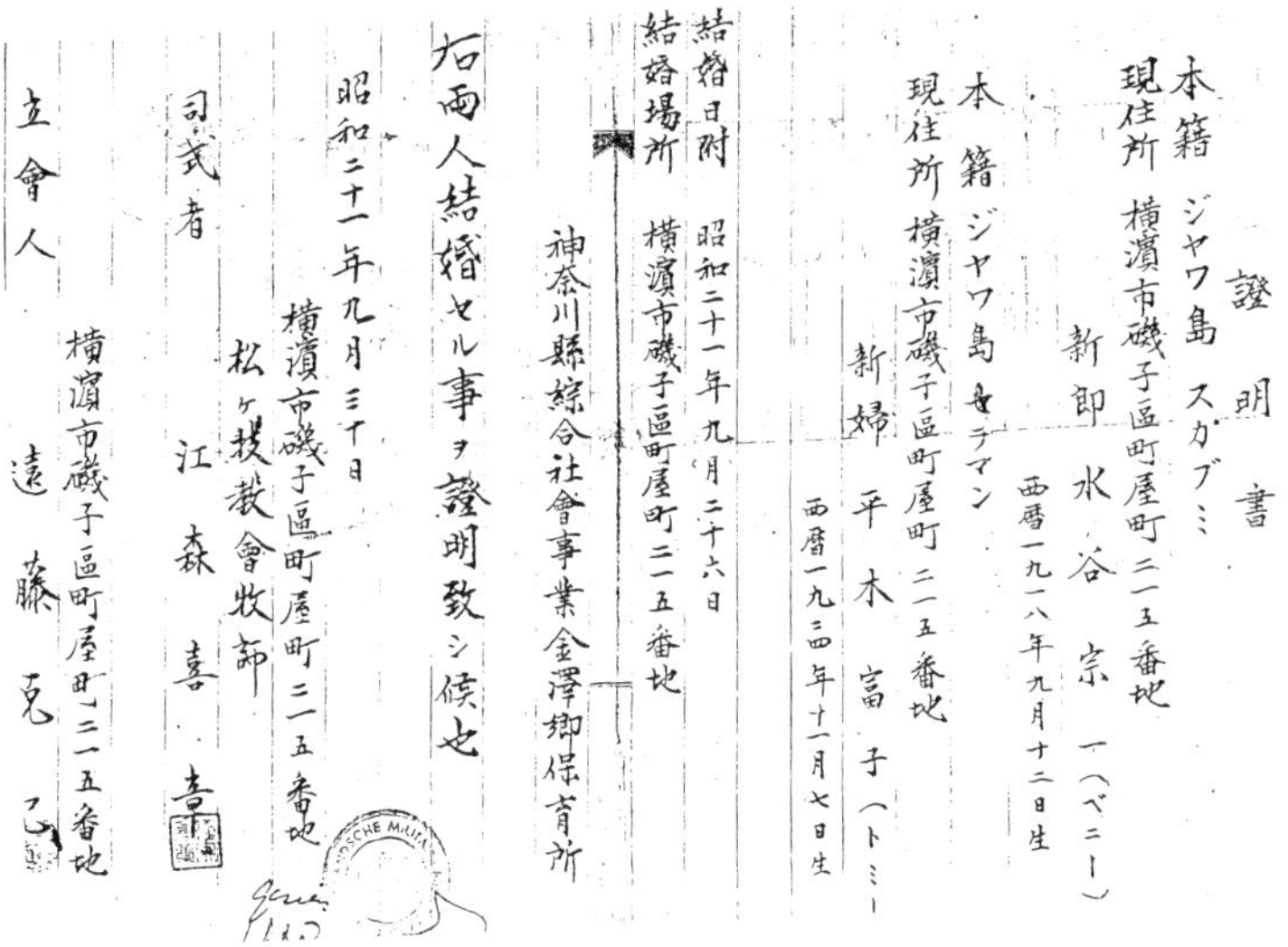

證明書

本籍　ジャワ島スカブミ
現住所　横濱市磯子區町屋町二一五番地
新郎　水谷宗一（ベニー）
西暦一九一八年九月十二日生

本籍　ジャワ島チテマン
現住所　横濱市磯子區町屋町二一五番地
新婦　平木富子（トミー）
西暦一九二〇年十一月七日生

結婚日附　昭和二十一年九月二十六日
結婚場所　横濱市磯子區町屋町二一五番地
神奈川縣綜合社會事業金澤郷保育所

右両人結婚セル事ヲ證明致シ候也

昭和二十一年九月三十日
横濱市磯子區町屋町二一五番地
司式者　松ヶ枝教會牧師　江森喜吉

立會人　横濱市磯子區町屋町二一五番地
遠藤克己

水谷宗一と平木富子の結婚証明書。

は蘭印へ帰るべきだ」という態度を示していた。そして外国人用の配給カードを発行してくれたという。しかし、前述のようにオランダ当局のなかで、彼らの「帰国」を許すかどうかについて意見が分かれ、簡単に回答は出なかった。

彼らの帰国をめぐるこの一連のやり取りのなかで、ジャカルタに住むカールの中国人妻ルイーズの父親がオランダ当局に、ミズタニ三兄弟の消息を尋ねる手紙を出したようで、それに対して「横浜近郊のキャンプにいる」という回答が一九四六年八月に出されている（蘭印政庁官房長官文書III-④ AS-1029）。居所が判明した段階でルイーズ自身が三人の帰国を求める嘆願書を提出している。ルイーズは夫が身柄を拘束されたのち、一九四二年二月十三日に息子を出産しており、この子のためにも是非とも父親を取り戻したかったのであろう（蘭印政庁官房長官文書III-⑥ AS-1029）。

結局オランダ当局は最終的に、蘭領東インドでオランダ臣民である母親から生まれ、前述のようにオーストラリア抑留によって臣民権を失った者は依然としてオランダの臣民権を保持しているとみなし、彼らの帰還を了承した。そして、ミズタニ三兄弟は一九四七年に蘭印政府の費用で帰国した（エディー〔ミズタニ〕・プルマディとのインタビュー）。

長男のベンは、金沢文庫の引揚者寮にいるときに、同じく日本人とジャワ人の混血、トミコ（富子）・ヒラキと一九四六年九月に結婚しており、トミコも同じ船でインドネシアへ出発した。トミコの母は、ジョンバンのレヘントを父にもつジャワの名門の娘で、親族の大反対を押し切って日本人男性、平木勇と結婚した。平木勇は、ソロの日本人商店の店員として渡南し、一九二〇年代初めからスマランに移住して当地で日本人が刊行するインドネシア語新聞「シナル・スラタン（南の光の意）」の編集を補佐していた（後藤乾一、一九八六年、三三三頁）。トミコの話では、開戦近くなってからはバタヴィアに移り、父の勇は日本領事館に勤務していた。開戦とともに平木一家は全員がオランダ官憲に逮捕された。純粋なジャワ人である母親は、拒否すれば逮捕を逃れることができたのであるが、一家が離散することに忍びなく、夫や子供と運命をともにしたという（トミコ・ミズタニ〔旧姓平木〕とのインタビュー）。

トミコの父親は日本に戻ったとき、日本の女性と姿を消してしまったため、あとに残された母と子たちはもはや日本に未練がなくインドネシアへの「帰国」を願った。トミコは、夫のベン・ミズタニの家族とともに一九四七年八月にジャワへ向けて出発した[20]。このとき姉の春子は、オーストラリアの収容所で出会ったアメリカ育ちの日本人男性と結婚していたため、オランダ臣民権を喪失したと見なされてインドネシアへの帰還は許されず、日本に留まった。トミコと母はジャワに、春子と父は横浜にと引き離され、長いあいだ相互の訪問が許されなかったため、春子は母親の死に目に、一方トミコは父親の死に目に会えなかった（難波［旧姓平木］春子、ならびにトミコ・ミズタニ［旧姓平木］とのインタビュー）。

ミズタニ家の三男坊エディーは、インドネシアへ戻ったのち、同じく日イ混血の七條春子と結婚した。バンドゥンで一九三〇年に生まれた春子は、開戦時にバタヴィアの三井物産の寮で料理人として働いていた父七條重信（一八九三年生まれ）や、中国人であった母とともに身柄を拘束され、オーストラリアへ抑留された。しかし幸運にも捕虜交換で一九四二年八月に日本占領下のジャワへ戻ることができた。父はボゴール州庁の警察部で通訳として働いていたが、「日本人」であったため、終戦になると他の軍人・軍属たちとともに選択の余地なく帰国を余儀なくされ、一九四七年に妻子を置いて日本へ帰国した（本書の八四―八七頁参照）。故郷の長崎へ戻った父は、カタカナで書き綴ったインドネシア語の手紙を何度か妻子のもとに送ってきたが、一九五五年の便りを最後に消息が分からなくなっているという（七條春子とのインタビュー、ならびに七條重信の手記）。

ところでバタヴィアの入管局長が日本に調査のため出張したときに聞いた話として、水谷兄弟の一人が帰国後、日本にいる友人に手紙を書き、「ジャワでは自分たちは完全に外国人とみなされてキャンプに入れられ、以前の家に戻ることを許されないでいる」と伝えてきたということを報告している（駐日オランダ政府外交代表団関係文書 Inventaris 400-④）。

エディーは、日本名を持っていると就職口を見つけるのも難しいと言われ、母方の中国名を名乗るようになった。一方、トミコ・ヒラキと結婚した兄のベンやカールは、ミズタニ姓を最後まで持ちつづけた（エディーとのインタビュー）。三兄弟のなかで現在なお健在なのは三男のエディーのみである。

横浜周辺のキャンプに収容され、同じような運命に遭ったもう一つの家族を紹介しよう（蘭印政庁官房長官文書 III-⑩ AS-1029）。これは戦前、日本女性とイギリス人男性との結婚によって誕生した家族である。オツル・ナカムラというこの日本女性は、一八七二年ニュージーランド生まれで西スマトラに住んでいた地理学者ウォルター・ヘンリー・アレクサンダー・ステイス（Walter Henry Alexander Stace）とパダンで結婚した。一九二〇年前後のことと思われる。その当時どのような経緯で成人した日本女性が西スマトラにいたのかは不明である。

この結婚から一人の息子と二人の娘が生まれたが、夫は一九二八年にパダンで死去した。開戦とともにこのオツルさんと二人の娘（一九二二年四月十三日パダン生まれのメリーと一九二八年二月二十八日フォルト・デ・コック〈現ブキティンギ〉生まれのアニー）は日本人とみなされて蘭印政庁によって身柄を拘束され、オーストラリアへ連れていかれた。[21] そのとき息子はオランダが経営する孤児院に入って高校へ通っていたため連行されずインドネシアに残った（アニー・ステイスからの書簡）。

終戦後、日本へ連れてこられた母と二人の娘は、息子（あるいは弟）がいるインドネシアへの帰還を望んだ。母親は純粋な日本人であるにもかかわらず、これまたインドネシア行きを望んだのであった。このケースに関してバタヴィアの入管局長はイギリスの副領事に問い合わせた結果として副総督宛てに次のように報告している（蘭印政庁官房長官文書 III-⑩ AS-1029）。

パダンの検察庁長官と話し合った結果、オツル・ステイス夫人らが蘭印に戻ってくることに関して基本的に問題はない旨回答しました。彼女たちはバタヴィアに定着するつもりなのですから、この渡航のためのビザを当局に出してもらうためには、息子が私の事務所へ出頭し、居住予定地を申告しなければなりません。しかし彼は一度もそれをしませんでした。そのために彼女たちにビザを出すことができないでいます。

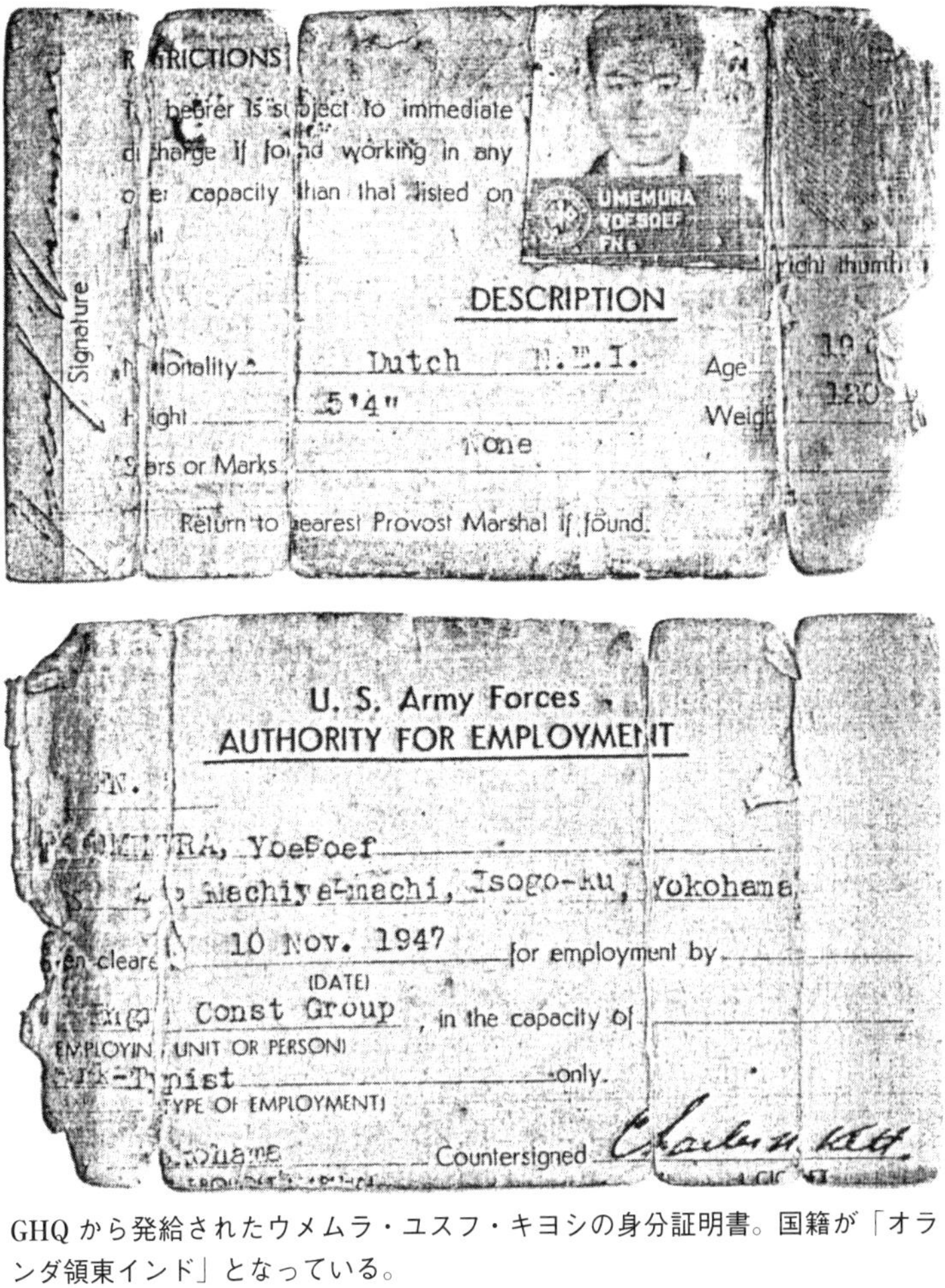
RESTRICTIONS
The bearer is subject to immediate discharge if found working in any other capacity than that listed on
UMEMURA
YOESOEF
DESCRIPTION
Nationality Dutch N.E.I. Age 19
Height 5'4" Weight 120
Scars or Marks None
Return to nearest Provost Marshal if found.
Signature

U. S. Army Forces
AUTHORITY FOR EMPLOYMENT
UMEMURA, Yoesoef
Machiya-machi, Isogo-ku, Yokohama
been cleared 10 Nov. 1947 for employment by
(DATE)
Engr Const Group , in the capacity of
(EMPLOYING UNIT OR PERSON)
-Typist only.
(TYPE OF EMPLOYMENT)
Yokohama Countersigned

GHQ から発給されたウメムラ・ユスフ・キヨシの身分証明書。国籍が「オランダ領東インド」となっている。

三人は許されていったんインドネシアへ戻ったが、結局メリーはアメリカ人と、アニーはオランダ系混血の男性と結婚して一九五〇年代末にアメリカへ渡った（トミコ・ミズタニとのインタビュー、ならびにアニー・スティスからの書簡）。

一方、「帰国」許可が出たが、結局は日本残留を決めた家族もいる。ウメムラ・ユスフ・キヨシは、日本人の父とジャワ人の母からスマトラ南部ランプン州のコタ・アグンという小さな町で生まれ育った。ほかには日本人がほとんどいないような町で、彼はインドネシア語を教授用語とするイスラーム改革派のムハマディヤ系の小学校へ通い、日本語はまったくできない状態で育った。イスラームに入信し、ムハマディヤの役員までしていた父は、地元の社会によく順応していたようである。開戦とともにジャワ人の母も含めて一家全部がオーストラリアに抑留され、終戦後は日本に引き揚げて、これまた苦労した。

帰国許可が出たが、最後の瞬間に残留を決意した理由は、ランプンへ戻っても恐らく父の経営していたゴム農園や自宅はすでに接収されており、生活が大変だろうと考えたこと、さらにランプンにいる母方の祖父母の消息も分からないという状況に鑑みてのことであった。ちょうどその頃、彼自身、進駐軍で職を得て、当時の日本としてはかなりの収入を得ていた。日本に残留した母も生前（一九七五年）インドネシアへ一回帰っただけで、残りの生涯を日本で終えた。進駐軍で働き始めた頃、彼の「国籍」はオランダ領東インドになっていた。その後、インドネシア政府代表部が開設されたときインドネシア国籍取得の手続きをとった。最後まで米軍キャンプで勤務し、定年になって年金生活に入る段階で日本国籍に切りかえた（ウメムラ・ユスフ・キヨシとのインタビュー）。父も一九七五年にインドネシアを再訪して旧友たちと旧交を温めたのち、日本で亡くなった。

ジャワから日本への送還・再送還

「日本人を父親に持つオランダ臣民のジャワから日本への送還について」と題するバタヴィアの入管局長から副総督への書簡（一九四六年十一月二十二日）によればオーストラリアからのほかにも、ジャワからの日系オランダ臣民の送還もあった。ジャワでの終戦処理に当たっていたイギリス当局は、台湾人・朝鮮人民間人でオランダ臣民権を持っていることが確認されている者の引き揚げに関してはどうすればよいかとオランダ当局に問い合わせてきた。それに対してオランダは、そのような人々はインドネシア残留を希望した場合、送り返されるべきではないという回答を送った（蘭印政庁官房長官文書 III-⑧ AS-1029）。しかしながら、日本人の父親を持つオランダ臣民に関してはそのような問い合わせがないままに、イギリス当局は彼らを日本へ送還してしまったという。そしてこのことに関してオランダはイギリスを強く批判している（蘭印政庁官房長官文書 III-⑨ AS-1029）。

なお、このときのやり取りのなかで、入管局長は、台湾人、朝鮮人、日本人のオランダ臣民権について「ただしオランダ臣民権は彼らが日本国政府の仕事あるいは兵役に足を踏み入れた場合には、それと同時に失効した」という政治的な判断を下しているのが興味深い（蘭印政庁官房長官文書 III-⑧ AS-1029）。

日本からチバダック号でインドネシアへの「帰国」が許されていた日系の混血たちの一部を再び日本へ送還したいという要求が、彼らの蘭印への到着後まもなくから、バタヴィアのオランダ当局から持ち上がった。バタヴィアの入管局長によればインドネシアへ送り返された人々を調べた結果、「受け入れることのできない外国人（日本人）」であることが判明したということであった。そしてそれは「ペニンク氏が国籍に関して蘭印で生まれた者はすべて自動的にオランダ臣民であるという間違った解釈をしたためである」として日本のオランダ軍事使節団を責めている（蘭印政庁官房長官文書 III-⑫ AS-1019）。ペニンクの間違った解釈というのは、前述の一九二〇年二月十日付けのオランダ臣民権に関する法律の第二条第四項によれば、オランダ臣民権をもつ非オランダ人の場合、オランダ領東インドで生まれたすべての者が自動的かつ永続的に臣民権を得られるわけではなく、オランダ領の外に居住するときには到着から三カ月以内にその地のオランダ領事館に出頭して臣民権保持のための手続きを取らないと失効すると定められていたが、ペニンクはどうやらこれを見落としていたようなのである。これによれば、オーストラリアに抑留後、日本へ送られた者も、また開戦前に日本へ引き揚げていた者もともに臣民権をすでに喪失していることになる。そこでチバダック号で引き揚げた者たちを再び日本へ送還するという深刻な問題が持ち上がったのである。

しかしながら、オーストラリアへ抑留された者は、あのような状況下でオランダ領事館へ出頭するなどというのは不可能であったので、彼らは例外的に扱うべきだという意見が出てきて、やがて彼らだけは最終的には再送還を免除されることになった。しかしチバダック号で帰国したなかには開戦前に自由意思で日本へ引き揚げて戦争中日本で過ごした者たちもおり、彼らは容赦なく再送還の対象となった。

バタヴィアの入国管理局からこれらの人物を再び日本へ送り返したいと通知された東京のオランダ軍事使節団は当惑したにちがいない。それに対する使節団団長スヒリング中将からの反論が一九四八年一月二十一日付けで副総督へ送られている（蘭印政庁官房長官文書 III-⑬ AS-1029）。その書簡のなかで「すでに人がいっぱいひしめいている日本へ彼らを入れることに関してGHQは非協力的です。まして当人たち自身がそのことを望んでいないのですから……」と述べている。しかしながら彼は、どうしても日本へ再送還するのであれば、その方法としてはバタヴィアの戦犯裁判で無罪判決を受けて釈放され、帰国する日本人と一緒にして送り返すという方法があると提案している。輸送は大量に行われるから日本への入国に際して日本当局は一人一人綿密に調べたりはしないだろうというのである。つまりドサクサにまぎれて彼らを送還しようということであった（蘭印政庁官房長官文書 III-⑬ AS-1029）。

どうやら、この問題の背景には東京とバタヴィアのあいだの見解の相違、立場の相違があったようである。東京のオランダ当局は、彼らをインドネシアへ引き揚げさせることにかなり積極的であったようだ。ひとつには、実際に当事者たちに面接し、嘆願を受けたペニンクやスヒリングらは、彼らの持つオランダ的な文化背景にシンパシーを感じていたということが考えられる。上記のスヒリングの副総督宛て書簡のなかで「日本語よりもオランダ語を解するこれらの者たちが……」という表現が出てきて、行間に共感が滲み出ている。日本への再送還を拒否する理由としてスヒリングはさらに、これらの人々を日本に残しておくとやがてオランダ軍事使節団の重荷になると主張し、また日本で彼らが反オランダ的なエレメント（スリカット・インドネシアに参加している親インドネシア共和国派の人々を指すものと思われる）と結びつくことも懸念していた。

彼らが結局、最終的にどうなったかは不明であるが、その後一年半近く経った一九四九年三月に、東京のオランダ軍事使節団はGHQの外交部宛てに、「間違って」日本から引き揚げた一〇名（当初は一一名が対象になっていたが、一名が収容所で死亡した）に日本への再入国を許可してくれるよう求める書簡を送っている（駐日オランダ政府外交代表団関係文書 Inventaris 398-④）。この後、開戦前に日本国政府の勧告を受けて自由意思で日本へ引き揚げた混血の日系二世たちのなかには引き続き日本でインドネシアへの「帰国」を申請した者も多いが、いずれも拒否されていたことがオランダ国立文書館資料で確認された（駐日オランダ政府外交代表団関係文書 Inventaris 397 に個別のケースの資料が多数保存されている）。こうして日イ混血の多くは、文化的になじみの薄い日本に留まり、その後の人生を送ることになった。その一部の者が一九四七年に横浜で「二世会」（会長ヤマグチ・ヨシオ）なるものを結成したという報告があり、二七名の会員名簿がオランダ国立文書館に所蔵されている（駐日オランダ政府外交代表団関係文書 Inventaris 346–③）。しかし、関係者とのインタビューのなかでは、再送還された者がいるという話を耳にしたことはないので、やがてオランダがインドネシアに主権を委譲して引き揚げる（一九四九年十二月）とともにうやむやになってしまったのかもしれない。それにしても、ボールの投げ合いのように、身柄をあっちへこっちへと移送され、国際関係に翻弄された日系二世たちの運命はあまりにも悲惨である。

（2）「裏切られた花嫁」

終戦後の混乱期に日本にいたインドネシア人、あるいは「オランダ臣民」で、もう一つの主要なグループは、日本軍の占領中に日本人軍人・軍属等と恋に落ち、終戦直後にイギリス軍の認可のもとで「結婚」して夫とともに日本へ渡ったものの、日本の生活になじめなくて再び「帰国」を希望するようになった女性たちである。

結婚手続き

戦争中、日本軍は軍人・軍属が占領地で結婚することを許さなかった。しかし実際には多くのカップルが非公式に誕生し、子供が生まれているケースもあった。終戦当時、主計中尉としてバンドゥンに駐屯し、英軍との打ち合わせのためにしばしば英軍司令部を訪れる機会のあった大庭定男は、日本人と実質的に同棲していた混血女性たちが、英軍司令部や日本軍の旅団司令部に掛け合って、自分たちも「夫」とともに日本へ行けるように計らってくれと陳情していた光景を覚えている。[22] 彼女たちは日本軍の混成旅団司令部にも懇願にきていたが、日本軍側は、明治乳業の工場長だった佐藤氏に対応を依頼して、日本の困難な状況を説明し、思いとどまるよう説得させていたという。[23] 思いとどまった女性たちには当時、貴重品であった布地などを特別に支給して便宜を図ったが、多くの女性たちは意思を変えなかったので、戦後処理に当たった英軍は、女性たちの要望に基づき日本人軍人・軍属が正式に結婚したうえで、妻子を連れて日本へ引き揚げることを許したのだった（大庭定男、一九八七年、五六五頁。ならびに同氏とのインタビュー）。

この問題を取り扱ったのは英軍のカリー（Cary）少佐とヘイニング（Haining）少佐であった。彼らは蘭印司法当局と連絡をとり、一九四六年四月三日付けで次のようなガイドラインを定めて通牒を出すとともに、女性から要望のあった日本人男性を呼び出して責任をとるよう求めた。それを見て喜んだ者もいたが、当惑した者もいたという。

それによれば、この結婚は日本軍司令官のもとで正式の登録をしなければならないが、その手続きさえ経れば、夫とともに日本へ行くことを妨げない、としている。結婚の条件としてまず日本軍司令官に結婚の許可申請を提出し、受け入れられると未婚であることを証明するために男性は日本から戸籍を取り寄せることが要求された。しかも三十歳未満の男性は両親の承諾が必要とされている。また女性の側は、未婚であることの証明書のほかに、年齢にかかわらず両親からの承諾書などが必要とされた。

男性側の両親の承諾書や、男性が未婚であることを証明する戸籍謄本は実際に日本から取り寄せられており、それらのコピーがオランダの国立文書館に保存されている。さらに男性に結婚するだけの経済力があるかどうかを確認するために、資本・財産・将来の就職の可能性、日本での居住場所、仕事がない場合、家族から援助が受けられるかどうか、日本で扶養しなければならない家族がいるかどうか、妻の側の親族を扶養しなければならないかどうか、などを問う質問票に回答し提出しなければならなかった（駐日オランダ政府外交代表団関係文書 Inventaris 400-②）。

これらの条件をクリアすると婚姻届けを四部作成し、上記の書類と、さらに日本軍からの許可証を添付して、高等法院長代理の平賀健太法務官に提出する。平賀はそのうち一通に認証印を押して当人に返却する。これが婚姻を証明する書類となり、これで日本側の手続きは合法になる（ただし日本へ行って戸籍に登録するまでは婚姻は成立しない）が、しかしオランダ領東インドの法律では合法ではないので、女性はそれによってオランダ国籍を失わず、当面、二重国籍状態になる、とガイドラインは記している。そして女性たちはいつでも再び戻ってきたいと望んだ場合には、敵国人として再入国を拒否されることはない、と記されている。なお、このような行政的な手続きとは別に、多くの者は、当時ジャワにいたカトリックの小出哲夫神父のもとで式を挙げることになった（駐日オランダ政府外交代表団関係文書 Inventaris 400-①）。

非常に興味深いのは、このガイドラインのなかに、「一般に国際結婚の場合は女性の国に住むほうが幸せだと言われており、日本の気象学的な環境、戦後の経済状況、まったく異なる生活様式、家族制度などを考慮に入れると、これらの女性が日本で幸せになれる可能性は低い。しかしながら現状ではこのまま引き続きジャワで結婚生活を送ることは許されない」という趣旨の文章があることである。当時、日本人はすべて引き揚げが義務付けられており「残留」は許されなかったため、結婚したカップルが一

竹中均一に引率されて名古屋に到着した47人の戦争花嫁たち（The Mainichi 1946年7月9日）

緒に生活することを望むならば日本へ行くという選択しかありえなかったが、諸条件を考えると女性たちは日本へ行っても幸せになれないであろうことを予測している文章である。

夫の祖国日本へ

男性のほうはその頃すでに多くが単身で復員する準備のために連合軍の収容所に集結していたが、英軍は女性たちの訴えに基づいて当該男性を呼び出し、結婚の手続きをさせた。上記の文書によれば、そのような手続きを経て婚姻が成立しても、夫と同じ船で日本へ向かうことは許されない場合もあった。まず夫が帰国し、受け入れ態勢に問題のないことが確認されたのちに、女性たちの出国が許されるということであった。東京のオランダ軍事使節団のペニンクが一九四六年九月十八日付けでまとめた報告書には、一九四六年六月十二日にモリ・ヒデオに率いられて二六人の女性が名古屋に、七月五日には副領事のタケナカ・コシヒトに率いられて四七人が同じく名古屋に、また八月末にクロキ・トシニチに率いられて一七人が横須賀に到着したと記されている（蘭印政庁官房長官文書II-㉗ AS-1029）。

ここで述べられているモリ・ヒデオ（森秀雄、のちに改姓して落合秀雄）に率いられた二六人の「引き揚げ」に関しては同氏自身の証言もある。森は戦争中、農林省から派遣され、軍政監部科学技術室で調査課長をしていた。戦後、抑留所に入って間もなく一六軍の宮元静雄参謀に日本人青年と現地女性のあいだに結婚話が持ち上がっているので仲立ちしてほしいと依頼され、仲間が引き揚げたのちも残って国際結婚受け入れの業務をやったという。そして英軍のヘイニング少佐が彼女たちの婚姻をまとめたのち、彼自身で引き揚げの引率をした（同氏とのインタビュー）。

一方、タケナカ・コシヒトは恐らく外務省から軍政監部に派遣され、邦人事務局庶務課長として邦人の世話を担当していた竹中均一副領事の間違いではないかと思われる。というのは、記録に残っている彼の帰国日が一九四六年七月六日となっていて、ここに記された日時ときわめて近いからである。彼が引率したと見られる四七組の引き揚げに関しては英字新聞 *The Mainichi* の一九四六年七月九日付けに報道されている。それによると女性たち四七人の内訳はオランダ系混血が二九名で圧倒的多数を占め、次いでインドネシア人七名、中国人五名、ロシア人二名、イタリア人、ドイツ人、イギリス人、フランス人各一名であった。掲載された写真を見ると子供連れの女性の姿も多く、なかには船上で出産した女性もいたという。

このときの引揚者の一人である軍属の菊池輝武は、平賀健太法務官のもとで婚姻手続きをし、メナド人女性を連れて帰国した。乗った船は普通の日本軍将兵の復員用の船で、船内にロープを張って行き来ができないように隔離されていたという。それでも軍人たちから、「畜生。おまえらばかりいい目をみ

「船中の国際結婚組」（『ブンガワンソロ　能登尚平画帖』1954年刊より）

やがって」「海のなかに放り込んでしまえ」などという罵声を浴びせられた（菊池輝武とのインタビュー）。

クロキ・トシニチに引率された一七組についてはほかの情報がないので詳細は不明である。ともかく、このオランダの文書に報告された三次にわたる引揚者は合計すると九〇組になる。

このほかにさらに、一九四六年六月に三三組のカップルを引率して和歌山県の田辺港に入港した引揚船もあったということが、引率した井上尚の手記に書かれている。これは入港した港が明らかに異なることから上記のオランダの文書に報告されている者たちとは別だと思われる。

井上尚は、一九四六年五月頃、ジャカルタのタンジュンプリオク港で英軍のもとで作業に従事していたとき、前述の外務省の竹中均一副領事の訪問を受け、日本へ行く三三組の国際結婚のカップルを引率するよう依頼された。陸軍一六軍の宮元静雄参謀からの指名であったという。そして五月末に入港した引揚船で女性たちを引率して出発した。もちろん、一般の復員兵たちと一緒で、彼らの怪《け》訝《げん》そうな視線を感じたという。なかには子供連れの女性もいた。さらに出航後三日目に、一人の妊婦が船中で産気づき、出産するという異常事も発生した。この船は和歌山県の田辺に入港したが、上陸のとき井上は引揚援護局の担当者から、「国家が疲弊の極にあり、路上に餓死者まで出ているのに、何故に三三組もの婦女子を引率してきたのか」と難詰されたという。どうやらジャワの軍司令部と日本国内の引揚援護局のあいだで意思の疎通ができていなかったようである。援護局の規程では引揚者は通常、二泊三日だけ宿舎での滞在を許されることになっていたが、国際結婚組のなかには、すぐに夫の故郷へ帰ることのできない者も多く、井上が掛け合って特別に田辺市内の会館を提供してもらった（井上尚、一一八頁）。

これらの断片的な情報を総合してみると、ペニンクの一九四六年の報告書での九〇組に加え、井上が引率した引揚船に三三組、少なくとも計一二三組がいたことが確認される。菊池は、この時期、一四八組の夫婦が誕生し、その大半はオランダ人とインドネシア人あるいは中国人との混血（ハーフカスト）女性との結婚であった、と述べている（菊池輝武とのインタビュー）。

さて、菊池によれば彼らの乗った船は名古屋港に入港した。名古屋に着くと、どこから出たのか知らないが一人一〇〇〇円ずつ支給された。到着したが住むところがない夫婦のために、土浦の荒川沖の元海軍航空隊跡が住居として提供され、約二〇組の夫婦がここに身を寄せた。また国際結婚組の親睦団体としてムラティ会という組織が結成されたという(24)（菊池輝武とのインタビュー）。

その共同住居のことはペニンクからの報告書（蘭印政庁官房長官文書 IV-①一九四六年九月二十一日付け、宛先不明 AS-1099）にも記載されている。それによれば、その住居は土浦から一〇キロ入った人里離れた場所にあり、生活環境は非常に悪かったという。日本政府が建物を用意したが、それ以外の手当は出ないので、福祉団体の援助を受けていたということであった。この報告書が書かれた頃は、この宿舎は開設されたばかりであり、まだ七組の夫婦しかいなかったという。土浦市で引き揚げ援護事業に携わっていた市川喜久によれば、ムラティ寮は一般引揚寮とは別扱いで、保護住宅として配給も特別だった。そしてオランダ政府の要請でメリケン粉、バターなどの特配を受けていたという（市川喜久、一〇〇頁）。

その後、一九四七年一月四日の朝日新聞によれば、ムラティ寮に二一組が住んでいる。男性で就職しているのは七人だけで、一般引揚者同様一〇〇〇円の補助金をもらい、一世帯平均二五〇〇円の家計費で暮らしているということである。

これらの女性たちは、日本へ行ってみると、生活習慣の違い、気候の違いなど、戸惑うことが多かった。また夫の実家からは歓迎されないことが多かった。しかも、前述のように念を入れて未婚であることを確認したにもかかわらず、実際には、すでに日本で妻帯している男性が多く、インドネシアの花嫁たちは日本到着後に初めてそれを知り、悲しい現実に直面することになった[25]。そして間もなく多くのカップルが破局を迎えた。そして駐日オランダ軍事使節団へ、「帰国したい」と言って救いを求めてきたのである。

バタヴィアの入管局長が訪日したときの報告書のなかで、土浦の寮のことに触れているが、それによれば、そこで生活している者のなかにもインドネシアへの帰還希望者がおり、さらには夫とともに帰国したいという願望を持っている者もいるという。一方オランダ軍事使節団の政治担当顧問ケテル（Ketel　ペニンクの後任）は一九四七年八月のメモランダムで、土浦にいるカップルのうち夫が既婚者であったケースが二組あり、これらの妻たちはインドネシアへ帰ることを決めていると述べている（駐日オランダ政府外交代表団関係文書 Inventaris 400-④)。

オランダ軍事使節団の対応

ペニンクは一九四七年一月十六日付けのホーフヴェグ中佐宛てのメモランダムのなかで、この女性たちが突き当たった困難を以下のように分析している(蘭印政庁官房長官文書 IV-⑤ AS-1019)。

1 蘭印と日本の気候は非常に異なる
2 設備が不十分
3 考え方の相違
4 社会的状況がまったく異なる
5 言語が分からない
6 外国人に対する日本人の姿勢が閉鎖的。日本人の家族の結びつきは非常に密で、外国人は受け入れられないか、受け入れられるのが困難である。この女性たちの多くは、日本へ着くなり家族から敵対的な扱いを受けた。彼女たちの多くは逃げ出し、一人でいるか、あるいは夫が家族との関係を断ち切って妻の味方をしたようないくつかのケースでは、夫や子供とともに住んでいる。そのような男性は家族から追い出されている。
7 もう一つの理由は、男性たちの妻に対する態度がここへ来たらジャワにいたときとはまったく変わってしまって、閉鎖的になったということである。一般的に女性たちは被害者となってしまっており、彼女たちが(日本の状況について)よく分かっていないということを蘭印からの出発前に知らされるべきであった。

彼はそのメモランダムのなかでさらに「イギリスのノーマルではない行為が原因になっています。彼らは充分自覚しながら、オランダ臣民やオランダ人の結婚を正式なものにし、彼女たちを日本へ送ったのです。そしてそのために婚姻証明書を発行しました」としてイギリス軍の向こう見ずな行為に対する怒りを表している。彼はこの女性たちのことを、「敵国人＝日本人」と親しくした祖国への裏切り者であるとして腹立たしさを滲ませているが、それにもかかわらず「私はこれらの人々は援助されねばならず、できるだけ早急に蘭印へ送り返されるべきだと思っています」と締めくくっている。

なお、この一九四七年一月十六日のメモランダムのなかでペニンクはこれまで日本へ渡って（結婚が）破綻したケースは九五人になると述べている。そして今後は日本人と結婚した女性、あるいはこれから結婚する予定の女性をこれ以上日本へ送らないようにしてほしいと述べている。

オランダ側には、彼女たちの場合は、「自分の意志で」日本へ来たのであるから、オランダ当局には責任がない、という思いがあった。とはいえ、オランダ臣民である女性たちが苦しんでいるのを見捨ててはおけないという基本的な態度もみられる。日本人と結婚し、のちに離婚した女性たちの法的なステータスをめぐってはオランダ当局内にもさまざまな論議があり、その帰国は簡単ではなかった。

婚姻の合法性をめぐる法的解釈

ここでもまた日本人と結婚して日本国籍を取得した彼女たちが、引き続きオランダの臣民権を保持しているかどうか、という法解釈をめぐって多くの書簡がやり取りされている。しかし最終的には、イギリス当局のもとで行なった結婚自体が、宗教的には有効であっても、法的には有効ではなく、それゆえ、彼女たちは今なおオランダ臣民であるという英軍のガイドラインに添った見解を示した。またオランダの亡命政府が一九四三年にロンドンで制定した、「一九四〇年五月にオランダがドイツに占領されて以降敵国人と結婚したオランダ人の結婚は無効である」、という趣旨の法令もまだ生きていると考えられた。これによれば一九四六年段階での日本人との結婚も無効だということになる（駐日オランダ政府外交代表団関係文書 Inventaris 400-④）。

さらに平賀健太がのちに出した「ジャワにおける日本人と現地婦女との関係」と題するステートメントによれば、法務官が受理した届け出の書類は、平賀の後任の古川が引き揚げの際にオランダ官憲に没収されたため、日本での入籍手続きは完了していなかったという。日本に到着後改めて日本で婚姻手続きをし、戸籍に入れた者もいるが、外国人特別配給枠を確保するためにあえて入籍しなかった者もいたという（駐日オランダ政府外交代表団関係文書 Inventaris 400-③）。

しかもそれ以上に多くのカップルが夫の家族の反対などに遭って、妻を正式に戸籍に入れなかった。そのために日本側でもこの婚姻は合法とは見なされないケースが多かった。

恐らくこれらの女性たちのような不確かなケースを解決し婚姻の成立を望む者たちのために日本軍政中あるいはそれ以後に執り行われた婚姻についての規則を設ける必要があると見なした蘭印当局は、一九四七年四月に「通常でない婚姻を正規のものとして認知する条例（ordonnantie buitengewone huwelijksvoltrekkingen）」（Staatsblad 1947 No. 64）を制定した。そのなかでは以下の三つのケースは有効とされた。

1　宗教あるいは信仰に基づいて宗教役人によって執り行われたもの

2　キャンプの司令官により、または司令官臨席のもとで、あるいは法的、あるいは実質的に公職に

あった者、またその者によって指名された人物によって行政当局に届け出て執り行われたもの
3　当事者のいずれかが外国人で、その国の法律に従って行われたもの

婚姻の成立を望まない者にはオランダ国籍を認め、帰国させるという前提で具体的な手続きが開始された。とはいえ、具体的にチバダック号の出発が知らされたとき、何人かの女性たちは、蘭印で周囲から受けるであろう敵対的な態度を恐れているので出発したくない、あるいは今はまだ出発したくないという態度をとった、とペニンクは報告している（蘭印政庁官房長官文書IV-⑤ AS-1019）。つまり、日本人と通じていたということで、オランダ人社会からはひどい扱いを受けるだろうということが予想されたのである。とりわけ、オランダ系の混血女性の場合などは、そうだったであろう。

そのように法的には帰国が可能になったものの、彼女たちの場合は「自己責任」ということで帰国費用は個人負担になったようである（そのことをめぐって教会と蘭印政庁のあいだで書簡のやり取りがある）。

グラーヴェ家の二姉妹のケース

とはいえ、このような女性たちに帰国を許すかどうかについてのオランダ側の解釈は、時にはその人物が反オランダ的でないかどうかという政治的判断に左右されることもあったようである。白系ロシア人を父に、日本人（三輪ヒデ）を母にもってバンドゥンで生まれたグラーヴェ家のオルガとヴェーラの姉妹の場合がそうである。この二人の場合は、その特殊な事情のゆえに、オランダ当局が強い警戒心をもって対処したため、関係者のあいだで多くの書簡が取り交わされている。残されているそれらの文書と、唯一生存している末妹リディア・ダヌブラタ、ならびにヴェーラの息子ウラジミールからの証言に

よると、この姉妹の運命は次のようであった。

ロシア人、アレクサンドル・グラーヴェがロシア革命を逃れて来日し、函館に住んでいたときにヒデと知り合って結婚し、二人はジャワへやって来た。そしてバンドゥン近郊で茶農園を経営して成功し、九人の子供をもうけた。「大東亜」戦争が始まったとき、一家はオランダ官憲に逮捕されて中部ジャワのサラティガに収容されたが、オーストラリア送りは免れ、日本軍上陸とともに解放されてバンドゥンへ戻った。そして一家は、日本占領期を通じて日本軍に協力した。三輪ヒデ自身は陸輸送局に、長男のオレグと長女のオルガは電力会社に、三女のヴェーラは州庁に通訳として勤務した。

日本占領期にグラーヴェ家の二人の娘は日本人男性と仲良くなった。オルガは同じ職場のT氏と、そしてヴェーラは母親の同僚で、家によく出入りしていた陸輸送局の職員S氏と仲良くなった。オルガとヴェーラは終戦後それぞれの恋人と結婚して夫の国へ行くことを決意した（ヴェーラの前夫Sとのインタビュー）。彼女たちがバンドゥンを出発したのが、一九四六年六月頃であったことは、出発のためにバンドゥンからジャカルタへ送られていく飛行機にたまたま同乗していた陸軍中尉の大庭定男が覚えている。大庭によれば二人は機内でずっと泣きじゃくっていたという。前述のように七月九日の英字新聞*The Mainichi*が、四七組の国際結婚夫婦を乗せた船がバタヴィアから五日に名古屋港に到着したと報じ、この四七人の外国人妻のうち二人はロシア国籍であると述べているので、オルガとヴェーラのことを指しているものと思われる。

半分日本人の血を引いたこの姉妹も日本の生活にはなじめず、結局、二人ともその数カ月後には、オランダ当局にジャワへの帰還を願い出るようになった。

その頃、ジャワにいた両親は、対日協力のゆえにオランダ当局の恨みを買い、さまざまな罪状を追及されて逮捕され、裁判の末バンドゥンの刑務所に投獄されていた（オルガとヴェーラの妹リディア・ダヌブラタとのインタビュー、二〇〇八年七月二十二日）。オランダ当局がオルガとヴェーラの身元を調べた結果、両親のそのような経歴が判明し、政治的背景を考慮してプリアンガン州の理事官は、「対日協力者の娘たちの帰国には反対である」という趣旨の書簡を一九四六年十二月十二日に東京へ送っている（蘭印政庁官房長官文書IV–③AS–1029）。

しかしこれに対して在日オランダ軍使節団のペニンクは、官房長官宛ての書簡（蘭印政庁官房長官文書IV–④一九四七年一月十五日AS–1029）で、「父親の罪に対して娘も責任を負わねばならないのか」と反論している。

ペニンクは彼女たちにオランダ臣民であるとの証明をすでに一九四六年九月付けで発行していたが（Inventaris 393）、ジャカルタの入管局長は、蘭印で生まれたからといって自動的にオランダ臣民だというわけではないと反論した。さらにこの姉妹の場合には出生地が蘭印であったかどうかも確認できないと述べたのち、彼女たちの父親は彼女たちが生まれたとき定住権をもって蘭印に滞在していなかったので、その子供たちはオランダ臣民権を取得していない、と断定し、受け入れに反対だという意見をはっきり述べている。さらにこの一家が親日的であったこと、姉妹は日本からインドネシアへの帰国費用を自分で負担しえないことも反対理由として述べている。

ここでも東京とバタヴィアのあいだの温度差が感じられる。東京サイドはできるだけ蘭印への帰還を認めようとしたが、バタヴィア・サイドでは、それを制限しようという姿勢が強く見られる。

これ以上はオランダ側のデータが残っていないが、結局、二人ともついにジャワへ戻る許可が得られなかったようである。親族とのインタビューによれば、オルガは日本人T氏と離婚したのち、日本で勤務する日系二世のアメリカ人軍属と再婚し、夫の日本での勤務が終わるまで日本に住むことになった。ヴェーラは戸惑いながらも一〇年近く婚姻生活を続け、一男をもうけたが、結局、離婚し、グラーヴェ姓に戻った。そして、夫とのあいだにもうけた息子を一人で育てながら一九六五年まで日本に居住したのちアメリカへ移住した（ヴェーラの前夫S氏ならびにヴェーラの息子ウラジミール・グラーヴェ氏とのインタビュー）。この間、日系アメリカ人と結婚してアメリカ国籍を持っていたオルガは一九五三年にインドネシアに里帰りを果たしたが、ヴェーラは日イの国交が回復したのちの一九五九年に初めて息子を連れて里帰りすることができた。そして二人とも最後はアメリカでその生涯を終えている。

一方、母親のヒデは刑務所から出たのち、日本へは帰らず、夫とともにインドネシアに留まり、のちに子供たちのオランダやアメリカへの移住に伴って自分も海外へ居を移したこともあったが、最後はインドネシアに戻った。そしてインドネシア人と結婚した末娘がただ一人残るバンドゥンで、一九八六年にその生涯を閉じた。

花嫁たちのインドネシアへの帰還

それでは、グラーヴェ姉妹以外の、結婚に破れた戦争花嫁たちは、結局、帰国することができたのだろうか。チバダック号の乗船予定者名簿をみると、名前、年齢その他の状況から約一七人が結婚に破れて祖国へ帰る女性たちではなかったかと思われる。そのなかには乳児を連れた女性が一二人もいる。名前から判断して中国系、オランダ系の女性が大半である。五月の引揚船の船中で、オランダ系の混血の女性が連れていた生後六カ月くらいの赤ん坊が病気になって死亡し、水葬にするという悲しい出来事もあった(26)（ジョン・ライス夫人とのインタビュー）。

当時、連合軍の捕虜としてジャカルタのタンジュンプリオク港で作業に従事していた大庭定男は、一年たらず前にこの同じ港から日本へ出発していった女性たちがチバダック号で戻ってきたときのことを、一九四七年三月四日の日記に次のように記している（大庭定男、一九九六年、一九七―一九八頁）。

チバダック号は戦犯弁護人一〇名、戦犯容疑者一〇名、国際結婚破綻組一〇〇名あまり、インドネシア留学生若干と見返り物資の絹、自転車、陶器を積んで三〇一八泊地（引用者注：タンジュンプリオク第二埠頭の暗号名）に入ってきた。

結婚に破れた女性たちが一〇〇人も乗っていたというのは特筆すべきことである。この数字は、ペニンクが報告している九五人とほぼ一致する（蘭印政庁官房長官文書 IV-⑤ AS-1019）。最終的にそれ以後も帰国の機会があったのかどうかは、記録も証言もないために分からない。ただ一九五五年十一月のインドネシアの新聞に、「戦争中日本男性と結婚して日本へ行ったインドネシア女性の現状について在日インドネシア総領事館から報告あり、それに基づいて議会の外交委員会が調査に乗り出した。悲惨な状況にある者が多く、彼女たちを帰国させる手立てを政府は考えている」という概要の記事が見出された（*Mestika*, 1955. 11. 7.）。したがって、その時点までかなりの数の女性が残っていたことがうかがわれるが、実際にそのときにインドネシア政府がなんらかの手立てを考えたかどうかはまったく不明である。

第3節　帰らなかった日本人

敗戦とともにすべての日本人は占領地から引き揚げることが連合軍との取り決めで定められた。東南アジア全域で七五万人（台湾人・朝鮮人の軍人、軍属一万人を含む）もいた日本人は、降伏手続きが終わると集結地に集められ、輸送船の算段がつくと戦犯容疑者を除いて少しずつ引き揚げていった。

しかし実際には終戦時の引き揚げを拒否してインドネシアに残留した日本人（軍人、軍属が中心で一部は一般邦人）が一〇〇〇人近くいたと言われる。離隊の理由はどうであれ、その多くがインドネシアの独立のための戦争に参加することになった。のちにこれらの人々の相互扶助団体として結成された「福祉友の会」の調べによれば、当初、残留した人はインドネシア全域で九〇四名いたが、うち二四六名がインドネシア独立のための戦いのなかで戦死し、二八八名が行方不明になったという[27]（福祉友の会、二〇〇五年、三八二頁）。

残留の経緯

これらの残留日本人たちの多くは、復員を拒否し、連合軍によって集結させられていたキャンプから一九四五年末から一九四六年頃にかけて「逃亡」した者たちである。彼らが残留の決断をした状況はさまざまであった。

一般にこの問題を取り上げるときもっとも麗しい理由として挙げられるのは、日本軍が果たせなかったインドネシア独立の約束を守るために独立戦争に参加したいという熱情から残留を決めたというものである。確かにそのような者もいただろう。そのなかには後藤乾一によって紹介された市来龍夫や吉住留五郎らが含まれている。彼らは戦前からインドネシアに在住し、早くからインドネシアの民族主義に共感を示していたアジア主義者ともいうべき人たちであった(28)。

インドネシア語が堪能であった市来は、歩兵操典の翻訳を手がけ、また東部ジャワで編成された日本人部隊の隊長を務めていたが、志なかばで一九四九年一月に戦死した。吉住もその前年八月に肺結核で病死した。市来や吉住のように確固たる自分の意志で選択した人のほかに、インドネシアの知人やかつての部下たちに請われて独立戦争の軍事的な指導のために残った人たちも多い。荒れ果てた祖国の将来に絶望した人たちがたくさんいたが、彼らはそのような誘いを受けたとき、むしろ少しでもインドネシアの役に立ちたいと考えたとしても不思議ではない。このような人たちの存在は、のちに日本の戦争はアジアの人たちの役に立った側面もあるという、いわゆる解放戦争史観のひとつの根拠とされるようになった。

しかしこのグループに属する人は、数のうえからみれば一握りでしかない。その他の多くの人は、もっとやむにやまれぬ事情からインドネシア社会への「逃亡」を決意したのである。その理由のひとつは、憲兵隊員や捕虜収容所関係者などが任務中の残虐行為を問われて戦犯容疑で裁判にかけられることを恐れたからである。

次にインドネシア人の妻子がいるなどの人間関係に縛られ、別れて帰国するに忍びなかった人たちである。第2節で見たように、非公式の妻子がいる場合、実はそれを正式な形にして連れて帰る道が開かれていた。しかし、その情報を知らない者や、あるいは知っていても、文化のまったく異なる、そして敗戦で荒れ果てた日本社会へ妻子を連れていくことの大変さを痛感して残るほうがよいと考えた者は多かった。それよりもずっと多い数の男性が恋人を捨てて帰国してしまったという事実[29]に照らしあわせて考えると、これらの人々は責任を全うしようと思った律儀な人たちであるとも言えよう。

そのように自らの意思で残留を決意した人たちのほかに、インドネシアのさまざまな軍事組織で軍事訓練にあたるためにインドネシア側に「拉致」された人や、孤立した小部隊に属していたため本隊との連絡が不十分で合流できずに残留を余儀なくされた者など、つまり自分の意思に反して残留せざるをえなかった人たちもいた。スマトラ北端のアチェにいた近衛騎兵隊の准尉、石井正治は、軍の命令でインドネシア側との交渉に出かけていったところ、拉致され、その間に引揚船が出発してしまい、帰るすべを失ったという（石井正治、一〇九―一一四頁）。

これらの理由あるいは動機のうち、どれが一番多いのかは正確には分からないが、一九五二年に帰国した者に対して外務省が行なった聞き取り調査によれば、女性関係によるものがもっとも多かったと述べている調書と、独立戦争への参加がもっとも多かったという調書とが見られる（外務省外交史料館文書K'-0006-②&③）。

いずれの場合も残留者の大部分は軍人・軍属で、なぜか民間人は少ない。それゆえ、引き揚げ完了後の残留日本人問題を「残留兵」問題としてとらえる見方も多い。インドシナにおける残留日本兵の研究をしている立川京一は、残留日本人とは「戦争を遂行するために、外国の領土、もしくは外地に動員され、戦争を生き永らえたものの、自発的な離隊・逃亡、あるいは何らかの事故などによって、引き揚げ完了後、一定期間、あるいは終生、帰国せず現地に留まった旧日本陸海軍将兵」と定義したうえで、ただし、軍人ばかりでなく、軍属や民間の居留民のなかにもそうした例が見られることを指摘している（立川京一、二〇〇二年、五三頁）。

残留日本人は、日本軍が占領あるいは駐屯していた他の地域においても見られるが[30]、とりわけインドネシアとヴェトナム（約七〇〇名）に多い。それは、終戦直後にこの両国は独立を宣言し、いずれも元宗主国との戦いに突入していったことによるだろう。宗主国が戻ってきて再び支配を確立した地域では、このような残留兵は、生きていく場所がなかった。連合軍側は日本兵を一人残さず帰還させることに非常に力を入れており、彼らの強固な支配下では日本兵が隠れる場所はほとんどなかったが、インドネシアやヴェトナムでは、ゲリラ部隊のなかに身を隠すことが可能であり、地元の人たちも自分たちの闘いを助けてくれる限りにおいてこれらの人々を保護したからである。

同じインドネシアのなかでも残留日本兵の存在が報告されているのは、インドネシア共和国の勢力が相対的に強かった地域である。ジャワ、スマトラが大部分で、そして例外的にバリで二〇数名の残留兵の存在が報告されている程度である（坂野徳隆、七五頁）。それ以外の、カリマンタン、スラウェシ、マルク（モルッカ諸島）、ニューギニア、小スンダ列島など、オランダが支配権を構築していたような地域では残留日本兵の存在はほとんど報告されていない。報告があったとしても日本軍を離隊して残留したという状況ではなく、コミュニケーション不足のために本隊と離れて終戦の状況を十分に理解できなかった人たち、すなわち復員のための一連の手続きから疎外されていて「取り残された」人たちである。このような、残留日本兵の地域的偏りからみても、独立戦争、特にゲリラ戦の存在が、日本兵の残留を助ける役割を果たしていたことは明らかであろう。

残留日本兵はこのように宗主国とのあいだに独立をめぐる闘いが繰り広げられていた地域に主として見出され、彼らには生存のためにその戦いに参加する以外の道がないことがしばしばであった。とはいえ、残留者全員が独立戦争を戦ったかというと、インドネシア側の報告書から見る限り必ずしもそうで

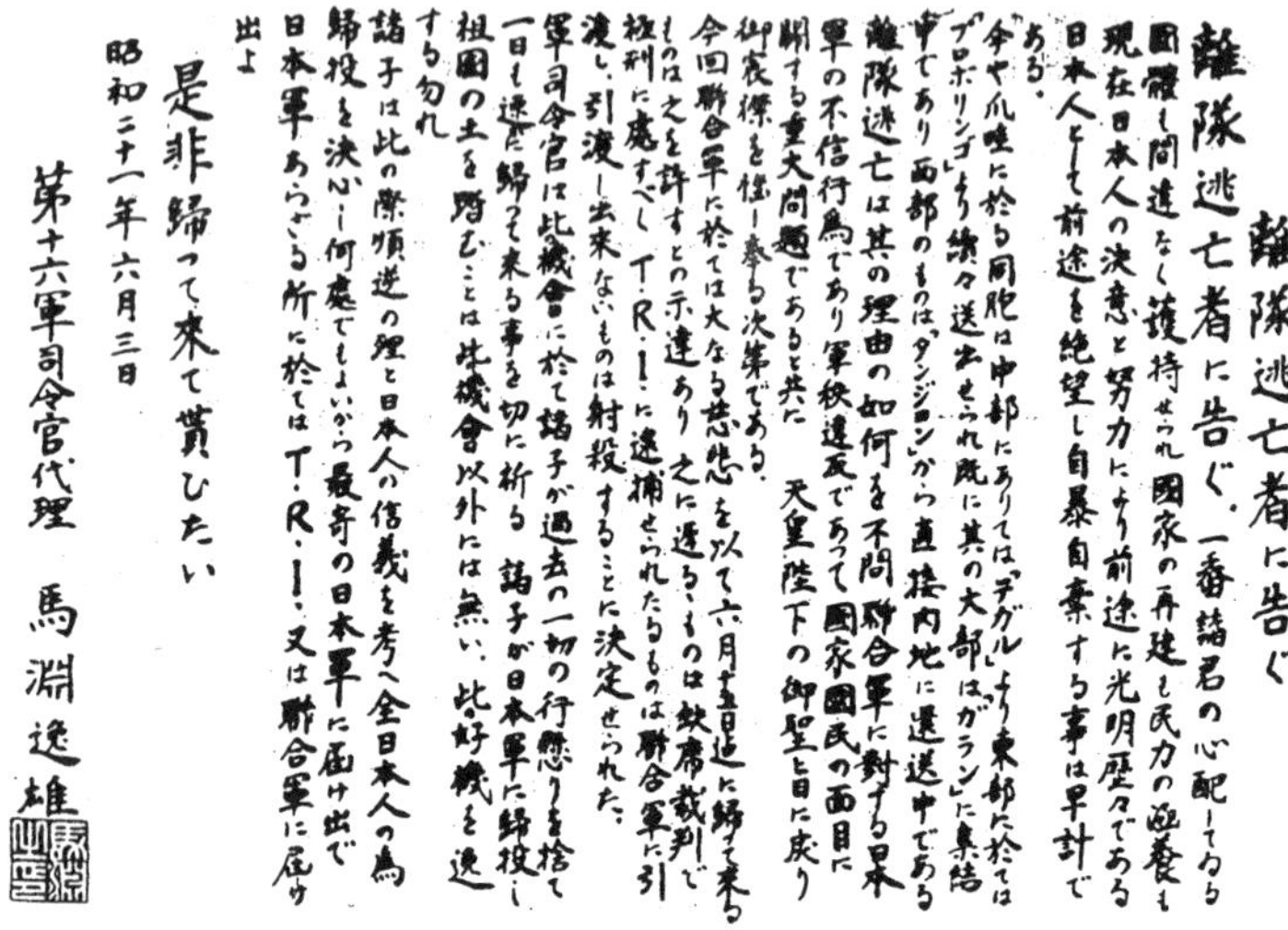
離隊逃亡者に告ぐ
離隊逃亡者に告ぐ、一番諸君の心配して居る
國體も間違なく護持せられ國家の再建も民力の涵養も
現在日本人の決意と努力により前途に光明歴々である
日本人として前途を絶望し自暴自棄する事は早計で
ある。
「今や爪哇に於る同胞は中部にありては「ヂグル」より東部に於ては
「プロボリンゴ」より續々送出せられ既に其の大部は「ガラン」に集結
中であり西部のものは「タンジョン」から直接内地に還送中である
離隊逃亡は其の理由の如何を不問聯合軍に對する日本
軍の不信行為であり軍紀違反であつて國家國民の面目に
關する重大問題であると共に　天皇陛下の御聖旨に戻り
御宸襟を悩し奉る次第である。
今回聯合軍に於ては大なる慈悲を以て六月十五日迄に歸つて來る
ものは之を許すとの示達あり之に遅るゝものは缺席裁判で
極刑に處すべくT.R.I.に逮捕せられたるものは聯合軍に引
渡し、引渡し出來ないものは射殺することに決定せられた。
軍司令官は此機會に於て諸子が過去の一切の行懸りを捨て
一日も速に歸つて來る事を切に祈る　諸子が日本軍に歸投し
祖國の土を踏むことは此機會以外には無い。此好機を逸
する勿れ
諸子は此の際順逆の理と日本人の信義を考へ全日本人の為
歸投を決心し何處でもよいから最寄の日本軍に届け出で
日本軍あらざる所に於てはT.R.I.又は聯合軍に届け
出よ
是非歸つて來て貰ひたい
昭和二十一年六月三日
第十六軍司令官代理　馬淵逸雄

馬淵逸雄少将からの勧告ビラ。

はなかったようだ(31)。

もちろん、これらの離隊者たちに対する連合軍、日本軍の追跡は極めて厳しいものだった。日本当局は、当然このような形での離隊は許さず、その行為は軍秩序違反の「逃亡」であるとした。しかしながら、帰還を呼びかける努力を行い、ただちに戻ってきた者の罪は問わないという姿勢を示した。一六軍司令官代理の馬淵逸雄少将名で、離隊した日本兵に対して一九四六年六月三日付けで「離隊逃亡者に告ぐ」という勧告ビラが出されている（オランダ国防省文書GG—8）。内容から察して、連合軍と協議のうえ出されたもののようで、英印軍が上空から撒いたのではないかと思われる。これには和文と並んでインドネシア語訳がつけられており、インドネシア側にも周知することを目指していたようである。その内容を部分的に紹介すると以下のようなものであった(32)。

離隊逃亡は其の理由の如何を不問連合軍に対する日本軍の不信行為であり、軍秩違反であって国家国民の面目に関する重大問題であると共に天皇陛下の御聖旨に戻《もと》り御宸襟《しんきん》を悩し奉る次第である。今回連合軍に於ては大なる慈悲を以て六月十五日迄に帰って来るものは之を許すとの示達あり。之に遅るるものは欠席裁判で極刑に処すべし。ＴＲＩ（引用者注：インドネシア共和国軍）に逮捕せられたるものは連合軍に引渡し、引渡し出来ないものは射殺することに決定せられた。軍司令官は此機会に於て諸子が過去の一切の行懸《ゆきがか》りを捨て一日も速かに帰って来る事を切に祈る。諸子が日本軍に帰投し祖国の土を踏むことは此機会以外には無い。此の好機を逸する勿《なか》れ。

このような命令の背後には連合軍側の意思が働いていたのではないかと思われる。この勧告を通じて連合軍側は、帰隊しない者に対しては極刑をもって臨むことを伝達しているのである。オランダは日本人に懸賞金をかけて、住民からの密告を奨励したといわれる(33)。

つまり当時、彼らは日本軍からは「脱走兵」として扱われ、連合軍、特にオランダ軍からはインドネシア人を扇動し、その反オランダ闘争を支援する諸悪の権化と見なされたのである。この最初の対応が、長いあいだ彼らに法を犯した悪者としてのレッテルを貼り、戦後も長く復権を妨げた一因になっている（一九九一年十二月に名誉回復）。石井正治はその扱いについて「せめて現地除隊後行方不明という憐憫《れんびん》の心がもてなかったのでしょうか」と無念を吐露している（福祉友の会『月報』一九四号、一九九八年六月）。

「残留できなかった」日本人

残留日本人がその後どのような運命をたどったかを見る前に、実際には残留を強く望み、そして逃げ回りながら当局の取り締まりによってそれを果たせず、結局、身柄を拘束されて日本へ引き揚げざるをえなかったある日本人の足跡を、彼がインドネシアの家族に残した手記を繙《ひもと》きながら追ってみよう。逃げようとする者を執拗に追いつづけるオランダ当局の姿がはっきりとうかがえる貴重な手記である。

それは戦前からの在留邦人で、インドネシアに妻子をもっていた七條重信（中国名陳和忠）である。[34]彼自身、実は日本人を母に、インドネシア在住の中国人を父に持つ混血で、ジャワで生まれた。両親が離婚したため、六歳のとき母とともに日本に渡り、そのとき日本の戸籍に入った。日本で小学校教育を六年間受けたのち、一九一四年に十七歳で、母とともにインドネシアへ戻り、日本料理の料理人としてさまざまな職場を渡り歩いた。その間、中国系の女性と結婚し、一九三〇年に娘の春子をもうけている。

三井物産の社員寮の賄いをしているとき開戦になり、他の日本人職員や妻子とともにオランダ官憲に逮捕された。やがてオーストラリアへ送られ、そこのキャンプで七カ月過ごしたのち捕虜交換で釈放されたのである。アフリカのロレンソ・マルケス（現マプト、モザンビークの首都）の港に着き、上海から来た米国人九五〇人と交換され、自分たちは日本船鎌倉丸に乗り換えた。まずシンガポールへ寄港し、そこで行き先ごとに振り分けられたのだが、七條親子は、インドネシア行きを希望して約三五〇人の日本人とともに日本軍占領下のバタヴィアへ向かい、一九四二年八月三十日にタンジュンプリオク港に到着した。そして、一九四二年十月一日からボゴール州庁警察部に通訳として配属された。戦前はオランダ語の小学校に通っていた娘の春子は、この時期にはオランダ語の学校が廃止されていたので中国語の学校へ通った。

穏やかだった七條一家の生活は終戦で一変する。終戦後、父は妻子と引き離されて、ボゴール近郊コタバトゥの日本人収容所に入れられてしまったのである。それは日本への引き揚げを前提として、それまでのあいだを過ごす集結キャンプであった。しかし何が何でも絶対に帰国したくないと心に決めていた七条はそこから命からがら脱走する。そのときのことを次のように記している。

昭和十六年十二月八日東亜戦争《ママ》が始まりてより二十年八月十五日中止と成り其れから自分は此の後之目的を定めどうしても内地にかえらぬ決心を付け、日本人の集結地なるコタバトを二十年十二月七日外之日本人と別れて自分一人ボゴル之町に出て支那人之内に居ることに成り、其れから之自分之姓命《ママ》之保ごに付き人々様之世話になり今日自分之思ふた目的が叶った。

脱走後は中国系の友人の助けで転々と逃げまわった。彼の手記には次のように綴られている。幾分、分かりにくい文章だが、そのまま引用する。

其のため恩人が先ず第一に我が妻子供毎月金銭之仕送り又食料品其外色々、其の次が自分之妻子供を保護して、家を貸して居る支那人。此人は自分共が姓命之有る限り忘れる事は出来ぬ。又其次は自分の第二の妻又は父親。此の人之世わでチボロム之土人之内四十日間其れからパアロンの田舎之支那人、氏名コーウシン・チャイ。此の内に十ケ月間。

どうやら妻子を別のところに預け、また別の女性と結婚してその家族によって身を守られたようである。しかしついに一九四六年十二月に、「日本人ではないか」という「嫌疑」をかけられてオランダ当局に捕まり、バタヴィアに連行されてガントゥンガンの刑務所に投獄される。五カ月間獄中で過ごし、その間、娘の春子が二回面会に来てくれた。やがて刑務所のオランダ人の特別な計らいで釈放される。彼が獄中にいたあいだに数度の引揚船は出発してしまい、彼は運良く引き揚げを逃れたとほくそえむ。手記には次のように書かれている。

此の牢屋生活をなしたるため、日本にかえらなくてすんだもので自分最始《ママ》よりの思が叶たわけで有る。

釈放後は妻子のもとに戻って静かに暮らしていたが、結局、彼は再び捕らえられ、強制的に日本へ送り返されることになった。一九四七年九月の日記風のメモを最後に手記は終わっているので、この直後のことではないかと思われるが、逮捕の詳細は分からない。七條は乗船前に、何らかのルートを通じてこのメモ帳を家族のもとに残していった。カタカナをようやく読める程度の日本語力しかない娘の春子にはこの手記を理解することができない。二〇〇八年夏に筆者が遺族から渡されて開くまで、七條の思いは外に知らされる機会もなかったのである。

帰国した七條は、カタカナ書きのインドネシア語で日本からインドネシアにいる娘春子に手紙を送り続けた。それも一九五五年を最後に届かなくなったので、その頃に亡くなったのではないかと春子は推測している（七條春子とのインタビュー）。なお、春子は、日本での生活になじめずにオランダ当局に願い出て「帰国」を許されたミズタニ三兄弟（第2節参照）の末弟エディーと結婚し、現在バンドゥンで暮らしている。

何度か「脱走」を試みたが、結局叶わず、妻子と引き離されて帰国を余儀なくされた日本人。血の上では半分中国人でありながら「国籍」が日本であったため、送り返されてしまった七條の運命は、オーストラリアの収容所から日本へ送り返され、適応できずに助けを求めていた混血青年たちと同じように、恐らく「帰国」後もさまざまな苦難に満ちたものであったろう。不本意にジャワから送り返された人はほかにも多数いたにちがいない(35)。

現に残留を正式に申請したのに却下されたケースが多数、オランダの文書館の記録に残っている。たとえば、一九四七年四月には、残留を希望する四七名の邦人を代表して石居太楼が日本外務省に残留を認めてほしい旨の要望書を提出し、その書類が、終戦連絡中央事務局を通じてＧＨＱに送られた。うち六名が二世、一四名が日本に身寄りのない者、二七名が沖縄の漁師で、全員が蘭印政府から出された臣民権あるいは永住権を持っているという（駐日オランダ政府外交代表団関係文書 Inventaris 398-②）。これ以外にも、日イの混血で、戦争中オーストラリアに抑留されず、あるいは抑留されても捕虜交換などでインドネシアへ戻っていた者たちで、日本への引き揚げを拒否して残留申請を出していた者が多数いた。さらに、戦前からの居留民でインドネシア人や混血の女性と結婚した七條のような日本人男性で、すでに長いあいだインドネシアに定着していたため、日本への引き揚げを望まなかった人たちは多数いた（これらの例は駐日オランダ政府外交代表団関係文書 Inventaris 397 に多数見出される）。彼らはいずれもオランダ臣民権を求められずに日本人とみなされたため、最終的に残留が許されなかったようである。

インドネシア共和国による残留日本人取り締まり

残留日本人に関しては、戦後生き延びた人たちが多くの手記を残したり、あるいはジャーナリストや研究者によって取材され、数多くの記録が残っている。しかし、独立戦争期に、インドネシア共和国はこれらの残留日本人をどのように見ていたのか、また彼らに対してどのような態度をとったのかということはほとんど明らかにされてこなかった。共和国政府内に「元インド兵・日本兵問題事務所（Biro Oeroesan Bekas Pradjoerit India dan Djepan）」という役所が一九四七年段階で設置されていたという報告があるが、詳細は分からない（Nefis Publicatie No72）。第2章で述べるように、独立戦争終結後、一九五〇年代前半にインドネシア共和国政府はこれらの残留日本人の総引き揚げを日本政府に求めてくる。この問題と関連して、いったい彼らがインドネシア人の目にどう映り、どのように受け止められていたのかは重要な問題である。果たして、残留兵は最初からインドネシアにとっては厄介者だったのであろうか。

確かに、インドネシアの軍関係者たちは、日本軍の武器と日本軍将兵の戦闘技術を非常に欲しがっていた。一部の人たちが日本人を説得し、熱心に離脱を勧めたのも事実である。しかし残留日本兵がほぼすべてインドネシアの独立のための戦いに直接間接に関与していたとしても、インドネシアの人たちが一様に彼らを「歓迎」していたかどうかは分からない。まして国家としてのインドネシア共和国の政府がどう考えていたかは別のことである。

第一に、ただでさえ、その頃オランダはインドネシアの独立は「日本製」であるとして批判し、それゆえに認めがたいものであるという立場をとっていた。これに対処するために共和国側は、対日協力者であったスカルノらが前面に出ることを避け、対日協力に手を染めなかった数少ない指導者の一人であるスータン・シャフリルを首相に立ててオランダとの交渉に当たらせるなど苦慮していた。インドネシア国軍のなかの日本兵の存在は、軍事技術の指導という観点から魅力的ではあったものの、公の場に浮上してくることは避けたいと思っていたであろう。

シャフリル首相は、立場を有利にするために一応、軍事的な闘いを続けつつも、実際には外交交渉によってオランダとの対立を解決することを主眼にしていた。日本人があまり目立ってはいけないという配慮から、西ジャワのガルット周辺でまとまって戦っていた日本人部隊は突如、解散させられ、リンガルジャティ方面へ移動させられたこともあった。さらに一九四六年十一月、オランダとの交渉の場としてリンガルジャティを使うことになり、日本軍がいてはまずいというので、北海岸回りの汽車でジョクジャカルタへ移動させられた（サトリア石井とのインタビュー）。

そのような国政の指導者たちの政治的な思惑とは別に、地方レベルの対応は千差万別であった。当初は、日本軍政期のネガティヴな思い出のゆえに、日本人に対する警戒心は一般に強かったようであるが、闘争の現場においては日本人の「助力」に期待する動きもあり、地域によっては日本人部隊が編成されるに至ったところもある（林英一、二〇〇九年を参照）。一方、さまざまな思惑から日本人を警戒し排除しようとする動きは絶えずあり、たとえば西スマトラのパヤクンブでは八七名の日本人が虐殺されたといわれているが、ことの始まりは、部隊から「逃亡」した日本兵五五名がブキティンギでインドネシア人に教練を施していたところ、「このような日本人の存在は将来インドネシアにとって危ない」と解釈されたことであった。このため同じスマトラでも西スマトラ周辺には日本兵がほとんど存在していないたという情報もある（林英一、二〇〇九年、一四九頁）。

（メダンでの合同インタビュー）。一九四七年八月頃、バンドゥンからスマランへ向かう道中、日本兵を帯同していたインドネシアの一部隊が作戦会議においてオランダ語で日本人の処分について話し合っていたという情報もある（林英一、二〇〇九年、一四九頁）。

また戦争中アチェでスマトラ義勇軍の訓練にあたり、終戦後に日本軍を離脱した川路進は、インドネシア軍に身を投じたのだが、同じくインドネシア側によってスパイ容疑でロスマウェにて投獄された。

元義勇兵の一人がコタラジャ（現バンダ・アチェ）の憲兵隊長をしていて出獄させてくれたために命は助かったという（同氏とのインタビュー）。

特にオランダの勢力が強かった地域においては、インドネシア人自身も必ずしも一丸となってインドネシア共和国を支持していたわけではなく、オランダの連邦構想になびいている人々もいた。そのような地域のひとつはバリである。ここにも残留日本兵は二〇名ほどいたが、通常の戦闘だけでなく、仲間の裏切りその他で命を失った者が何人かいる。バリでただ一人、独立戦争を生き延びた日本人、平良定三は、オランダは日本人の首に多額の懸賞をかけ、住民に密告を勧めたと述べている。彼自身に対してオランダは「石油缶三杯の銀貨」を賞金とし、その旨のビラを飛行機から撒いたという（坂野徳隆、一八三頁）。バリでは平良を除いて残留日本兵全員が独立戦争中に死亡したわけで、全体の生存率から見ると非常に低い。

とりわけ一九四八年一月にレンヴィル停戦協定が結ばれてからは、インドネシア政府も積極的にオランダに協力することを余儀なくされ、日本兵への取り締まりが厳しくなったようである。この協定では、インドネシア側は、オランダが各地に作った傀儡政権の存在を認めることを余儀なくされ、特にそれらの地域では日本人が生き延びることはさらに難しくなった。

この時期のオランダ、ならびにインドネシア政府の残留日本人に対する方針に関しては、これまでほとんど公的な情報がないと考えられていたのであるが、オランダ国防省の文書のなかにいくつかの記録が見出された。すなわちレンヴィル協定後にオランダ＝インドネシアが引き続き交渉を続ける場として設けられた治安委員会（Veiligheidscomite）において、残留日本人を探し出しオランダに引き渡すという点で双方が同意に達したようで、これに基づいてインドネシア側が行なった実態調査の報告が残されている。[36] まずはそれに沿って事実関係をフォローしてみよう。

このオランダ国防省文書のなかに見出される残留日本人関連の最初の記述は、当時インドネシア側との交渉にあたっていた蘭印軍のリエル（Lier）中佐（政治問題担当）が副総督に宛てた一九四八年一月二十六日付けの書簡である。そのなかで彼は、「共和国の軍隊に参加していて、集結地にやって来た日本兵やインド兵（グルカ兵）やドイツ人に関しては、どうすべきか具体的な規定がない」と述べたうえで、「日本人やドイツ人は間違って今なお戦闘を続けている敵国軍の兵隊とみなすことができる」[37]として、彼らをバタヴィアへ引き揚げさせてその後に復員（除隊）させることをほのめかしている（オランダ国防省文書 Inventaris 439–1）。

これとは別に、リエル中佐から共和国側の委員長宛ての電文のなかで、「すべての日本人はオランダへの抵抗者と見なし、逮捕の際には戦争犯罪人の可能性ありとしてバタヴィアへ送らねばならない。尋問の際には、たとえばその日本人が共和国軍のなかで重要な役割を持っているような場合にはただちに広範に知らしめて注意を喚起しなければならない」という趣旨が述べられている（オランダ国防省文書 Inventaris 439–⑰）。

これ以後、各地にいる日本兵の実態を調査しようという動きが出てきたようで、二月十七日付けで蘭印軍参謀長は各地の蘭印軍部隊長に対して共和国軍に参加している日本人に関する調査を命じた。具体的には、本当にそのような日本人がいるのか、それぞれの地域では彼らはどの程度浸透しているのか、それぞれの地域において日本人に対してどのような方針が取られているのか、を調査させることになった（オランダ国防省文書 Inventaris 439–③）。

その後、治安委員会のなかに残留日本人やドイツ人の問題を扱う第五小委員会が設立され、六月二日にジョクジャカルタ郊外のカリウランで行われたその小委員会の会議の席上、インドネシア共和国側に実態調査の実施が依頼された。この会議の記録には、共和国領域内に日本人が八〇〇人、ドイツ人が二八九人いると報告されている（オランダ国防省文書 Inventaris 439–⑩）。次いで六月十八日付けのリエル中佐から NEFIS 長官宛ての書簡のなかで、調査に際しての指針が提示され、以下のような調査項目が述べられている（オランダ国防省文書 Inventaris 439–⑫）。

a　日本軍時代の経歴
b　それらの日本人は本当にインドネシア共和国の過激な行動に参加しているのか
c　彼らはかつてインドネシア国軍に登録したことがあるのか
d　インドネシアの政治活動に参加したことがあるか
e　インドネシアの政党の党員になったことがあるか
f　インドネシア当局の顧問になったことがあるか

さらにその後のインドネシアとオランダの話し合いのなかで、「日本人は逮捕後バタヴィアへ送り、司令官に引き渡す」と取り決められた（オランダ国防省文書 Inventaris 439–⑬）。六月十八日の会合においては、日本兵と結婚したインドネシア女性をどうするか、この結婚は有効か、彼女たちを日本へ連れていくことはできるか、といった問題も話し合われた（オランダ国防省文書 Inventaris 439–⑭）。

インドネシア共和国の対応

このようなオランダ側との一連の話し合いと併行してハッタ副大統領兼国防大臣は、一九四八年六月十日付けで国家警察長官ならびに国軍司令官宛てに、憲兵と密接に協力して軍隊の組織の外にいる日本人を対象に登録を行い、日本人を連合軍に引き渡すように、との命令を出した。共和国がオランダの意向を取り入れて、オランダへの「引き渡し」を前提として調査を開始したのである。[38]なお、ここでいう「日本人」とは、純粋な日本人、ならびにインドネシア名を持っていても正式に共和国政府法務省から市民権（Staatsburgerschap）を与えられていない日本人を意味する、とされていた（オランダ国防省文書 Inventaris 2037-①）。

スマトラにおける調査結果

まず七月に、第五小委員会の共和国側のメンバーの一人であるマフムッド大尉が、調査状況の視察のためにスマトラへ赴いた。しかし、どの地域の軍も、ほとんどがハッタ副大統領からの調査命令を実行しておらず、情報が集まっていなかったため彼は困惑し、仕方なく彼自身が各地を回って調査することにした。その結果として彼が報告した東スマトラでの残留日本人の状況を要約すると以下のようである（オランダ国防省文書 Inventaris 2037-④ & ⑤）。

日本軍が降伏したとき、東スマトラで約三五〇名の日本兵が自分たちの部隊から逃亡[39]して民間武装団体（ラスカル）に参加していた。それらの逃亡者たちは将校、兵隊、一般邦人（サクラ）から成っている。オランダの攻撃の最中に、これらの日本人はわれわれの兵隊とともにメダンやプマタンシアンタルの前線で殺された。彼らの一部は戻ってきたが、一部は今でもカロの山岳地帯（オランダ支配地区）におり、そこでゲリラ戦を展開している。

タパヌリと南東スマトラには約一〇〇人の日本人がいる。停戦協定が結ばれたとき、われわれの支配地域にいる日本人たちは前線から引き揚げられて武器製造工場に配置されたり、インストラクターになったりした。そのなかの一部の者はその後、疑いをかけられて逮捕され、ブキティンギへ送られた。逮捕されたなかにはイノウエ大尉という者がおり、彼は連合軍（オランダ）が探して身柄の引き渡しを要求していた人物である。彼の経歴はおよそ以下のようなものである。

日本軍がメダンを占領したとき、イノウエ・タツオ（引用者注：正しくは井上哲郎）中尉（引用者注：正しくは大尉）は、占領軍の司令官であったマツマ中佐の秘書だった[40]。行政機構（civiele bestuur）ができたとき、彼は刑務部長（スマトラの警察の長）になった。彼が行なった残虐な行為のひとつはアロンという秘密結社のメンバー三七名の殺害である。この秘密結社の要求のひとつは土地法に関するものだった[41]。

その後イノウエは、セルダンの分州長になった。彼はそこで「猛虎隊」[42]（Barisan Harimau Liar B・H・Lと略された）という名のテイシンタイ（挺身隊）を設立し、ヤコブ・シレガル――Jacob Siregar、独立後は国軍の中佐で、恐らくパダン・シデンプアン（Padan Sidempuan）事件（後述、九七頁参照）の背後にいた人物と思われる――をその指揮官の一人に任命した。

日本軍が降伏したとき、イノウエは日本軍から逃亡し、自分自身テイシンタイに参加した。そしてカロの山岳地帯で猛虎隊を率いた。この部隊は時とともにメンバーの数が増えていった。

オランダの攻撃後、彼のやり方に疑惑が持たれ始め、彼は（インドネシア軍の）憲兵隊に逮捕された。猛虎隊が行なったすべての残虐行為が疑われたのである。東スマトラから引き揚げる連合軍側の捕虜・抑留者三〇〇〇人が猛虎隊に殺されたり、残虐な目に遭ったりしたのは、イノウエの秘密の命令によるものだと考えられたからである。いま彼は囚われの身にある。しかし目下のところコタチャネ（Kotatjane アチェ南部）でインストラクターとして使われている。彼は三十七歳で、ハンサムである。しかし日本軍政時代にそうであったように独立革命期にも恐れられている。彼は黒蛇会（Naga Hitam）のメンバーであり、降伏後の彼の仕事を実践するために七人の日本人を従えている。

ここに出てくる井上哲郎は自分自身も一九五三年に日本で手記を刊行している。そのなかで彼は独立を目指して戦うインドネシア側も一枚岩ではなく、正規軍と民間軍のあいだに絶え間ない争いや駆け引きがあったことを描いている。またコタチャネで囚われの身になっていた時期のことも詳細に記録しているが、それより少し前（一九四八年）に彼が自らコタチャネに赴いて昔の部下を訪ねたとき、その部下が語った言葉として以下のようなことが記されている（井上哲郎、一九五頁）。

この新聞に、この間副大統領のハッタが新聞記者団のインタビューを受けた時の記事が出ている。良かれ悪しかれ副大統領はこんなに長々とあなたのことを喋っている。しかもその話の中で――イノウエという一日本人によって指導されつつある北部スマトラのインドネシアの独立闘争は云々――といっている……ジャカルタ、シンガポール、デンハーグ、サンフランシスコ等の放送は皆あなたを〝スマトラの虎〟という最大級の敬称を以って呼び、ヘラルド・トリビューン紙はあなたの漫画まで掲載している……

マフムッド大尉の報告書ならびに井上の手記の双方から、井上の北部スマトラにおける存在と影響力の大きさがうかがえる。恐らくこのような突出した日本人が暗躍することの是非に関する論争がインドネシア共和国内部にあり、中央政府を当惑させていたものと思われる。
ついでマフムッド大尉はアチェを訪れ、第一〇師団長のテウンク・ダウド・ブルエーを訪ね、彼の勧めで社会主義青年団（Pesindo《プシンド》）やムジャヒディン（Mujahidin 回教を守る戦士の意）のメンバーを訪問した。そしてアチェの日本人に関して前述の報告書は、およそ以下のような趣旨を述べている。

社会主義青年団とムジャヒディンは自分たちの強力な部隊を持っており、そこでは多くの日本人が働いていた。……現時点で約一〇〇人の日本人がいる。それに加えて多くが東スマトラや北スマトラの前線で殺されたり、武器製造工場の事故で死んだりした。彼らはこれらの部隊のインストラクターや顧問として働いている。一人二人商人になっている者もいた。そのなかにはかつて情報部（Afdeling Joho）で働いていた者もいる。彼らは情報の専門家で、地下活動とのコンタクトを持っている。彼らは良い地下組織をもっている。それはお互いに素早い接触をはかって情報を集めるので、良い組織である。

コタラジャにはテウク・チュット・アリ（Teuku Tjoot Ali）と呼ばれているクロイワ（引用者注：第2章第3節で紹介する黒岩通のことと思われる）がいる。彼は特別警察隊のメンバーだったので恐れられている。多くの者がクロイワに殺された。日本人がモスクの池に裸で入ったために、住民が怒って騒動が起こり、それを鎮静するのに多くの住民が殺されたことがあったのである。
日本占領時代に多くの残虐行為が行われたが、おかしなことに日本が負けたときにはそれらのことは忘れられて、コタラジャから四キロのところにあるロンガ（Longah）でいまや住民は彼らを信じ、彼らは影響力をもっている。そこには武器修理工場、武器保管庫があり、あらゆる武器弾薬がある。

この地域は社会主義青年団の中心地である。

社会主義青年団は最終的には、インドネシア国軍（ＴＮＩ）に吸収された。クロイワの影響力は社会主義青年団がＴＮＩに吸収されてからは弱くなった。武器工場で働いているだけである。現在、彼は結核の治療を受けており、何もできない。

ここで「日本占領時代の残虐行為のことは忘れられて」、と述べられているが、前述の井上の手記を読むと、しこりはかなり根強く残っていたことがうかがわれる。彼は日本軍政期に自分の忠実な部下だったインドネシア人将校から、「どうですか？　一度私の前で直立不動の姿勢をとってみたら？　日本軍政時代のインドネシア人の痛みがおわかりになりますぜ」と言われたことを記している（井上哲郎、一九六頁）。

マフムッド大尉は次に西スマトラへ行き、以下のように報告している（要約）。

パダン・シデンプアンでは、日本人の多数参加している民間武装団体《ラスカル》が調査を拒んで、私が行く前にタパヌリの正規軍の司令部に対してクーデターを起こし、日本人の動向について調査していた将校たちが身柄を拘束されていた。しかし、そのクーデターの首謀者バジョ少佐は、私が行くと、彼の旅団に属している日本人三五名の名を提示した。

西スマトラでは、以前にここにいた多くの日本人残留兵がラスカルに殺されるという残酷な事態が起こっていた。この調査の段階で二七人の日本人がいるということであったが、彼らは当初からいた日本人が殺されたあとに来た者ばかりである。二人を除いて全員民間人で、ブキティンギ検察庁長官のコントロール下で商業、靴製造業、醤油製造業などをしているということだった。

これらのことを総合してマフムッド大尉は、次のように結論づけている。

スマトラには約二七〇名の日本人がおり、その多くの名前は分かっているが、偽名を使っている者も多い。二七〇名のうち一〇〇名は不明であり、以下の一七〇名に関してのみ所在地が判明している。

アチェ	八三名
西スマトラ	二九名
タパヌリと東南スマトラ	三五名
ジャンビ	四名
パレンバン	九名
ランポン	一〇名
計	一七〇名

日本人の一部は民間武装団体《ラスカル》と共和国軍との対立を煽るようなことをし、不穏な状況の元凶になっている。

しかしながら日本人を引き渡せというオランダの命令に対して各地の司令官たちは一般的に消極的であるとマフムッドは述べ、その理由を、人道的に問題があること、日本人をオランダ側に渡したら必ずインドネシア軍の秘密を暴露するだろうということ、さらにまた彼らはインドネシア側と敵対するようにオランダに利用されるかもしれないことなどに帰している。そして彼は、「オランダの手を経ずして彼らを直接日本へ送り返せるならよいが、それは平和条約がいまだ締結されていない現在、実際問題として不可能なので、いまは送還をしないほうがよい」「インドネシアが完全に独立し安全になったら、自分たちの手で日本人を送り返すのがよい」と提案している。さらに日本人自身が帰国を望んでいないこと、インドネシア側にまだ日本人を活用したいという思いが強くあることもマフムッドは記している。

ジャワにおける調査結果

それではジャワの状況はどうだったのであろうか。ジャワに関しては、シャムスアールなる人物が、一九四八年十一月に東ジャワの視察に赴いて報告書を作成し、[43]以下のような結論を導いている（オランダ国防省文書 Inventaris 2037-⑦）。

1　まだ日本人がいる。彼らはインドネシアの武装団体のメンバーで、インドネシア名を使っている。
2　各地の軍隊はまだ日本人の力を必要としているので日本人を手放すのは難しい。
3　軍の指導者は倫理上、日本人に対して責任を感じている。日本人はすでにインドネシア社会のなかに入りこんでいるので追い出したくない。
4　日本人は「本名を知らせない。たとえ登録しても、日本に帰りたくない」と言っている。

この一連の登録作業の結果、ジャワ各地の警察から、何回かに分けて以下の計二四名に関する報告が提出された[44]（オランダ国防省文書 Inventaris 2037-⑰～㉕）。

▼バニュマス州警察からの報告（一九四八年十月十二日現在）
・テラオカ（ユスフ）（引用者注：寺岡守一と思われる）

一九一九年生まれ、二十九歳、東京都出身
日本時代は海軍の運転手、現在は共和国軍の曹長
・オムラ（アフマッド）
一九〇八年生まれ、三十九歳、東京都出身
日本時代は鉄道職員、現在は共和国軍の曹長
▼ジョクジャカルタ州警察からの報告（一九四八年八月二十五日現在）
・ヨシナガ（モハマッド・ジャパル）
一九二一年生まれ、二十八歳、東京都出身
日本時代は一等兵
・ヤマグチ（オイブ）
一九二二年生まれ、二十六歳、長崎県出身
日本時代は一等兵、現在は共和国軍の補助兵
▼スラカルタ州警察からの報告（一九四八年八月二十一日現在）
・ノグチ（サストロスダルモ）　三十五歳
息子　バスキ　三歳
娘　スラルティ　一歳
・T・ヤマモト（アトモスワルノ）
一八九九年生まれ、四十九歳
日本時代はコントラクター、現在は憲兵隊の大尉

▼ジョクジャカルタ州警察からの報告（一九四八年八月十一日現在）
・カワナカ（アブドゥル・コディル）
　一九一七年生まれ、三十歳、台湾出身
　日本時代は下士官、現在は社会主義青年団（Pesindo）メンバー
・オイデ（フマイディ）
　一九二三年生まれ、二十四歳、佐賀県出身
　日本時代は兵士、現在は社会主義青年団（Pesindo）メンバー
・サカヤ（モハメッド・トイブ）
　二十八歳、佐賀県出身
　日本時代は兵士、現在は社会主義青年団（Pesindo）メンバー
▼ジョクジャカルタ州警察からの報告（一九四八年七月三十一日現在）
・日本名不詳（スカムト）
　三十歳、現在は国防省のモーター付き乗り物部門の運転手
・日本名不詳（サレー）
　二十八歳　同上
・日本名不詳（ダルソノ）
　三十歳　同上
・日本名不詳（ジャイマン）
　三十歳　同上

・日本名不詳（チャイ・ヤン・チャイ）
三十歳、硝酸工場の技術者
・コヤマ（アフマット）
三十二歳、台湾出身、日本時代はマランのタール工場職員
現在は工兵部隊（Techn. Dienst）の運転手
・トリシマ
三十一歳、台湾出身、日本時代はマランのタール工場職員、現在は私企業の運転手
▼マディウン州警察からの報告（一九四八年七月十九日現在）
・セイド・ニシムラ（トハ）
三十六歳、日本時代はジャワ防衛義勇軍（ペタ）指導官、現在は製塩企業の長
▼ケドゥー州警察からの報告（一九四八年六月二十九日現在）
・K・モリ
六十歳、日本時代は塗装士、現在は不明
・N・タカギ（スカルジョ）
四十歳、大阪出身、日本時代は兵士、現在は商人
・Y・ワタナベ（シンタ）
三十一歳、宮崎県出身、日本時代は兵士、現在は石鹸工場のマネージャー
▼バニュマス州警察からの報告（一九四八年七月二十七日）
・カドヤ（アリミン）

一九一六年生まれ、三十二歳、日本時代は海軍（？）士官、現在は共和国軍の曹長

・オンガワ（スカルマ）

一九一八年生まれ、三十歳、大阪府出身、海軍の見習士官、現在は共和国軍の補助兵

▼パティ州警察からの報告（一九四八年六月二十五日）

・タナカ（引用者注：元日本軍憲兵隊田中年夫軍曹ではないかと思われる）

日本時代はケンペイの補助メンバー、現在はTNI-masyarakat（引用者注：一九四七年七月二十三日にアミール・シャリフディンが民間武装《ラスカル》団体を糾合して組織した軍隊）のメンバー

・タニモト（引用者注：谷本澄俊ではないかと思われる）

日本時代はケンペイの補助メンバー、現在はTNI-masyarakatのメンバー

治安委員会第五小委員会の「スマトラにおける日本人とドイツ人についての内部情報」と題する一九四八年十一月二十四日付けの報告書のなかで、残留日本人問題に関する次のようなインドネシア側の総括的な結論が述べられている（オランダ国防省文書Inventaris 2037-⑧）。

（1）日本人は「日本がやがて必ずアジアを支配できる」と信じている。現在ははっきりした危険はないが、彼らは来るべき日に備えて準備を進めている。日本人のなかにはオランダがまだ支配していた頃スパイだった者、黒蛇会のメンバー、「ジョウホウ」の将校だった者もいるので注意せねばならない。在スマトラ部隊ではすでにこの危険を知らされており、日本人が住民や軍に対して与える影響を無効にするような措置を取り始めている。

（2）オランダ人とまた話し合う機会があるだろうことに関連し、日本人のオランダへの引き渡しに関

しての私の考えは以下の通りである。

a　それは非人道的である。

b　さらに、そのようなことをすれば政府に対する住民の信頼が減ずる可能性がある。オランダの要求に応じるなどというのは政府の弱さを意味すると思われる。

c　技術的な困難が多い。日本人を集合させることは困難。各部隊が賛成しないだろうし、引き渡されると分かれば、日本人は逃亡したり自殺したりするだろう。彼らはいずれも帰国するのをいやがっている。

これら一連の報告書からは、インドネシア共和国政府は、一九四八年にいったんはオランダの要望を受け入れて日本人の引き渡しに同意し、そのための登録作業にとりかかったが、現実には各地の部隊はそれを受け入れず、サボタージュしていたことが分かる。それはまだ彼らの力を必要としていたということによるのだろう。ただし、日本人のすべてがインドネシア国軍に参加していたわけではなく、社会主義青年団（プシンド）、ムジャヒディンなど民間の武装団体に参加して国軍と対立していた場合もあった。オランダの文書には出てこないが、共産党系の部隊に入っていてマディウン事件（一九四八年九月に発生した共産党の反乱）に関与した者もいたと言われているし、のちに反政府のダルル・イスラームに参加した者もいたことが記録されている(45)。多くは思想的心情的に共鳴して選んだというよりは、日本軍離脱の過程でたまたま接触し、受け入れられた部隊に参加するという形だったと思われる。したがって、自分たちが共和国政府から見てどのような立場にあるのかを読み取れていない人も多かったのではないだろうか。さらに共和国側にはあまり歓迎されていない日本人もいた。ともかくこのような政争に巻き込まれたり、その結果、残虐行為を働いたり、ということがあったため、日本人の存在は、状況を混乱させるネガティヴなものとして捉えられていた面もあり、必ずしも全面的に歓迎されてはいなかったようである。インドネシア側はむしろ彼らをいかにして統制するか頭を悩ませていた様子がうかがえる。また、日本時代に日本人と個人的に親しくしていたインドネシア人たちでさえ、日本人と親しくしていることがオランダに知られるとまずいということで避ける傾向もあった。しかしながら、彼らをほかならぬオランダに引き渡すことに関してはさすがに大きな抵抗があったようで、結局どの部隊もそれに関してはサボタージュの姿勢を貫いたようである。

それではは実際オランダに捕まった者たち、あるいはオランダに引き渡された者たちはどのくらいいたのであろうか。オランダの文書はそれに関しては何も伝えておらず、ほかにもほとんど情報がない。入手できた数少ない情報のひとつは、一九四八年四月十二日の朝日新聞大阪版に掲載された、オランダ船「スンダ海峡号」で、マカッサルから一五二人の日本兵が佐世保に到着したという記事である。この一五二人は一般の引揚者ではなく、いったん日本軍を離脱し、インドネシアの革命軍に参加するなどしていた者たちが、オランダに捕まって「強制送還」されたものであった(46)。しかしこの強制送還の時期はオランダがインドネシア政府に日本兵の取り締まりを要請する以前のことであった。

このとき帰還した北海道出身のクサカ・セイゾウと東京都出身のアキヤマ・サダオが、朝日新聞記者に、その当時のジャワ、スマトラにおける残留日本人の状況を語っている。それによれば、今なおまだ約九〇〇人の日本人がジャワ、スマトラに残留している。ジャワではインドネシア軍に入っていた者、ならびに入っていなかった者四〇〇人が追い出されて現在ソロとジョクジャカルタに集められている。その他のスマトラには約五〇〇人がおり、そのうち約二五〇人がインドネシア独立軍に参加している。その他の者たちは、村のなかに入ってのどかに暮らしているという。

その後、戦犯容疑が晴れて一九四九年九月七日に横浜へ入港した福建号で帰還した軍人、大中智は「終戦と同時に逃亡して現在オランダ軍の手により逮捕された方々と一緒に船待ちをしていました。その人たちの今後のことはどうなるか不明です」として、六名の名前をあげている[47]（外務省外交史料館文書K'-0006-①）。

もうひとつは、戦闘のなかでオランダ軍に捕らえられて処刑された三人の残留日本兵（うち一人は朝鮮人）に関する情報で、このことは内海愛子・村井吉敬の著作に詳細に紹介されている。それによれば、レンヴィル協定による停戦と、それに伴って取り決められたインドネシア軍の中部ジャワへの撤退を拒んで、引き続き西ジャワのガルット周辺に立て籠もっていたゲリラ部隊があり、そのなかには多くの日本人兵がいた[48]。彼らは、一九四八年十一月にオランダ軍と戦火を交え、日本人二名と朝鮮人一名が死亡、また別の二名の日本人と一名の朝鮮人が捕らえられた。山中での長い苦しいゲリラ戦に堪えられなくなったインドネシア兵士の妻がオランダに密告したのだという。そのうちの一人、青木清四郎には一〇〇〇ギルダーもの懸賞金がかかっていたと言われる。逮捕された三人は、八カ月間拘留されたのち、一九四九年八月にガルットで銃殺刑に処された（内海愛子・村井吉敬、一九八〇年、二三四―二四一頁）。このケースは戦闘のなかで捕らえられたものなので、共和国軍からの「引き渡し」ではない。それゆえに、本国送還ではなく、銃殺刑という強硬な措置がとられたのであろう。

こうやって見ていくと、果たして命をかけて逃亡し、命をかけて独立戦争を戦ったこれらの日本人が、どれほどインドネシア・サイドから歓迎されていたのかは簡単には判断しがたい問題である。少なくともインドネシアの国家レベルでは、日本人の存在は、新生インドネシアの国際的な名声を汚しており、オランダとの交渉に際しての立場を弱くしているという判断があっただろう。日本人が参加している各部隊のレベルでは、彼らに大きく依存し、それゆえに彼らの存在を評価していたと思われるが、一方、部隊間の対立や、中傷、競争が飛び交っていたなかで、日本人の存在が部隊の足を引っ張るようになっていたこともありうるだろう。そのような場合にはお荷物であり、鬱陶《うっとう》しい存在であったのかもしれない。日本軍からは脱走兵、国賊扱いをされ、一方インドネシア国家としては諸手をあげて歓迎していたわけではないとすれば、悲しいかな、彼らは結局のところいずれの国家からも相手にされない「棄民」だったのであろうか。彼らが思うほどにインドネシアという国家は応えてくれなくて寂しい「片思い」に終わったのかもしれない。そのことを思い知らされるのが、平和が訪れてからの「強制送還」問題なのである（第2章第3節で詳述する）。

第2章　戦後復興のなかで
――一九五〇年代の日イ関係

第1節　新生インドネシア共和国と新生日本

一九四九年十二月のオランダのインドネシアからの撤退と、一九五一年九月のサンフランシスコ講和会議による連合軍の日本占領終了は、この二つの国を完全に自由にし、それぞれが独自に新たな関係を構築してゆく法的枠組みを保証することになった。

オランダは、それ以前から女王を元首とするオランダ＝インドネシア連合の枠内で、各地に成立していた親オランダ的な傀儡政権とインドネシア共和国とを統合した連邦国家を樹立することを望んでいたが、インドネシア共和国はこれを拒否し、双方のあいだでそれまで戦闘状態が断続的に続き、双方の支配地域も流動的だった[1]。それが解決をみたのは、国際社会の急激な変化、とりわけアジアにおける冷戦の危機を読み取ったアメリカがオランダに圧力をかけたことからであった。

一九四九年頃には冷戦はアジアにまで拡大をみせていた。一九四九年九月二十五日にはソ連が原爆を保有、一九四九年十月一日には中華人民共和国が成立、またインドネシアとほぼ時を同じくして一九四五年九月に独立を宣言したヴェトナムでは、共産主義者ホー・チ・ミンの指揮下でフランスとのあいだに猛烈な独立戦争を展開していた。インドネシア国内でも、ソ連から帰国したムソらを中心に一九四八年九月に共産主義者が反乱を起こし（マディウン事件）、失敗に終わったものの、スカルノ政権を脅かしていた。

そのようななかで、東南アジアの安定を求めるアメリカの圧力が強く働き、西側世論は、インドネシアが共産化する前にオランダは非共産主義者の手にインドネシアの主権を委譲すべきであるという流れになってきたのである。そして国連の介入のもと、一九四九年十一月にハーグで円卓会議が開かれ、インドネシア共和国を一構成国とするインドネシア連邦共和国への主権委譲が取り決められたのだった。

ただしこの協定の条件は、インドネシア側にかなり大きな譲歩を迫るものであり、その後の歩みに大きな問題を残すことになった。第一はスカルノ大統領を首班とするインドネシア共和国は、連邦の一六の構成国のひとつにすぎなかったことである。第二に、主権を委譲される地域は旧オランダ領東インドの全域ではなく、広大な西イリアン（現在のパプア州）が除外されていたことである。第三にオランダ植民地下の負債はインドネシアが引き継ぎ、またオランダ人の各種の経済権益はそのまま保証されたことである。[2] このためインドネシア共和国の民族主義者たちの多くは、この協定はオランダ権益を復活させるものとしてむしろ冷淡にみており、「民族共産主義」のムルバ党とインドネシア共産党は協定の批准に反対し、社会党は棄権した。

このようなことに加えて、蘭印軍（KNIL）のインドネシア人将兵六万五〇〇〇人中二万六〇〇〇人がインドネシア共和国軍に編入されるようになったことは、かつて宗主国側について闘った、いわば民族の裏切り者を国軍兵士として迎えるわけであるから、インドネシア社会には抵抗があった。さらに一九五〇年段階で二二万六〇〇〇人ものオランダ人が残留し、官庁や高等教育機関で影響力を持っていたことなども、インドネシアの民族主義者のあいだに多くの不満を残した（Meijer, p. 655）。一方、オランダ人や親オランダ派インドネシア人のあいだにも、インドネシアを手放したことに対して不満を持つ者は多く、この直後からウェステルリング事件など、独立したインドネシア連邦を攪乱する試みが続いた(3)。

このような妥協的な条件で達成された主権委譲であったため、インドネシアはその当初から新たな課題に直面することになった。これ以後一九五八年までインドネシアは、この不徹底な独立を是正し、真の脱植民地化へと向かう反植民地闘争の第二段階をくぐり抜けなければならなかったのである。

駐日インドネシア政府代表部の開設

日本との関係をみると、一九四九年十二月にインドネシアが主権を委譲され、完全な独立国になると、GHQとのあいだの連絡を担当するために、東京にインドネシア政府代表部が開設されることになった。しかし、インドネシア政府はただちに代表を送ることができなかったので、オランダ軍事使節団が、それを代行することになった。ハーグの外務省から東京のオランダ軍事使節団に送られた書簡によれば、オランダとインドネシアの協定に基づいて、インドネシア共和国首相のハッタは、当面すぐに独自の在外公館を開設できない国々においては、オランダの外交使節団がインドネシアの外交の代行をしてくれるよう求め、オランダはそれを了承する回答を送った（一九五〇年一月十二日）。そして、その対象国に日本も入っていた（駐日オランダ政府外交代表団関係文書 Inventaris 348-③）。このことに関し一月十六日付けの朝日新聞は、「オランダ外相はオランダ・インドネシア両国の外交官及び領事のポストを一つにすることに意見が一致した」と報じている。具体的には、既存のオランダ軍事使節団の蘭印担当官だったノトハティアント（Notohatyanto）が領事部門を代行し、オランダ商工会議所の長であったメイナーレンズ（Mijnarends）が個人的に通商関係を補佐することになった（駐日オランダ政府外交代表団関係文書 Inventaris 348-④）。ノトハティアントは、戦前からオランダ政府の役人で、ジェッダのオランダ領事館に勤務していたという（クスナエニとのインタビュー）。なお、インドネシア政府は、スリカット・インドネシアに政府代表として業務を代行させるという可能性は考えなかったようで、一九四九年十二月二十三日付けのオランダの文書によれば、ジョクジャ（インドネシア共和国政府を指す）は、日本における既存のインドネシア団体が半公式の政府代表として機能することを認めない、という態度を表明していたという（駐日オランダ政府外交代表団関係文書 Inventaris 348-①）。

やがて、元南方特別留学生で、一足先に帰国して外務省に入省していたモハメッド・シャリフ（Moh. Sharif 京大文学部卒）が外務省から、また、戦前の留学生で一九四〇年に帰国していたアダム・バソリ（Adham Basorie 桐生工業専門学校卒）が商業担当領事として経済省から派遣され、インドネシア政府代表部開設の準備にあたった(4)。着任当初は、銀座の服部時計店のなかに開設されていたオランダ政府代表部で勤務していたが、南方特別留学生で当時まだ日本に残っていたムハディ（Muhadi 上智大学国際部中退）をローカルスタッフとして採用した。その後、その他の留学生たちの助けを得て独自の事務所をリーダーズ・ダイジェスト社のビル内に開設するにいたった（ムハディならびにアダム・バソリとのインタビュー）。

やがて一九五一年五月に、東京外国語学校のマレー語講師として戦前の日本に住んでいたラデン・スジョノ（Raden Sujono）が駐日インドネシア政府代表部の大使として到着した(5)。この頃、日本はまだ連合軍の占領下にあり、主権を回復していなかったので、外交権は剝奪されていた。したがって、スジョノが信任状を提出した先はGHQであった。

ラデン・スジョノは、戦前オランダで法学の勉学を終えたのち北スラウェシのメナドで弁護士をしていたが、一九三四年にジャワへ帰る際、費用が安いため日本の貨物船で東京を経由して戻ることにし、日本に立ち寄った。そのとき、そのままこの地にしばらく留まって、ちょうど妊娠中であった妻を聖路加病院で出産させることにした。出産後、一家はいったん帰国するが、やがて東京外国語学校のマレー語教師、プルワダルミンタの後任を募集する新聞広告をジャワで見て、即座に応募し、再び日本へやって来た（スジョノの長女シティとのインタビュー。なお、スジョノについてはSoebagio, 1983に詳しい）。スジョノは、オランダのレイデン大学を卒業し、法学士のタイトルを持つエリートでありながら、先の滞在中に日本の政治風土に感激し、日本でのマレー語教師という職に自ら応募してきたのである。戦前の在日インドネシア人社会では最年長でもあったので、彼はその後、開戦までのあいだスリカット・インドネシアの中心的な存在になった。一九四二年の日本軍のジャワ上陸作戦のときには今村均司令官に同行してジャワに上陸したことで知られている人物である。

着任したスジョノは、当面メイナーレンズの自宅を提供してもらって官邸とし、リーダーズ・ダイジェストビル内のオフィスで執務を開始した。やがて池田山（現品川区東五反田、現在のインドネシア大使館所在地）に適切な場所をみつけて移転した（Soebagio pp. 289-291）。新たに外務省から三名の外交官が着任していたが、領事部門で働いていたノトハティアントやメイナーレンズも引き続き勤務した。スジョノは、ノトハティアントのことを「彼はオランダについて働いた人間だから」と言って嫌い、口も利かなかったという（サム・スハエディとのインタビュー）。

サンフランシスコ講和会議と日本の国際社会復帰

スジョノの着任の少し前から日本と連合国とのあいだの講和問題が持ち上がってきていた。アメリカのトルーマン大統領が一九五〇年十月十四日、対日講和のための会談をサンフランシスコで開催したいと発表したとき、前年十二月に完全独立を達成したばかりのインドネシアも被占領国の一つとして招かれた。しかしインドネシア国内では、参加するか否かに関して賛否両論に分かれていた。この講和会議は非共産圏諸国だけで日本との戦争状態を終結させようとするものであったので、非同盟中立を唱えるこの国の外交方針とは相容れないところがあったためである。

他のアジア諸国を見ても、ビルマとインドはかなり早くから講和会議に反対の立場を明確にしていた。特にビルマの反対は強く、この年の夏、各地で労働者、農民、共産党を中心とする反米デモが相次いだ。一九五〇年四月に中華人民共和国を承認していたインドネシア政府は態度保留のまま、一九五一年五月三十一日に「中華人民共和国は講和会議に参加することが望ましい。それが不可能な場合は、せめて中華民国も参加しないことが望ましい」との見解を発表した。

その一方で、経済発展のためには一日も早く日本との国交を回復することが望ましいという意見も強く、またオランダからの主権委譲の獲得に際して国連でアメリカが果たした好意的な役割に対する配慮もあって、アメリカの申し出を無下にあしらうこともできなかった。マシュミ党と国民党の連立の上に立っていた当時のスキマン内閣の内部でも、意見は割れて紛糾した。国民党ならびにマシュミ党のナシール（前首相）派はより厳密な中立外交の適用を考えていたのに対し、マシュミ党のスキマン派は親米路線をとり、反共的性格をより強く持っていた。スキマン首相は、サンフランシスコ講和条約の調印によって民主陣営に参加し、単に日本からの賠償が得られるというだけでなく、アメリカからの援助を引き出すことも狙っていたとも言われる（藤崎信幸、四九頁）。一九五一年春頃から朝鮮戦争の状況が落ち着いてきたことによって、国際市場でのゴムの価格が暴落し、ゴム輸出への依存度の高かったインドネシアは、その頃、厳しい経済状況に置かれていたのだった（藤崎信幸、四八頁）。

結局、条約に調印するか否かは未定のまま、一九五一年八月二十日にスバルジョ外相を団長とする代表団がサンフランシスコに到着した。サンフランシスコに到着してからも、調印をめぐってインドネシア政府の態度は最後まではっきりせず、いたずらに右顧左眄《うこさべん》した。日本から賠償支払いの保証を得られれば条約に調印するという合意があらかじめインドネシア政府内部でなされていたため、スバルジョは九月五日にサンフランシスコにおいて早速、吉田茂首相と話し合ったところ、この確約が得られた。本国では九月六日に、連立内閣の主要メンバーであるマシュミ党執行委員会が投票で「調印」を決定した。しかしその翌日、もう一つの与党である国民党執行委員会は「調印反対」を決定した。結局、スバルジョからの報告に基づいて七日に開かれた閣議で最終的に「調印する」との方針が決まり、かくしてインドネシアは、九月八日、他の四八カ国とともに、講和条約に調印した。

帰国したスバルジョ外相らは、世論の激しい批判にさらされた。結局、スキマン内閣はこのサンフランシスコ講和条約の批准を議会に上程する機会がないうちに一九五二年三月に倒れ、国民党のウィロポを首班とする新内閣に代わった。ウィロポ内閣は、この条約の批准にまったく関心を示さず、放置したあげくに、八月になってその批准を無期延期すると発表した。そのため、日本とのあいだには二国間で個別に賠償交渉を重ね、それが妥結したときに同時に平和条約も結ぶという道が選ばれたのである。

それより先サンフランシスコ講和条約は一九五二年四月二十八日に発効し、この日をもって日本は主権を回復し、国際社会に復帰した。この新しい情勢に鑑みて、五月十七日にインドネシア政府は閣議を開いて対日姿勢を検討した。その結果、日本との新しい外交関係に関しては、これまでの駐日インドネシア政府代表部を廃止し、東京に総領事館を開設することを決議した。(6) 駐日インドネシア政府代表部の大使は、日本政府に対してではなく連合軍総司令部に対して信任状を提出したのであるから、それは日本の主権回復に伴って消滅することになった。

スジョノは、サンフランシスコ講和会議にも代表団の一員として参加したが、講和条約締結後、一九五二年二月に本国に召還された。わずか一年足らずの日本勤務であった。スジョノがそのまま総領事に転じなかった理由として、スバギオは、総領事館はインドネシア政府代表部よりも格の低い外交施設であったため、彼にふさわしくなかったという理由を述べているが（p. 306）、別の情報によれば、「大使」という肩書をもらってはいるものの、正式の大使館ではないため外交団からもしかるべき扱いを受けられなくて不満であるという趣旨の訴えをスジョノ自身が外務大臣宛てに認《したた》めたため召還されたのだという（サム・スハエディとのインタビュー）。そしてその一年後の一九五三年三月にブラジル大使に転出していった（Soebagio, p. 307）。

かくして、両国の総領事館開設は一九五二年の八月に実現し、すでに前年の十一月に開設されていた在ジャカルタ在外事務所長の武野義治が初代総領事に昇格（まもなく十月に甲斐文比古と交代）、東京のインドネシア総領事には新たにザイナル・アビディンが任命された。このほかに日本はスラバヤにも領事館を開設し、在スラバヤ在外事務所長の白幡友敬が領事に昇格した。ジャカルタ総領事館は最初ホテル・デス・インデスの一室に開設され、その後タナ・アバンの民家を借りてそこに移った。他の多くの国々は、オランダ領東インド時代に開設していた総領事館の建物を返還されて使用していたが、日本の旧総領事館（西ムルデカ通り）は返還されなかったのである[7]（サトリア石井とのインタビュー）。

当時のインドネシアの新聞の論調は、アメリカ主導の日本の主権回復に対してはおおむね批判的で、特に同時に結ばれた日米安全保障条約に対しては懐疑的であった。

インドネシアにとっては新生国家形成期、日本にとっては復興期のこの時期、いまだ国交がないとはいえ、両国間にはいくつかの接点があった。その一つは前述したようにサンフランシスコ講和条約でレールが敷かれた戦争賠償の支払いにまつわる個別の交渉であるが、これについては第3章で詳述する。

それ以外で重要な接点としては、細々とではあるが一九四六年以来続いていた貿易関係がある。この時期の日本とインドネシアの貿易の特徴は、日本からの大幅な出超であった。たとえば一九五〇年には、日本の対インドネシア輸出は、同国からの輸入の四倍近かった。それ以後この幅は縮小したが、それでも一九五〇年代前半には平均二倍という状態が続いていた。そしてインドネシア側の対日貿易赤字は、一九五二年までに六〇〇〇万ドルに達していた（池尾勝巳、三二八頁ならびに三三二頁）。

この時期、日本からの最大の輸出品目は、繊維製品、とりわけ綿織物である。一九五〇年においては、繊維製品が日本からの対インドネシア輸出の九〇％を占めていた（池尾勝巳、三三四頁）。すでにこの頃からインドネシアは、パキスタンに次いで二番目に大きな日本の繊維製品の仕向け国であった。

このようなかなり厳しい出超状況のため、日イ通商交渉は一九五一年十一月以来いったん中断し、インドネシアの日本からの輸入が抑制されるようになった[8]。日本は資源不足に直面しており、貿易拡大の必要性に迫られていたにもかかわらず、日イの貿易額は減少していたのである。しかしながら双方から通商の拡大が強く望まれた結果、インドネシア外務省経済局長のアスマウンと日本外務省参事官の大野勝巳がそれぞれの団長となり、一九五二年六月からジャカルタで通商交渉が再開された。

交渉では日本からの出超六〇〇〇万ドルの支払い方法が焦点となったが、八月九日にようやく合意に達して新たな通商協定が調印され、そのうち五四〇〇万ドル分はドル現金の年賦分割払い、残る六〇〇万ドルはインドネシア銀行に五年間、別途委託しておくことが決められた（池尾勝巳、三二八頁）。

一九五二年十一月十五日には、日本の企業家一六人から成る経済友好使節団（浜口雄彦東京銀行頭取が団長）がインドネシア側の招待を受けて訪イし、約二週間滞在した。会談では、貿易拡大の可能性、日本からの機械導入、日本からの専門家派遣、インドネシアからの研修生派遣などについて話し合われた。インドネシア代表団が翌年早々に東京へ赴き、そこで会談を継続したうえで結論を出すということが提案された（*Merdeka* 1952. 11. 17., *Mestika* 1952. 11. 19.）。

その後、稲垣元通産大臣（元横浜ゴム社長）を団長とする経済使節団がジャカルタを訪れ、やはり通商問題について意見交換している。

しかしこれ以後も日本からの出超傾向は顕著に続き、双方ともいかにして日本からの輸出を制限し、一方、インドネシアからの輸出を拡大するかを真剣に模索するようになる。まず日本からの輸出制限のために、日本政府はインドネシアからの輸入品を買いつける場合には輸入証明書を国内の貿易会社に与え、一方インドネシアへ輸出しようとする会社は、その輸出額分の輸入証明書を買い、輸出許可証を申請する際にそれを添付せねばならない、という方法が考えられた（*Merdeka*, 1952. 9. 4.）。

インドネシアから買いつける新しい産品の開発として、ゴム、コプラなどが注目され、日本の調査団が訪れている。輸入ゴム取扱協議会会長の谷沢リュウジは九月にシンガポールで、「インドネシアのゴムの質に関しては右に出るものはない。……業者は安くて良質なものを好むので、インドネシアのゴムに関心が寄せられている」と語っている（*Harian Umum*, 1952. 9. 25.）。また、北スマトラのゴム協同組合関係者は「将来、日本がゴムの輸入をすべてインドネシアからするようになるかもしれない。北スマトラの協同組合はそれに応じて、全生産量（七〇〇〇トン）を日本向けにしてもよい」と述べている（*Harian Umum*, 1952. 9. 26.）。インドネシアは一九五三年三月頃までにはついにマラヤに代わって日本への生ゴム供給国第一位になった[9]（*Mestika*, 1953. 3. 7.）。

なおこの頃、年間にインドネシアに入港を許される日本の貨物船の数は二五隻に制限されていたが、その増加を日本政府がインドネシア政府に申し入れた。日本としてはすべての船の入港を認めてもらいたいと考えていたのである（*Mestika*, 1953. 2. 13.）。

また、通商以外の日本＝インドネシア関係としては、ごく限られた形ではあるが、日本企業の進出がすでにこの時期から見られる。その多くは、機械設備の輸出に伴う技術の提供などの形であった。たとえば、チラチャップの国営紡績会社へのＮＭ実業株式会社（筆者注：原文もイニシャルのまま）の技術協力や、日本製機械を取り付けてジャカルタ市内に設立された鉛筆工場への技術者派遣、ＡＧ株式会社の協力による国営苛性ソーダ工場の建設、日本―インドネシア航路にＴＫ船舶株式会社の定期船参入、スラウェシのニッケル鉱山開発への参入などがある（池尾勝巳、三四二―三四七頁）。

そのようななかで注目に値する動きが二つある。一つは、日本とインドネシアの合弁銀行設立に向けての動きである。これは戦前からインドネシアで事業展開していた石原産業が大和銀行に持ちかけ、話が進んだものである。一九五三年七月にはスミトロ財務相から基本的な合意を受けることができ、日本政府も乗り気になり、資金の半分を出して半官半民の方針が決定された。一九五四年一月には総裁候補も決まって法務大臣に定款を提出したが、背後に政治的な思惑もあり、これに対する認可がなかなか下りなかった。この計画がプルダニア銀行として実現するのは、一九五八年の国交回復と同時であったが、しかしこの賠償交渉期に進められた構想と準備がその基礎になっていたことは言うまでもない（大住昭・工藤裕子を参照）。

アジア・アフリカ会議への日本の参加

さて、このようにほぼ経済関係に限定されていたような一九五〇年代の日本＝インドネシア関係であるが、そんななかで特筆すべきもう一つのことは一九五五年にインドネシア主催で開催されたアジア・アフリカ会議に際しての日本の関与である。一九五〇年代の日本＝インドネシア関係は賠償交渉を除けばほぼ経済関係だけに限定されていたのであるが、この会議に、日本も新興諸国に混じって高碕達之助経済審議（のち企画）庁長官を代表とする総勢二八名を正式に派遣している。アジアの一員であるからとはいえ、西側に与《くみ》する中華民国（台湾）や南ヴェトナムの政府は招聘されておらず、第三世界の新興国を中心とするこの会議は、おのずと西側先進諸国に対しては何らかの緊張関係をはらんだものであった。

宮城大蔵によれば、この会議の準備会ともいうべきボゴール会談において最初にインドが提示した招待国リストに日本は入っていなかったが、パキスタンが日本を加えるよう強く主張した。パキスタンは、インドが中国を招聘するなら、そのバランスをとるために日本の参加が必要だと考えたのである。賠償問題という懸案を抱えているビルマやインドネシアは沈黙のままだったというが、結局、中国の参加が難しくなることを恐れたインドが譲歩し、最終的に日本の招待が決まった（宮城大蔵、二〇〇一年、四三頁）。

このことが日本に伝えられたのは、一九五四年十二月二十九日であったが、日本ではこの月の十日に、吉田内閣に代わって鳩山一郎新内閣が誕生したばかりであった。アジア・アフリカ会議の構想に対し、外務省ではその会議の性格がつかみきれないこともあって当初、警戒感が強かったが、やがてこの機会をアジアにおける日本の地位向上のためにも積極的に活用すべきだと考え、出席を決めた。しかし、中国は招待されるが、台湾、韓国は招待されておらず、また南ヴェトナムも出席を断っていることから、このような会議への出席はアメリカの意図には沿わないであろうことは日本政府も意識しており、当然アメリカ側に伺いを立てたうえでの決定であった。とはいえ、この時期の日本外交が必ずしもアメリカ一辺倒ではなかったことを象徴する出来事であった(10)。

この会議において四月十九日、高碕達之助は、「第二次世界大戦において日本は近隣の諸民族に対し損害を与えました。しかし日本自身にも前代未聞の苦しみを生じさせて戦争は終わりました」と演説したが、このことを取り上げてインドネシアの新聞は「日本の代表、戦時中の過ちを謝罪」と報じている(*Mestika*, 1955. 4. 21.)。

第2節　復興期の日イ関係を支えた人たち

前節で述べたように、主権を委譲されて完全独立を果たしたインドネシアと、連合軍の占領が終了してこれまた主権を回復した日本とのあいだに、いよいよ新たな関係が開始されるようになった。とはいえ正式の国交回復（一九五八年一月）までのあいだは、もちろん非常に限られたチャンネルだけしか機能していなかったことは言うまでもない。

そのようなか、両国の細い結びつきを支えて発展させるうえで重要な役割を果たしたのは、戦前・

戦中に日本に留学したインドネシア人たちであった。第1章で見たように、終戦を日本で迎えた留学生たちは難しい選択を迫られ、一部はオランダ当局のもとで一九四七年に帰国の道を選び、一方、他の者たちはインドネシアの完全独立を待って、インドネシア国民としての新しいパスポートを手にしたのちに帰国した。帰国の時期や考え方は異なっていたが、その両者のあいだに対立や亀裂が発生することはなく、いずれも新興独立国の国づくりに貢献するに際して大きな違いはなかった。

彼らの祖国建設における役割を見る前に、一九四七年に四次にわたって日本を出発した引揚船に乗らず、日本残留の道を選んだ留学生たちが、一九五〇年代になって最終的に帰国するまでのあいだに日本でたどった道をまず概観してみよう。長期間にわたって祖国とのコミュニケーションが断絶に近い状態に置かれていたため、彼らは好むと好まざるとにかかわらず深く日本社会に順応することになり、日本語の能力、日本に対する理解度、愛着心などは、その後の世代の帰国留学生には見出せない奥深いものをもっている。

日本残留留学生の帰国までの道のり

四次にわたる引揚船が出たあと、国交のないインドネシアと日本のあいだの往来は再び閉ざされてしまった。とりわけオランダがインドネシアのかなり広い地域でなお支配権を行使しており、インドネシアとのあいだに戦闘が続いていた時期には、元留学生たちの祖国とのコミュニケーションにはさまざまな制約があった。結局、最終的にどのくらいの数のインドネシア人、あるいはオランダ臣民というステータスを持った人たちが日本に残ったのかは分からない。最後の引揚船が出たのちの一九四七年十二月現在、五八名のインドネシア人男性が残っているとオランダの文書は報告し、その名簿を添付している。

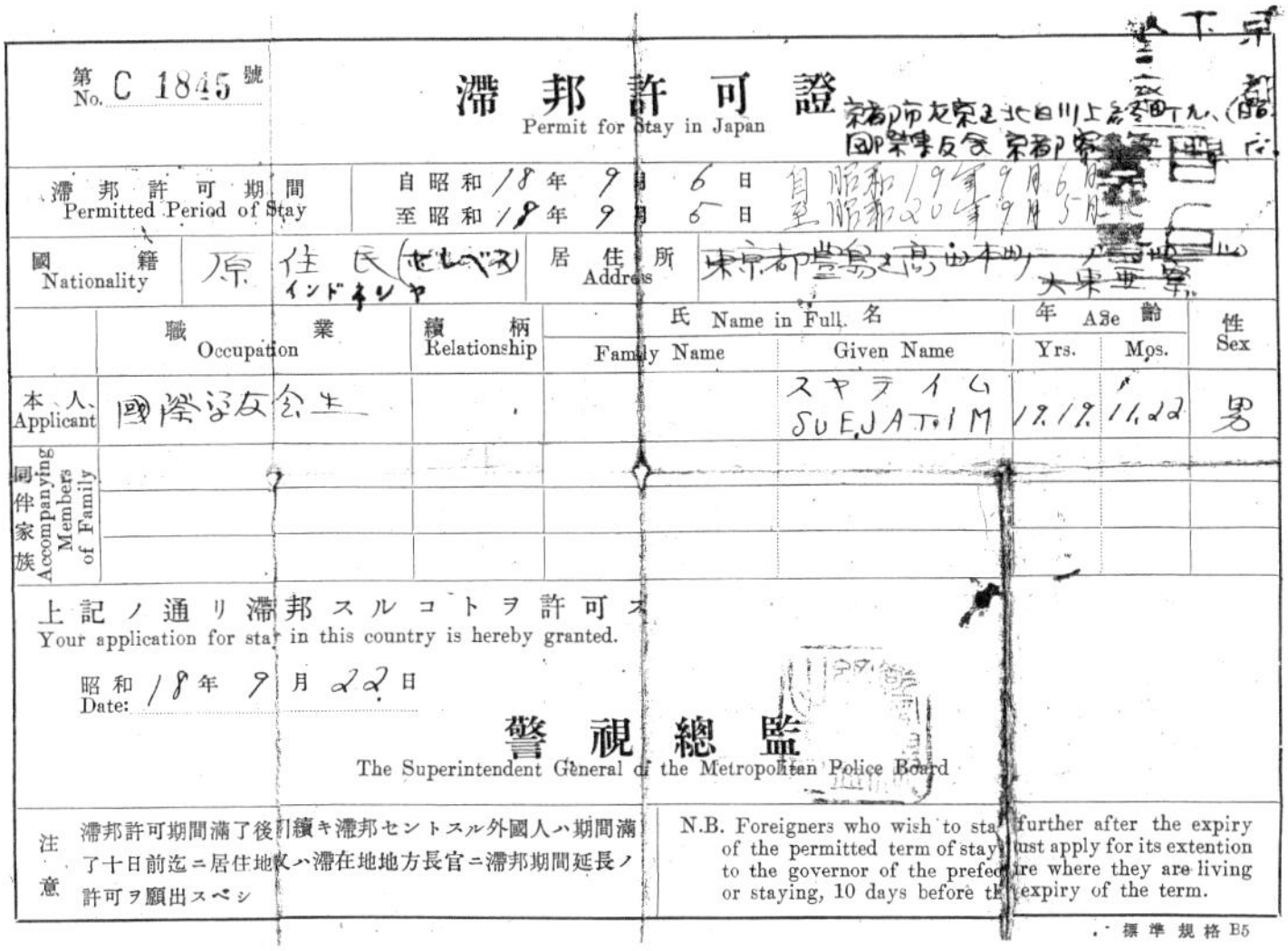
第 No. C 1845 號

滯邦許可證
Permit for Stay in Japan

滯邦許可期間 Permitted Period of Stay	自昭和 18 年 9 月 6 日 至昭和 18 年 9 月 5 日	
國籍 Nationality	原住民（セレベス） インドネシヤ	居住所 Address 東京都豊島区高田本町

	職業 Occupation	續柄 Relationship	氏 Name in Full 名 Family Name	Given Name	年齢 Age Yrs.	Mos.	性 Sex
本人 Applicant	國際学友会生			スヤティム SUEJATIM	1919	11.22	男
同伴家族 Accompanying Members of Family							

上記ノ通リ滯邦スルコトヲ許可ス
Your application for stay in this country is hereby granted.

昭和 18 年 9 月 22 日
Date:

警視總監
The Superintendent General of the Metropolitan Police Board

注意 滯邦許可期間滿了後引續キ滯邦セントスル外國人ハ期間滿了十日前迄ニ居住地又ハ滯在地地方長官ニ滯邦期間延長ノ許可ヲ願出スベシ

N.B. Foreigners who wish to stay further after the expiry of the permitted term of stay must apply for its extention to the governor of the prefecture where they are living or staying, 10 days before the expiry of the term.

標準規格B5

南方特別留学生スヤティムの身分証明書。

これらの人々の大半はインドネシアへの主権委譲以降まで日本に留まったものと思われる。比較的明らかなのは、南方特別留学生や戦前からの留学生など、現在プルサダ（元日本留学生たちの同窓会組織）に集っている人々の動向だけである。

日本に残った留学生たちの多くは、戦争中に送り込まれた士官学校や高等専門学校を中退し、各自、希望の大学へ入学したが、そのための学費や生活費を稼ぐ手段を探さねばならなかった。彼らは当初、連合軍当局から対日協力者とみなされるのではないか、と恐れていたが、実際には英語も日本語もできるという語学力が買われて、GHQ関連の職を得た者が多い。

さらに勉学を続けたい者に対しては国際学友会が希望の大学を紹介するなどの協力をしてくれた。要するに、国際学友会という組織が、彼らと公的な世界をつなぐ橋渡し的な役割を果たしてくれていたようである。引き揚げが終了したのちも、残留を決めた学生に対しては引き続き柏木寮が提供されたので、少なくとも住居は保証され、また多少の食費を払って食事も提供してもらうことができた[11]。

また、この時期、インドネシアから復員した日本人のあいだで留学生を経済的に支えようとするさまざまな動きがあり、それはすなわちスリカット・インドネシア支援、ひいては共和国支援につながるとしてオランダ側の警戒心を強めていた。たとえば、ジャワの占領にあたっていた陸軍一六軍の元参謀、宮元静雄元大佐らを中心に、新宿にブンガワンソロという名のレストランが設立され、毎日六〇〇〇円ないし七〇〇〇円あった収益はインドネシア人たちに与えられていたという（駐日オランダ政府外交代表団関係文書 Inventaris 346-④）。

また日本政府から滞在許可を得ることにも問題はなかった。しかも、ある段階で永住権が与えられたため、のちにインドネシアへ帰ってからも、日本への再入国はたやすかったという（ペリック・パネとのインタビュー）。

この間、祖国との通信はどうだったのであろうか。戦後一、二年のあいだは、文通は困難だったようである。帰国船が出る前のことであるが、一九四六年にスリカット・インドネシアが仲介し、ジュネーヴの国際赤十字委員会（International Red Cross Committee）を通じて、祖国との連絡をとってくれるよう依頼し、これが一回だけ実現したことがあった。各自、電報の申し込み用紙を渡され、一人当たり二五ワード以内の通信文を送ってもらえることになった。一部の幸運な者は、約半年後に、同様の形式でインドネシアから返事を受け取った（*Suka Duka*... p. 512）。そのときの、サマリンダへ宛てた二通の電報申し込み用紙のコピーがインドネシア国立文書館に残っている。戦前からの留学生オマル・バラックと南方特別留学生アブドゥル・ムイスからのもので、一九四六年五月十三日付けと十四日付けである。

1948 年にスリカット・インドネシアが開いたインドネシア独立戦争支持の集会。日比谷公園にて。

オマル・バラックが父親宛てに発信した英文の電報の内容は「僕は大丈夫。お父さんや家族のことを知りたい。引き続き学業を続けています。できたらメッセージを送ってください。みんなによろしく」という簡単なものだった。電報の用紙には、注意書きとしてオランダ語と英語で「二五ワードを超えないこと。家族のニュースや個人的な問題に限ること」と書かれている（蘭印政庁官房長官文書 II-⑮ AS-1029）。そのほかにアメリカにいる知人経由で日本と連絡をとるという方法もあったようであるが、詳細は分からない。

しかしその後、徐々に郵便による直接の通信ができるようになったようである。前述したように、ペリック・パネは一九四七年三月にバリへ帰国したイ・マデ・クプトゥランから手紙をもらい、それには「君の心配していたようなことはなかった。大丈夫だから君も帰っておいでよ」と書かれていたという。また父からも何度か手紙をもらった。それらの郵便物には「オランダ領東インド」と記された切手が使用されていた（ペリック・パネとのインタビュー）。

この頃にはインドネシアからの送金が可能になったという証言もある。ムリオノ・ブンタランは、ジャワで医師をしている父親から仕送りを受けることができるようになったので、東京工業大学で勉学を続けたと証言している（同氏とのインタビュー）。

一九四九年にインドネシア共和国がオランダから完全に主権を委譲されるまでのあいだ、留学生たちは異国にあって祖国支援の政治的活動を行なった。その活動の中心になったのはスリカット・インドネシアである。彼らは毎月十七日に（独立を宣言した八月十七日を記念して）集まって、国旗（メラ・プティの旗）掲揚の儀式を行なったという。また彼らは一九四八年にThe Indonesian National Movementと題する英文二六頁の小冊子を刊行しているが、これは最初の民族主義団体であるブディ・ウトモの結成以来四〇年にわたる民族運動の歴史や、日本軍政期の反日運動を解説することによって、一九四五年の独立宣言が、その歴史の必然的な結果であったと締めくくっている。つまり、オランダが非難しているように、独立は日本からの贈り物ではなく、自らの力で勝ち取ったものであることを強調しているもののように思われる（駐日オランダ政府外交代表団関係文書 Inventaris 346–③）。

一九四九年一月四日には、前年十二月に開始されたオランダのいわゆる第二次警察行動に抗議して、インドネシア共和国の無条件承認を要求する請願書を国連へ送付した（後藤乾一、一九八九年、二二一頁）。次いで十二日には、祖国の独立戦争を支持する大規模な集会とデモを組織し、実行した。その頃、祖国が同じくフランスとの独立戦争を闘っていたヴェトナムの学生たちも参加したという。また、オランダ当局の観測によれば、共産主義的な志向を持った朝鮮の青年たちが多数参加していたという（駐日オランダ政府外交代表団関係文書 Inventaris 346-⑥⑦）。このデモは「静かに秩序だって行う」という条件付きで連合軍総司令部（GHQ）から正式に許可を取って行われた[12]。日比谷公園での集会でウマルヤディがオランダ非難の演説を行なったのち、オランダ軍事使節団事務所に向かってデモ行進した。オランダ軍事使節団事務所の前へ来ると、ウマル・トシンが塀を乗り越えて中に侵入し、勢い余ってオランダ国旗を引きずりおろしてしまった（*Suka Duka*... 中のウマル・トシンの手記 pp. 511-512）。しばらく経ってからデモの許可申請者であったダイナミ・ハサン（南方特別留学生。当時、上野音楽学校在学中）が逮捕された。それはデモに共産主義者が多数参加していたということでアメリカも警戒心を強めたためだとオランダ当局は解釈している（駐日オランダ政府外交代表団関係文書 Inventaris 346-⑧）。彼はGHQの法廷で裁かれる予定であったが、アジアの学生たちの強硬な抗議によって間もなく身柄を釈放され、裁判も立ち消えになってしまった（*Suka Duka*... 中のダイナミ・ハサンの手記 p. 245）。

一九四九年十二月にハーグの円卓会議でオランダがインドネシア連邦共和国（オランダが各地に作った傀儡国家とインドネシア共和国との連邦国家）に対して主権を委譲することが決まり、インドネシアにも平和が戻った。

通商関係における留学生の役割

日本とインドネシアとのあいだの貿易関係は、サンフランシスコ講和条約で日本が国際社会に復帰する以前から、すでにGHQとオランダとのあいだの取引として再開され、東京在住のオランダの商事会社の手を経て行われていた。しかし、この貿易はオランダとのあいだで行われたものであって、真の意味でインドネシアとの経済関係とは言いがたいものだった。オランダからのインドネシアへの主権委譲後、日本はオランダ人を経由せずともインドネシア共和国の業者と直接、貿易ができるようになった。しかし実際には、その後も長く日本の業者は、長い付き合いのあるオランダ系の商社との取引のほうがより安全であるとして、インドネシア資本の商事会社を敬遠する傾向があった。依然としてインドネシアの流通機構を握っているオランダの商社を排除するため、インドネシア政府は一九五二年に、日本からの輸入業務はインドネシア人業者だけに許可する、という決定を日本政府に伝えたが、日本側は、インドネシア人貿易業者の資本力はまだ弱い、さらにオランダの企業と比べてインドネシア人貿易商への信頼はまだ薄い、という理由でこれに応じなかった（*Harian Umum*, 1952. 11. 1.）。

このようなとき、日本との貿易をインドネシア人の手中に確保すべく活躍したのが元留学生たちで、まだ学業を終えたばかりで日本に留まっていた留学生たち、帰国して官僚機構の中枢に職を得た人たち、あるいはいったん帰国していたがビジネスのために日本へ戻った元留学生たちであった。

まず政府レベルでは、その頃、経済省の本省では、南方特別留学生のクスナエニが通商担当として勤務していた。そしてインドネシアがオランダから完全に主権を委譲されて東京にインドネシア政府代表部を開設することになったとき、経済省から商業担当領事として派遣されたのは、元留学生のアダム・バソリで、彼の最初の任務は日本との貿易の監督業務をオランダ政府からインドネシア政府へ移すことであった（バソリとのインタビュー）。またこの頃、それをサポートするように、スジョノを団長とする通商使節団が一九五〇年五月に来日し、交渉に当たった。

この時期のインドネシアとのビジネスの中心は大阪にあり、ここでは「プワルタ・ダガン（*Pewarta Dagang*）」というインドネシア語のビジネス情報紙が留学生の助けを得て発行されていた。これがインドネシアにも送られ、日イ間の交流の少ない時期には重要な情報源となっていた（スヤティムおよびトラスノ・カリプロゴとのインタビュー）。日本との正式国交がなかったこの時期には、日本の商社のインドネシアにおける活動は道が閉ざされていたので、インドネシア資本の中小の商事会社があいだに立って活躍する余地が大きかった。

たとえばスヤティム（Suyatim　京大農学部農業経済卒）は一九五二年に妻を連れて帰国したが、翌年に戻ってきて大阪の本町に商事会社を設立し、一九五九年まで輸出入の仲介業を幅広く営んだ。戦前からジョハン・ジョホール社の駐在員として滞在していたイスマイル・ナジール（Ismail Nazir）は、戦後も日本に残留して大阪外国語大学客員教授を務める傍ら、同社のために働いた。オマル・バラックはカリマンタン商事を、チュチュ・スダルソ（Cucu Sudarso　同志社大卒）は日本人との共同経営によるメルバブ（Merbabu）貿易会社を、またウマル・トシン（Umar Tusin　早稲田大学理工学部卒）はサムドラ・スラタン（Samudera Selatan）という商事会社を作っている（スヤティムおよびオマル・バラックとのインタビュー）。

また帰国したばかりのユスフ・ムイド（Joesoef Moid　東京美術学校卒）は、バティック用白生地の買いつけのために開設されたバティック業者組合（GKBI）大阪事務所の駐在員として一九五二年に派遣された。バティックの材料に使う白生地は、当時、オランダ、インド、中国とならんで日本から輸入しており、なかでも日本のシェアは七〇％にも上っていたが、その日本からの白生地買いつけを直接、組合の手で行うことが目的だった（ユスフ・ムイドとのインタビュー）。

また、サガラは一九五一年末にいったん帰国したのち、翌年インドネシアの小さな商事会社の日本駐在員として再び日本へ渡り、日本商品の買いつけに当たった。彼は繊維や陶器に代わる新しい輸出産品を開拓しようとし、小学校の多色刷り教科書やコーランの印刷、教材用の人体模型や実験器具などの輸出を手掛けた。当時のインドネシアはオランダとの貿易がまだ圧倒的に多く、日本の商品はシェアが小さかった。しかも日本製品は安物というイメージがなお強く、その売り込みにはかなり苦労したという（サガラとのインタビュー。なお、*Harian Umum* 紙の一九五二年六月二十六日付けに、コーラン二万部が日本で印刷され、輸入されたと報告されている）。

一方これまで主としてフィリピンからの輸入が主流であったコプラを、ちょうどこの頃アメリカがフィリピンからのコプラ輸出を禁止したのを契機として、インドネシアから売り込もうという動きがあった。その可能性を探るため、一九五二年十月に日本のコプラ関係者四人と農林省高官がインドネシアを訪れた。しかし、インドネシアのコプラのほうがフィリピンのものより高く、日本側の提示額と折り合わなかった。その際に、日本サイドでの輸入業務を一本化するために大阪に作られた連合体、コプラ販売プールの会長には、戦前からの留学生で日本に在住していたオマル・バラックが就任した（オマル・バラックとのインタビュー、ならびに *Harian Umum*, 1952. 10. 9. & 14.）。

この頃のもうひとつの重要な対日輸出産品である古鉄の分野でも元留学生が活躍した。インドネシアに古鉄の収集会社が作られ、対日輸出し、その古鉄を使って製造した製品をインドネシアに輸出しようというものであったが、この時期にインドネシアの古鉄輸出業者協会会長として活躍したのは、元南方特別留学生のハッサン・ラハヤであった（ハッサン・ラハヤとのインタビュー。*Harian Umum*, 1952. 11. 24.）。

一九五一年に帰国したマリオノは知人の経営するスラバヤの貿易会社で対日貿易を担当し、またジョン・ライスは自分で経営するジャカルタの小さな商事会社で日本からの糸の輸入を大規模に手掛けた。一方、ムハディ（Muhadi 上智大学国際部中退）やウマル・トシンは商工会議所の前身に当たるインドネシア中央経済評議会（Dewan Ekonomi Indonesia Pusat）の事務局に、またトラスノ・カリプロゴはインドネシア銀行（中央銀行）に勤務した（マリオノ、ライス、ムハディ、ウマル・トシン、ならびにトラスノとのインタビュー。*Harian Umum*, 1952. 10. 9. & 14.）。ところが、一九五〇年代に活躍したこれら中小のプリブミ資本（インドネシア自国民の資本）の商事会社は、その後、日イ国交回復に伴う賠償の実施過程で、日本の商社がインドネシアへ進出してくるにしたがって競争力を失い、姿を消していくことになる。

ところで、これより先、いまだインドネシアが独立戦争を闘っていた一九四〇年代後半に、日本に残っていた留学生とのあいだで積極的にコネクションを築こうとする日本企業の動きがみられ、オランダはこれに対して警戒していた。たとえば、ワタナベ・ケイキチなる人物が八〇〇万円を投じてインドネシア会館なるものを建設し、スリカット・インドネシアの会長スワントらの留学生を居住させて戦後の通商関係に向けてのコネクション作りに努めていたというオランダ軍事使節団の報告がある（駐日オランダ政府外交代表団関係文書 Inventaris 346–②④）。また戦前、東京市経済局バタヴィア出張所長だった佐藤信英らが日本東インド貿易協会を設立し、将来の展開を狙っていた。さらに、資生堂関係者が一八万円の資金を出してスワントらとともにインポート&エクスポート・ハウスなるものを丸の内に設立し、将来への投資と考えて毎月三万円をインドネシアの学生たちに渡していたという（駐日オランダ政府外交代表団関係文書 Inventaris 346–③④）。しかしながら、これらがどれだけ一九五〇年代の通商関係につながっていったのかは明らかではない。

夫とともに海を渡った日本人女性たち

残留した留学生の一部は、在日年数の長さのゆえに日本女性と世帯を持つことになった。そしてその日本女性たちの多くは、インドネシアに平和が戻ったのち、一九五〇年代初めにこの国へ渡った。筆者の知る限り一九五〇年から一九五五年までのあいだに二五名が渡航している。そのほかにも第1章で述べたように、一九四七年に連合軍によって用意された船で帰国の機会が与えられ、三七人の留学生が帰国した際にも、少なくとも九名の日本女性[13]が夫に同行して独立戦争の真っ只中の夫の国へ上陸した。

したがって一九五〇年代の初め、インドネシアには少なくとも三〇余名の日本人妻が住んでいたことになる（以下、これらの日本女性たちとのインタビュー。巻末のリスト参照）。帰国留学生たちは、ほぼ一様に高い社会的地位、十分な収入、当時のインドネシアでは恵まれた住環境を得ることができた。それゆえ、この時期に夫について異国へ渡った日本女性たちは家計のために働く必要はなかったし、またたとえ働きたくても日本人としての特性を生かせるような就業の機会もなかった。自分たちと対比される在留邦人がほかにはあまりいない時代であったから[14]、いわゆる日本人コミュニティーとのギャップに複雑な思いをすることもなかった。

しかしその反面、自分の祖国と夫の祖国とのあいだにまだ外交関係もなく、人的、政治的、経済的交流がほとんどない時代にインドネシアへ渡った留学生の妻たちは、のちの時代の女性たちがあまり経験しなかったような苦労もしている。彼女たちは、戦争の加害者としての「祖国」を背負い、肩身の狭い思いでこの異国での生活を開始した。戦前戦中の留学生は多くが名門の子弟で、それだけに一族の格式も高く、そのことからくる制約も多かった。また彼らの多くがオランダ式教育を受け、家庭内ではオランダ語を常用していることが多く、日本を一段低く見ているような風潮さえあったという。ある女性は、親族が集まると自分にはまったく分からないオランダ語で話すことが一番悔しかったと言っている。

当時の日本では外貨の持ち出しは極めて制限されており、祖国や実家の経済力をバックにすることができなかったこの時代の女性は、祖国との物理的な関係も断ち切られていた。数年して再び夫とともに日本に居を移したケースを除くと、ほとんどの女性が六～七年（筆者の調査では調査対象者九人中三人）、あるいは一〇年以上（同四人）経ってようやく初めての里帰りを経験している。[15]

日本女性が一般的に持っている人生観や家庭観、倫理意識や権利意識、女性の地位や役割に関する見解などは、世代によって異なるが、この世代の女性たちは、夫に従うべき、という戦前の教育を受けており、インドネシア人と結婚したのだから自分は夫の文化に従い、できるだけインドネシア化し、子供はインドネシア国民として育てたい、という傾向が見られた。

もちろん個人差はあるものの、この世代の日本女性たちの多くは、そのようにインドネシアに順応することに努め、その結果、子供たちも日本語とインドネシア語のバイリンガルにしたいなどとは考えず、ただインドネシア語のみで教育し、立派なインドネシア人に育て上げることを目標としていた。つまり、日本的な要素は災いにこそなれ、有利にはなりにくかった時代であるから、できる限り自己のなかの「日本」を排除しようという無意識の思いが日々の生活を禁欲的なものにしていたのである。

新たな人材養成を目指して――戦後最初の対日留学生

驚くべきことであるが、実はこの、いまだ国交のなかった一九五〇年代にも八〇数名の留学生がインドネシア政府のプログラムで三期にわたって日本へ派遣されている。一九五二年の政府規程（Peraturan Pemerintah）第三二号で派遣が決定されたため、このグループはＰＰ３２グループと呼ばれる。[16]その大半が学徒隊のメンバーとして独立戦争に貢献した若者たちで、学業途中で独立戦争に挺身したため学びの機会を失った彼らに、再びそれを提供しようということからモハメッド・ヤミン教育大臣の肝煎りで始められた政府の事業である。

この頃インドネシアには、戦前からあったジャカルタ法科大学、ジャカルタ医科大学、バンドゥン工業大学、ボゴール農業大学の四つの単科大学が一九五〇年に合併して作られたインドネシア大学（後者二つは一九六〇年に分離独立）、ならびに一九四九年にジョクジャカルタに創設されたガジャマダ大学があるだけで、有能な人材を大量に必要とする時期だった。この留学プログラムの実施は、南方特別留学生の派遣からおよそ一〇年後、のちの賠償留学生に先立つこと一〇年で、ちょうどその両者の中間の時期に位置している。

行き先も専攻もインドネシア政府から割り振られたが、自然科学が七〇％、社会科学が三〇％という割合だった。そのすべてが大学への留学ではなく、企業研修生も多数含まれている。一九五二年十月に、最初の三人、つまり、エノッホ・アマンク（京都大学）、モハメッド・シャリフ（京都大学）、タンス・イブラヒム（東京水産大学）が出発した。ついで一九五二年から一九五七年までのあいだに合計八二名がこのプログラムで日本へ留学した（アマンクとのインタビュー）。このプログラムによる留学制度は一般にあまり知られていないが、国交のないこの時代に八五名ものインドネシア人学生が日本へ派遣されていたという事実は重要である。

彼らは、南方特別留学生と同じようにまず国際学友会で日本語を学んでから大学へ入学した。当時はまだ多くの南方特別留学生が日本に残っていて、この世代との交流があったという。彼らは学業を終えて一九五七年から漸次帰国したが、そのうち何人かは日本女性と結婚していた。その一人が京都大学の学部・大学院で社会学を専攻して七年間の滞在を終え、一九五九年に帰国したエノッホ・アマンクである。彼は革命戦争中、学徒隊の陸軍中尉として闘争に参加し、主権委譲後は退役して、復員学生たちで構成するデモビライズド・アーミー・アソシエーション（陸軍除隊者の会）の西ジャワの委員を務めていた。京大法学部の学部と大学院を終了し、夫人を連れて帰国した。京大在学中に訪日したスカルノと出会い、のちの一九六〇年代に、その関係から大統領の指名で文部省の役人として賠償留学生の派遣を担当することになった。のちに第4章でみる賠償プロジェクトの一環として留学生を派遣するというユニークなプログラムは、こうして発案者のスカルノと実施責任者のアマンクとの協力で実現したものなのである（エノッホ・アマンクとのインタビュー）。

第3節　残留日本人の処遇をめぐる日イ交渉

独立戦争終結と残留日本人の退去命令

一九五〇年代の日本とインドネシアの接点として、もうひとつ特筆すべきことは、第1章第4節でも述べたように独立戦争終結後も引き揚げを拒否して引き続きインドネシアに居住していた日本人、いわゆる残留日本人と言われた人たちの処遇をめぐる問題である。のちに作られた残留日本人たちの相互扶助団体、「福祉友の会」によれば、独立戦争終結段階で約三七〇名の日本人がまだインドネシアの地にいたという。インドネシアの独立戦争の終結によって、正規軍以外のゲリラ部隊は解散し、また正規軍も日本人には除隊を命じたため、これまで独立戦争に参加していた残留日本人たちはすべて民間人となった。インドネシア政府の方針としては、日本人だけでなく、インド人、イギリス人など外国人はすべてインドネシア国軍から排除するということだったのである。(17) もともと民間人として暮らしを営んでいた者たちにとっては大きな変化はなかったが、ずっとゲリラ兵士としての道を歩んできた者たちは戸惑ったにちがいない。しかしながら、いずれも何らかの生活の手段を見出し、一部の者はインドネシアの女性と結婚するなどしてインドネシア社会に定着していった。

ちょうどその頃から彼らは、これまで途絶えていた日本との接点を再び持ち始める。まず一九五一年にジャカルタとスラバヤに日本国政府の在外事務所が置かれ、これらはやがて一九五二年八月以降それぞれ総領事館と領事館になるが、この公的な機関と接触を持つ残留日本人も出てきた。また少しずつではあれ、日本のビジネスマンらの渡航が開始されるようになり、彼らとの個人的な接点も生じてきた。とりわけジャワ島の場合はそうである。一九五二年に永住帰国した松沢（フルネーム不明）は、「在外事務所に赴いて日本の新聞を閲覧していたので内地の状況も大体わかっていた」と語っている（外務省外交史料館文書 K'-0006-③）。

しかしこの頃は日本国政府在外事務所は、まだ正式に本省にこれらの残留日本人の存在を報告しておらず、さらにまた当人たちが日本の家族との連絡をとることも稀だったようで、日本の留守家族は彼らの生存をあまり知らなかった。石井正治は、生きていることだけでも知らせたいと思い、何度か日本の家族に手紙を送ったが、返事がないため、最後に水客という中国人の地下組織を利用して中国人名で香港から投函してもらったところ、その返事が一九五一年三月に届き、自分が一九四六年に戦死として除籍されていたことを知ったという（石井正治、一五二頁ならびに一六〇頁）。

この頃からようやく日本の社会に、まだ残留し生存している日本人がインドネシアにいることが広く伝えられたようで、一九五一年一月十四日の朝日新聞によれば終戦後スマトラで起こった民族独立運動に巻き込まれて行方不明になっていた第八七飛行場大隊所属の軍人二三名の生存が、上西英一元伍長が妻に宛てた手紙で判明したという。同じく九月十五日の新聞でもスマトラの残留日本人からの便りが掲載され、一部の人たちは帰国の道を探っていると述べられている。

また、一九五二年一月二十七日付けの産経新聞、ならびに二十六日付けの朝日新聞によれば、岡山県出身の板野昇から突然、実家に手紙が来て、そのなかに一二〇名（朝日新聞によれば一一九名）の残留者の名前が記されていた。そしてその報告を受けて驚いた県の世話課が、ただちに各県世話課に照会するに至ったという。

残留日本人の要請によりジャカルタの総領事館、スラバヤの領事館は一九五二年以降、残留日本人の実態についての調査を開始していたようである（産経新聞、一九五三年三月十三日付け）。彼らはインドネシア国籍を正式に取得しておらず、また日本の旅券も保持していないので、このままでは無国籍であった。しかし特に日本国籍離脱の手続きをとっていたわけではないので、この時点ではれっきとした日本国民であり、彼らの動静を把握することは領事館のもっとも本質的な任務であった。

そのような状況のなかで、インドネシア政府は、一九五三年三月、閣議決定で残留日本人全員の退去を要求するという方針を決めた。ジャカルタからの放送によれば、正式の法的手続きをとって入国・滞在していない日本人の存在はインドネシアの移民政策違反であり、その観点からインドネシア側はその国外退去を求めてきたものである（内外タイムス、一九五三年五月一日）。また背後には地方議会からの要請があったともいうが、詳細は明らかではない。それはもちろん残留日本人にとっては青天の霹靂であった。

閣議決定を受けてインドネシア政府外務省太平洋部長がこの問題について話し合いたいと日本総領事館に申し入れてきた。インドネシア側の言い分は、両国関係改善のためにも日本軍政時代の想い出を一掃したいので退去してもらうのが望ましいということで、日本側の協力を要請してきたのであった。しかし日本側は、平穏に暮らしているこれらの人々に引き揚げを強要することは人道上問題があり、かえって日本の対インドネシア感情を悪くして両国の親善のためにはマイナスになるとして、彼らに永住権を与えてくれるようインドネシア側と折衝することにした（外務省外交史料館文書 K'-0002-①②）。

とはいえ、インドネシア側からの申し入れを強硬に拒否することはせず、できるだけ回答を引き延ばして時間を稼ぎ、それまでになんとか国交回復に漕ぎつけようという方針で臨んだ。国交が回復すれば、日本人が正式に居住するための道も開けると考えたからである。

アチェ地区日本人のメダン移送

実はこの前年の一九五二年に、北スマトラから数十名の日本人の送還が行われている。それが強制的なものであったのか自由意志によるものであったのかなど、背景の詳細はよく分からないが、当時のインドネシアの政治情勢との関連で非常に注目に値するものである。その経緯はおよそ次のようであった。

話は一九五一年正月に、アチェにいた日本人全員（約一〇〇人）がインドネシア国軍の憲兵隊によってメダンへ強制移送されたことから始まる。その頃までにそれぞれ何らかの生計の方法を見つけ出し、ようやく腰を落ち着け始めていたアチェの日本人たちは、とるものもとりあえずメダンへ連行された。アチェのムラボーにいた石井正治はその日、突然、憲兵に呼び止められ、コタラジャ（アチェ州の州都）へ向けて直ちに出発するので日本人を集めるようにと言われた。コタラジャに集められた日本人たちは、追い立てられるようにして北スマトラの都市メダンへ運ばれた。そしてサルダン通りの学校跡と上海街（シャンハイ・ストラート）の中華戯院跡の建物に収容された。サルダン通りの学校跡に収容されたほうのグループは、K氏（筆者注：黒岩通のことと思われる）直系と見なされていたためか警戒がより厳重だったと石井は回顧している（石井正治、一五八頁）。

移送の直接の理由は、政府と対立していたイスラーム過激派のダルル・イスラーム勢力の行動に日本人が巻き込まれないための予防的措置ということであった。またアチェ地区の日本人全員が共謀して政庁（筆者注：アチェ州庁のことではないかと思われる）の有力者を動かし、アチェ共和国を設立しようとしているという噂があり、その防止のために行なった強制移送だったともいわれる（早川清、三二九頁）。つまりアチェの自治問題が絡んでいたようなのである。さらに石井によれば、メダンに集められたのは日本政府からの要請により本国へ送還するためだと憲兵隊長から伝えられたという（石井正治、一五六頁）。また乙戸昇は、インドネシアとオランダのあいだで交わされた円卓協定文のなかに残留日本人の送還が明記されており、メダン移送はその準備であったと聞かされたという（福祉友の会『月報』一〇〇号、一九九六年八月）。

現実に、日本軍政時代に特別警察隊長として情報畑で活躍し、現地の人々に恐れられていた黒岩通はアチェのダルル・イスラームによるイスラーム国家設立運動とつながっていたことが確認されており、インドネシア当局は他の残留日本人にも彼の影響力が及ぶのではないかと恐れ、アチェから引き離すことを考えたというのが実際の背景のようである[18]。

彼らはその後、一九五三年初め頃までの約二年間、身柄を拘束されることになった。ただし途中からはメダン市内に限り自由に動くことが許され、やがて収容所外での居住も認められた（石井正治、一六二頁）。

この間、収容された日本人の一部が、一九五二年にメダン郊外のベラワン港から日本へ帰還していった。石井正治は、「帰国希望者は一九五二年五月二十二日を皮切りに、三回に分かれて約六〇名が日本へ帰っていった」と記している（石井正治、一六五頁）。その第一陣二〇人は、五月二十三日にオランダ船タスマン号でベラワン港を出発し、六月十二日に神戸に到着した。これに関しては到着時に外務省の事務官が神戸に赴いて帰国者から聞きとった一五頁にわたる詳細な記録が残っている（外務省外交史料館文書K'-0006-②）。第一陣として帰国した早川清によれば、ある日、彼らの拘留場所へジャカルタの日本政府在外事務所から担当者が来て、「費用は政府が持つから日本へ帰りたい者は申し出るように」と伝えたということであった。第一回目の帰国者は独身者に限るとのことで、翌日メダン政庁（筆者注：州庁のことと思われる）から来た係員に二〇名が申し込んだ。そして出発の日、インドネシア政府が彼らの拘留されていた中華戯院までバスを回し、ベラワン港へ向かった。船賃は二等で五万円（筆者注：少し高すぎるように思われるが原文どおり）だが、日本政府が負担してくれたという（早川清、三六四―三六五頁、三六九―三七〇頁）。同じ船で帰国した宮山滋夫は、『週刊読売』（一九五二年七月二日号、四―八頁）に手記を寄せ、「アチェで独立戦争を戦った後、メダンに移動して中学校で教鞭をとっていたが、二〇名の仲間と共に帰国したものである」と記している。さらにテウンク・ダウド・ブルエーの指揮するムジャヒディン軍の創設に参加し、部隊の訓練にあたっていた川路進もこの時の帰国者の一人であったと、筆者とのインタビューのなかで語っている(19)。

あとの二回の帰国については詳細が分からないが、一九五二年七月二十一日付けのインドネシアの新聞（*Mestika*）は、そのうち八人の残留日本人（アチェから三人、タパヌリから四人。軍の大隊――原文は Batalion Tentara であるが意味不明――から一人）がこのたび二回目の自由意志帰国者として日本へ帰る、と報じている。そのうちの一人はヨシテ・シマザキ（パンカランブランダン在住）という既婚者（子供はなし）で、妻をインドネシアへ置いての帰国だということであった。

この時期に帰国した数十名の大部分は、早川や石井の回想録、あるいはインドネシアの新聞報道にあるように、多くが「自由意志で」の帰国であったと考えてよいであろう。六月十二日に神戸に到着した帰国者から外務省の事務官が行なった聞き取りの記録によれば、これらの者はそれまで自分たちで帰国のために手を尽くしたにもかかわらず実現しなかったのが、日本政府在外事務所の塚本事務官のおかげで実現したという趣旨の発言をしていることからも、そのように解することができる（外務省外交史料館文書K'-0006-②）。しかも、日本政府の在外事務所とインドネシア政府の連携プレーで実現した帰国のようである。

しかしながら、福祉友の会関係者の解釈では、その頃、ジャカルタの日本政府の在外事務所は、強制退去を前提としてメダン市に移された日本人のなかで誰と誰を帰国させるべきかを検討するための名簿作りをしていたという。そうだとすれば「強制帰国」の要素もあったのかもしれない。それは関係者のあいだでABC事件として騒がれたといわれるが、真相のほどは分からない（福祉友の会『会報』一二〇号、一九九二年四月）。

その後、同年八月にスマトラからの帰国者何名かが帰国のためにジャカルタへ来てタンジュンプリオク港から東京船舶の日昌丸で帰国している（外務省外交史料館文書K'-0006-③）。さらに同じ頃、スペイン船で九人が大阪へ到着した（朝日新聞、一九五二年八月十四日付け）。

インドネシア政府を最も恐れさせていた井上哲郎、ならびに黒岩通の二名も、正確な日時は不明であるが、この時期に帰国したようである[20]。ただし第一陣には含まれておらず、「現在イ政府に拘留されている人員」として前述の一九五二年六月のスマトラからの帰国者からの聞き取りに報告されている。それによれば、井上は、自分の率いる猛虎隊の隊員が中央政府の命令に反し、山中に避難した人民に略奪暴行を行なったり、騒擾事件にも関連した責任を問われ、一九四九年初めからメダン市憲兵隊に拘留されていた、ということであった。また黒岩は社会主義青年団のアチェにおけるリーダーとして政治的に暗躍したため、同じく身柄を拘留されていたということだった。彼らの場合は恐らく「追放」であったと考えてよいであろう（メダンでの合同インタビュー）。

インドネシア政府が一九五三年三月に外交ルートを通じて残留日本人全員の日本への送還を申し入れてくる前年に、このように北スマトラ地区から数十名の帰国が実施されていたのである。しかし、それがいったん完了したのち、インドネシア当局は、再び外交ルートで、インドネシア各地にいるすべての日本人の帰国問題を持ち出してきたということになる。これはいったい、どういうことだったのであろうか。

全員送還要求をめぐっての外交交渉

インドネシア側が一九五三年三月に、引き揚げのために協力要請をしてきたこと自体は日本政府にとってまったく予想不可能なことではなかった。というのは一九五二年末に、甲斐総領事がインドネシアの入管局を訪問した際に、これらの残留日本人は正式の入国許可や滞在許可を取って入ってきたわけではないので、全面的に引き揚げを要求せざるをえないという方針が伝えられていたからである。後藤乾一は、インドネシア政府の要請を受けた時点で日本政府側は「残留者問題」について具体的な知識や情報をほとんど持ち合わせていなかったと述べているが（二〇〇一年、五四頁）、前述のように、すでに在外事務所開設以来、残留日本人たちとの交流は頻繁にあり、一九五二年の希望者の帰国に際しては、日本政府がそれを取り持ち、帰国費用も出しているくらいであるから、残留日本人問題に関する情報は十分に把握していたと思われる。

しかし一九五三年三月のインドネシア政府の閣議決定の事前には相談はなかったようで、甲斐総領事は「本件の如きを何等事前にわが方と協議せず唯閣議決定後故協力して呉れとの『イ』側態度には承服しがたい……」という不満を本省宛ての交信のなかで述べている。日本側としては、「中共（筆者注：中華人民共和国のこと）地区」からの引き揚げとは違い[21]、これらの日本人はインドネシアにおいて「安居楽業」し、すでに家庭を持っている者が多いので、これを無理に送還することは人道上の問題でもあり、全員永住権が取れるように申し入れるという方針をとった（外務省外交史料館文書 K'-0002-②）。

甲斐総領事は、一九五三年三月三日に本省の外務大臣宛てに送った交信のなかで、残留日本人の数について、調査は非常に困難で、正確な把握はできていないが、自分の知る限りでは北スマトラに約一五〇名、中南部スマトラに約一〇名、西ジャワに四五名、中ジャワに約一〇名、東ジャワに三〇余名おり、その他ジャワ、スマトラ以外の調査不明の地域を含めればおよそ三〇〇名程度と推定していた[22]（外務省外交史料館文書 K'-0002-①）。のちに福祉友の会が調査したデータによれば、独立戦争終結時まで生き残っていた日本人は約三七〇名で、独立戦争終了後の数年間に四五名（約一二％）が帰国したということなので、最終的に残った数は三二五名ほどということになる。その当時、領事館が把握していた数値はかなり精度の高いものであったということが言えるだろう。

なお、一九五四年三月にまとめられた藤崎萬里ジャカルタ総領事の報告書では、これらの日本人は政府職員、漢方医[23]、社員、教師、軍人[24]、製材所、鉄工場、自転車ならびに自動車修理工場経営者などであったと述べられている（外務省外交史料館文書 K'-0002-⑪）。

さて、総領事館は、基本的には残留日本人の強制的な帰国はすべて拒否するという方針で臨んでいたが、ただし、場合によっては（イ）刑事事件に関係のある者（ロ）経済力の極めて低い者（ハ）イ側が政治的に好ましからずとする人物、の送還に関しては日本側もより積極的に協力し、その他の者に対しては永住許可を取りつける方針で臨むということも考えていた（外務省外交史料館文書 K'-0002-①②）。この（ハ）に関しては、産経新聞の報道のなかに「反乱軍に加わって山中に立てこもっている四、五名の日本人」という表現がある（産経新聞、一九五三年三月十三日付け）。そしてそれは、恐らくアチェにおいてのダウド・ブルエーの反乱（ダルル・イスラームによる）に参加していた日本人のことを指すものと思われる。甲斐文比古総領事もこのことは非常に懸念していたようで、一九五三年十月二十日に、その真偽のほどを確かめるために自らメダンを訪問した。彼はインドネシアの記者たちとの会見に応じて「当地の日本人のあいだに、間違いを犯しており、インドネシア政府の意に沿わない者がいれば知らせてほしい。アチェの反乱に六人の日本人（うち四人が技術者）が関与しているという噂があったが、真実でないことが判明した。その六人は反乱より前にすでに日本に帰るためタンジュンプリオクへ向けて出発している。私はアチェの日本人については何も知らない」と語った（*Mestika*, 1953. 10. 23.）。

このほかに西ジャワでダルル・イスラームに参加している日本人が八人いたという情報もある（内海愛子・村井吉敬、一九八〇年、二五四頁）。

日本側はのちに、少なくとも現地で結婚している者には永住権を取りつけたい、逆に言えば、場合によっては独身者は帰国もやむをえないというふうに、日本政府として残留を擁護すべき対象を狭めていった。さらに別のところでは、元日本軍兵士だった者の引き揚げはやむをえないかもしれないという見解を取っている。

ジャカルタでの交渉と併行して東京においてもザイナル・アビディン総領事と日本外務省のアジア局

長との会談がもたれた。一九五三年三月二十日の会談で日本側は「平穏に家庭生活を営んでおる者の残留或いは再入国につき是非とも配慮ありたき旨」を申し入れたところ（外務省外交史料館文書 K'-0002-③）、四月八日になって、「再入国を考慮するも、一応は例外なく帰国させるものなることを甲斐総領事に伝えた」という回答があった。日本側が、「これらの者は貴国に帰化することが出来るか」と尋ねたところ、「（インドネシアには）帰化のための法律がない」との回答があった（外務省外交史料館文書 K'-0002-④）。

その後、甲斐総領事は時間稼ぎのためになるべく交渉を避けていたが、四月十六日にインドネシア外務省から接触があり、再度会議を開いた結果、既定どおりの方針を進めることにした、と伝えられた。さらに引き揚げに際して（イ）残留邦人リストの提出（ロ）彼らに対する引き揚げの説得（ハ）引き揚げのための便船の手配、に関して協力を求めてきた。日本側は（イ）に関しては提出を拒否し、（ロ）に関しては、彼らに再入国許可が与えられることを確認する公文書を受領しない限り困難であると回答した。またこのとき、日本人の資産は日本へ送金できるようにすることと、領事館で働いている者は引き揚げを免除することを申し入れた（外務省外交史料館文書 K'-0002-⑤）。

当時、来日中であった国会議員のゴンドクスモ外交委員長もこの残留日本人の引き揚げ問題を持ち出し、「インドネシア人の対日感情上、送還が望ましい」と述べ、一方、日本側は人道上の考慮を要望した（外務省外交史料館文書 K'-0002-⑥）。

ちなみに終戦処理のために進駐してきた英印軍の兵士で残留した者たちは、すでにインド、パキスタンとの話し合いにより全員送還を終了したということであった。

すでに拘留を解かれていたメダン市の残留日本人たちは、一九五三年に日本人会（Gabungan Orang

Nippon会長石井正治、メンバー一三四人）を結成し、そこを通じてジャカルタの総領事館と連絡を取り合っていた。一九五三年七月には、スマトラ在住日本人一同の名において、帰国の意思がない旨の「決議書」と同趣旨の岡崎外務大臣宛ての書簡を（恐らく総領事館に）提出し、七月四日付けで「スマトラ在住日本人引揚げの件全員同意し難し善処請う」という電報がスマトラ日本人会の名において本省へ発信されている。その決議文の内容は以下のとおりである（外務省外交史料館文書K'-0002-⑧）。

一、スマトラ在住の我々は如何なる困難を排除しても、その方法（帰化又は居留権の取得）を問わず絶対当地に残留する事に全力を尽し、之れに邁進する事

二、日本人たるの襟度を保持し祖国の名誉と栄光を汚すことなく進んで日イ両国の親善及繁栄の為に努力する事

三、インドネシヤ国の社会秩序と慣行を尊重し善良なる市民として、インドネシヤ国家の発展に最大の援助を尽す事

その間、インドネシア側は一九五四年一月二十五日に、まだ日本側から回答がないとして決断を迫り、「内務省当局の在留邦人調査も完了し、[25] 日本船を回してもらいさえすれば、いつでもそれぞれ最寄りの港まで送致する用意ができている……」と伝えてきた。インドネシア側はさらに「戦争の遺産を一掃することが国交正常化への第一歩なりとの考え方で、貴方の協力を求めてきた次第である。本件を実行すれば当国内における対日感情にも好影響あるべしと信ずる」と述べた。それに対し日本側は「日本人の強制送還が日本の国内輿論に与える悪影響とは比すべくもない」と反論した（外務省外交史料館文書K'-0002-⑨藤崎ジャカルタ総領事から外務大臣宛て、一九五四年一月三十日）。

さて、それではいったいこの時期に強制送還は実施されたのであろうか。結論から言うと、どうやらそれは立ち消えになってしまったようである。確かに、一九五三年三月に外交交渉が始まってからもちらほらと帰国者があったことはうかがえる。たとえばメダンの日本人会の副会長であった古関正義が、一九五三年五月二十九日、メダンからフィリピン航空機で帰還したという記録がある。詳細は分からないが、これは強制送還ではなさそうである（外務省外交史料館文書 K'-0002-⑦）。ついで、一九五三年九月にジャカルタ、タンジュンプリオクの入管局収容所に日本人五名と家族四名が「何んらの事由なしに」収容され、インドネシア側は、アチェ事件関係者として投獄されている一名とともに彼らの送還を要求するという事件が起こった。そして十一月二十五日、インドネシア外務省はアチェ関係者を除く九名を無理やり東京船舶のスマラン丸に乗船させようとした。しかし日本総領事館の抗議により、彼らは下船させられ、その送還は危ういところで食い止められた[26]（外務省外交史料館文書 K'-0002-⑩）。

またその後、一九五四年五月十九日付けの朝日新聞は、「インドネシアから送還──帰りたくなかった元日本兵五人」という見出しで、インドネシアの独立戦争に参加した元日本兵清水信一ら五人が、十八日横浜へ入ったオランダ船チカンペック号で帰国したことを報じ、「去年の秋から現地政府が始めた不法入国外国人の取締りに引っかかり強制送還となったもの」と解説している。これは明らかな「強制送還」のようである。しかしこれ以外には送還の記録は見当たらず、外交史料館の引き揚げ関係文書もインドネシア関係の資料はこれ以後途絶えているため詳細が分からない。石井正治も強制送還問題がなくなったため、いま、日本人会などという異民族を標榜するのは間違いであるとの結論を得てメダンの日本人会は解散したと述べている（石井、一六五─一六六頁）。このことからも、結局、断続的に計数十名がさまざまな理由・形態で帰国した以外、日本人全員を対象とした強制送還問題は立ち消えになったものと思われる。[27]

日イ双方の思惑

一九五〇年代の初めにインドネシア当局が、すべての日本人の送還という強硬な方針を打ち出した背景は、どのように理解できるであろうか。まず、日本軍政時代に苦難を被った多くの犠牲者たちの傷跡はまだ癒えておらず、一方でまだオランダの影を引きずっており、インドネシア側には日本軍政の残存とみなされるようなものは排除していかねばならないという事情もあったと思われる。一九五三年四月二十日にインドネシア政府の外務省が出したメモランダムによれば、これらの日本人の存在は、日本占領期の不幸な時代を思い出させるものであるので除去しなければならないと述べられている。個人的に日本に恩義を感じている人たちもいないではなかったが、それに倍する数の人たち——特に籾《もみ》の徴発やロームシャの徴発に苦しんだ名もなき村人たち——は日本がもたらした苦悩を忘れてはいなかった。

それに加えて、独立戦争に外国人が参加していたという事実によって、国際社会においてその純粋性に疑惑がもたれることへの警戒心があったと思われる。特にこの時期は主権を委譲されたとはいえ、インドネシア共和国にはまだオランダの息が大きくかかっていた。親日的と言われた大統領スカルノの影響力はまだ絶大ではなく、ものごとは「官僚的に」処理されていた。

しかし、それにもまして大きなファクターとしてはインドネシア国内のさまざまな政治的動揺があげられるだろう。オランダから主権を委譲されたとはいえ、当時はまだそれを不満に思う親蘭分子による反政府的な行動が相次いでいた。さらに、イスラーム国家の建設を唱えて中央政府に反乱を起こしたダルル・イスラーム運動も西ジャワやアチェを中心に抵抗を続けていた。そして一部の日本人がそれに関与していたという事実が共和国政府を大きな不安に陥れていたものと思われる。前述のように、一九五二年の初頭にアチェにいる日本人全員が強制的にメダンへ移された背景には、彼らがアチェのイスラーム過激派ダルル・イスラームによるイスラーム国家設立運動とつながっている可能性への疑惑があった。

さらにこの頃インドネシアでは、オランダ人、中国人など外国系の住民の法的処遇をめぐって大きな問題を抱えていた。後述するように、主権を完全に委譲されたとはいえ、まだ二十数万人のオランダ人が残っており、経済活動、教育活動その他さまざまな分野で活躍していた。経済を国有化していくことにより、これらのオランダ人には何とか帰国してもらいたいと考えていたと思われる（実際、一九五八年にそれを実行することになる）。また中国人はオランダ植民地時代から多数住み着き、人口の数パーセントを占めていたが、そのうちインドネシア生まれの者は一九四六年の国籍法で属地主義によりインドネシア国籍を付与されたので、多くの人は二重国籍状態だった。しかしやがてインドネシアはオランダ法の遺産である属地主義を捨てて血統主義に基づく国籍法へと転換してゆく。そして五〇年代はそれを模索している時代であったようだ。実際には中国人に対する締めつけが厳しくなり、土着輸入業者を育成するために貿易業務に制限を課すベンテン政策や、外国籍の者が農村部で小売企業に従事することを制限する政策などさまざまな制約を設けていた。そして最終的には、中国とインドネシア両国のあいだで取り交わされた一九六〇年の二重国籍条約により、いずれか一方の国籍のみを選択する義務が課され、中国籍の保持を望んだ者は帰国を余儀なくされた。そして大量の中国人がこの国を離れたのである。

このように見ていくと、一九五〇年代は、ナショナリズムがきわめて強く、血統上のインドネシアの「大地の子」（プリブミ）以外の者に対しては非常に厳しい政策をとり、基本的に排除する方向に向かっていたと思われる。そのようななかで数はきわめて少ないものの日本人の存在も基本的には容認できないものだったのであろう。インドネシアでは今でも外国人の帰化はきわめて難しいのであるが、この当時はまだ帰化に関する規定もなかったため、法的手続きを経ないでインドネシアに居住している残留日本人たちは、違法滞在者にほかならず、少なくともオランダ領東インド生まれで、出生により居住権を得ている欧亜混血《ユーラシアン》、華僑、印僑、アラブ系住民たちと違ってもっと弱い立場にあった。

一方、反政府的な動きに加担している者や、犯罪的な行為を行い問題になっている者を除き、あくまで本人たちの希望に添うことが第一だという立場を強く堅持した日本政府の対応は何に基づくものだったのだろうか。まず一九五二年の北スマトラからの帰還に際しては、それを希望する者には旅費を負担するという形で援助しており、一九五三年以降の外交交渉の場では、大部分の残留日本人がインドネシアへの残留を望んだため、日本政府はのらりくらりと引き延ばし戦術をとって、インドネシア側の要求を拒みつづけた。岡崎外相から甲斐総領事宛ての電文でも「本件については出来るだけ時間を稼ぎその間に両国関係の改善を図り実施の必要をなくすことが望ましい……」と述べられている。

いったいなぜ日本政府は彼らの強制送還を防止するためにそこまで一生懸命だったのであろうか。それは日本の国益とどうつながるのであろうか。次章で見ていくように、賠償という大きな問題の解決のために少しでも日イ関係を感情的に改善していく必要に迫られていたこの時期に、この案件でインドネシアに対して強硬姿勢をとることが、なにゆえにそれほど必要だったのであろうか。賠償問題と貿易問題を除いて他にこれという案件のない時代であったとはいえ、総領事館の対応は非常に熱心である。いま平穏に暮らしている人たちの生活を守ってあげたいという、総領事の個人的な温情が強く影響したのか、あるいは日本国政府の「引き揚げ」全体に関わる大きな方針と関連する部分があったのか、不明である。この時期の日本の新聞の論調を見ると、たとえば「インドネシア、旧軍人が送還反対――生活は安定している」（産経新聞、一九五三年七月二十日）などのように強制送還の危機に直面している残留日本人に対して同情的な論調が見られる。

この時期の外交文書を読み解くにつれて感じたのは、一般に言われているように、日本政府はその当時、これらの残留日本人を必ずしも「逃亡兵」扱いしていなかったのではないかということである。この時期、日本政府は残留日本人に関してどのような見解をとっていたのかを示す興味深い記事が一九五二年八月十日付けの朝日新聞に掲載されている。スラバヤの在外事務所がインドネシアの「独立闘争史」を編集したという報道に加えて「インドネシア独立史に二人の日本人――一生ささげて果つ〝光明の日〟は見なかったが……」と題して独立闘争に身を捧げた吉住留五郎と市来龍夫が紹介されている[28]。つまり彼らを独立戦争に身を捧げた英雄として評価しているのである。現地での取材をしているとは考えられないこの記事の背後には、当時の日本政府外務省の見解が色濃く出ているものと思われる。つまりこの時点では、日本政府は決して「棄民」扱いをしていないのである。終戦直後は「脱走兵」という名称で罪人扱いされてきた残留日本人のことを、たとえごく一部の人物に対してであれ、すでにこの段階で英雄扱いしているということは注目すべきことである[29]。

そのような好意的な姿勢が基本にあったためか、日本政府――少なくともそのインドネシアにおける出先機関――はかなりの誠意をもって残留日本人の権利を護るために努力していたと言えよう。その様子が外交文書のやり取りからうかがわれる。しかも外交文書のなかで、「脱走兵」などという呼称は使われていない。「残留日本人」である。あくまで邦人保護という本来の総領事館の業務に徹しているようにうかがえた。

結局、最終的に、インドネシア側がなぜ強制送還を諦めたのかは明確には分からないが、恐らく、インドネシア側も個々人の背景を吟味し、疑いをもたれた一部の当事者のみを送還することによってよしとしたのであろう。インドネシア政府が、強制退去扱いにはしないので、自発的に帰国してほしいと求めてきたことは、精一杯の温情であったのかもしれない。強制退去でなければ、いったん帰国ののち改めて入国を申請することも法的には不可能でないからである。しかしながら、結局のところ残留日本人はそれほど歓迎される客人ではなかったのであろう。彼らをゲリラ戦士として尊重し、彼らが独立戦争において果たした役割を評価しようという「ゆとり」をインドネシア共和国がもつようになるのはだいぶ経ってからのことであった。

残留日本人たちのその後

さて、この「送還」騒動は一段落したものの、送還を免れた残留日本人たち（福祉友の会によれば三二四名）に対しては、正式な滞在許可や国籍が与えられるわけでもなく、彼らはそれ以降ただ無干渉のまましばらく放置しておかれることになった。[30] 残った人々は、当初、無国籍というステイタスのままインドネシア社会での生活を始めた。

日本企業も存在しなかったその時代、彼らが限られた語学力で役所や会社に勤めることは難しく、多くが自営の道を選んだ。衛生兵だった者は無免許のまま医者として開業したり、軍隊での技術を生かして自動車修理工場を開いた者もいる。その定住先はさまざまであり、この時期には必ずしも大都市への集中はなかった。彼らがジャカルタ、スラバヤ、メダンのような大都市に集まり始めるのは、のちに見るように賠償プロジェクトの実施や、さらにその後は日系合弁企業の設立によって日本との接点が生じ、生活の糧を保証してくれるようになってからのことである。

当初は、特に正規の国籍がなくとも不自由なく暮らしていた日本人たちであるが、インドネシア共和国の法的整備が進むにつれ、厳しい状況に置かれることになった。一九五七年になるとジャカルタ在住の者は外国人税を徴収されることになった。そこでこの年、インドネシアの在郷軍人会を経由して彼らの多くは国籍申請手続きを行なったが、それは決して簡単ではなかった。インドネシアの入管局は、入国時に旅券またはそれに代わる証明書を所持していなかった外国人の帰化は認めないという方針をとっていたからである（福祉友の会『月報』一二〇号、一九九二年四月）。

しかしながらそのままでは不法滞在として強制退去になりかねないので、その窮状を見て、当時の陸軍参謀次長であったガトット・スブロトが一九五七年八月にとりあえず暫定身分証明書を出してくれた。それはインドネシア共和国の独立戦争を戦った国軍の元軍人であることを証明するもので、「彼らの法的身分は当局においてなお処理中であり、正式決定までのあいだインドネシア国人同様に取り扱われたし」という趣旨のものだった。それに加えて二年以上インドネシア共和国軍籍にあった外国人はインドネシア国籍を取得する条件があるという特別な規程を国防大臣決定で定めてくれた。こうしてとりあえずの身分証明を得て、国籍申請に対する回答を待つことになった（福祉友の会『月報』一二〇号、一九九二年四月）。しかしその道のりははなはだ長いものだった。

一九五八年三月三日付けのインドネシアの新聞に、平和条約調印の代表団の一員としてインドネシアを訪れ、その後ジャワ、スマトラ各地を訪問していた国会議員の吉江勝安（日本軍政期のクディリ州長官）の談話として、五〇名の元日本軍人が、平和条約の発効とともにインドネシアへの帰化を希望していること、またインドネシアの高官の談話として、イ政府は彼らの国籍取得について現在検討中だという報道がなされている（*Nusantara*, 1958. 3. 3.）。

彼らの国籍取得申請に対しては、ようやく一九六一年になって決定が下ったが、国籍取得の許可が下りた者はほんのわずかで、あとの申請はすべて却下されてしまった。その後、当時の古内広雄大使が大統領の秘書武官、ならびに大統領の日本人妻ラトナ・サリ・デヴィ夫人を通じて大統領に特別の配慮を請うなど、さまざまな努力が重ねられた結果、一九六三年十二月十八日付けのスカルノ大統領による特別決定で、希望する残留日本人全員に国籍が付与されることになった（福祉友の会『月報』一二〇号、一九九二年四月、ならびにデヴィ・スカルノとのインタビュー）。ここでも日本国政府は残留日本人たちに好意的な行動をとったのだった。(31)

彼らがインドネシア国籍を取得した時期は、賠償の支払いのために、日系企業が数多くインドネシアにやって来て事業を開始した時期であり、その手伝いのためにインドネシア事情に通じた「残留兵」の人たちの助力は不可欠とされていた。多くの残留兵が日系企業のもとで職を得て、経済的にはこれまでよりも幾分潤うようになった。このような状況は、その後スハルト政権になって外資導入政策の開始とともにさらに多くの日系企業が進出してきたのに伴い、さらに進展していった。

とはいえ、長い年月ののちにやがて日系企業が立ち上げの時期を終えて軌道に乗ってくると、日本から送られてきた新世代の駐在員たちが采配を振り、彼らの相対的重要性は薄れていく。それでもジャカルタ、スラバヤ、バンドゥン、メダンなどに住んで日系企業と接点を持っていた人たちは経済的には恵まれ、蓄えた経済的余力をもとに自営に転じて事業を成功させた人もいる。

独立戦争を戦った者たちにはゲリラ勲章が与えられ、そのうち一部の者は死後にカリバタ英雄墓地や、地方の英雄墓地に葬られることになった。インドネシア政府によって厄介者扱いされ、絶えず捜査の対象とされていた独立戦争時代や、強制送還の対象として外交交渉のテーマになっていた一九五〇年代から見ると考えられないようなことである。

一方、日本語を自由に操るという「特権」を生かせずに地方の農村に埋もれて生活をしていた人々とのあいだに格差が出てきた。一九七九年に一〇七名が発起人となって（最終的には二一三名が参加）福祉友の会という組織を作り、恵まれない同志たちの老後の生活や二世の教育を扶助したりするようになった背景には、日々の生活にも苦労し、その死去に際して英雄墓地での埋葬が許されたにもかかわらず、費用がないために辞退する者もあったという事情があった。

彼らに対する日本政府の取り扱いも、一九九〇年代になると大きく変わってきた。一九九一年には、戦地勤務年数が三年以上の元日本軍軍人に対しては、彼らが日本国籍を保持していた期間分の恩給が、一時金という形で支払われることになったのである。二一名に対して一人当たり三万五〇〇〇円から八万八〇〇〇円の一時金が支払われた。

一九九五年には、当時の渡辺泰造大使が、その時期まで生き残っていた残留日本兵六九名に対し、日イ友好に尽くしたとしてインドネシア独立記念日の八月十七日付けで感謝状を出した。さらに一九九〇年の乙戸昇を皮切りに、これまでに樋口修、伊丹秀夫、小野寺忠雄、サトリア石井、宮原永治の計六名が叙勲されている。さらに二〇〇四年には福祉友の会が外務大臣表彰を受けた。

ところで、残留日本兵がインドネシア独立戦争に参加したという事実は、戦後のさまざまな段階において、いわゆる解放史観を支える錦の御旗として引き合いに出される。このような一連の名誉回復のためのプロセスと併行して、日本国内では「新しい歴史教科書をつくる会」などによる自由主義歴史観が姿を現してきた。これらが、「大東亜」戦争は解放戦争としての側面も持っていた、と強調するとき、その一例として一〇〇〇名ほどの日本兵が独立戦争に身を捧げたという事実が強調された。二〇〇一年には残留して独立戦争に身を捧げた日本兵を主人公とした映画「ムルデカ・17805」が東京映像によって製作された[32]。

また、残留兵のなかでもとりわけ吉住留五郎と市来龍夫のケースはあちこちで政治的に利用されてきた。確かにこの両名は、戦前、思想的に問題があって日本を追われ、インドネシアに居留してインドネシアの民族主義者たちとも親しい関係を持っていた、いわゆるアジア主義者の流れを組む人材であった[33]。残留日本人のなかでは非常に例外的な存在なのであるが、日本にとってはもっとも誇ることのできる英雄なのである。

第3章　インドネシアの脱植民地化と賠償問題

日本がサンフランシスコ講和条約（一九五二年四月二十八日発効）によって国際社会に復帰するに際して提示されたひとつの大きな課題は、戦争賠償の支払いということだった。賠償はやがて一九五〇年代中頃から六〇年代にかけて、東南アジアの四カ国（フィリピン、インドネシア、ビルマ、南ヴェトナム）に対して支払われることになるが、それは、「出費」の形をとりながらも日本の経済を圧迫するようなことはまったくなく、実は反対にこの時期の日本経済の発展を支える大きな力となった。原朗も、賠償の支払いが非常に軽いものであったことを指摘したうえで、「日本人をして加害者としての贖罪意識をもって賠償を支払うことにより国際社会への復帰をはかるよりも、賠償をむしろ一つの経済的機会ととらえてそれを現地への経済的進出の契機とする意識の方が強く働いていた」と解釈している（原朗、二七〇頁）。

同様に西原正も、対インドネシア賠償に関する研究のなかで、「賠償はインドネシアに対する援助の源となると同時に日本の対インドネシア輸出振興にも役立った」と述べている（Nishihara, p. ix）。

賠償が日本にとって極めて〝軽い〟ものになった要因はいくつかある。第一にサンフランシスコ講和条約第一四条で定められた賠償の支払い条件が、日本の経済的基盤を危うくしない範囲で、しかも日本に外貨支出の負担をかけないために、現金ではなく日本人の役務《えきむ》によって支払うという、日本にとって極めて好都合なものであったことである。これは日本にとって、終戦直後に連合軍側が考えていたのよりもはるかに軽いものになっていた。一九四〇年代末から顕著になったアジアにおける冷戦が、アメリカの対日基本政策の変更をもたらし、日本経済を弱めることよりも強化する方向へと向かった結果であった。

第二に、最終的に日本が賠償を支払うことになったのは、わずか四カ国に対してであった。中華人民共和国、ソ連、北ヴェトナムなど共産圏の国々は講和会議に招待されず、またアメリカ、イギリス、中華民国、オーストラリア、インドら交戦国の多くはその請求権を放棄した。このことに関し桐山昇は、「対日賠償請求問題は、対ソ戦略及びアジアにおける植民地独立の発展、そして中国における革命の発展に危機感を抱いた米英両国を主導とする対日講和政策の推進の下で、賠償そのものの自発的放棄の方針へと変遷した」とし、日本の意図よりも英米の都合によって賠償が軽減されたことを述べている（桐山昇、九一―一〇頁）。

一方、日本が占領した東南アジア諸国のうち、当時まだイギリス領であったマラヤ、北ボルネオ、シンガポールは対象から除かれ、さらにラオス、カンボジアはのちに請求権を放棄し、一九五八年に経済および技術協力協定を結んでこれを準賠償としたので、最終的に請求国となったのはインドネシア、フィリピン、ビルマ、南ヴェトナムの四カ国だけだった(1)。

第三に、最終的に支払うことになった賠償金額は、当初、相手国が要求していたものと比べてはるかに小さい額になった。それは、アジア諸国が被った被害額に基づいてではなく日本の支払い能力を基準に賠償金額が算定されたためである。

インドネシアの賠償に関する先行研究としては前述の西原正の著作がある。この研究は、賠償交渉の開始からスカルノ政権崩壊までの日イ関係のさまざまな問題を、文献ならびに関係者との多くのインタビューに基づいて論じ、正規の外交ルートよりも日本＝インドネシア双方のロビイストが果たしたインフォーマルな役割のほうが重要であったことを指摘している。また、賠償は容共的なスカルノ政権を強化するのに役立ったという評価をしている。

それ以後、直接インドネシアの賠償を正面から扱った研究は出てこなかったが、一九八一年に増田与が『スカルノ大統領の特使――鄒梓模回想録』（中公新書）と題して翻訳・刊行した、インドネシア籍華人鄒梓模《チョウシンモ》の手記は、この時期の日イのインフォーマルな政治・経済関係のさまざまな側面を語り、大きな示唆を与えてくれた。

次いで一九九五年と九九年に筆者が、インドネシアの脱植民地化との関係でこの問題を分析し、二つの論考を発表した。すなわちインドネシアによるオランダ資産の国有化という重要な経済政策への転換を、日本の賠償が支えることになったのではないかという論点から、日イという二国間関係ではなく、そこにオランダも含めた三国の関係において論じた。

その後、二〇〇四年に宮城大蔵が、『戦後アジア秩序の模索と日本』（創文社）と題する大著を発表し、この第1章で、国際政治のなかで、特に冷戦とアジアのナショナリズムの狭間で苦悩する英米の対応も視野に入れて、対インドネシア賠償を論じた。この研究がそれまでの研究と決定的に違う点は、二〇〇〇年に賠償交渉期の日本の外交文書が解禁され、それまでは推測の域を越えなかった論証が確認されたり、新たな事実が提示されたりするようになったことである。そして宮城は日イ関係のみならず、日米、日英関係の外交文書も駆使してダイナミックにこの問題を論じている。

本章は、四〇年前の西原の著作を参考にしつつ、また宮城の提示した新しい視点をも取り入れながら、これまでの自分の研究を膨らませる形で、主として一九五〇年代のインドネシアの国内政治、とりわけオランダ資産の接収など一連の脱植民地化の動きとの関連で賠償問題を論じようとするものである。すなわち本章では、インドネシアの脱植民地化と対日賠償交渉の過程を並行して眺め、そのような状況のインドネシアに対し、日本は賠償問題をどのような意図のもとにどのような形で解決しようとしていたのか、そして具体的にどのような点においてこの二つの試みは相関関係をもっていたのかを考察したい。この問題はさらに次章1節で、島嶼《とうしよ》間海運業における船舶問題を例にとって引き続き具体的に考察するつもりである。

執筆に際しては、日本側の人脈の重要性に加えて、インドネシアの国内事情に注目し、インドネシア側の情報をできるだけ活用することによって、賠償交渉がインドネシア側にとってはどのような意味があったのかを検討することに主眼を置きたい。スカルノ政権が、一九六五年のクーデター未遂事件の首謀者であるといわれた共産党を擁護したため、その煽りを受けてセンシティヴな政治抗争のなかで崩壊したこともあって、スカルノ時代のインドネシア史はその後あまり学術的に研究されていない。しかもインドネシア側の公文書はいまだほとんど公開されていないうえ、また賠償実施過程でさまざまな疑惑が取り沙汰されていることから関係者の手記や証言なども少なく、情報はきわめて限られている。そこで本稿は、インドネシア側の情報の多くを当時の新聞に依拠し、一部を関係者とのインタビューで補った。一方、その後公開された日本の外交文書にも目を通し、これまでの自分の研究を再検証した。

まず、第1節において、サンフランシスコ条約で賠償支払いが日本に義務づけられる経緯を述べたのちに、一九五一年から一九五八年一月の協定調印までの六年間にわたる日イの賠償交渉の過程を概観し、交渉をかくも難航させた双方の要因は何であったのかを検討する。

第2節と第3節においては、難航していた交渉がようやく一九五七年末に妥結するに至った背後には何があったのかを、日本とインドネシア双方の事情から分析する。特にインドネシアの脱植民地化の過程、具体的にはオランダ資産の接収という画期的な決断と日本の賠償がどのように結びついていたかについて、公開された外交文書をもとに新しい見解を提示する。

そして第4節においては、賠償協定の調印と国交回復から始まる両国の公式関係の揺籃期における、インドネシアの内戦とそれに対する日本の政財界の思惑を、冷戦構造が深まる国際情勢との関係から分析する。

第1節　対インドネシア賠償交渉

津島・ジュアンダ会談——サンフランシスコ条約の路線での賠償支払いで合意

第2章第1節で述べたように、サンフランシスコ講和条約で日本の賠償支払いが定められたが、インドネシア政府はこの条約に調印したものの批准はしなかった。そのため国交回復は実現せず、賠償の支払いに関して二国間で個別に交渉を重ね、それが妥結したときに同時に平和条約も結ぶという道が選ばれたのである。

サンフランシスコでのスバルジョ外相と吉田首相の話し合いに基づき、早くも一九五一年十二月十七日には、東京で賠償交渉が開始された。すなわち、ジュアンダ・カルタウィジャヤ（Djuanda Kartawidjaja のちの首相）運輸大臣を代表とするインドネシアの代表団が日本へ到着し、外務省顧問（元蔵相）の津島寿一とのあいだに交渉を開始したのである。

日本側はサンフランシスコ講和条約の一四条に強く固執し、「役務による賠償支払い」を要求した。ジュアンダ使節団も最終的に、その条件は受け入れると言明して日本側を安心させたが（*Merdeka*, 1951. 12. 19.）、要求額のほうは、一七五億ドルという、一九五一年度の日本の年間国民総生産（一五二億ドル）を上回る金額であったため交渉は難航した。[2]

この数字の根拠は、蘭印政庁の日本人問題事務局が戦後まもなく作成した被害リストに基づいてインドネシア政府が算出した戦争損害表の三二五億ギルダーをこの当時のレートでドル換算したものである（Dwi Daralis Hardini, p. 100）。

サンフランシスコ講和条約では、日本の存立基盤を危うくすることのない範囲内での賠償を支払うことが定められており、日本としてはこのような高額の要求には応じることができなかった。日本は、他の国々からの要求額を聞くまでは支払い金額を提示できないと主張し、具体的な回答は避けた。

インドネシア側はこの東京会談において、戦争で四〇〇万人の人命（特にロームシャ）を失ったと訴え、彼らへの損害賠償も要求した（*Merdeka*, 1951. 12. 24.）。しかし日本は、人命に対する賠償はサンフランシスコ講和条約一四条には含まれていないとして拒否した。[3]

賠償交渉の外務省の責任者である倭島《わじま》英二アジア局長はこの頃、「日本はインドネシアと戦争をしたわけではない」と言って賠償支払いそのものに根本的な疑問を呈した。インドネシアが日本との「交戦国」であったかどうかという解釈をめぐっては、その後も長く両国のあいだに根強い食い違いが残った。インドネシア側の解釈では、日本軍侵攻当時、インドネシアはオランダの主権下にあり、オランダは日本と宣戦布告した交戦国だったのであるから、インドネシアも国際法的には交戦国であった、というのである。しかし、日本側には、インドネシアと敵対したという意識は戦争当時からほとんどなかったため、賠償を支払う必然性について疑問を持つ者も多かった。

これ以後も日本側にはこの種の発想が根強く残っており、ことあるごとに表面化した。そして国内には「賠償額をできるだけ圧縮して国民の負担を軽減すべき」という考え方と「むしろ賠償支払いによってわが国と相手国との経済関係の緊密化を図ることに重点を置くべき」という二つの相違した考え方が並行して存在した（白幡友敬、四二頁）。

津島・ジュアンダ会談では賠償額については何ら結論が出なかったが、スジョノ駐日インドネシア政府代表部大使も加わり、またアリ・サストロアミジョヨ駐米大使を日本に呼び寄せたりして（朝日新聞、一九五一年十二月二十四日）、何とか第一回の会談の成果をまとめ、一九五二年一月十八日に「賠償中間協定案」ならびに「津島・ジュアンダ交換公文」が仮調印された。中間協定案は、支払い金額は被害の大小によって決められるのではなく、日本の支払い能力によって決められること、日本の「存立可能な経済」を維持する範囲で外国為替上の負担をかけないようにするため、支払いは日本人の「役務」のみに限定することという、サンフランシスコ条約第一四条の内容をインドネシア側が全面的に承認するものであった（藤崎信幸、五〇頁）。

支払い総額を日本が提示しなかったことや、現金での支払いや人的被害に対する補償を認めないことなどに対するインドネシア側の不満は大きかった。議会では「これはインドネシアの民族主義的な経済の実現を妨げるものである」（インドネシア・イスラーム同盟党議員）、「日本はアジアにおける米軍の基地になっており、それを裏付けるようなサンフランシスコ講和条約に縛られた今回の協定には反対である」(労働者代表)などの反対意見が出た(*Merdeka*, 1952. 2. 1.)。

このように中間協定案は仮調印にまで漕ぎつけていたのであるが、その後、間もなく二月にスキマン内閣が倒れてウィロポ内閣が成立し、この新内閣はサンフランシスコ講和条約のみならず中間協定案の批准も無期延期してしまった。そして当初の予定では一九五二年五月頃ジャカルタで開くことになっていた第二回目の会談も開催の目処が立たなくなってしまった。

岡崎ミッションとスダルソノ・ミッション(一九五三年十月―十一月)

それから二年近く経った翌一九五三年十月、岡崎勝男外相が賠償問題の話し合いのためにフィリピン、ビルマ、インドネシアを歴訪し、すでに政権が代わっていたインドネシアではアリ・サストロアミジョヨ首相と会談した。このとき日本側は、インドネシアに一億二五〇〇万ドルという具体的な数字を初めて提示し(総額を四億三五〇〇万ドルとし、フィリピン四、インドネシア二、ビルマ一という配分で分配)、なおかつ生産財を役務に含めるという譲歩を行なった(Nishihara, p. 40)。後述するように、被害の多少に基づいて賠償額が決まるのであれば、ビルマに対してのほうがインドネシアに対してよりも多く支払うべきことは日本政府も認識していたが、この段階ですでにインドネシアに有利な配分になっていて、日本にとっての相手国の重要性の度合いを反映していることが注目される。しかしインドネシア側は前回よりわずかに少ない一七二億ドルを要求したため、両者の隔たりは依然としてあまりにも大きく、会談は物別れになった[4]。さらにビルマも二国間平和条約の締結を拒否したため、この岡崎ミッションはほとんど成果がなかったとインドネシア側は評価している(*Harian Umum*, 1953. 10. 23.)。岡崎外相は、訪問先のラングーンから、インドネシアでの交渉について次のような報告を犬養健法務大臣宛てに送っている。

アリ（首相）も、一七〇億乃至八〇億米弗などが法外な数字なることは言外に認めた。再交渉の余地あることは繰り返し申しおれるもさりとて我方が暗示せるが如き一億程度を受諾せば直ちに政府は崩壊すべしとてかかる数字をききたることも全然外部に出さぬ様強く要望せる有様なり（外務省外交史料館文書 B'-0151-③）。

岡崎外相は、アリ政権が連立政権という非常に弱小な基盤の上に立っているため、独自の決断ができず、そのために交渉もなかなか進展しないとみているようであった。

岡崎ミッションの帰国後、インドネシアはスダルソノ・アジア太平洋総局長を団長とする経済視察団を日本に派遣し（一九五三年十月二十六日〜十一月二十五日）、日本の支払い能力を調査した（Nishihara, p. 40）。日本に対する要求金額を決めるうえで日本経済の実態調査が必要とされたのである。使節団が帰路に立ち寄ったマニラにおいて団員の一人ルディ・プリンガディは、「日本産業の戦後の復興ぶりは驚嘆すべきものがあり優に賠償を支払う能力のあることが解《わか》った。然るに日本の官吏は日本が戦前の経済的優位を回復した事実を認めることを嫌い日本人は未だ貧困の裡《うち》に生きて居ると主張している」と述べたという（外務省外交史料館文書 B'-0151-⑤）。そしてスダルソノの訪日中（十一月二十三日）に、戦争中インドネシア海域に沈められたままになっている六〇隻の沈没船の引き揚げのために六五〇万ドルを中間払いするという協定が結ばれた。しかし、これもインドネシアで批准されなかった（*Harian Umum*, 1953. 11. 23.）。

貿易債務清算との抱き合わせ案——倭島公使による交渉

スダルソノ訪日の際に、賠償交渉継続と外交関係再開の話し合いのために、恒常的な代表をインドネシアに派遣することが取り決められ、一九五四年一月に倭島英二が公使という資格でインドネシアに着任した。これ以後一九五七年四月まで、倭島が中心になって交渉を担当したのであるが、なかなかスムーズに進展せず不調に終わった。それは第一に、一九五四年十二月に日本の政権が代わって、新たに鳩山一郎内閣が成立したが、この新内閣は、日ソ国交回復と国連加盟に努力を集中していくようになり、対インドネシア協議はしばしば延期されることになったためである。第二にインドネシア側が、倭島英二の地位が対等でないとの理由で、外相や首相が応対することを拒否し続けたことによる[5]。

また第三に倭島は依然として「日本はインドネシアと戦争したわけではないので、賠償を支払う必要はないのではないか」という疑問を持っていたため、話が進まなかったのも当然かもしれない[6]。倭島公使のこのような基本姿勢については西嶋重忠（後述）も触れており、一九五四年一月にジャカルタで同席したとき、西嶋が「日本政府は賠償にもっと前向きになるべきだ」と発言したために倭島公使と大喧嘩になったと述べている（西嶋氏の証言）。のちに倭島は交渉の過程で自分の意見がなかなか政府に受け入れられないジレンマに悩み、結局、一九五七年に辞任して失意のうちにジャカルタを去り、ベルギー大使として新任地へ赴任していくことになる。

インドネシア側が初めて交渉可能な賠償額を提示したのは、一九五五年四月にアジア・アフリカ会議出席中の高碕達之助がスナリオ外相と非公式に会談したときで、このときインドネシア側は要求額を一七二億ドルから一挙に一〇億ドルに下げてきた（白幡友敬、四一頁）。

ところでこの頃インドネシア側は、賠償の支払いを貿易債務の清算と結びつけたいという方針を提示してきた。この貿易債務というのは、一九五〇年七月にGHQとのあいだで交わされた通商協定のなかで、貿易代金をその都度、現金で決済するのではなく、米ドル払いの当座勘定にし、貿易収支の残高を毎年六月末に締め、その四、五日後に決済するということが取り決められたが、日本の輸出超過が顕著に続いたためインドネシア側の債務が累積し、支払い不能になっていたものである。インドネシア側は、当時一億七〇〇〇万ドル近くに上っていたこの貿易債務を賠償のなかから棒引きにしてほしいというのであった。

この要望を受け入れるよう倭島公使は日本政府に提案したが、政府は不良債権であるから直ちに棒引きするのは得策でないとしてはねつけた[7]。しかし、のちに見るように最終的には日本は妥協して、この賠償と貿易債務清算との抱き合わせを承認するのである。

賠償は日本経済の活性化のため

当初、賠償の支払いに関して不満の声が強かった日本の政・財界でも、徐々に、賠償問題が未解決のままでは貿易振興にも資本進出にも限界があることを痛感し、むしろそれは東南アジア市場を獲得し、日本経済を活性化させるために必要なのだという考え方が強くなってきた。日本はアメリカの対共産圏戦略に乗って徐々に経済力を回復してはいたが、中国という大きな市場から締め出され、一方、インドを中心とする南アジアではイギリスの影響力が依然として強かったため、主たる市場を東南アジアに求めたいという願望があった。たとえば早くは一九五三年三月の『経団連月報』（一巻三号七頁）に原安三郎が「賠償の支払いはその方法によっては、単に賠償の支払いのみに終わらず、禍を転じて福となしうるのである」という考え方を述べている。一九五五年七月に書かれたと思われる外務省の文書に以下のような記述がある（外務省外交史料館文書 B'-0152-⑤）。

……賠償総額を決定するに当たっては求償国との将来の経済関係発展の可能性をも考慮に入れ手心を加えざるを得ないわけである。従って戦争損害の多寡から見れば、フィリピン、ビルマ、インドネシア、仏印の順序となるが、他の考慮を加えてわが方としては賠償額の決定に当たり、フィリピン、インドネシア、ビルマの順で考えて来たわけである。

また一九五四年に岡崎勝男外相は大阪において「日本の賠償支払いは義務として行うものではなく、東南アジアの開発に参加する機会を捕らえるためのものである」という趣旨の演説をしている（藤崎信幸、五三頁）。この発言を一九五四年一月二十三日付けのハリアン・ウムム紙が「日本の侵略傾向いまや明白になる」という見出しで一面トップで報じた。さらにインドネシアの議会でも問題にされた。それに対して倭島公使がただちに弁明を行なったが、ことは大きくなり、岡崎外相はこれに関して日本の国会で答弁を余儀なくされた（*Harian Umum*, 1954. 1. 25. & 1954. 1. 26.）。その後もこの種の発言は続き、財界出身の参議院議員の永野護は一九五五年に「賠償支払いに基づく日本経済の危機突破の方策こそは、われわれの前途に一縷《いちる》の希望をあたえる」と記している（『アジア問題』二巻六号、三頁、一九五五年六月）。

したがって賠償交渉の過程では正規の外交ルートだけでなく、多くの財界人が戦争中の人脈などを通じてインドネシアに接近し、具体的なプロジェクトを提案している。たとえば、北スマトラ、アサハン川の水力を利用して発電所を造ろうという計画はそのひとつである。これはのちに一九七〇年代になって日本の大規模な経済協力プロジェクトとして実現したが、実はそれより二〇年ほど前にいったん両国間で検討されていたのである。

この計画は、一九五二年五月にスバルジョ元外相が私的に訪日して吉田首相に面会した際、首相が元東京電力社長で中央電力研究所長の松永安左エ門をスバルジョに引き合わせたことから始まった。このときスバルジョは松永に、インドネシアに来て発電所建設の指導に当たってほしいと要請したが、松永は返事を保留した（*Harian Umum*, 1952. 6. 4.）。

しかし鄒梓模によれば、松永はこのときアサハン・プロジェクトの計画を語り、その青写真をまもなくスバルジョに託して当時、国家企画庁長官であったジュアンダのもとに届けたという（増田与編訳、三六―三七頁）。

いずれにせよ一九五三年初めにはインドネシア政府の国家企画庁内にアサハン開発のための委員会が設置された（坂田善三郎、一一三頁）。そしてその年の九月に日本工営社長の久保田豊がインドネシアを訪問し、ジュアンダと話し合って、さらに話を詰めた。久保田は戦前・戦中に朝鮮北部や海南島で活躍し、戦後、日本工営を設立した電源開発の専門家である。久保田はこのとき、トバ湖から流れ出るアサハン川にダムを造って二〇万キロワットの電力を起こし、その安い電力を使ってアルミニウムの精錬を行なってはどうかと持ちかけた。実は久保田は戦争中、日本軍占領下の北スマトラを調査したときにも同じアイディアを軍当局に提案したことがあったのである（永塚利一、三五九―三六二頁）。

ジュアンダはこの計画に乗り気になった。ただしインドネシア側はアルミニウムよりも肥料がほしいということなので、計画は急遽、肥料工場の建設という形で案が練りなおされた。そして、五七〇〇万ドルと見積もられたこの工費を賠償の中間払いにしてもらえないかという要望がインドネシア政府から出てきた。日本側は、すでに総額一億二五〇〇万ドルという賠償額を提示しており、この構想にかかる費用はその半額以下のものであるから、技術的に不可能なことではなかった。しかもこの頃、沈船の引き揚げを賠償の中間払いで行うという協定が結ばれていたのであるから、中間払いという考え方そのものにも問題はなかったはずである。にもかかわらず日本政府は、総額が決まらない段階で賠償の支払いを実施するのは危険だとしてこの久保田構想に対しゴー・サインを出さず、この計画は挫折してしまった（永塚利一、三五九―三六二頁）。

インドネシア側の新聞では「アサハン・プロジェクト、日本によって建設さる」（*Mestika*, 1954. 1. 20.）、「アサハン・プロジェクトは日本から同意が得られればできるだけ早く着手する」（*Mestika*, 1954. 3. 27.）、などと報道され、期待を集めていたのであるが、日本側から資金を引き出すことができなかったことで、大きな失望を与えた。

その他にも、当時（一九五四〜五六年）帝国石油の社長で、アジア交易振興協会会長でもあった鮎川義介が深い関心を示しており、一九五六年六―七月に松永とともにインドネシアを訪れ、石油問題を話し合っている（Nishihara, p. 71）。鮎川は、第二次大戦前、日本産業という新興財閥の領袖であったが、岸信介の助力で満州に進出し、満州重工業開発を興してこの地の総合開発に着手し、満鉄に対抗する一大勢力を築いた人物であった。

これらの財界人がインドネシアに接近するに当たっては、西嶋重忠、清水斉、金子智一など、日本の占領期にインドネシアに派遣され、インドネシアの指導者たちと個人的に親交のあった人々が大きな役割を果たしていた(8)（石原広一郎ならびにNishihara, pp. 62-64 & 70-75）。しかし、賠償を契機として東南アジアへの経済力を拡大しようとする日本の思惑に対して、インドネシア側は常に疑惑と警戒心を抱いていた。そして日本にとって「道義的な責任」である賠償支払いとセットでインドネシア開発のための経済協力を積極的に押し進めるという考え方に対しては反対を唱えたという（座談会「インドネシア賠償の解決と今後の問題」『経団連月報』一九五八年三月号二二頁における小林中《あたる》アジア協会会長の発言、ならびに西嶋の証言）。とはいえ、のちに見ていくように最終的には賠償交渉の妥結に際して同時に経済協力協定も結ばれ、日本の思惑が実現する。

　このように双方の国がそれぞれの思惑を賠償と結びつけ、お互いの腹を探りあうように続けられた賠償交渉であったが、双方の提示金額がかなり歩み寄ったところで、一九五五年七月に第一次アリ・サストロアミジョヨ（Ali Sastroamijoyo）内閣は崩壊した。そのあとにブルハヌディン・ハラハップ（Burhanuddin Harahap）内閣が誕生したが、これは事務管理内閣的な性格のものであったので、賠償交渉は一九五六年四月に第二次アリ・サストロアミジョヨ内閣が成立するまで中断せざるをえなかった。

第2節　打開へ向けての情勢変化――オランダ資産の国有化と賠償

　金額や支払い条件に関して少しずつ歩み寄りをみせてきたものの、なかなかスムーズに進まない賠償交渉であったが、一九五七年に入ると急速に打開の方向へと向かい始めた。二月五日には、倭島公使は純賠償二億ドル、焦げつき債権棒引き額一億一〇〇〇万ドル、経済協力五億ドル、借款七〇〇〇万ドルという金額を提示し（外務省外交史料館文書B'-0152-①）、一方インドネシア側は紆余曲折を経たのち三月八日に純賠償二億五〇〇〇万ドル、焦げつき債権棒引き額一億一〇〇〇万ドル、経済協力四億五〇〇〇万ドルという金額を提示してきた。ここにおいて双方とも、焦げつき債権棒引き、経済協力との抱き合わせ、さらに総額八億一〇〇〇万ドルという点では一致をみたわけである。

この時期にきて、双方が急に歩み寄りを見せ始めたのはなぜであろうか。その背後には両国を取り巻く国際環境の変化や、早期解決を願うそれぞれの思惑があった。インドネシアの国内事情としては経済のインドネシア化という課題と密接に結びついていた。

一九四九年十二月のオランダからの主権委譲が、さまざまな点でインドネシアにとって妥協的なものであったことは第2章の冒頭で述べた。インドネシア側の譲歩のなかで最大のものは、オランダ植民地下の負債はインドネシアが引き継ぎ、またオランダの各種の経済権益がそのまま保証されることである。主権委譲の段階でのオランダの投資額は農業関係の一二億五〇〇〇万ないし一四億ギルダーをトップに、石油（五億ないし八億ギルダー）と鉱山（四億ないし七億ギルダー）がそれに次ぎ、合計三一億五〇〇〇万ないし三五億ギルダーと見積もられていた（Meijer, p. 648）。共和国の民族主義者の多くは独立宣言当時から「一〇〇％の独立達成と外国企業の国有化」をスローガンとして掲げていたのであるが、一九四五年十一月十一日に発せられたハッタ副大統領の政治宣言で外国人所有の財産を返還する義務を認め、これ以後オランダとの交渉に当たったシャフリル内閣は基本的にはこの方針を貫き、現実的な判断としてスカルノ大統領もこれを承認していた。

このほかにもオランダはさまざまな点で特別な権益を保持していた。たとえば一九五〇年段階で二二万六〇〇〇人もの多数のオランダ人が残留し（Meijer, p. 655）、これは一九五〇年に五万五九〇〇人、一九五一年に三万三〇〇人、一九五二年に一万六二〇〇人、一九五三年に一万四二〇〇人、一九五四年に一万七四〇〇人が引き揚げたものの（Meijer, p. 194）、なお官庁や高等教育機関で影響力を持っていた。

また、オランダがインドネシアに置く在外公館は「大使館」ではなく「高等弁務官事務所」、地方における公館も「領事館」ではなく「コミッサリアート」(commissariaaten) というステイタスであった。この高等弁務官というポストは、一九四八年十一月にファン・モーク副総督がインドネシアを去り、このあと総督制に代わるものとして導入されている (首藤もと子、一九九三年、九九頁)。

このように、オランダは今なおお色濃くその存在をインドネシアに留めていたので、これ以後一九五〇年代のスカルノ政権の課題は、これをいかに払拭していくか、つまりいかにインドネシアがこのようなオランダ依存の状態から脱却して、より強固な国家の基礎をつくり、真の意味の脱植民地化を達成していくかということにあった。真の脱植民地化へと向かう反植民地闘争の第二段階をくぐり抜けなければならなかったのである。

脱植民地化への具体的なステップは、西イリアン (現在のパプア州) の返還問題 (政治問題) と、オランダ資産の接収 (経済問題) という問題であり、このふたつはほぼ併行して進められた。西イリアン問題に関してインドネシア政府は一九五四年頃からこの問題を毎年、国連総会に上程するようになったが、決議の採決にまでは至らなかった。どうやらこの頃、西イリアン問題に関して国際世論は真剣に考えようという風潮が薄かったようで、たとえば日本でもこの頃、西イリアンを買い取って移民を送り込むという提案がマスコミに紹介されたりして、これでは戦前の軍国主義と同じ発想ではないかとインドネシアの世論を怒らせたことがあった (*Harian Umum*, 1954. 1. 23.)。オランダは強固な態度を取りつづけたため直接交渉もうまくいかなかった。

その後、一九五七年十一月二十九日、西イリアン問題に関する親インドネシア派の動議が国連で否決されたが、ここに至ってインドネシアは平和的解決を断念した。次いで一九五八年二月十日に、陸軍による西イリアン解放国民戦線の結成が発表され、武力行使も辞さないという態度でオランダとの全面的対決に臨むようになる。この間オランダの航空母艦カーレル・ドルマン号が西イリアン海域へ向かう途中、日本に寄港許可を求めてきた件でインドネシアの反日世論が盛り上がり、あいだに入った日本は苦境に立たされ、ついにいったん許可した寄港を拒絶するという事件もあった。

最終的に一九六二年八月に国連の仲裁で「西ニューギニアに関するインドネシア共和国とオランダ王国との協定」が締結され、これに基づき西イリアンの行政権は国連に移され、その後、一九六三年以降はインドネシアに移された。さらに国連監視のもとで地域住民に帰属を自由に選択させるということが取り決められ、それが一九六九年に実施されることになった。

オランダ系企業の国有化の是非に関しては、インドネシア政府内部でも必ずしも意見が一致しておらず、当面は物質的生活の向上を第一と考え、そのためにはオランダ企業の存続もやむをえないとする勢力もあった（Feith, p. 36）。一九五〇年代の状況は、日本軍政期や独立戦争期に生じた生産力の低下に加え、中央政府の一元的統制の欠如のため密輸が横行し、貿易による収入もほとんど途絶え、インフレ、外貨不足など、ありとあらゆる経済的悪条件に直面していたためである。それでも朝鮮戦争の特需でゴムの輸出が伸びていた頃には一時的に景気が回復したが、一九五二年頃には朝鮮特需は過ぎ去り、ゴムや錫《すず》も輸出不振に陥っていた(9)。

国民党のアリ・サストロアミジョヨを首班とする内閣が一九五三年七月に成立すると、アリは生産力の拡大よりも経済のインドネシア化を目指す路線をとった（Feith, pp. 373-374）。ちょうどこのアリ内閣の時代に、甲斐総領事が離任の挨拶のためにスカルノ大統領に謁見したとき、大統領は絶対極秘であるがと前置きして、「インドネシアは（引用者注：オランダとの）ユニオンの解消のみならずオランダの在イ経済勢力の排除を強行する方針を決定した。これは必然的に日本の経済協力を必要とすることになる」

と語ったという（外務省外交史料館文書 B'-0151-④）。この頃からスカルノはすでに経済のインドネシア化を決意し、さらにそれに際しては日本の助力が必須であることを認識していたというのは注目すべきことである。しかしその結果、経済状況はさらに悪化し、一九五五年八月に成立したブルハヌディン・ハラハップ内閣は、スミトロ・ジョヨハディクスモ財務大臣、アナ・アグン・グデ・アダン外務大臣らのもとで再びインドネシア化よりもインフレの収束や経済の安定、生産性の向上に力を入れ、親西欧的な外交政策をとった（Feith, p. 421）。

一九五五年暮れからハーグとジュネーヴでアナ・アグン・グデ・アダン外相のもとで続けられた交渉で、一九五六年一月七日にオランダ＝インドネシア連合破棄へ向けての中間協定が結ばれた。これは、オランダの投資保証、利益の本国送金保証、貿易協力、オランダ領東インドの負債の肩代わりなどを定めたハーグ円卓協定の財務・経済条項からインドネシアが自由になることを意味していた（Feith, pp. 452–453）。しかし、オランダ政府内部にはこの協定に対する反対が強く、なかなか実施に移すことができなかった。しびれを切らしたインドネシア側は二月十三日、オランダ＝インドネシア連合の破棄を決め、オランダに通告した（Feith, p. 455）。これに伴い、五月には高等弁務官事務所は「大使館」および「（総）領事館」と改称された（Meijer, p. 543）。

その後、一九五六年七月二十六日に、エジプトのナセル大統領がスエズ運河の国有化を宣言した。インドネシア国内のマスコミの論調はこれを熱狂的に支持し、国民感情もインドネシアにおけるオランダ資産の接収に向けて高まり、オランダを不安にさせた（Meijer, pp. 546–547）。一九五七年中頃の調査によると、この頃までにジャワ、スマトラのエステート（オランダ資本による農園企業）の三一・四％で住民が座り込みを実施しており（Feith, p. 570）、エステートは実質的に麻痺状態であった。不安を感じ始めたオランダ人の引き揚げは徐々に進み、この頃、華僑がその穴を埋めるべく進出し勢力を伸ばしていたため、インドネシア国民のあいだでは反華僑感情が高まり、一連のインドネシア市民優遇政策が導入されることになった（Feith, pp. 481-487）。

いずれにせよ経済的な完全独立を達成するためには、まず国力を強化していかなければならないが、これは資源の多くをオランダに握られている状態では、自力では困難な課題であった。にもかかわらず、非同盟で"Bebas Aktif"（自立的で積極的な）外交を基本とする外交政策をとり、大国の干渉を避けようとしていたインドネシアは、諸外国からの経済援助や資本導入には消極的であった(10)。そのようななかでオランダ資産の国有化を断行するには、それによって生じる経済的な大混乱を乗り越えるための何らかの経済的支えが必要だったのであるが、日本の賠償だけが唯一彼らの基本方針に矛盾することなく受け入れられる外国資金であった。

一九五六年四月に倭島公使がジュアンダ国家企画庁長官と面談した際に、ジュアンダは、「インドネシア政府としてはオランダとの財政経済協定の破棄の実施とこれに伴う対策の樹立につきて、五、六月頃には結論を出さざるを得ず、この対策にも関連して……就中《なかんずく》日本との関係改善については大きく期待しおれる状況なるにつき、賠償問題さえ片付けば両国間の協力にてやり得ることは色々考えられる……」と述べたという（外務省外交史料館文書B'-0152-⑥）。インドネシア側の念頭には、経済のインドネシア化を進めるにあたって、常に日本の協力、具体的には賠償の支払いという問題があったと考えてよいであろう。

第3節　賠償問題の妥結――岸信介の登場と東南アジア外交の新展開

岸政権の誕生

この時期にきて、双方が急に歩み寄りを見せ始めた理由として、日本側にはどのような状況の変化があったのだろうか。

まず、この頃までには政・財界一致して、東南アジアへの経済進出のために、一刻も早く賠償問題を解決し、国交を回復する必要があると痛感するようになっていたことが何よりも重要である。それに加えて、ビルマの賠償が一九五四年に二億ドルで妥結し、フィリピンとの協定も一九五六年に五億五〇〇〇万ドルの純賠償と二億五〇〇〇万ドルの経済協力、計八億ドルで妥結したことにより、常にこの両国とのバランスを考えながら交渉を進めてきた日本側にとって話をつけやすくなった、というファクターがあった。

さらにアメリカもまた賠償の早期解決を望んで圧力をかけてきていた。激化する冷戦のなかで、日本が極東における強力な反共防波堤となることを望み、一刻も早く日本が東南アジアに経済進出することを期待していたのである(11)。

そのような変化の兆しのなかで、最後に決定的な意味を持ったのが一九五七年二月の岸内閣の成立である。これまで吉田内閣は、共産主義を阻止するという限りにおいて、東南アジアを経済的に支援する必要を感じていたものの、基本的には対米重視政策を貫いていた（宮沢喜一、三〇八頁）。次の鳩山内閣は日ソ国交回復を最重要課題とし、アジアに対する関心は相対的に小さかった。ところが、鳩山の跡を継いだ石橋内閣で外相になった岸は、戦前からのアジア主義者で、日本はアジアと連帯してゆく道義的義務があり、アジアのなかの日本としての立場をとらねばならないという考え方を打ち出し始めた（岸の東南アジア外交については、武貞秀士を参照）。一九五七年一月にはアジア太平洋地域公館長会議において岸外相は「アジア・太平洋地域は日本外交の中心地である」として「外務省事務体制の上でもアジア・太平洋地域に最重点順位を与え……」、アジア外交を最重要課題にしてゆく姿勢を明確に示している。また同年一月号の『中央公論』（六七頁）では「アメリカ資本と、日本の経営力、技術力、工作力というものと結合し、さらに現地（筆者注：東南アジア）の資源と結び合わせて、相互受益の理想的フォームがありうると思う」と強く訴えている。

戦前に農商務省のエリート官僚であった岸は、一九三八年に満州国に赴き、満州国政府の産業部次長、総務庁次長として、国家社会主義的統制経済論に基づいた産業開発計画に取り組んだ。その時代、関東軍憲兵隊司令官であった東条英機とも面識をもち、帰国後、東条内閣の商工大臣を務め、戦時期日本の統制経済を牛耳った。そのため戦後は戦犯容疑で巣鴨刑務所で三年間を過ごしたが、意外にも不起訴となり、公職追放が解除になるとともに政界に登場してきたのであった（岸の経歴に関しては原彬久を参照）。

満州国時代から彼のアジア観は一貫しており、一九五〇年代にも日本を中心としたアジアの興隆という戦前・戦中からの理想を引きずっていた。この時期のアジア外交で決定的に重要な役割を果たすことになった財団法人アジア協会の設立にも関与し、その調査部に資金調達の便宜を図るなど強力な支援を行なっている。この団体は一九五四年四月に、戦前・戦中のアジア関係団体七機関(12)が糾合して外務・通産の所管で、「相手国の立場その他の事情から民間団体をして実施せしめる方が適当なる性質の事業を行う」ために政府の補助金を得て運営されたもので、名誉会長には松永安左エ門、初代会長に実業家の藤山愛一郎、副会長に永野護、岩田喜雄らが就任した（外務省外交史料館文書I'-89）。

岸は一九五七年二月に政権を握ると、外務大臣にアジア協会会長の藤山愛一郎を起用し、アジア重視の内閣としての姿勢をさらに明白にした。このような方針は一九五七年九月に出された外交青書『わが外交の近況』のなかでも引き続き示され、「わが外交諸般の施策はアジア中心の線に沿って進められ……」（一三頁）と述べられている。ここで岸らが想定する「アジア」の主たる対象は共産化してしまって通商も困難な状態にあった中国ではなく「東南アジア」であった[13]。

なお翌一九五八年十二月には通産省の傘下でアジア経済研究所が設立されたし、また長年、岸がその必要性を主張していた[14]アジア諸国からの技術研修生招聘を本格的に実行に移すために、政府補助金を得て（財団法人）海外技術者研修協会が創設された。

岸訪イと賠償交渉妥結

一九五七年九月に、藤山の後を受けて第二代アジア協会会長になった小林中が東南アジア移動大使に任命されてインドネシアを訪れ、賠償問題解決への道をつけたのち、十一月末に岸首相と藤山外相が訪イして詰めを行なった。岸の訪問は戦争中の一九四三年に占領地であるジャワを訪れた東条首相を除けば、歴代首相で初めてであった。

十一月二十七日に岸首相とスカルノ大統領の二者会談が行われ、その場でスカルノが「将来、問題を残さぬため方式を簡単にし四億ドルより一億七七〇〇万ドル（筆者注：対日貿易債務の焦げつき分）を差し引き二億二三〇〇万ドルを賠償として支払ってもらえぬか。そうすればビルマに対しても差し支えあるまい」と単刀直入に切り出し、岸もこれを了承した（外務省外交史料館文書B'-0153-①②）。債権棒引きに関してはこのときまで大蔵省は強い反対を示しており、この岸の回答は日本側としては大きな譲歩であった。また棒引きするにしてもその債務額は一億七七〇〇万ドルではなく、元利合計で二億四〇〇〇万ドルに上る予定であったから、通訳をしていた高木公使が慌ててそのことを岸首相に耳打ちしたところ、首相は「そんな細かいことは問題ではない。将来の両国の積極的経済提携に重点を置くべきだ」と言って一蹴したという（外務省外交史料館文書B'-0153-③）。実は岸の東南アジア歴訪に先立つ九月三日に、閣僚懇談会で一万田尚登《ひさと》蔵相が棒引きを認める提案をしていたということがのちに明らかになった（毎日新聞、二〇〇〇年五月二十九日付け）。

また「そうすればビルマに対しても差し支えあるまい」とスカルノが語ったのは、ビルマとのあいだに一九五四年に調印された賠償協定では、二億ドルの賠償を支払うことが定められたが、他国との協定が成立したのち金額を再検討するという条項があったため、インドネシアへの賠償金額如何でビルマが増額を要求する可能性があったことを踏まえた上でのものである。戦争の被害から考えて、賠償額そのものはビルマを大幅に上回ることはできなかったため、債権棒引きという例外的なおまけをつけて実質的にはビルマの倍の金額を提供することになったのである、償いよりも求償国との将来の関係を岸政権がいかに重視していたかを物語るものである。

ちなみにこのようなビルマを上回る金額で対インドネシア賠償が妥結したことに対してビルマの世論はどのように反応したのだろうか。ラングーンの新聞は、インドネシアの賠償条件がビルマよりも有利な内容であると報道し、平和条約に定められたように、再検討されよう、と報じている（外務省外交史料館に保存されているThe New Light of Burma 1957. 12. 3. を参照）。現にビルマ政府はのちにこれを要求し、日本政府は一九六三年に経済技術協力の供与という形でこれに対応した。

スカルノがこの時期、自ら賠償の話し合いに臨んだ背景は、第2節で述べたとおりである。[15] つまり、賠償交渉の妥結に続いて、インドネシア政府はこれまで懸案であったオランダ資産の国有化を断行したかったのである。オランダ資産の国有化は一九五七年十二月二日、インドネシア各地のオランダ企業でインドネシア人労働者のストライキが決行され、翌三日には労働組合が介入してこれらを占拠するという形で行われた。[16] 直接的には、十一月二十九日に国連で西イリアンに関する親インドネシア派の動議が否決され、インドネシアはこの問題の平和的解決を断念させられたという事情を受けて出た行動である。しかし、このような強硬手段を断行するか否かの決定に際して、その二日前に行われた岸との賠償交渉の結果が左右した可能性は大いにある。つまり、やがて日本の賠償が入るということを計算に入れて、あえてオランダとの最後の訣別をもたらすような行為に出たという可能性は否定できないのである。[17]

十二月四日付けの朝日新聞は、インドネシア陸軍は、政府の許可なしに労働者がオランダ企業を占拠することを禁じたと報じているが、実際にはインドネシア政府もこれを追認するような一連の措置をとった。十二月五日にはスラバヤ、バンドゥン、メダンにあるオランダ総領事館や、マカッサル、パレンバンの領事館、およびジャカルタにあるオランダの文化、軍事、情報機関を閉鎖する命令がインドネシア政府によって出されるとともに、職業を持たないすべてのオランダ国籍者の国外退去[18]が命令された（首藤もと子、一九九三年、一五六頁）。次いでオランダ人所有の農園企業や金融機関を暫定的に各地方の軍司令官の管轄下に置き、すべての資金や有価証券はインドネシア中央銀行の管理下に置くという決定がなされた（首藤もと子、一九九三年、一五六頁）。さらに十二月六日にスディブヨ情報相は声明を発表し、「オランダ駐在インドネシア大使を通じて、同国内にいるインドネシア人居留民の即時引き揚げを命令した。インドネシアとオランダの外交関係断絶は時間の問題である」と述べた（朝日新聞、一九五七年十二月七日付け）。

十二月七日付けの朝日新聞は、「政府は許可なくオランダ系企業を占拠してはならないと警告してはいるが、インドネシア労働者が占拠したオランダ系商社の政府接収の数は雪ダルマ式に増えていくようである」と報じている。このような労働者を主体として行われた実力行使を既成事実化するために、一年後には「オランダ企業国有化法」や「オランダ所有農園企業・たばこ農園の国有化に関する政令」（一九五九年）が法文化された。

第4節　危機に立つインドネシア国内情勢と日イ国交樹立

賠償協定調印

こうして六年間におよぶ賠償交渉はようやく妥結し、一九五八年一月二十日に賠償協定と平和条約がジャカルタで藤山外相とスバンドリオ外相のあいだで調印された。これらは、やがて両国の議会で批准され、四月十五日に批准書が交換されてようやく国交が回復した(19)。

賠償の内容については「総額二億二三〇八万ドルに等しい円の価値（八〇三億八八〇〇万円）を有する日本国の生産物及び日本人の役務を、この協定の効力発効の日から十二年間の期間内に」供与することを明記している。当初のインドネシア側の要求（一七五億ドル）の約七八分の一程度の低い金額になってしまった。この他に経済協力として四億ドルを供与することになった。棒引き分や経済協力も含めた総額八億ドルの日本国民（当時の人口は約九一一六万人）一人当たりの対イ負担額は約八・八ドル（当時のレートで約三一六八円に相当。一年当たりにすると二六四円）であった。

なお、終戦時にインドネシア側がすでに接収していた日本人資産の金額分（全部で九〇〇〇万ルピアと見積もられていた）（*Harian Umum,* 1951. 11. 16.）は賠償額から差し引かれた。

この賠償協定に関しては、調印当時のインドネシアの新聞がこぞって大きく取り上げ、おおむねこれを評価する論調が多かった。たとえば、英字新聞 *Times of Indonesia* は、「過去に起こったことは忘れる用意をしなければならない」と述べ、また共産党の機関紙ハリアン・ラヤットは、「金額という点からみれば極めて少ないが、この数字はシンボリックなものとしてみなければならない」と前向きに評価し、また、国民党寄りの日刊紙スルー・インドネシアも「日イは経済的に相互補完的な性格を持っているので、（この調印は）重要な意味がある。そして、ＡＡ諸国の隊列の防壁を強化する意味を持っている」と積極的に評価している。独立運動の闘士の一人、Ｂ・Ｍ・ディアが主宰する国民党系の新聞 *Merdeka* は、「これまで閉ざされていた二国関係を発展させるうえで喜ばしいことである」と評価しながらも、「賠償の実施に際しては、日本が誠実に約束を守るかどうか懸念するだけでなく、我々の側でも、その実施に際して利益を引き出そうとする連中が出てこないよう注意しなければならない」と早くも将来の賠償汚職を見抜いた警鐘を鳴らしている（以上の各紙の論調は *Mestika,* 1958. 1. 22. から転載）。

しかし、日本側では批判的な論調も見られた。たとえば朝日新聞は、貿易債務の棒引きは、本来現金で受け取るべきものを放棄することによって、結局現金による支払いと同様の結果を来すとしてこれに対しては批判的であった（一九五八年一月二十一日）。政府に対する風当たりは野党からも強く、一月三十日には社会党が、インドネシアに対する棒引き債権分が上程中の一九五八年度の予算案に含まれていないという不備を政府に申し入れ、政府は手落ちを認めて陳謝するということがあった（朝日新聞、一九五八年一月三十日）。

ところで、それから三〇年以上経ったとき、戦争中、慰安婦や兵補（第7章2節参照）として日本軍のもとで働き被害に遭った人々の補償問題が出てきたが、これに対して両国政府はすでに賠償協定で解決済みという立場をとった。それは法的にどのような根拠があるのであろうか。このとき調印された日本＝インドネシアの平和条約第四条で、「日本国が存立可能な経済を維持すべきものとすれば、日本国の資源は、戦争中に日本国がインドネシア共和国その他の国に与えたすべての損害及び苦痛に対し完全な賠償を行い、かつ、同時に日本国の他の債務を履行するためには十分でないことが承認される」と述べ、この償いが決して金額的には十分なものではないことを認めた一方で、さらに「インドネシア共和国は……すべての賠償請求権並びに戦争の遂行中に日本国及びその国民が取った行動から生じたインドネシア共和国およびその国民のすべての他の請求権を放棄する」という一項が加えられている。つまり、額は不十分であるものの、この賠償の実施によりすべての損害に対する償いが行われたと見なすということが明記されているのである。

また、一九五八年三月にスバンドリオ外相は「戦争の被害はすべての国民が等しく被ったという前提のもとに、（賠償は）国家全体の経済発展のために使う」と述べて、個人の損害に対する補償は難しいことを示し、インドネシア政府としては受け取る賠償のなかから個人補償は行わないという方針を明確にしている（*Nusantara*, 1958. 3. 14.）。しかし、このことを報道したのは筆者が見た限りではただ一紙だけで、しかも当時このような方針に対する賛否いずれの論議も新聞紙上では見られなかった。つまり国民の関心を引いていないのである。多くの新聞は協定文の内容を紹介しているが、この賠償によって何が償われるのか、また賠償はどのように使われる予定かという具体的な情報はなく、政府の広報活動がどうも十分ではなかったようである。現に、新聞の投書欄などで、「私こそ賠償を受け取る資格がある」といった個別的要求も見受けられ、個人に対する賠償は行わない、という方針も徹底していなかったような様子がうかがえる。

スマトラ反乱に動じなかった日本政府

賠償問題が解決に向かった頃から、インドネシアの政治情勢は激しく揺れていた。スカルノはこのしばらく前から権威主義的な傾向を強め、それに異議を唱えた副大統領ハッタは一九五六年に辞任していた。

それに加えて、国民統合にもひびが入り、ジャワを中心とする中央政府に地方が不満を唱えるようになっていた。多民族国家のインドネシアにとっては、異なるエスニック集団間の利害をいかに調整するかということが常に大きな課題であったが、とりわけ石油をはじめとする豊富な資源を抱えながら、そこからあがる収益のほとんどを中央政府に吸い上げられているスマトラでは不満が強く、それが国軍内部の権力闘争と絡みあって、中央政府への反乱が一九五六年頃から起こるようになっていた。それに加えて、この反乱の裏には容共的なスカルノ政権に対するイデオロギー的な反対もあった。地方軍部の側には、元首相のナシールや元中央銀行総裁のシャフルディン・プラウィラネガラなどマシュミ党系や社会党系の政治家も加担していた。

中央政府の左傾化に対して常々警戒を強めていたアメリカは、スマトラでの反中央政府の動きを密かに援助していた。スカルノに対しては反対派による暗殺の試みが何度か発生し、岸首相訪問の三日後(十一月三十日)にも、自分の子供たちが通うジャカルタ市のチキニ小学校を訪問したスカルノを暗殺しようとする企てが発生し、小学生らに犠牲者が出た。

宮城によれば、岸首相一行のジャカルタ滞在中に、スマトラ反乱側からもアプローチがあり、反乱が交渉によって収束するまで賠償合意は見合わせたほうがよいという提案を受けたが、岸は逆に、ジャカルタの中央政府、スマトラの反乱側双方が問題解決を急いでいる今が好機だという考えを示したという（宮城大蔵、二〇〇四年、一九頁）。岸首相の訪イを前にして一九五七年八月から十月にかけて移動大使としてアジア各国に派遣された小林中は、同行した西嶋重忠の助言を受け入れて反乱軍のスポークスマンであったポハンにシンガポールで会い、「日本の賠償をどう使うかはインドネシア側の問題であって我々の関知しないことだ」と説明したという（西嶋の証言）。

賠償協定調印後間もない一九五八年二月十五日、ナシール、スミトロらを中心とするマシュミ党、社会党の指導者と軍地方部隊の司令官たちが西スマトラのブキティンギに革命政府を樹立するという事態にまで発展した。

ちょうどそのときスカルノは、四〇日にわたる各国非公式訪問の最後として一月二十九日から日本を訪問中であった[20]。この訪問中にスカルノを暗殺する計画があるという噂が当初から流れており、現に反スカルノ派の軍指導者らが日本に潜入して大統領に接触する動きもあった。そのようななかで二月十五日にスマトラの革命政府樹立宣言という事態にまで発展したため、スカルノ大統領は三週間の滞在予定を早めて、急遽、帰国した。

ちょうど賠償協定が批准のため日本の国会に上程されていた頃（一九五八年三月）、この地方反乱がピークに達していたので[21]、日本国内には賠償支払い実施に対する危惧の念を示す向きもあった。三月七日の衆議院外務委員会で、藤山外相は社会党議員の質問に答えて、ヨーロッパ筋のニュースは誇大に伝えているが、インドネシアの中央政府が壊滅するとか四分五裂するというような状況ではない、という判断を述べ、さらに、賠償の実施は中央政権を強化することになるとしてスカルノ政権を支持する姿勢を示した[22]（朝日新聞、一九五八年三月八日）。

また三月十二日の衆議院外務委員会で藤山は、「インドネシアの弱体化を防ぐ意味からいいましても、賠償を通じ、あるいは経済協力を通じて、インドネシア政府が強固な基盤に立っていく……」「われわれはインドネシア政府の弱体化ということを決して喜びもせず、歓迎もせず、逆にわれわれは強固にインドネシア中央政府というものを育てていく、そうして立派な国家が形成されることに努めて参りたい」と答弁した（宮城大蔵、二〇〇四年、二二頁）。このことがＵＰ電で海外に配信され、これを引用したインドネシアの新聞は、藤山外相が「たとえアメリカが反乱政府を支持していたとしても、日本はスカルノ政権を支持する」とまで断言するほどの強い支持を示したと紹介し、日本がアメリカに挑戦する姿勢を示したことに注目している（*Nusantara*, 1958. 3. 15.）。

とはいえ、日本側も一枚岩ではなかった。宮城によれば、岸とは異なる考え方をする代表的な政治家は元首相の芦田均であったという。彼はスマトラから帰国したばかりの石原産業の石原広一郎から、スカルノはソ連に引きずられていること、米英が反乱側を支持しており、長引けばスカルノは敗北するだろうという観測を聞かされ、参議院での賠償問題の審議を遅らせる方針をとった（宮城大蔵、二〇〇四年、二二四頁）。当時、石原産業の石原広一郎ら日本の一部の右翼や財界人は反乱軍に対して密かに資金援助をしていたのである[23]（Nishihara, p. 103）。

そのようななかで、岸政権も決して楽観視していたわけではなく、非公式ルートでスカルノとアメリカのあいだに立って連絡をとり、スカルノは共産主義者ではないことを訴えてアメリカの反乱軍支援をやめさせるよう努力したという（*Nusantara*, 1958. 1. 21.）。

結局、賠償協定は一九五八年四月に国会で批准され、一九五九年度からさっそく支払いが実施された。
この時期にインドネシアとの関係において日本政府のとった判断が近年の対米追従型の外交からは想像もできないほど強い自主性の上に立っていたというのは驚くべきことである。もちろん、大国インドネシアへの経済進出という目論見があり、高度経済成長を前にした日本の経済にとって、それは重要な踏み台であったことを考慮してもなお、驚きである。一方、この頃のインドネシアは、必ずしも日本をアメリカの追従者として西側ブロックに分類せず、むしろアジアの一員として、その存在を認めようとしていたような気配がうかがえる。それは一九五五年のアジア・アフリカ会議に日本が招待されたことからも明らかである。

冷戦構造のなかで、アメリカと心を一つにしてインドネシアの共産化を恐れる気持と、アジアの一員として、あるいはアジアのリーダーとして、アジアのナショナリズムに共感を覚え、密かに支援したいという心情とのあいだで日本は二者択一を迫られていた。そのなかであえて、インドネシア賠償と国交回復に関しては後者を選んだのである。(24) 日本の決断は西側のメンバーであるオランダのインドネシアからの追放を容認し、その結果、オランダが去ったあとの「空白」に共産主義国家を忍び込ませる危険性も十分にはらんでいた。実際に恐れていたような結果になった場合、国際社会から受けるであろう非難に関して日本政府はどういう心づもりをもっていたのであろうか。

結局は、一九五八年三月初頭にインドネシアの中央政府軍が反乱軍の鎮圧に乗り出したため、事態は急速に沈静化していき、賠償の実施にも支障がなくなった。そのようななかでアメリカは、共産主義の進出を少しでも堰《せ》き止めるために、日本にインドネシアでできるだけ頑張ってもらうしかないという判断に立つようになり、むしろ日本の経済進出――それも西側諸国としてはほぼ独占的な――は容認され、日本にとっても利益となった。これ以後、スカルノが左傾化して西側世界から排除され、国連を脱退して孤立してゆく過程においても、日本だけは最後まで良好な関係を保つという微妙な立場を維持し続けることになるのである。

以上、日本がサンフランシスコ講和条約によって国際社会に復帰し、同条約のなかで規定された賠償問題を通じてインドネシアとのあいだに新たな関係を構築してゆく過程を概観してきた。交戦相手ではなく、占領地であった地域に対して賠償を支払うという考え方には、当初、日本国内でも大きな抵抗があったが、やがて、賠償支払いを通じて日本が東南アジアへ経済進出する契機となることができる、つまり、これは先行投資なのだという考え方が出てくるようになり、最後には政財界ともに賠償をバックアップするようになる。

実際、サンフランシスコ講和条約で定められた賠償の形態は、日本の存立を危うくしないような額を、しかも外貨はできるだけ使わないで支払うという、好意的な条件であった。すなわち、実際どのくらい被害を与えたかではなく、日本はどの程度なら支払う能力があるかという基準に従って金額が設定されたうえ、現金あるいはそれに近いような形での支払いを避け、日本人の役務によって支払うことが決められたのである。そして、いったんはインドネシア政府を経由して、その役務を提供した日本人（ならびに日本企業）に対して支払いがなされるわけであるから、賠償金の多くは、最終的には日本へ戻ってくるのであった。一方インドネシアには日本人の役務によって作られた成果が残されるというわけであった。当初、このような日本本位の賠償に対してインドネシア側は大きな不満を持っており、そのために賠償交渉は遅々として進まなかった。にもかかわらず最終的に、一九五七年末にそれが妥結したのは、その頃のインドネシアは、このような限定的な性格のものでも日本の賠償に依存しなければならないほど経済的に切羽詰まっていたためである。

植民地時代の遺産であるオランダ資本を接収して国有化するチャンスを狙っていたインドネシアにとって、日本からの賠償支払いというのは、大きな経済的支えになりうるものであった。いわば形を変えて日本がオランダの肩代わりをするようなことになったのである。

このように双方がそれぞれ異なる思惑を持っていたのであるが、賠償問題は早く解決したいという点で利害関係が一致して、長い交渉に終止符が打たれ、ここに両国の国交が樹立された。

それではこの賠償は実際どの程度、両国の思惑を実現するものになったのであろうか。それはどのような意味を両国のその後の関係、あるいは国際関係に与えたのであろうか。次章で見てゆきたい。

第4章　賠償の実施
——一九六〇年代の日イ関係

第1節　賠償と船舶問題

賠償に関する合意が両国の首脳のあいだで成立し、その調印に向けての準備が大急ぎで進められている最中《さなか》に、賠償の締結を見越して、さっそくインドネシア・サイドから緊急の要請が入り込んできた。船舶のチャーターないしは購入に関する要請である。

第3章で見てきたように、インドネシア政府が大規模なオランダ資産の接収に乗り出したのと、六年かけて交渉を重ねてきた対イ賠償がようやく合意に達したのとが奇しくも、ほとんど時期を同じくしていた。解禁された外務省史料を見ると、それがまったく偶然ではないことがうかがわれるし、さらにその後の現実の動きを見ても恐らく無関係ではなかったと思われる。つまり、オランダの追い出しによって生じた空白を埋めるために日本の賠償や経済協力が期待されていたものと考えられるのである。そしてそのもっとも端的な例が船舶問題であった。すなわち、インドネシアの労働者たちが王立汽船会社

（KPM＝Koninklijke Paketvaart Maatschappij NV）を接収した際、オランダが船舶を引き揚げてしまったため、島嶼《とうしょ》間の運航ができなくなってしまい、さっそく日本から船舶を入手して切り抜ける試みが始められたのである。以下においては、海運業の国有化という大事業に際して日本の賠償や経済協力がどのように関わったのかを、オランダも含めた三国間の相関関係の一つの事例として取り上げる。

インドネシアの海運業（KPMの歴史）

本論に入る前にまず、歴史的な歩みを概観して、海運業がインドネシアの経済において持つ意味を考えてみよう。

三〇〇以上の島々からなるインドネシアでは、昔から島嶼間を結ぶ海運は非常に重要な意味を持っていた。長いあいだオランダは、インドネシアの島々を結ぶ独自のネットワークを持たず、インドネシア各地の物産の多くは、マレー式小型船や中国人商人が所有するジャンクでシンガポールへ集められ、そこからイギリスやドイツの外洋船でヨーロッパへ送られていた。一八五〇年にオランダ植民地政庁が補助金を出してロッテルダム海運会社を設立し、ジャワ―スマトラ間、ジャワ―マカッサルおよびマルク間の航路を開設したが、まだオランダ領東インド全域を網羅するには至らなかった（Dick, p. 5）。

スエズ運河開通の翌年である一八七〇年に、オランダとジャワのあいだを結ぶ定期船の運航路が開通した(1)。しかし、インドネシア各地の物産の多くは依然としてシンガポールに集められて、そこからイギリス船でヨーロッパへ搬送されるというのが実状だったので、これを打破するためには、オランダが自らの手でインドネシア海域の海運を掌握する必要があった。その需要に応えて一八九一年に国家の後押しで作られたのが、アムステルダムに本拠を置く、インドネシアの島嶼間専用の海運会社、王立汽船会社（ＫＰＭ）である。それでも当初はイギリス船やドイツ船の既得権益に打ち勝つことは容易でなく、ＫＰＭの船舶からオランダの外洋航海の船会社へ船荷を積み替えた場合、低価格を保証するなどの特別措置をとって客を引きつけた。一九世紀末から二〇世紀初頭にかけてオランダによる外島の征服（アチェ、ロンボック、南バリ、スラウェシの征服など）が完了するにしたがって、ＫＰＭも競争力をつけ、蘭印政庁もやがて大型船の入港が可能な港を各地に建設した（Dick, pp. 6-7）。それ以後ＫＰＭは特別注文の船を操業してインドネシアの島嶼間海運に関しては独占的な地位を保ってきた。(2)

インドネシア政府は、有事の場合、オランダが船を引き揚げてしまえばインドネシアの国内海運はお手上げになってしまうので、何とかして島嶼間海運をインドネシアの手中に掌握したいと考え、ＫＰＭをオランダと五〇対五〇で共同経営する方法を提案し、すでに独立戦争期のハッタ内閣時代から交渉を始めていた。航空業界では、主権委譲後すでにガルーダ航空が設立されており、オランダ航空（ＫＬＭ）との合弁という形で、平和的にオランダの資産、施設、技術を引き継ぐことができた。その後、一九五四年の協定でインドネシア側が株を買い取ったが、オランダ航空は引き続き技術者を提供していた（Dick, pp. 14-15 & note 35）。インドネシア政府は海運業に関してもこのガルーダ型の解決を目指していたのである。しかしインドネシア側は船舶も技術者も持っていないという弱みがあり、ＫＰＭとの交渉はなかなか有利に進まなかった。ＫＰＭはインドネシアにおける営業の将来性に関して警戒的になり、一九五二年の役員会で活動の中心をなるべくインドネシア以外の地域へ移し、長期の資本投資は控えるという方針をとるようになっていた（Meijer, p. 595）。

一方、インドネシア政府は中央海運基金（Pepuska, Jajasan Penguasaan Pusat Kapal-kapal）を設立し、ＫＰＭの営業が手薄な地域において、補助金を出したり船舶の貸付を行なったりして民族資本による小規模の海運業を育成することに努めていた。この試みのなかで、一九五〇年八月にジャカルタ・ロイド社（Jakarta Lloyd）が主として外洋航海の海運会社としてバンク・ネガラ・インドネシアの補助金で作られた。このほかにも一九五一年中頃にはメッカへの巡礼船を運航するＩＮＡＣＯ社や、ジャカルタのタンジュンプリオク港と南スマトラのあいだの旅客輸送を中心とするプラヤラン・ヌサンタラ会社（Maskapai Pelajaran Nusantara, MPN）などが設立されたが、これらはいずれも極めて小規模であった（Sutter, pp. 941–944）。

一九五二年四月に、中央海運基金が母体となり、交通省の高官ムハメッド・マッムン（Moehamad Ma'mcen）を社長とする国営の海運会社ペルニ（PELNI, P. T. Pelajaran Nasional Indonesia）が設立された（Sutter, p. 947）。インドネシア政府としては、外洋航海や沿岸航海は私企業の手に委ねるが、島嶼間海運だけは国家が掌握すべきであると考えていたのである（Sutter, p. 949）。

ペルニは、中央海運基金が所有していた一二隻の船をもって営業を開始し、一九五三年度中に外国から四五隻を購入した（Sutter, p. 947 & 949）。そして価格引き下げなどによってＫＰＭの地盤を切り崩すことを図ったが、長年にわたって築かれたＫＰＭの独占的な力はなかなか崩れず、最初の三年間は赤字に苦しんだ。それでも一九五六年にはインドネシアの総輸送量中、ペルニは二五％のシェアを得るまでに成長した（Dick, pp. 18–19）。政府の貨物は、その多くが意図的にペルニに振り分けられたため、一九五二年には六四万六〇〇〇トンあったＫＰＭの政府貨物輸送量は、ペルニ創設後の一九五四年には三五万九〇〇〇トンに減った。一般に政府が取引を直接間接に牛耳っている米、石炭、錫、塩などの搬送量はペルニのシェアが大きかった（Dick, p. 19 & 22 の表 2. 2）。

とはいえ倉庫や沖仲業などの港湾業務は大部分がオランダの手中にあり、このままではインドネシア資本の海運会社の港湾施設へのアクセスも限られていた。そこで一九五四年の政令六一号において、すべての港湾業務についてライセンスの発行はインドネシアの国益に反する場合は拒絶できると明記することによって、インドネシア化を促進する方針が打ち出された（Sutter, p. 955）。のちに一九五七年四月には、交通省から独立して海運省が設立されるようになるが（Dick, p. 25）、これも、政府が海運業を統制したいという強い意志を示したものと思われる。

こうして一九五四年初めにはインドネシアの海運会社が所有する船舶のトン数は、二大汽船会社であるペルニの二万八四〇〇トン、ジャカルタ・ロイドの二万トンを中心として、計七万二五〇〇トンに達していた（Sutter, p. 946, footnote 111）。それでもＫＰＭの保有船舶の約一五万トンに比べると半分であった。

このように少しずつ進んでいた海運のインドネシア化は、一九五七年十二月になって急に新しい局面を迎えた。第3章でも触れたように、一九五七年十二月三日に労働者たちによるオランダ企業の一斉占拠が行われたのであった。ジャカルタのムルデカ広場前にあるＫＰＭ本社も占拠され、翌朝、左翼の労働組合（ＫＢＫＩ）のリーダーたちがマネージャーの部屋になだれ込み、労働者たちによる接収が宣言された。インドネシア政府も軍もこれに対して何ら行動はとらず、六日にインドネシア政府の交通相はＫＰＭの接収を承認し（Dick, pp. 23–24）、「オランダ人所有の港湾施設はすべて国有化された」と発表した（朝日新聞、一九五七年十二月四日）。こうして六六年間にわたって島嶼間海運をほぼ独占的に握っていたＫＰＭはインドネシア海域から追い出され、その操業はペルニが引き継ぐことになったのである。ＫＰＭはその後、操業の場を北米に移して建て直しを図ったが、営業はうまくいかず、一九六〇年代に解散した（Meijer, p. 601）。

ところがこのとき、インドネシア側にとっては思いがけない計算違いが生じた。十二月三日にＫＰＭの本社が占拠されると同時に、経営者は直ちにその所有する九六隻の船舶中五〇数隻を外国の港へ逃走させたのである（Dick, pp. 23–24）。ＫＰＭは以前から接収の危険性を察知しており、特別の暗号による連絡が入った場合に開封せよということで、各船の船長に有事の場合取るべき指示を書いた封書を渡してあった。十二月にＫＰＭ本社が労働者の座り込みに遭ったとき、ただちに緊急の連絡が入り、それに基づいて航行中の船の多くはインドネシア領海外に退避したのであった。一方、残りの四〇数隻は港に停泊中で公海へ逃れる暇《いとま》がなく（Meijer, p. 579）、これらはいったんインドネシアが接収した。

しかし、実はロンドンのロイド社に保険が掛けられていたので、この保険会社が介入し、インドネシア政府とのあいだで船舶の返還交渉を行なった。この保険の契約条項に従えば、インドネシアは船舶を拘束する場合には一億一七〇〇万ギルダーの補償金を払わなければならないということであった。そこでインドネシアは船舶を返還せざるをえなくなり、一九五八年三月二十日の首相令で船を引き渡した（Dick, p. 24 & Meijer, p. 601）。のちにＫＰＭはその所有する船舶をインドネシア政府に買い取ってもらう交渉をしたが、インドネシア側のプライドが許さなかったのか、あるいは価格が折り合わなかったのか、これは実現しなかった。ＫＰＭはその後これらの船をシンガポールの船会社に売却し、最終的にはインドネシア政府がその新しいオーナーから賃借するという奇妙なことになった（Dick, P. 24）。

このような事情から、インドネシアはＫＰＭを接収したとはいうものの、現実に引き継いだのはその二万人の労働者とオフィスの装備だけで、財産の大部分を占める船舶は手に入らなかった。ＫＰＭの船舶の引き揚げによって生じた空白は八五隻、計一四万六〇〇〇トンに上った（Dick, p. 24）。島嶼間海運の輸送力が大幅に減少したため物資の流通が滞り、米価は一週間で二倍に跳ね上がった（Meijer, p. 587）。

ここにおいてインドネシア政府は急遽、各国から船舶をチャーターあるいは購入するために奔走し始めた。その主要な対象国としてクローズ・アップされたのが、その数日前に岸首相の訪イによって賠償交渉がようやく妥結した日本であった。

日イ船舶交渉

インドネシア政府のナジール（Nazir）海運相は、さっそく十二月六日に日本の海運に肩代わりを考慮するよう申し入れ、貨物船とタンカーを要望したという（*Mestika*, 1957. 12. 7.）。次いで、中村三之丞運輸大臣は九日「インドネシア政府から公式に船舶貸与を依頼してきた」と閣議で報告し、「政府としてはオランダへの影響もあるので近く慎重にその内容を検討する」と語った（朝日新聞、一九五七年十二月九日）。そしてまもなく、国営船舶会社ペルニ社長のハズナン（Haznan）が日本船をチャーターする交渉のためにインドネシア政府を代表して来日し、日本船主協会の代表、山県勝見と折衝した。この頃、日本の政府・財界は、賠償協定調印に喜びを表明しながらも「日本がオランダの座にとって代わるようなことはしてはならない」と考えていた（*Mestika*, 1958. 1. 22.）。そこで、船舶問題でも日本政府はオランダとの関係を考慮して直接に関与することは避けたいとの態度をとったため、交渉は当初、民間の商業ベースで行われたのである。

ハズナンと山県船主協会会長との話し合いの結果、十二月十九日には、神戸の協成汽船が一三隻計一万四八〇〇トン、大阪の大都運輸が油送船五隻計一万五〇〇〇トンを配船できるとインドネシア政府に回答した（朝日新聞、一九五七年十二月二十一日）。

その後、計一四社が四万二〇〇〇トンの配船の回答を出し、十二月二十八日までに計二九隻七万五〇〇〇トンをチャーターするということで両者のあいだの一致を見た。しかしインドネシア側の提示した諸条件は厳しかったため、やがて日本側は尻込みするようになる。第一に、インドネシア側はチャーター料として一トン当たり三五シリングを申し出ているが、日本側は七〇シリングを要求していた[3]（*Mestika*, 1958. 1. 14.）。

一方、船の形態もハズナンによれば、「日本が申し出ている船舶の多くは重層甲板や大きな水槽を備えていないためインドネシアの島嶼間輸送には向いていない」ということで（*Mestika*, 1958. 1. 14.）、日本がオファーした合計二九隻の船のうちインドネシア側の要望に適したものは三隻だけだということだった（*Mestika*, 1958. 2. 8.）。

重層甲板が必要なのは、デッキ・パッセンジャーを少しでも多く乗せるためであり、大きな水槽が必要なのは、インドネシア人は水浴びに多くの水を消費するためであると思われる。この間インドネシアでは、緊急措置として、東京船舶など六つの外国海運会社が国内海運に従事する免許を海運省から与えられた（朝日新聞、一九五八年一月四日）。

このように商業ベースではなかなか折り合わないため、それと並行して賠償で船舶を提供する可能性が打診され始めていた。賠償協定調印のため訪イ中の藤山愛一郎外相は、一月二十一日スバンドリオ外相と会談したのち「日本船の用船問題は賠償とはまったく別問題だ。しかし、インドネシア側から今後賠償協定に基づいて日本からの船舶供与を申し入れてくればもちろんこれは考慮せねばならない」と語り、賠償での提供の可能性を仄めかした（朝日新聞、一九五八年一月二十二日）。

チャーターでなく購入するのであれば、インドネシアの希望に適するように船体も作り替えることができるということで、その後、賠償の一環として船舶を「購入する」方向へ話が転じたようである。そして一月二十九日にスカルノ大統領が公式訪問で来日した際、ナジール海運相が途中から合流して来日し、二月一日に中村運輸大臣とこの問題について話し合った（*Mestika*, 1958. 2. 5.）。次いでナジール海運相は船主協会の山県会長と会談し、船舶のチャーターを賠償の枠内で見直すことで合意した（*Nusantara*, 1958. 2. 6.）。しかし、この問題はナジールの滞在中にまとまらず、彼は帰国したとき空港で「日本との交渉はもう終わりにする」と語った（*Nusantara*, 1958. 2. 11.）。日本側もスカルノ大統領の滞日中（二月十五日まで）に船舶チャーター問題を解決の方向へもっていきたいと望んでいたようであるが、スマトラでの反乱が厳しい情勢になり、反乱軍の密使が東京滞在中のスカルノ大統領と会見するなど、慌しい情勢が続いたため、大統領が日本側との船舶交渉を始めるには至らなかった。

インドネシアは二月初旬までに、各国から四万七〇〇〇トン分を確保したが[4]、その後さらに二万八〇〇〇トンの不足を補う必要があった（*Nusantara*, 1958. 2. 11.）。インドネシア側としてはその不足分の確保を非常に焦っていたようで、四月には、初年度の賠償実施計画全体が出来上がるのを待たないで、船舶などの支払いは早めに始めてほしいという非公式な申し入れを行なっており、日本側はこれに応じてもよいという姿勢を示した（朝日新聞、一九五八年四月二十九日）。

四月下旬、賠償の政商として当時スカルノの背後で暗躍していた木下商店が、二五〇〇トン級の船舶九隻（総トン数二万三〇〇〇。計六〇〇万ドル。なお、のちに一〇隻に増加された）を賠償資金で売却することに関してインドネシアと契約を結び、五月下旬には売却の対象となる船舶も決まった[5]（*Nusantara*, 1958. 5. 21. ならびに朝日新聞、五月十日および五月二十二日）。

その後、六月一日に東京の賠償使節団事務所が開設され、初代団長に外務省高官で国民党員であった[6]バスキ・ジャティアスモロ（Basuki Jatiasumoro）が着任し、六月六日には船舶六〇〇万ドル分の賠償支払いに関して外務大臣からの正式要請がバスキを通して藤山外相に出された（*Nusantara*, 1958. 6. 7.）。そして五隻の新造船、四隻の改造中古船の買いつけのためにナジール海運相が六月六日、再度来日した（朝日新聞、一九五八年六月六日）。

中古船は島嶼間交通に向くように重層甲板に改造されることになった（*Nusantara*, 1958. 5. 21.）。ところが、日本の賠償で提供した中古船はいずれも非常に老朽化しており、そのうちの一隻（カポポサン丸）が、引き渡し後の一九五九年七月にリアウ諸島沖で爆発するという事件が起きた。この船は一九一二年の建造で発電機だけ新しく付け替えたものだった。このほかの船もしばしば故障し、部品がないので困っているとインドネシアの新聞は報じている（*Abadi*, 1959. 7. 16.）。また、木下商店の売却したこれらの中古船の価格が新造船とほとんど変わらなかったというので、日本の国会で問題になったこともあった。

第一回の注文の一〇隻の建造がほぼ完了した一九五八年十二月末、インドネシア政府は外国から購入した船舶が三万トンに達したので島嶼間海運に外国船をチャーターする必要はなくなったと発表しているが（*Mestika*, 1958. 12. 31.）、一九五九年十一月に一七隻、合計五万七三五〇トンの船を購入するために二〇〇〇万ドルの借款を賠償担保で借り入れるという交換公文が交わされた（*Abadi*, 1959. 12. 1. ならびに朝日新聞、一九六〇年五月二十三日）。これらの船の建造は、東京にいる賠償使節団を通じて入札され、木下商店のほか、東日貿易、野村貿易などを通じて巡礼用の大型船（一万トン級）は日立造船所、三菱造船所、日本鋼管に各一隻ずつ、五〇〇〇トン級三隻は函館ドック、その他は石川島播磨、浦賀ドック、四国ドックなどで建造された（*Abadi*, 1959. 12. 15. ならびに朝日新聞、一九六〇年五月二十五日、および桐島正也、鴇沢安文とのインタビュー）。

賠償で購入された船舶には日本人船員を乗り組ませてほしいという要求がインドネシア側からあり、

初年度の購入時には一隻につき船長、機関長、無線技術者など高級船員を中心に九一人程度を一年間乗り組ませることになった（朝日新聞、一九五八年七月十九日）。一九五九年の発注に際しては、延べ一〇〇〇人程度になる船員の人選は、全日本海員組合を通じて失業船員のなかから行うことになり、これは当時約八〇〇〇人いた失業船員たちに朗報として受け入れられた（朝日新聞、一九六〇年七月十日）。

この頃、木下商店が一〇年間に五〇〇〇万ドル相当の石油を入手することと引き換えに六六隻の船舶をインドネシアに売ることを考えていると新聞に報道された（*Nusantara*, 1958. 8. 7.）。木下商店はこれは一方的な希望で、まだインドネシア当局には伝えていないと述べたが、石油利権と引き換えにこのような途方もない計画が出てくるほどインドネシアの事情は緊迫していたのであろう。

こうして結局、海運関係では最終的に船舶五一隻に約四一二一万ドル、哨戒艇一〇隻に七三五万ドル、東ジャワの造船所建設に六〇〇万ドルが賠償から支払われた（Nishihara, p. 104）。このほかに一九六〇年から六五年まで六次にわたって派遣された賠償留学生（後述、二〇九頁参照）三八五名のうち造船を専攻する学生は一五人いた。また賠償研修生二三九人中、造船関係は一九人が送られた（*Daftar Alumni Indonesia dari Jepang* pp. 21–73）。一九五八年末にコロンボ会議の予備会談に出席していたインドネシアのアリ・サストロアミジョヨ代表が「日本の賠償は大半が船舶の補充に使われるだろう」と語っていたが（朝日新聞、一九五八年十月二十六日）、実際に賠償総額の約二五％が海運関係に支払われたことになる。

一九五七年十二月のＫＰＭ接収以後、インドネシアでは民間の船舶会社設立の手続きが簡素化されたのに伴って、雨後の竹の子のように会社が増えた。外貨を入手できるものなら誰でも外国から船をチャーターして営業できたこともこれに拍車を掛けた。その結果、一九六三年には島嶼間の海運会社が九八社、外洋航海の海運会社が六三社にもなった。その後、一九六三年には、ペルニとその他の民間の船会

表1　ペルニおよびインドネシアの民間船会社の船舶操業トン数

	保有トン数	チャータートン数	合計
1957	51,600	47,200	98,800
1958	85,700	63,200	148,900
1959	140,600	108,300	248,900
1960	164,500	183,700	348,200
1961	234,500	177,000	411,500
1962	245,300	144,200	389,500
1963	312,900	134,100	447,000
1964	335,700	50,200	385,900

出典：Dick, p. 28 Table 2. 4

社との輸送量のシェアはついに逆転して、後者のほうが上回るようになる（Dick, p. 27 ならびに p. 28 の表 2. 4）。

船会社は増えても、現実に船舶不足はあまり解消されなかった。KPM船舶の撤収という痛手からはある程度立ち直ったが、その一方で、さらに次のようなファクターによって船舶不足に拍車が掛けられた。第一に、地方反乱、西イリアン闘争やマレーシア対決のために軍隊の要請でペルニの多くの船舶がチャーターされたことである。一九六三年末には、島嶼間用の商業用船舶の三分の一が陸軍の命令下で操業していた。チャーター料は支払われず、メンテナンスも悪かった。また外貨不足のために部品の購入ができず、修理もままならなかった。一九六三年には多くの船が年間三カ月もドック入りして部品を待っていたという。そのため船舶一トン当たりの年間運搬量は、一九五七年には二〇トンであったのが一九五八年には一二・六トン、一九六三年には六・二トンに落ち込んだ（Dick, pp. 25-26）。政府は外国船のチャーターには優先的に外貨を振り当てていたが、それでもチャーターしたトン数は一九六〇年をピークに減少していった（Dick, p. 27）。これは船舶の不足が解消されたためではなく、まさしく外貨不足がさらに深刻化したためである。このようななかにあって、外貨を使わなくてもすむ賠償の活用や、賠償担保の借款による船舶の購入はインドネシアにとって非常に重要なものであったことは想像に難くない。

第2節　賠償プロジェクトの実施と評価

プロジェクトの選定

それでは船舶以外の分野で賠償はどのように使われたのであろうか。賠償は現金ではなく、日本人の役務によって支払うということは先に述べたが、実際どのようなプロジェクトに賠償を使うかは、毎年、両国間で協議し、個別に契約を交わすことになっていた。インドネシア側では政府各省が必要とするプロジェクトをそれぞれ提案し、外務省、財務省、工業省、商業省、農業省、海運省の代表によって構成される賠償実施委員会で協議・調整して決定されることになった。そのためインドネシア政府各省間の分捕り合戦の様相を呈し、関係諸団体からの陳情や圧力が相次いだ。また各地方政府も、少しでも多くのプロジェクトを地元に誘致したいということで陳情を重ねた(7)。

プロジェクトの選定に関しては時には日本企業の側からインドネシア政府各省の高官にアイディアを持ちかける場合もあった。実現した場合、工事はその企業に発注するという含みがあったことは言うまでもない。プロジェクトがインドネシアの閣議で了承されると、外務省内に次官直属の機関として設立された賠償部（Biro Pampasan）が、その実施に際しての事務を司った（ルスリ・アムランとのインタビュー）。また東京には賠償使節団が常駐し、一九五八年六月一日から大使館の一角で業務を開始した(8)（アブドゥル・ハビルとのインタビュー）。インドネシア側の要望はこの賠償使節団を通じて日本側に伝えられ、両国間で実施細目が協議された。賠償協定（第二条）のなかで、プロジェクトは、「インドネシア共和国政府が要請し、かつ、両政府が合意するものでなければならない」と明記されていたので、あくまで日本側の同意が必要であった。

　賠償プロジェクトの実施に当たっては、日本側の業者を使うことが取り決められており、どの日本企業に発注するかは、インドネシア政府側から指定できることになっていた。プロジェクトが認証されると、その資金はインドネシア政府が日本国内に開設した銀行に支払われ、そこから賠償使節団によって日本の業者に支払われた（『日本の賠償』一一二頁）。日本の企業にとっては、賠償プロジェクトの担当会社として指定されることは、インドネシアにおける経済活動の足場を築くよい機会であったうえ、これらは事業としては大規模かつ確実な利益を約束されたものだったので、各社とも競ってこれを得ようとし、激しい賄賂合戦が展開された。事業を獲得した企業からインドネシアの高官にコミッションが支払われるのが常だったという。

　そのようにしてインドネシア側が得たコミッションや賄賂の一部は、スカルノの指示で「革命資金《ダナ・レボルシ》」として蓄えられたという。日本国内で渡された「革命資金」は通常、駐日大使が日本の銀行に開設した特別口座に振り込まれた。スカルノ政権の崩壊（一九六七年三月）後、それが明るみに出て、当時のハルソノ大使の口座の預金はのちにすべてスハルト政権に没収されたという（クスナエニとのインタビュー）。しかし大半の革命資金は行方不明になり、スカルノの失脚後、権力を掌握したスハルト政権は追及を続けたが、いまだに所在は分からない。

　一つのプロジェクトの実施に際しては、単に建設会社だけではなく、商社が必ず関与し、資材の調達その他コーディネート的な業務を管理した。このとき賠償の裏方として暗躍した商社に木下商店と東日貿易がある。いずれも大企業ではないが、スカルノ政権に食い込んで目ざましい働きをした。東日貿易（一九五四年設立）は、もともと貿易と建設を主たる業務とする会社で、大野伴睦、河野一郎、児玉誉士夫らを役員に抱えていた。スカルノに接近したのは、一九五八年一月―二月の訪日時に彼の警備を、社長の久保正雄が私的に担当したのがきっかけであった。

この訪問時にスカルノ暗殺計画が噂されていたのだが、最初の一日を除いて公式訪問ではなかったので、日本としてはそれほど厳重な警備はできず、インドネシア側が独自に私的な警備を依頼したのだった（桐島正也とのインタビュー、ならびにNishihara, pp. 112-115）。

久保はその後スカルノの二度目の訪日（一九五九年六月）に際して根本七保子という女性を紹介したが、これがのちにスカルノの第三夫人になるラトナ・サリ・デヴィである（デヴィ夫人については次節で詳述する）。なお、一九六一年の初めには一名しかいなかった東日貿易のジャカルタ事務所駐在員は、その年のうちに一〇人に増えたというが（Nishihara. p. 114）、このことはこの会社がいかに賠償プロジェクトとともに勢力を拡大していたかを物語るものであろう。

一方、一九三二年に設立された木下商店の木下茂社長は、戦前、日本のアジア進出政策とともに成長した人物で、満州で屑鉄関係の仕事をしていた。その関係で八幡製鉄の稲山嘉寛社長、富士製鉄の永野重雄社長らと近いうえ、戦争中に東条内閣の商工大臣として製鉄統制評議会の長を務めていた岸信介とも親交があった。戦後も鉄鋼関係の商社として活動し、一九五二年以来、戦争中空襲で破壊されたカリマンタンのバリックパパンのバタヴィア石油旧施設のスクラップを八幡製鉄のために輸入していた（高橋健二、長友保、ならびにハッサン・ラハヤとのインタビュー）。

なお、東日貿易は伊藤忠商事と、また木下商店は三井物産と繋がりをもち、まだインドネシアに足場をもたないこれらの大商社の前面に立って取引を進めた。西原は、賠償プロジェクトの選別は正式の政府のチャネルよりも、このように、むしろ非公式なロビイストたちとインドネシア政府の各官庁のあいだで大部分が決められたとして、個人的な人脈がいかに重要な役割を果たしたかを強調している(Nishihara, p. 121)。このような癒着に関しては、賠償汚職として日本の国会でもしばしば追及された[10]。

賠償の評価

さて、それでは賠償ではどのようなプロジェクトが実施され、それらは、その時期のインドネシア、日本両国のその後の歩み、さらには両国関係にとってどのような意味があり、どのような評価を受けているのであろうか。表2は一二年間にわたって実行されたプロジェクトの一覧である。

日本政府の通産省によれば、一九六八年段階で、三六プロジェクト中一一件は未完成に終わっており、完成した二五件中七件はうまく機能していないということであった。ということは一八件、つまり全体のちょうど半分だけが何とか機能していたことになる。

一九六八年度の『わが外交の近況』によれば、賠償によるプロジェクトならびにプラント類は合計三二件(通産省の計算と異なる)で、うち比較的順調なのは八件だけであるという。インドネシア側は賠償担保で借りた借款を返還できないため、その多くが賠償資金から支払われる結果となった。そのために、まだ予定の一二年の支払い年限が過ぎていないにもかかわらず、賠償財源が枯渇し、実施中のプロジェクトを予定どおり実施することは不可能になっているという。そして同白書は、賠償で供与されたものがインドネシア経済に大きく寄与しているとはいえない、と評価している(『わが外交の近況　一九六八年版』三三八―三三九頁)。

表2 賠償プロジェクト一覧（金額と受注企業名）数字の単位は1000ドル

プラント		
プマタンシアンタル製紙工場（スマトラ）	1,536	兼松江商
マカッサル製紙工場（スラウェシ）	6,481	兼松江商
マルタプラ製紙工場（カリマンタン）	2,022	野村貿易
バニュワンギ竹パルプ製紙工場（東ジャワ） 借款	8,500	東洋棉花
プラウラウト合板工場（東カリマンタン）	610	
パロポ合板工場（スラウェシ）	5,678	ジャパン・インターナショナル
ジャカルタ綿紡績工場（ジャカルタ）	3,794	伊藤忠
ラワン（東ジャワ）・デンパサル（バリ）綿紡績工場	4,906	東洋棉花
ボゴール・バッテリー工場（西ジャワ）	1,278	木下商店、富士電機
電源開発		
ネヤマ・トンネル（東ジャワ）	1,972	日本工営、鹿島建設
カランカテス・ダム（東ジャワ）	19,237	日本工営、鹿島建設
カリコント・ダム（東ジャワ）	3,441	日本工営、鹿島建設
リアムカナン・ダム（カリマンタン）	5,664	日本工営、間組
ビル建設		
ホテル・インドネシア 借款	8,000	木下商店、大成建設
3ホテル（アンバルクモ、バリ・ビーチ、サムドラ・ビーチ） 借款	18,503	木下商店、東日貿易、大成建設
サリナ・デパート 借款	11,000	伊藤忠、大林組
ウィスマ・ヌサンタラ・ビル	5,800	木下商店、大成建設、鹿島建設
ウィスマ・インドネシア（東京）	2,000	東日貿易、長谷川建設
インドネシア大使館拡張（東京）	300	東日貿易、長谷川建設
機械・運搬用機器類		
船舶51隻 借款含む	41,213	木下商店、東日貿易、ニチメン、野村貿易
哨戒艇10隻 借款含む	7,350	石川島播磨、日立造船、浦賀ドック
スチーム・ローラー548台・トラクター166台	12,636	木下商店、野村貿易、小松鉄鋼所
レールと鉄道車両100両	7,900	木下商店、住友商事、伊藤忠、三菱商事
トラック1500台・ジープ1300台	13,275	伊藤忠、いすゞ、トヨタ、三菱
その他		
ムシ川アンペラ橋架橋（南スマトラ） 借款	10,525	ニチメン、富士重機（Fuji Wheels）、大林組、三井物産
留学生派遣	約9,256	国際学友会
造船ドック（東ジャワ） 借款	6,600	第一物商、太平洋コンサルタント
コーラン500万部印刷	1,800	凸版印刷

* Nishihara, pp. 104-105をベースに構成し、賠償留学生に関しては『わが外交の近況1968年版』338頁、プラウラウト合板工場に関しては『日本の賠償』224頁に掲載された円価格から計算した。

また一九六九年二月に外務省がインドネシアに派遣した調査団は、多くのプロジェクトが経済的考慮よりも政治的重要性に基づいて選定されたため、その実効性が疑問になっているとの見解を述べている（『経済協力調査団調査報告』一九六九年、四七頁）。

インドネシア政府各省、各州政府間の分捕り合戦があまりにも激しく、実現可能性や生産性に関する十分な事前調査が行われないままに実施されることが多かったため、さほど必要に迫られていないものや、住民の利益と掛け離れたものも含まれ、しばしば十分な成果を出せなかったということはインドネシア側の関係者も述懐している。

たとえば、ハイルル・サレー復員軍人大臣の管轄下のプロジェクトであったプマタンシアンタルの製紙工場（兼松江商が受注）は、一九六二年に建設を終えて機械も設置されたが、日本人指導員が常駐して監督していたあいだは日産一八トンを生産していたのに、彼らが去ったあとは三トン程度に減り、一九六九年には完全に操業を停止してしまった[11]（Nishihara, p. 93）。また、同じく復員軍人省管轄下で上質紙の生産を目指して作られたカリマンタンのマルタプラの製紙工場は、野村貿易が受注したが、計上した予算では足らず、不足分は最初は野村の手持ち資金で補っていたが、のちにはインドネシア政府の資金を何度も追加した。そのうちに復員軍人省は廃止になり、この工場は工業省に移管されるなどして、結局、完成までに一〇年を費やした。しかも、当初、原材料として予定していたアガティス材はその地域に生育しておらず、日産一〇トンの生産予定もこなせず、この工場は二、三年操業しただけで民間に売却された。計画段階で杜撰《ずさん》だったということである（鴇沢安文とのインタビュー）。

またこの製紙工場の運営のために電力が必要ということで、近くにリアムカナン・ダム（日本工営と間組が受注）を作った。それを作るに際して発電機（ダイナモ）を日本から持っていったが、バンジェルマシン港は小さいうえ、泥が堆積しているため浅く、大型船が入らなかった。結局スラバヤで小型木造船に積み替えて輸送したが、途中でしばしば沈没したうえ、流れが早いので沖での積み替え時に流されて命を失った日本人もいた（鴇沢安文とのインタビュー）。

スラウェシのパロポの合板工場（ジャパン・インターナショナルが受注）は、材木の伐採はできたが、それを船に積み込む施設が港になかったため、運搬できず失敗した（ルスリ・アムランとのインタビュー）。

コーランの印刷（凸版印刷が受注）は、一九六〇年七月に、宗教大臣の訪日を期して商談がまとまったものであるが（『日本の賠償』二一九頁）、日本でわざわざやる必然性はないということで、インドネシア国内の印刷業者の抗議を受けた。そしてこのプロジェクトを決めた宗教大臣はのちに汚職容疑で逮捕されている（ルスリ・アムランとのインタビュー）。

さらに、四つの国際的ホテルが建てられたが、これは当初、賠償担保の借款という形で資金供与されたにもかかわらず返済できなかったため、賠償から支払われることになった。スカルノのアイディアで、観光産業を振興し外貨を獲得するために作られたのであるが、そのうち何とか利益を生んだのは、一九六二年のアジア競技大会開催に間に合わせてジャカルタに建てられたホテル・インドネシアだけで、あとの三つは平均二〇～三〇％の稼働率しかなかった。特にインド洋岸のプラブハンラトゥに建てられたサムドラ・ビーチ・ホテルは、交通の便も悪いため、利用客が少なく、まったく採算が取れなかった（ルスリ・アムランとのインタビュー）。

それに対して、パレンバンのムシ川のアンペラ橋、東ジャワのネヤマ・トンネル[12]、カランカテス・ダムなどはその後も比較的よく機能し、食糧増産にもつながったという（Nishihara. p. 92）。

賠償プロジェクトのなかでユニークな性格をもっているのが、留学生（賠償留学生）ならびに研修生の派遣である。これはスカルノの発案によるもので、当初、留学生は五年間で五〇〇人、研修生は七年間で一七五〇人をアジア協会ならびにその後身である海外技術協力事業団（一九六二年六月創設）が受け入れることになっていた（『日本の賠償』一三〇―一三二頁）。実際には、留学生は一九六〇年から六五年までに六次にわたって計三八五人（一九六〇年度九七名、一九六一年度一〇〇名、一九六二年度一一六名、一九六三年度五九名、一九六四年度七名、一九六五年度六名）が派遣された。また研修生は一九六八年までに計二九四名を受け入れた[13]（*Daftar Alumni Indonesia dari Jepang* pp. 21-73 ならびにエノッホ・アマンクとのインタビュー）。

留学生の専門は自然科学が約八〇％、人文・社会科学が二〇％で、各学生の専攻は、個人の希望によるのではなく、政府側が割り当てた（エノッホ・アマンクとのインタビュー）。留学生は国際学友会が受け入れ団体となって、一九六〇年一月二十八日にインドネシア賠償使節団とのあいだに契約を交わした。これによれば、国際学友会は宿舎の提供、日本語教育、大学教育の実施等を全面的に担当し、そのためのすべての経費は賠償使節団から支払われた。宿泊、食費は国際学友会が負担したうえで、留学生本人に手渡される各種手当は毎月一万三〇〇〇円にもなり、これは当時の大学卒業生の初任給に匹敵する額だった（アジア留学生協力会・国際学友会編、三一―五頁）。

この学生たちの宿舎は当初は東京青山の日本青年館、国際学友会館などに分散していたが、一九六二年に賠償資金で渋谷区代々木大山町にウィスマ・インドネシア（インドネシア留学生会館、総床面積五九六九平米）が建てられ、それ以降、東京近辺で勉学する学生たちはここに集中的に居住するようになった（アジア留学生協力会・国際学友会編、八頁、ならびに『日本の賠償』二二一頁）。

当時、東京のインドネシア学生協会（ＰＰＩ）は世界でも有数の大きなインドネシア人留学生組織であった。この留学生会の役員は、インドネシア国民党系のスカルノ主義者たちで占められており、インドネシア大使ハルソノ・レクソアトモジョの指導のもとに、かなり政治色の強い活動をしていた。現に「カーレル・ドルマン号事件」や「KLM航空機羽田寄港事件」（オランダ政府がチャーターして西イリアンに向かうKLM航空機の羽田立ち寄りを日本政府が拒否した事件）に際して、日本政府に強い圧力をかけるなど、ロビイストとしての役割も果たしていた（Nishihara, p. 156 & 158-161）。

賠償留学生・研修生たちの多くは、一九八〇年代・九〇年代のインドネシア政財界をリードし、ギナンジャール・カルタサスミタ（通商産業調整大臣のほか各種の大臣職を歴任）やアブドゥル・ラティフ元労働大臣、ズハール国営電力会社会長、バンク・ネガラ・インドネシア銀行総裁クク・バスキなどインドネシアの各界で重要な地位を占めていた者も少なくない。しかしその一方、スカルノの全盛時代に教育的効果よりも政治的基準で選ばれたり、縁故を通じて採用された留学生もあり、留学中、クーデター未遂を契機として発生したスカルノ政権崩壊という思いがけない状況に直面して、帰国後は予想していた役割を果たせなかった者や、ごく一部であるが海外へ亡命した者もあった(14)。

賠償は一二年年賦で支払われることになっていたが、実際には、賠償担保で資金を調達し、プロジェクトを先取りするなどして、一九六五年の九・三〇事件以前にほとんど使われてしまった。これも調整作業や計画性の乏しさのせいと言える。そういった無駄な出費を無理やり引き出して自社の利益獲得を図った日本企業の側にも当然、その責任があるだろう。賠償によって実施された各プロジェクトが、それ自体として、どのような経済的波及効果をインドネシア社会にもたらしたかについては、今後、本格的な調査が必要であろう。

賠償とインドネシア経済

それでは賠償は全体としてインドネシアの経済立て直しにどれほど貢献したのであろうか。賠償の実施期（一九六〇年代前半）は、さまざまな不安定要因を抱えたスカルノ政権の最終末期にあたった。スカルノは議会を解散し、一九四五年憲法に復帰して大統領権限を強め、終身大統領という地位を獲得した。内政では「指導される民主主義」という独裁体制を確立し、民族主義、宗教、共産主義のバランスの上に立った、いわゆるナサコム体制を敷いた。徐々に共産主義の比重が大きくなっていったため、このバランスは崩れ、農地改革の実施をめぐる住民間の衝突などに見られるように、社会の至るところで亀裂をもたらしつつあった。

一方、海外からの資本導入や経済援助の受け入れに関しては慎重な路線をとったうえ、オランダから接収した諸企業の経営がうまくいかなかったため、経済開発は進まず、生活必需品の不足やインフレが蔓延していた。また一九五〇年代末期から始まった地方の反乱は、武力で粉砕しても、潜在的な反スカルノ勢力は残存して不安定要因となっていた。対外的には、オランダからの西イリアン奪還、マレーシア粉砕闘争など急進的な政策を進めた結果、西側世界との関係は悪化し、そして最後には国連から脱退して孤立した。

オランダ資産を接収し、西側諸国との関係が冷却した時期のインドネシアにとって、賠償支払いは、大きな意味を持っていた。つまりその見込みがなければ、インドネシアはオランダ資産の接収というような強硬手段に出なかったかもしれない。あるいは、接収するにしてもそれほど徹底的な形ではできなかったかもしれない。賠償の実施と日本との国交回復への見通しがインドネシアを強気にさせたということが考えられる。つまり、日本の戦争賠償支払いのための交渉はインドネシアの経済的脱植民地化の過程と並行して進められ、そのなかで日本が結果的に果たした役割は小さくないのである。しかも、スマトラ反乱という国政の大きな危機に直面していたインドネシアの中央政府を日本政府が支持しつづけ、そのような情勢が賠償協定の締結と批准に際してネガティヴな影響を与えなかったことも重要である。

とはいえ、インドネシアにとって賠償は経済的効果よりもむしろ政治的効果が重要であったと思われる。西原は、「スカルノは、スカルノ主義を振興させるための〝威信的なプロジェクト〟にそれらを使った」と述べ、賠償プロジェクトは経済的な意味では、プラスよりも否定的な側面のほうが大きかったことを強調している（Nishihara, p. ix & pp. 90-91）。西原はまた賠償はスカルノの政権を支援し、彼を勇気づけて「四五年憲法への復帰」と「指導される民主主義」を謳った一九五九年七月の大統領布告発布へと向かわせるうえで影響があったのではないかと述べている。この頃、中国ならびにソ連がインドネシアに対して経済援助を行なっていたが、岸に続いて首相になった池田勇人と川島正次郎は、それに対抗してスカルノへの経済的支援に入れ込んだ。その結果、スカルノの容共路線に加担することになったのかもしれないとも述べている。岸に始まる反共政権が容共的スカルノ政権を支援するという奇妙な結果をもたらしたのである（p. 215）。日本が、欧米とは異なるスタンスで独自外交を貫いた珍しいケースだったと言えよう。

賠償と日本経済

一方、日本にとっては、賠償の波及効果はどうだったのであろうか。賠償を支払い、国交を回復することによって、日本の財界は本格的なインドネシア進出を狙っていたわけであるが、この目的は達せられたのであろうか。東南アジア諸国への賠償の支払いは、それを契機にこの地域へ経済的に進出することを初めから計算に入れたものであり、この論理のもとに政財界の一致した支持を取りつけることができたのである。そして現実に、多くの企業が賠償実施のプロジェクトにつながることによって、直接的利益を受けた。

賠償プロジェクトは、インドネシア側からの要請に基づいて日本政府が調査し、同意することによって確定し成立するのであるが、その実施は日本企業に委ねられた。賠償プロジェクトは支払い主が日本政府で確実な利益を約束するものであったので、受注をめぐって熾烈な賄賂合戦が展開され、癒着の構造が問題になった。この時の基本的パターンが、その後のODA実施の際の雛型になったと言われる。

賠償や経済協力の実施に伴って、非常に多くの日本企業がこの時期インドネシアに進出した。当時インドネシア政府は外国の経済活動に対し制約を課していたうえ、西イリアン闘争、マレーシア粉砕闘争などのため西側諸国との関係は冷却し、最後は国連を脱退するほど孤立していたので、外国企業の進出は極めて限られていた。そのようななかで日本企業はほぼ独占的な活動を展開していたと言えよう。直接、事業を請け負った主要会社だけでなく、その事業に関連してさまざまな分野の企業も進出していった。たとえば、ホテルを建てれば、資材を供給するセメント会社、ガラス会社、空調設備会社、エレベーター製造会社、什器備品の製造会社なども付随して進出することになる。こうして多くの日本企業がジャカルタに連絡事務所を置くことになった。

賠償を契機としてインドネシアの政財界と直接のコンタクトを持つようになった日本の企業は、やがて賠償関連以外の経済活動にも食い込んでいった。この頃の特筆すべき事業としては、石原産業・大和銀行とインドネシア資本との合弁ですでに一九五六年二月に設立されていた（ただし営業開始は一九五八年二月）プルダニア銀行があげられる。これは外国系銀行の進出が許されない当時としては非常に稀な存在であった。以前から石原産業の石原広一郎、高田儀三郎（石原の弟）らが、自社が進出した場合に融資を確保するために設立に向けての話を進めていたものであるが、この頃、西イリアン（現在のパプア州）問題でインドネシアとオランダとの関係が険悪になり、オランダ系銀行の預金が大量に引き出されるという事態が起きており、このことがプルダニア銀行開店には有利な条件になったと言われる（池田義彦、二二一―四八頁）。

しかしこのような合弁事業は極めて稀で、この時期のインドネシア政府の方針としては、外資の直接投資は認めず、外国からの民間借款を得て事業開発を行い、その利益の一部を償還にあてるという方式が中心であった。この方式で行なったもっとも大規模な日イ協力事業としては、北スマトラの油田開発をあげることができる。インドネシア政府は、国有化した外国系石油会社を、プルミナ（Perusahaan Minyak Nasional）という国営会社を作って運営していたが、なかなか国有化以前の生産水準を維持するのが難しかった。一方、国有化を認めないバタヴィア石油会社（オランダのロイヤル・ダッチ社の資本六〇％、イギリスのシェル社の資本四〇％）は諸外国に対し、彼らの鉱区から産出した石油をインドネシア政府から買った者は訴訟に訴えると脅していた。そのような状態だったので、北スマトラの油田開発のためにインドネシアに手を貸そうとする石油メジャーはなかった。

そこでインドネシアは国有化時の生産水準（八〇万キロリットル）を超えた分の四〇％を与えるという生産分与方式を条件に、北スマトラ鉱区の採掘を日本に依頼したのだった。日本政府の肝煎りで北スマトラ石油開発協力会社が設立され、一九六〇年四月にインドネシア側と調印し、五二三〇万ドルのクレジット、機材、原材料、技術を供与することになった⑮（高橋健二とのインタビュー、ならびにNishihara, p. 118）。これまでインドネシアの石油開発はカルテックス、テキサコ、シェルなどのメジャーに独占されており、このような形で日本が参入したことは画期的であった。

同様の生産分与方式で一九六一年には日本のニッケル精錬五社が参加してスラウェシ・ニッケル開発協力会社（Sunideco）が作られ、同島のポマラ地域の鉱山開発を行なった。また、一九六二年には日本側から設備、資材、技術という形で借款を供与して東カリマンタンの森林を開発し、生産された木材の一部で返済してもらうという生産分与方式の共同事業が成立した（『日本の賠償』二三二頁）。西原によれば、ジャカルタに駐在事務所を持つ日本企業は一九五八年にはわずか一六社であったが、一九六五年には六〇社に増えたという（Nishihara, p. 121）。一九六〇年代半ばになると、賠償プロジェクトの実施過程で大商社が直接関与するようになり、プロジェクト受注の過程で活躍した東日貿易や木下商店のような中小の商社は活動の場を奪われていった。二社ともやがて破産したり（木下）、スカルノの怒りに触れてインドネシアでの事業ができなくなったり（東日）して、それぞれ三井物産と伊藤忠に吸収された。

賠償は一時期のアジア関係を左右し、その後のアジア関係を築くうえで先鞭をつけた。多くの日本企業にとっては、賠償への参入が、のちにスハルトの開発体制下で大規模な進出をする際の足掛かりとなったことは誰も否定しないであろう。このように一九六〇年代の賠償実施は、その後の日本の東南アジアとの経済関係を形作るうえで、大きな役割を果たした。支払いを受けた国々よりも、むしろ日本の側に益があったと言われるゆえんである。

第3節　賠償期の日イ関係を支えた人たち

この時期に賠償をめぐって日本とインドネシアのあいだを往復した人々、そしてこの両国の関係を支えた人々のなかには、どのような人がいたのだろうか。過去を断ち切って新しい関係を開拓しなければならなかったその時代、現在の在留邦人とは違うさまざまな生き方があったにちがいない。

ところで、一九五〇年代から六〇年代の初めにかけての、日本の対インドネシア政策を見ると、公式の政府レベルでのパイプと並行して、財界など民間ベースでの動きが目立つ。その一つの流れは、松永安左エ門、鮎川義介、石原広一郎、小林中、下中弥三郎など、戦前・戦中からアジアと深い関わりを持っていた人物の暗躍で、彼らはしばしば岸信介ともパイプをもっていた。そして彼らの手足となって支援したのが、戦争中インドネシアで占領軍政に携わっていた元軍人・軍属らである。彼らは、おおむね当時のインドネシアの指導者たちと同志的な連帯感をもち、日本の進出にあたっては露払い的役割を果たした。

これらの人々の多くは、アジア主義的反共主義者であるが、不思議なことに、容共的であることを十分承知のうえで、（スマトラの反乱政府を支援した石原広一郎のような例外はあるものの）結果的にはスカルノ政権を支援するような形の経済的支援をすることになった。スカルノもまた、官僚主義とは正反対のところで人脈やイデオロギーを重視するタイプの政治家であったから、この時期の日イ関係はインフォーマルなファクターへの依存度が大きかったわけである。

背後で舵取りをしていた幹部たちは、その多くが戦前あるいは戦中から引き続きこの国に関与していた人たち、あるいはもっと広くアジア諸国と日本との関係拡大を模索していた人々である。すなわち敗戦による人的断絶は見られず、むしろ継続性が見出されるということである。

そもそもインドネシアやヴェトナムとの賠償交渉が妥結したのは、岸政権の成立と無関係ではないことをすでに指摘した。さらに久保田豊のような戦前からの水利専門家が賠償交渉妥結以前からすでに東南アジアの国々に目をつけ、賠償の支払い過程においては、その企業が重要な役割を果したこともすでに述べた。

賠償事業で実際にインドネシアに進出してきた多くの企業は、戦前戦中にインドネシアと関わった人材を積極的に採用し、送り込んだ。北スマトラ石油の西嶋重忠（戦前、左翼運動で一高を追われ渡南、在留邦人として長く居住したのち日本軍政下でジャカルタの海軍武官府に勤務、インドネシアの若い民族主義者たちと親交があった）、木下商店の豊島中《あたる》（もともと東亜同文書院出身の外務省の官吏で、戦前はバタヴィア総領事館に勤務、軍政下では軍政監部の華僑管理事務所長）などである。一九六四年に駐インドネシア大使になった斎藤鎮男も戦争中、軍政監部で司政官を務めていた。さらに正規の社員としてではなく、交渉の道をつけるために、宮元静雄元陸軍大佐（終戦時の第一六軍作戦参謀）や前田精《ただし》元海軍少将（軍政下でジャカルタに駐在した海軍武官）、柳川宗成元陸軍中尉（軍政下で諜報将校としてインドネシア人のジャワ防衛義勇軍を指導）などはしばしばインドネシアへ足を運び、大統領や軍の幹部と日本の企業を結びつける役割を果たした。

一方、インドネシア・サイドでは戦前戦中の留学生たちが賠償事業の受け皿となって活躍した。効率を考えれば既存のノウハウや人的ネットワークを生かすのは、どこの国の場合でも当然のことであるから、ことさら言うべきほどのことではないかもしれない。しかしここで特筆すべきは、戦争や戦時期の占領統治に関与した人々を排斥することなく、むしろその当時の人間関係を積極的に活用しようというインドネシア側の態度である。

しかし賠償はまた新しい人材をもインドネシアへと誘《いざな》った。戦前戦中の関係とは無関係に新たな両国関係を築くべくこの未知の国に渡った若い世代も多い。そこでもスカルノその他の有力者たちとのパーソナルな関係がキーになっていた。それらの人々の軌跡をすべて語ることや、あるいはその平均像のようなものを描き出すことはできないが、本節では、そのなかから二人の人物を紹介し、彼らのパーソナル・ヒストリーを通じて歴史を垣間見てみたい。

その一人は、ラトナ・サリ・デヴィ・スカルノ、つまりスカルノの正規の第三夫人として一九六〇年代の日本＝インドネシア関係に彩りを与えた日本女性である。そしてもう一人は、賠償プロジェクトに直接関わった日本企業の戦士として、そのデヴィ夫人のインドネシア行きとも深く関わった東日貿易の駐在員、桐島正也である。本格的な日イの経済関係がスタートする前に、一種の露払いとして日本＝インドネシア関係を支えたこの二人の、非常に数奇な人生を描くなかで、一九六〇年代という東南アジアにとっても日本にとっても激動の時期を繙《ひもと》いてみたい。

ラトナ・サリ・デヴィ・スカルノ⑯

平成の日本では、神秘的な美貌と歯に衣《きぬ》を着せない発言によって、またセレブな雰囲気を漂わせたテレビ・タレントとして有名なデヴィ夫人であるが、アジアの激動と運命をひとつにしてたどってきたその人生の詳細を知る人は少ない。「元ホステス」「第三夫人」というような肩書きが先走りして、数奇なシンデレラ物語として羨望と蔑《さげす》みの入り混じった描かれ方をすることが多く、その背後に秘められた日本＝インドネシア関係や、インドネシアの激動の政治史を理解しようとする人は少ない。日本との関係で言えば、賠償支払いのプロセスと並行してインドネシアと関わったキー・パーソンであり、インドネシアの国内政治との関係で言えば、インドネシアを独立に導いた国父として絶対的な権力を持っていたスカルノ大統領が没落するきっかけとなった一九六五年の九・三〇事件をまたいで大統領と浮き沈みをともにした歴史の証人であった。

ラトナ・サリ・デヴィ・スカルノは、根本七保子として一九四〇年に東京の麻布霞町で、大工の父根本兵七と母マサの娘として生を受けた。母は後妻で、七保子の上には義理の兄と姉ら三人がいた。しかし彼女が生まれる頃には姉や兄たちは家を出て別に生計を立てており、七保子は三歳年下の弟八曾男とともに幼少期を過ごした。現在、西麻布の交差点を中心にファッションやグルメの街になっている霞町の辺りは、彼女の幼少期には、東京大空襲による破壊と終戦直後の混乱のなかでごったがえしていた。裕福な中産階級とさまざまな生業《なりわい》を営む庶民とが入り混じって居住していたこの地域で、七保子は年中お金を無心にくる腹違いの兄が家庭の平和を乱すことや、近所や学校で目のあたりにする貧富の差などに心を痛める日々を送った。

彼女の幼少期には、日本中、至るところに米軍兵士がいて、どこの子供も多かれ少なかれその姿や振る舞いを身近なものとして眺めながら育ったものであるが、七保子の場合は特に家のすぐ近くに米軍の施設があったため、彼らとの接触はより頻繁であった。少し大きくなると七保子は、英語を学ぶために彼らに積極的に接近し、会話をマスターしていった。外国人に対する抵抗感が薄まり、のちにスカルノ大統領と出会ったときにさほど違和感もなく接することができた背景には、このような体験があったと、彼女自身、回想している。

やがて父の死去とともに大きな転換を体験する。母と弟は自分が守るしかないと、なぜか小さい頃から心に決めていた彼女は、通っていた定時制高校と勤めていた生命保険会社を辞め、二人を養うためにもっと効率のよい仕事を探すようになった。将来、女優になりたいという夢を捨てきれずに東映の俳優養成講座に通い、「ちょい役」で映画に出演したりしていたが、それで生計が立てられるわけではなく、やがて知り合ったフィリピン人の歌手に紹介されて、東京に住む外国人の世界に足を踏み入れて生計を立てるようになる。一ドル三六〇円というドル高で、日本人と欧米人の所得格差が非常に大きかった時代である。「世界に羽ばたきたい」という大きな願望を持っていた彼女は、六本木界隈で活躍する外国人著名人たちの世界に入っていく。持ち前の美貌と、当時の日本人としては稀な英語力で財力のあるビジネスマンをパトロンにする優雅な生活が始まった。そして高度成長前の日本の、その年齢の普通の女の子たちには想像もできなかったような世界に足を踏み入れたのである。ひと晩で一万円も稼ぐような生活をし、海外の金持ちから求婚されたりするなかで、普通の女性では終わりたくないという気持ちが少しずつ養われてきて、やがては確信になっていった。

そのようななかで、一九五九年六月のある日、以前からの知り合いであった東日貿易という小さな商事会社の社長久保正雄に紹介されて、来日中の新興国インドネシアの大統領と出会うのである。前回のスカルノ大統領訪日のとき（一九五九年一月）に、スマトラ反乱などの不安定要因を抱えていた大統領の警備を久保が私的に担当した縁から、その頃、東日貿易は小さな商社ながらインドネシアの賠償プロジェクトにかなり広範に食い込んでいた。そのことから一般に、久保が大統領の心を引き、自分の商売をスムーズに進めるために、この絶世の美女を大統領に紹介したと言われている。デヴィ自身もそのスカルノとの出会いは、本人の知らないところであらかじめお膳立てされていた「お見合い」だったのかもしれないと回想する。

しかしその後の展開は恐らく久保の予想を超えたものだったろう。スカルノが直接、根本七保子に書簡を送り、インドネシアへ是非来てほしいと招待したのである。その時点で、彼女がさらにその先の展開を感じ取っていたかどうかは分からないが、最初は二週間の旅行という約束で一九五九年九月、初めての海外の旅に出ることになった。

当時は海外への渡航が非常に制限されており、東日貿易の社員という身分で旅券を申請した。また外貨制限も厳しくて五〇〇ドルしか両替できず、しかも業務で海外に赴く場合でも大蔵省に申請してその枠を貰わねばならなかった。さらに現在のように直行便があるわけではなく、JAL機は香港までしか飛ばなかった。そこからバンコックへ飛んだのち、さらに乗り継いでシンガポールへ、そこでようやくジャカルタ行の便に乗れるのだった。しかも中継地で何泊かしなければならなかったのは言うまでもない。

当時のジャカルタの夜の闇はどこまでも深く、久保社長に付き添われて到着した七保子が最初に旅装を解いたホテル・デス・インデスは、オランダ植民地時代の由緒あるホテルであったが、バスルームのお湯も出ないあり様だった。

二週間という約束の滞在だったが、大統領の熱心な要望でそのままジャカルタに腰を落ち着けることになり、東日がメンテン地区に用意した賃貸住宅に移った。もちろんその存在は秘密にされ、彼女が大統領主催の行事に招かれるときも、久保といっしょに東日の社員としてであった。時には請われて彼女が外遊先にいっしょに行ったこともあるが、それもまた東日の社員あるいは社員の妻という形をとった。

インドネシアへ行って間もない時期に青天の霹靂《へきれき》のような事件が起こった。実はそれより前、東日貿易のライバル、木下商店の紹介で、金勢咲子という女性がスカルノのもとに送られていた。それには日本とインドネシアのあいだを往復してフィクサーのような仕事をしていた鄒《チヨウ》梓模《シンモ》という華僑が関係していたことは知られている。その彼女は木下商店のジャカルタ支店長、豊島中とその妻の庇護のもとにあった。その彼女が根本七保子の滞在中に自殺したのである。日本の週刊誌は、七保子の出現が咲子の

初めてのインドネシア訪問の際，バリの宮殿で。右からデヴィ夫人，スカルノ，一人置いて久保正雄。

死を招いたかのように書き立てた。このバッシングに七保子はマスコミの恐ろしさを初めて実感したという。木下商店と東日貿易がともに女性を送り込んでいたという事実は、賠償プロジェクトへの参入をめぐっていかに激しい競争が展開されていたかを物語っている。

当時スカルノには、日本の占領期に結婚した第一夫人ファトマワティがいたが、彼女は一九五四年に夫がハルティニという女性を第二夫人として迎えたことに怒って五人の子供を残して大統領のもとを去ってしまっていた。周知のようにイスラーム社会では、正式に四人まで妻を持つことができるのではあるが、当時、このポリガミーに反対する女性勢力や閣僚や軍指導者の夫人たちを中心に大抗議運動が展開された。しかし、大統領はそれを押し切ってハルティニと結婚してしまったのである。ただしそのような世論をおもんぱかって、大統領はハルティニ夫人にはジャカルタに足を踏み入れさせず、ボゴールに住まわせて週末に通うという形の結婚生活を送っていた。そこに七保子が登場したのである。

ハルティニ夫人の心情を考えて、大統領は当初、七保子の存在を公にはしなかったが、側近たちのあいだでは周知のことであった。ファトマワティ夫人の娘たちは当初、七保子を「久保夫人」として父から紹介されたと述べている。

そのような「陰の女」としての時期を経て一九六二年三月、日本に残してきた母と弟の死をきっかけに七保子は日本国籍を捨て、大統領との正式な結婚に踏み切った。イスラームに入信し、大統領の第三番目の夫人となり、そのときラトナ・サリ・デヴィという名前を与えられた。

大統領はやがて彼女のためにジャカルタ市の中心部に大きな館を与え、それは亡き弟の名を取ってウィスマ・ヤソオと名づけられた（日本語ではヤソオ宮殿と称した）。

ファトマワティの子供たちが父親と同居しているムルデカ宮殿には住まないものの、国政の中心であるジャカルタに住んでいたということは、さまざまな意味でデヴィに戦略的な地位を与えることになった。また国内では公的な活動は控えていたが、外遊の際にはほとんどデヴィが同行することになった。英語に堪能だったこと、外交的な性格で接客に優れていたことなどによるのであろう。ただしその存在がまだ秘密であった頃には、外遊には東日貿易の桐島正也（後述）らが同行し、デヴィは桐島夫人としてレセプションなどに出席したという。

日本大使館もデヴィとの絆を大切にした。デヴィがインドネシアへやって来た当初は、金勢咲子の世話をしていた豊島中が元外務省の職員であった関係から、初代の黄田多喜夫大使にはデヴィを敬遠するような節があったが、やがて自殺事件のほとぼりが冷めてくると接触が始まったという。狭い日本人社会であったから、たとえデヴィが「日陰の」存在であっても、とても無視できるものではなかったのだろう。一九六二年二月に当時の皇太子ご夫妻がインドネシアを訪問されることが決まったとき、現地の日本大使館はデヴィをどのように扱うかについてひどく頭を悩ませた。ところが、その直前に母の容態が悪いという知らせでデヴィが急遽帰国し、皇太子ご夫妻訪問時には不在になったため、この問題は自然に解決を見た。

在ジャカルタ日本大使館は、正規のプロトコールを経ないで、デヴィ経由で大統領とのアポイントをとるなど、この女性の存在をフルに利用した。特に三代目の斎藤鎮男大使は、戦争中インドネシアの占領軍政に関与していてスカルノと面識があったことから、いっそう気楽にデヴィ・ルートで大統領との面会を求めた。二代目の古内広雄大使の時代に、前述のように残留日本人の国籍問題が浮上したが、このとき、大使はデヴィに、彼らにインドネシア国籍を与えてくれるよう大統領に口添えしてほしいと頼んだ。もちろん他のルートからの働きかけもあったのであろうが、それまで難航していたこの問題は一挙に解決を見た。とはいえ残留日本兵とデヴィとの直接的な接触は一度もなかった。

その一方で、戦後早い時期からこの国に定着していたもうひとつの日系人グループ、つまり、留学生の妻としてやって来た女性たちとは頻繁な付き合いがあった。なでしこ会というグループを作り、ヤソオ宮殿に集まって親睦を深めていたが、それだけでは飽きたらず、講師を招いてインドネシアの歴史や政治イデオロギーなどを勉強する場になっていった。また日本＝インドネシア友好協会の名誉会長としても活躍した。

デヴィが最も活躍した時期はスカルノ時代の最後の数年、日本との関係で言えば賠償プロジェクト実施のピーク期であった。それはまた、西イリアン闘争やマレーシア粉砕闘争などでインドネシアと西側諸国との関係が徐々に悪化していくなかで、日本の役割が注目されていた時期でもある。そこにおいてデヴィの役割は決して小さくはなかったと思われる。スカルノの訪日に際してはデヴィも同行し、政治家やビジネスマンとの歓談に同席することもあったし、また彼女自身のネットワークも持っていた。一九六三年の池田勇人首相の公式訪問をはじめ、日本からの賓客にはほとんど彼女が同席している。また川島正次郎らの政治家とは個人的にも親しい間柄になった。

賠償期の日本=インドネシア関係を研究した西原正は、当時、賠償プロジェクトに参入しようと狙う日本の企業は競って「ヤソオ（宮殿）詣で」をしたと述べている。スカルノは妻たちがビジネスに関与することを非常に嫌がったので、そのようなことはありえないとして、デヴィは「ヤソオ詣で」を否定するが、客観的に非常に戦略的な位置にいた彼女の存在が、無意識のうちに何らかの影響を大統領に対して与えていたことは十分に考えられる。たとえデヴィ自身が賠償の商談に直接関与していなかったとしても、それに関わる人物に対する彼女の評価がスカルノに影響を与えることは多かったと思う。

少なくとも、それまで大統領に非常に近かった東日貿易がインドネシアでの事業から排除されるようになった背後には彼女の働きがあった。同社社長の久保正雄は、自分に対する大統領の個人的信頼が極めて厚いことを利用して、彼を通さないとビジネスがうまくいかないと言われるほどの権力を振るうようになっていた。インドネシアへ来ると大統領の側近を通じて、大統領車を借りて乗りまわし、周囲の者を脅えさせるとともに政商として名を馳せていた。

そんなある日、デヴィは来日中に伊藤忠の瀬島龍三から彼のマンションに呼び出され、本来、大統領に渡るべきコミッションを久保が横領していたということを告げられた。このままでは夫の名前が傷つくと本能的に危険を感じたデヴィは、児玉誉士夫、河野一郎、大野伴睦ら、久保正雄の背後にいた大物たちと単独で会見し、久保を大統領から切り離すようにしてくれと訴えたのである。最後は大統領に「久保を取るか私を取るか」と迫り、大統領もデヴィの訴えを受け入れた。こうして、彼女の意思だけによってではないにしろ、小さいが賠償に深く食い込んでいたこの〝不気味な〟商社はインドネシアからの撤退を余儀なくされ、久保自身もペルソナ・ノン・グラータとしてインドネシアから姿を消すことになるのである。

スカルノは、最初は彼女の美貌に引かれたのであろうが、そのあと彼女をかくも大切にしたのは、ひとつには、政治的な会話をすると「打てば響く」ような反応が彼女からあったからではないかと思う。スカルノが親しく交わった新興国のリーダーたちのことをデヴィは事細かに覚えている。そしてスカルノが抱いた彼らへの思い入れをデヴィは理解していた。あるとき、のちにパキスタンの首相になったアフマッド・ブットが密かにスカルノを訪ねてきて、アユブ・カーンに対抗するための支援を依頼したことがあったが、このとき、彼はデヴィを経由して三〇万ドルの献金をしたという。

またこの時期、日本＝インドネシア友好協会名誉会長としてのデヴィは、自らイニシアティヴをとって、ジャカルタに救急病院の建設を計画するようになった。デヴィは、彼女が会長を務めるムラティ・サクラ財団の名義でジャカルタ市の中心部のスディルマン通りの南端に、七・九ヘクタールの広大な土地を入手した。「ムラティ」とは、インドネシアの国花であるジャスミンのことである。つまり両国の親善のために作られた財団である。資金が集まるまでのあいだ、元日本留学生たちがこの土地の一部を活用し、日本語学校を作った。

各方面から寄付を募り、保健大臣の同意も得て交通事故被害者を想定した救急病院の建設を考えたのである。そのために日本医師会会長の武見太郎らにも接近し、協力の約束を取りつけていた。そして一九六五年四月にバンドゥン会議十周年で川島正次郎がジャカルタに来たとき、大統領とのあいだで話し合いが行われ、三七〇〇万ドルの借款をインドネシアに供与し、そのうち一三五万ドルを病院の建設に充てるという約束ができていた。

他の西側諸国に抜きんでて重要な位置を占めていたスカルノ末期の日本とインドネシアの関係は、一九六五年の九・三〇事件（詳細は倉沢、二〇〇七年を参照）で大きく変質し、デヴィのこの計画も水の泡になってしまった。七人の将軍の誘拐・殺傷事件が起こったその夜、スカルノはデヴィ邸に泊まっていた。翌朝早く大統領宮殿に向かう夫を送り出した彼女は、夫がこの事件に関してまったく何も知らなかったことを今でも身をもって確信している。親共であったハルティニ夫人への対抗意識もあって、元来イデオロギー的には反共であったデヴィは、九・三〇事件勃発後に危うい立場に置かれた夫と軍のあいだを取り持とうとして暗躍する。まず事件の当日、ハリム空軍基地に身を潜め、そこからマディウンへ行こうとしていたスカルノを引き止めた。女性の直感で、共産党色の強い空軍基地へ行くことは、大統領が、この共産党によるとされていたクーデターに関与していたことを示してしまうと咄嗟《とっさ》に感じとったからである。その段階で共産党と大統領を引き離す必要を彼女が痛感していたということは注目に値する。さらにその後の危機的な時期に、彼女はスカルノが自分のエナミーだとほのめかしたスハルトとあえてゴルフをしたり、ナスティオン将軍夫人と頻繁に書簡を交わしたりしたほか、軍関係者とスカルノとを同席させてヤソオ宮殿でディナーを催し、妥配を振った。学歴で言えば夜間高校中退で、国際関係のことを学ぶ機会もなく世界の政治の表玄関に連れ出された、まだ二〇代半ばの女性の行動とは到底思えない。デヴィは、その時期の大統領はすべて判断を誤っておられた、と述懐する。

一九六五年の末ぐらいから日本政府は、スカルノ政権を見限り、対抗勢力への梃入れを考慮し始めていたと言われる。そしてデヴィ自身、この微妙な変化を敏感に感じ取っている。斎藤鎮男からの聞き取りに基づく田口三夫の著作によれば、日本政府がスカルノ政権を見限ったのは一九六五年十一月十五日のことだったという。報告のために一時帰国していた斎藤大使は任地に戻ってまもなく十一日にスカルノに会ったが、そのときスカルノは、CIAが一億五〇〇〇万ルピアをインドネシア人に与えてアメリカの宣伝工作をやらせようとしていたという話をしたそうだ。そのことを取り上げて斎藤は、スカルノほどの老練な政治家にいま吹いている風の方向が分からないのか、とその思いを深くし、そのメモに「自分の気持ちがSK（スカルノ）の政策をこれ以上弁護できなくなった、彼の政策が彼の翻意でもいい、彼の凋落でもいい、（とにかく）変わったほうがよいと思いだしたのはその時からである」と述べている（一五二―一五三頁）。日本軍政時代からスカルノを知り、その「親友」を自認してきた斎藤大使の「親友」への訣別だったのだという。

日本政府も当面は一応まだ正規の政権保持者であるスカルノを尊重する政策を続けたが、水面下では佐藤栄作首相は自分のポケットマネーを、日本大使を通じて、スカルノと権力争いを続けるスハルト側に渡したと言われる。さらに、その当時は学生運動のリーダーで、その後インドネシア有数の実業家になった華人系のソフィアン・ワナンディを通じて、反スカルノ派の学生たちにも資金を渡したと言われる。

そのようななかで、救急病院建設のための資金の貸し付けがいよいよ日本政府によって同意されることになり、共産党寄りに傾く大統領の手綱を引き締めようとしていたデヴィはその調印のために一九六六年一月四日に日本へ、そしてその後、病院視察のためにヨーロッパへ行くことになった。ひょっとするとデヴィの政治的な動きがスカルノには鬱陶《うっとう》しく、彼女を遠ざけようとしたのかもしれない。そしてそれ以上に彼女を鬱陶しく思う親共のスバンドリオ外相の意思も働いていたと思われる。ともかく、デヴィは大事な時期に国を空けることになってしまった。

これが彼女の大統領夫人としての最後の公的な仕事になったのだが、この訪日中の六日に佐藤栄作首相に会い、スカルノ大統領からの親書を渡した。そして十日には、鹿島建設とのあいだに総工費三三〇万ドルで病院建設の契約を取り交わした。すでに鹿島建設社長の鹿島守之介や日本＝インドネシア友好協会会長とのあいだで建設の約束ができており、設計の青写真もできて一九六五年の十一月には定礎式を終えていたのであった。

ところが彼女の不在中にスカルノが国防相のナスティオン将軍を更迭し、国軍との対立を決定的なものにしてしまったため、インドネシア国内の情勢は険悪になった。そしてデヴィの帰国後まもなく陸軍側は強い反撃に出た。三月十一日に、スカルノは武器を携帯した三人の将軍の訪問を受け、スハルト少将に治安維持の権限を委譲するよう迫られ、これに署名したため、これを期に徐々に実権を喪失する運命になったのである。その結果、実現までもう一歩というところまで漕ぎ着けていた救急病院の建設計画は覆されてしまうことになった。というのは、これ以後、日本政府はスハルト支持を明確に表明し、病院建設のための川島借款もキャンセルしてしまったのである。そして施工会社に予定されていた鹿島建設との契約も破棄されることになった。

皮肉なことにこの激動のまっただなかでデヴィはスカルノの子を身ごもり、夫の強い要望で一九六六年秋、検査のために日本へ赴いた。日本では検査をするだけと考えていたのに、日本で出産するほうが望ましいとの結論を慶應大学病院から伝えられたデヴィは、やむなく日本での出産を決意する。皮肉なことに一九六七年三月に長女を出産したちょうどその日に、夫スカルノは国民協議会で大統領としての地位を剝奪され、スハルト少将が大統領代行に任命された。間もなくスカルノは大統領宮殿を追われ、自宅軟禁の状態になった。そのような状況の変化に直面してデヴィはもはや夫のもとへ戻ることは不可能になった。折しも日本ではマスコミの烈しいバッシングに直面しており、居たたまれなくなった彼女は、やがてパリへ亡命した。その後、スカルノの死の前夜にインドネシアへの入国が許されて無言の再会を果たすまで、二人は引き裂かれたままであった。

こうしてスカルノの政治生命の終焉とともに、日本＝インドネシア関係におけるデヴィの役割にも終止符が打たれた。賠償がきっかけでインドネシアへ嫁ぐ運命となり、賠償支払い期のインドネシアで生き抜いた強烈な個性の日本女性であった。

桐島正也(17)

デヴィとほぼ同じ時期にジャカルタで東日貿易の駐在員として生きた桐島正也は、三菱の重鎮の孫として一九三一年に東京で生まれた。子供一人ずつに女中がつき、家にはコックさんもいたという家庭に育ち、暁星から成城学園という上流階級のシンボルのような学校に学び、慶應大学を中退したのち自分でビジネスに手を染めたり、今で言うところのベンチャー企業的な会社を転々としたりしていた。そんなあるとき久保に出会い、彼の薦めで東日貿易に入社した。

デヴィと似ているのは、インドネシアと関わる前に、当時の平均的日本人とはかなり異なった世界に住み、高額の収入を得て、庶民の日常とは掛け離れた生活をしていたことだろう。そして恐らく二人とも非常に好奇心と冒険心の旺盛な人物だったのであろう。金銭的には、そのような遠い国まで流れていく必要などまったくなかったにもかかわらず、あえてその道を選んだのである。この時期に自ら進んで

スカルノ大統領と握手する桐島正也

東南アジアと関わろうとした人物は、多かれ少なかれ「変わり者」であったのかもしれない。

桐島は、大蔵省などに同行してデヴィの渡航準備を手伝ったのち、彼女よりは一足遅れて一九六〇年一月に東日貿易の最初の駐在員としてジャカルタに赴任した。今は大統領執務館《ビナグラハ》になっているところに、その頃はダルマ・ニルマラというオランダ時代からの古いホテルがあり、そこに投宿して、もっぱら大統領府の官房長官事務所に出入りして仕事をする毎日が始まった。

スカルノの副官のうちスガンディ大佐は、一足先に駐在員を派遣していたライバル会社、木下商店との関わりが深い人物だったので、新たに任命されたサブール大佐が東日貿易担当として交渉の窓口になった。なぜこの時期に、大手の商社を差し置いて東日貿易や木下商店のような小商社が活躍したのかについて、桐島は次のように語った。

あの当時はすべてを決めるのは大臣でもなければ賠償使節団の団長でもなく、スカルノ大統領だった。したがって、いかにしてスカルノ大統領の注文を貰うかがすべてだったのである。どのような事業を賠償に入れるかということに関してはすでに大筋の計画があり、船やホテル等、大体の品目は分かっていた。それを具体的に受注につなげるには、スカルノ大統領のサインやメモがあれば十分だった。それを得るにはジャカルタにいて付きっきりでスカルノ大統領にアプローチするのが一番効果的だった。

当時、大手商社にとってインドネシアはD地区、つまり最低の重要度と評価されていて、商社員の側も、そんな場所には行きたがらなかった。メーカーにしても、当時のインドネシアに対しては信用も期待もしていなかった。私たちが見積もりの値段をくださいと要請すると、どこのメーカーも半信半疑で、「インドネシアはまとまるんですか」というのが典型的な反応で、眉唾ものだと考えているのがありありと分かった。

つまり大手商社やメーカーが常駐の駐在員の派遣に躊躇し、出張ベースで処理にあたっていた時代に、東日貿易らは現地駐在員を置いてスカルノ大統領と個人的な接触に努め、信頼を得たということなのだ。もちろん東日や木下は、実際に仕事を取ったあとに、実施段階では大手の商社と組まなければならないことが多かった。しかし、ともかくも前面に立ったのはこれらの小規模商社だったのである。

デヴィは東日の社員という形で渡航しているので、桐島が何かと世話をすることになり、大統領と接触することも多かった。スカルノの滞在に合わせてデヴィと一緒に陸路バリに向かい、タンパクシリン離宮に滞在したこともあった。のちにデヴィが正式に結婚してインドネシア国籍を取得したとき、彼女のパスポートを日本大使館に持っていってVOID（無効）の印を押してもらったのも彼だった。大使館員に「桐島さんよかったね。これであんたの責任はなくなったね」とねぎらわれたという。

桐島が最初に担当したのは、一九六〇年度の巡礼用に日本から中古船を調達する仕事だった。(18) イスラーム教徒は、財力が許しさえすれば生涯に一度はメッカに巡礼することが望ましいとされている。その巡礼はズー・アルヒッジャと呼ばれるイスラーム暦の最後の月の八日から十日までのあいだに行われねばならない。つまり定まった時期に世界各国から一斉に巡礼者がサウジアラビアに赴くのである。非常な混雑が予想されるため、サウジアラビア政府としては各国政府ができるだけまとめて国単位で巡礼を送り込むことを望んでいる。インドネシアからも宗教省がとりまとめて団体で巡礼者を送り込むのが常になっていた。ところが第1節でも述べたように当時インドネシアは船舶不足に悩んでいたため、スカルノ大統領が東日貿易に巡礼船の手配を依頼したのである。

当時の日本で旅客を大量に輸送できる大型客船を保有していて、他社に貸せる余裕があったのは、東洋郵船だけであったので、その社長の横井英樹に話を持ちかけた。説得の末、最終的に供給してもらったのが満州からの引揚船として一九五〇年代中頃まで活躍し、その後、東京湾で観光船として使われていた興安丸（七一〇〇トン）であった。

インドネシア人は一日に何回か水浴びをするので、甲板に仕切りをつけた水浴び場を多数設置するなど、インドネシア人の生活慣習に適応するように改造して、国営の船会社ペルニに貸し付け、一九六〇年の巡礼に使われた。しかし運航そのものは東洋郵船が責任を持ち、船長以下のクルーは全員日本人だった。東洋郵船は東日貿易に対して責任を負い、東日はインドネシア政府に対して責任を負うという形であった。したがって桐島はジャカルタにあって興安丸から毎日送られてくる運航状況や乗客に関する報告をまとめ、インドネシア政府の宗教省に提出する仕事を担当した。

巡礼船の事業のあと、桐島が担当したのは、独立記念塔《モナス》の建設、大統領宮殿のゲストハウスの建設、アジア大会開催に合わせて開設された国営テレビ局の建設、警察向けトヨタジープとパトロールボートの調達、サリナ・デパートの建設（賠償）などであった。

いずれの建設も非常に苦労したと桐島は述懐する。独立記念塔の建設に当たっては、スカルノ大統領はインドネシア人の設計士を登用した。そして、ADIH KARYAというインドネシアの建設会社がインドネシア人労働者を集め、彼らと、巴組という日本の会社から派遣された一三人の鳶《とび》職人とが協力して建設に当たった。まず塔の基礎部分に入れる鉄材が大量に必要だったが、その調達に困った。しかし運良く市内を走っていた路面電車がその少し前に廃止されたので、その線路を貰い受けて独立記念塔の基礎材として活用したという。鉄骨は日本で作って九〇〇トンをインドネシアへ持ってきたのだが、その現場での組み立てをすべて日本人鳶職人にやってもらった。

建設現場の様子を見ると、インドネシア人の労働者たちは皆痩せこけていて、小指ぐらいの細い芋を缶詰の空き缶でゆでて食べていた。こんな体力ではとても重労働はできないと巴組の職人たちが憂えたので、桐島は大統領に訴え、飯場で米の炊き出しをするよう手配してもらった。それでも結局、高層部には一切インドネシア人労働者を上げなかった。高所で鉄骨を組み立てる作業は、すべて日本人鳶職人がやったのだという。

独立記念塔《モナス》はエレベーターで展望台まで上がれるようになっているが、そのエレベーターもニッシンという会社の製品を据え付けた。塔の頂上部は二ミクロンの金を貼った。全部で二キログラムぐらいの金が貼り付けてある。外壁の大理石の貼り付けとスカートの部分は、イタリアとインドネシアが担当して、独立記念塔は完成した。

テレビ局の建設は、東日ではそんなものを手がける力はなかったので、伊藤忠に仲介を頼んでＮＥＣと組んだ。この工事も非常にてこずった。工事を実際に請け負ったのはインドネシアの企業であったが、当時インドネシアには五階以上の高層ビルはなく、鉄筋を埋めこんでレンガを積んでいくだけのものであったから、このときも細い鉄骨しか使っていなかった。工事は遅れ、放送開始予定日の直前になってようやく数トンの重さがあるアンテナをヘリコプターで吊って塔に乗せたところ、塔が曲がってしまうという番狂わせが起こった。当時ジャカルタ地区軍司令官だったウマル大佐が来て総指揮を執ってくれ、徹夜で曲がった部分をいったん取り外し、鉄骨で補強して何とか放送開始に間に合わせた。

これらのプロジェクトのなかで賠償案件はサリナ・デパートの建設だけである。たとえば独立記念塔の建設は賠償案件ではなく、大統領官邸の費用による個人的な事業であった。いわゆる革命資金というもので支出したのではないかと桐島は推測する。革命資金というのは二〇四頁でも述べたように、賠償プロジェクトの実施に際して請け負った企業からインドネシア政府に渡されるコミッションを半ば公に積み立てて、政府予算外での出費に充てたものである。

コミッションに関して言えば、デヴィを怒らせた前述の久保のコミッション隠匿事件について、桐島は関係者の一人として次のように語った。サリナ・デパートの建設に際して伊藤忠から出たコミッションの一〇〇万ドルを東日の久保社長がニューヨークで受け取り、桐島と五〇万ドルずつ運んでローマに外遊中のスカルノのもとに届けたのであるが、その途中で久保が半分を懐に入れてしまった。そしてスカルノには伊藤忠がまだ残額を支払ってくれないと報告した。そのことに気づいたデヴィ夫人が伊藤忠本社に問い合わせた結果、その真相が明らかになってしまった。桐島も寝耳に水で、驚くとともに久保に愛想を尽かし、結局それがきっかけで東日貿易を辞めることになった。とはいえインドネシアには留まることにし、四九万円の退職金を元手に自分の小さなビジネスを始めた。その後インドネシアの女性と結婚し、七九歳の今日に至るまで数少ない独立独歩の日本人としてジャカルタで活躍を続けている。

以上見てきたように「賠償の時代」の日イ関係は、デヴィやその周辺の一匹狼的なビジネスマンたちの存在に加えて、当時の在ジャカルタ日本大使斎藤鎮男、またビジネス界では北スマトラ石油株式会社の西嶋重忠など、戦争中、日本軍の占領行政に関与していてスカルノと旧友だったような人材が重要な役割を果たしていたこともあって、スカルノ末期までは個人的な思い入れを幾分か交えたものであった。しかし九・三〇事件でスカルノが失脚し、スハルトの開発政権が誕生してからは、テクノクラートによる体系だった経済政策が導入され、インフォーマルな人脈への依存度は薄れてゆく。外資導入法などの法整備を基礎にして、政府により大規模な経済援助を行なったり、大企業の資本を武器として正面から進出したりし、両国の関係はパーソナルなものからよりインスティテューショナルなものへと変質していったのである。日イ関係がより制度化されて、個人的なリーダーを必要としなくなっていったということであろう。

第5章　「戦後」との訣別
——新たな日イ関係の到来

第1節　賠償時代の終焉と日本企業の大規模進出

日本軍の占領期に対日協力者の筆頭として多くの日本人と親しい関係を築いていた初代大統領スカルノが、一九六五年九月三十日に発生したクーデター未遂事件を契機に失脚した。そしてそのあとには、スカルノより二十歳ほど若い世代の軍人スハルトが第二代の大統領に就任した。九・三〇事件後の大混乱は、数々の凄惨な流血事件と共産主義者の一掃（虐殺と逮捕）によって収拾され、世の中は表面的には「安定」へと向かった。

この指導者の交代は、日本サイドの親インドネシア・ロビーの構成にも微妙な変化をもたらした。一口に言えば、賠償プロジェクトを中心に動いていたこれまでの日イ関係においては、戦時期からのスカルノとのパーソナルな関係で結びついていた人たちの活躍が目立った。つまり、スカルノが健在である限りにおいては、戦時期の人脈の上に立って、あるいはそれとの連続性のなかで、かなり個人的な心情に支えられたネットワークが構築されてきたのである。それはたとえば外務省が、戦時期に軍政監部に勤務していて、スカルノとも面識のあった斎藤鎮男を一九六四年から駐インドネシア大使に任命したことや、賠償プロジェクトの重要な担い手の一つであった木下商店が同じく戦争中ジャワで華僑対策に関わった豊島中《あたる》をジャカルタに送り込んで大きな権限を与えていたことからもうかがえる。

またインドネシア側では、ビジネスのみならず、政府の内部においても、日本との関係を築くにあたって戦前・戦中の日本留学生たちが果たしていた役割も大きかった。彼らもまた日本人とのあいだに温めていた個人的な繋がりを資産として活躍した。スカルノの失脚とともにそれらの世代の多くが第一線から徐々に退却し、世代交代をしていった。

スカルノ時代の日イ関係がそのような個人的なネットワークに支えられていたのは、第一に、関係自体が、のちの時代に比べれば非常に小規模なものであったことにもよるだろう。スカルノ政権の容共的な性格のゆえに西側諸国との関係が非常に希薄になっていたなかで、日本だけが賠償事業と戦時中の人間関係を通じて細いパイプを持ち続けていたわけであるが、それとても経済活動という意味ではのちのスハルト時代の開発優先政策のそれとは比べものにならない程度であった。

慎重な手順を踏んで第二代大統領に就任したスハルト(1)は、政治的安定と経済開発を最優先する新たな体制を樹立し、スカルノ時代の政策に訣別した。かくしてスハルト政権の最初から、諸外国からの資本投資と経済協力を受け入れて、大規模な工業化を図る開発戦略がとられることになった。すなわち日イ関係も、もはや賠償事業からほぼ完全に脱却し、市場の競争原理に基づく非常にビジネスライクな経済関係を模索する時代に入っていった。「戦後」との訣別である。

日本がとったイニシアティヴ——インドネシア援助国会議（ＩＧＧＩ）

まず、経済協力においては、九・三〇事件直後から、日本を含む西側先進諸国は反共の陸軍勢力を増強するために何らかの形で援助の手を差し伸べる必要性を痛感していたが、スカルノが実権を握っているあいだは、結局、左翼勢力を利することになるとして踏み切れずに様子を見守っていた。ところが一九六六年三月十一日に、スカルノが、事態収拾のためにスハルトに治安維持の実権を委譲するという内容の「三・一一命令《スーパースマル》」に、ほぼ強制的に署名させられるという事態が発生し、これを契機としてスカルノは急速に実権を失っていった。

勢力のバランスが反共の陸軍側に傾いた途端に、諸外国は一斉に具体的な施策を模索し始めた。それぞれに異なる利害を持った西側先進国のあいだで意見を調整することはたやすくはなかったが、やがて多国間で債権国会議を組んで、合同でインドネシアと協議するという方式に関するコンセンサスが形成され、日本のイニシアティヴのもとで一九六六年九月に東京でその第一回会合が開かれた[2]。参加国は、日本、アメリカ、カナダ、西ドイツ、イギリス、フランス、イタリア、オランダ、オーストラリア、ニュージーランドの一〇カ国であった。インドネシアがこれらの国々に対して抱えている債務をどうするかという問題と新規借款の問題が話し合われたが、どちらを優先するかで話し合いはまとまらず、引き続き十二月にパリで開催された。この二回の予備的な会談では、債務返還繰り延べと、食糧援助、商品援助という形での緊急援助を決定した。その後やがて債務問題を切り離して、新たな援助のための第一回会議が一九六七年二月にオランダで開かれた。

ここにおいて前述の一〇カ国に、国際通貨基金と世界銀行が参加し、これらがインドネシア援助国会議（Inter-governmental Group on Indonesia, IGGI）という名称のもとで、今後、継続的に対インドネシア援助問題を話し合っていくことが決定された。これは、インドネシアに対する二国間政府開発援助（ODA）および国際金融機関の援助を、インドネシア政府と協議しつつ、調整し、決定するための機関で、オランダが議長国になり、それ以後の会議は毎年一回オランダで開催されることになった。最終的には二九の国家ならびに国際機関が参加し、一九九二年まで続いた(3)。

外資導入法

一方、外国資本を導入して工業化を進め、経済を活性化させるためにインドネシア政府は一九六七年一月に外資導入法（PMA）を制定した。これによれば、外国が資本を投資する場合には、必ずインドネシア資本との合弁という形をとらなければならず、また投資が制限される分野もあったが、基本的には外資の安全と優遇措置を保証するものであった。その骨子は次のようであった。

1　外国資産を国有化しないという保証を与える。
2　外国企業の活動期間は三〇年とし、交渉により延長もありうる。
3　外国企業に対する法人税の三年間の免除。
4　機械・設備の輸入関税の免除と輸入材料の関税の二年間の免除。
5　経営権の保証と、インドネシア人労働者ができない業務に外国人技術者を採用する自由。
6　インドネシア市場での販売分の利益、減価償却、売上の海外送金の自由。

また、同年六月に国家開発企画庁（バペナス）を設立し、計画的な開発に取り組むとともに、アメリカで自由主義的経済学を学んだテクノクラート（カリフォルニア大学バークレー校出身者が多かったため「バークレー・マフィア」と呼ばれた）を採用し、経済関係の主要官庁に配属した。彼らの指導下で、この年に第一次五カ年計画が開始された。これは二五年（第五次五カ年計画まで）のタイム・スパンのなかで開発に取り組もうという長期的な構想に基づくものであった。

そのなかでは、当面は輸入に頼っていた製品を国産化して外貨を節約する（輸入代替）ための大規模な工業化に重点が置かれた。その際に小規模な地場産業の育成ではなく、大企業の育成に重点を置いたのは、まず国民総生産（GNP）の絶対額を大きくして国力を高め、しかるのちにその余力で国民の経済力アップを目指すという、いわゆる牽引論的な考え方からであった。この方法によると、外資が導入された近代的工業セクターは潤うが、農業や小企業はそれほど発展の恩恵にあずかることができない。国の富はどんどん増していって、一人当たりの所得も伸びていくが、大規模工業セクターで雇用の機会を得た者以外は取り残され、格差が広まっていく。そのような弊害をもっているものの、スハルト政権は、国力がつけば、やがてその波及効果が底辺にまで拡大してゆき、民の生活水準も引き上げられると唱えた。確かに大型工業化とそれがもたらす内需の拡大によって、底辺の経済水準も引き上げられていった。しかし格差も同時に広がっていったのである。

政治的安定のための開発独裁

経済開発のためには政治的安定が不可欠で、その政治的安定は多数決に基づく議会制民主主義では得られないので、強力な指導者の音頭取りで全会一致によって物事を決める、そして決められた路線に対する反対は認めない――こうした強固な姿勢を貫かねばならない、というのがスハルトの基本姿勢であった。

スハルト政権の主張によれば、「自由」をベースとした議会制民主主義は、社会を流動化させ、不安定をもたらす。それは大規模な経済開発を進める際に資本投資を躊躇させるマイナス要因となる。ともかく、経済開発を一定程度、成功させるまでは自由をいくらか制限し、強力な指導者のイニシアティヴのもとで進めるインドネシア的（パンチャシラ的）「民主主義」（第6章第1節参照）が最もふさわしいと考えたのである。

しかしながら一党独裁や軍事独裁はあくまで避け、一応「民主主義」の体裁は整えなければならないとして、五年に一度の選挙制度や議会も整備した。ただし、政党活動は、政府がバックアップする体制翼賛的なゴルカルという職能集団のほかには政府が許可した二つの公認野党にしか認められず、この三団体が選挙戦を戦うのであるが、その結果は投票前から常に予測可能であった。政府から資金援助を受け、その統制の枠内で活動する野党は、せいぜいで政府の暴走を抑止する程度の役割しか果たせないお飾りであった。こうしてこの後、一九九八年まで、ゴルカルは常に選挙に勝ち、強力で安定的なスハルトの開発独裁体制が続くことになるのである。

日本の経済進出と対日批判

ちょうどこの頃、高度成長を遂げつつあった日本にとって、そのように門戸を開くようになったインドネシアは恰好の投資先となった。スハルト時代の初期において進出していった日本の企業は家電、繊維などの生活消費財メーカーが中心で、国内の市場を狙った、いわゆる輸入代替産業である。いわゆる大企業の進出が中心で、資本規模も大きかった。

資本投資は破竹の勢いで増えていった。一九六七年六月から一九七三年八月までの日本の投資実績額は四億三四九〇万ドルで、アメリカに次いで二位だった。特に一九七三年度以後は日本の対インドネシア投資が飛躍的に伸び、この一年間の投資許可額は、一九五一年から六七年までの許可総額の累計の四〇倍にも上っている。特に反日暴動《マラリ》（一九七四年一月、次節で詳述）に先立つ一九七三年一月から八月までを見ると、この対イ投資額は九〇〇〇万ドルにまで達していて、アメリカの一五〇〇万ドルをはるかに超えていた（増田与・後藤乾一・村井吉敬、一九七四年、一三四頁）。

経済協力の分野でも日本は有償資金協力、無償資金援助（一般無償のほか、水産、食糧、文化の各分野における援助を含む）、専門家派遣や研修生受け入れなどの技術協力のほかに、日本輸出入銀行による資金協力も行なっており、ＩＧＧＩのスタート以来、もっとも大規模な援助国として中心的な役割を果たしている。日本との関係が他の先進国と比べたとき明らかに大きかったということは、一九七二年にはＩＧＧＩを通じて行われた援助総額八億五〇〇〇万ドルのうち二億二六〇〇万ドルを日本が担っていたこと（朝日新聞、一月十五日）、さらに一九七三年以降は二国間援助で日本はアメリカを抜いて第一位になったことからも分かるであろう。

また貿易面でも日本の存在は大きく、インドネシアの輸出相手国中に占める日本の比率は一九六八年には二四％だったのが、一九七二年には四八％に、一方、輸入においては日本からの輸入が一九六八年の二二％から七二年には三五％に高まっている（増田与・後藤乾一・村井吉敬、一九七四年、一三四頁）。

このように急激な日本の経済進出は、「オーヴァープレゼンス」という印象を与え、インドネシア社会からさまざまな批判を呼び、やがては反日暴動《マラリ》を引き起こすことになった。アメリカその他の欧米諸国も同じく進出してきたなかで、なぜ日本がことさら批判の対象になったのであろうか。その一つの理由は日本の投資は、額の上ではアメリカに次いで第二位であっても、アメリカの投資がジャワ以外の外島における原材料の開発に重点を置いているのに対して、日本の投資分野はその大部分が、国民が日常的に使用する消費物資の生産部門であるため、インドネシア国民には日本製品がいっそう目につきやすかったということである。

日本の対インドネシア直接投資が与えた影響に関するインドネシアの経済学者たちの報告のなかで「国内市場向けの近代的製造業の設立により労働集約的工業は閉鎖に追いこまれ、その結果、多くの労働者が失業した」と述べたのち、さらに「一九六八年十一月から一九七四年三月までに紡績産業は一万八〇〇〇人の新規雇用を創出した。ところが一方では、伝統的繊維会社は、外国会社との競争に敗退して倒産に追い込まれ、およそ三九万一〇〇〇人が失業した」（テー・キャン・ウィー他、四二頁）と述べられている。ここで「外国」会社と言うとき、その多くが日本企業であることは、繊維分野での日本の投資が他の諸国に抜きんでている事実からも明らかである。つまり、日本の投資が伝統的繊維産業を倒産に追い込んだ、そしてそれに代わって登場した近代的製造業は労働集約的でないため失業者を吸収することができなかったと言っているのである。

さらに一九七三年十月二十日号のテンポ誌によれば、バンドゥン工業大学の学生たちは、外資に反対するデモのなかで「人民のための外資か？　外資のための人民か？」という問いかけをし、大部分が日系資本である繊維産業に触れて「一〇〇〇円投資されるごとに一〇〇〇のマジャラヤ（引用者注：繊維の地場産業で有名な町）が倒産する」（"Seribu Yen ditanam, seribu Majalaya Gulung Tikar"）」と書いたプラカードを掲げていた。つまり、日本の投資分野が日常的な消費財の製造業中心であったため、土着の小規模な産業と競争関係になり、既存の中小の繊維産業を倒産に追い込んでいるというのが、経済学者や学生運動のあいだでの一般的な言説であったようである。そしてその例として取り上げられたのが、上述のデモのなかで槍玉にあげた西ジャワ、バンドゥン県の繊維産業の町「マジャラヤ」のケースであった。

マジャラヤのケース

これに関しては、筆者が二〇〇八年にマジャラヤで関係者からの聞き取りを中心に行なった調査の結果、次のようなことが判明した（詳細は倉沢愛子、二〇〇九年を参照）。一九六〇年代末から一九七〇年代初頭にかけて、非民族資本を誘致して工業化を大規模に行うというスハルトの新政策のためにマジャラヤの繊維産業が苦境に陥ったということは、確かに、この地の商工業者の誰もが一様に認めた。ただし彼らが「非民族資本」というとき、それは必ずしも「外国」資本ではなく、非プリブミ＝華人資本を念頭に置いていた。そしてマジャラヤの業者たちの意識のなかに「日本」は登場してこなかった。

マジャラヤの住民たちの語りから日本の大資本によってマジャラヤの企業が倒産していったことを因果づけることは難しかった。当時バンドゥン地区で最初の日系繊維工場の立ち上げに参加した東洋棉花の石河裕純も、それを真っ向から否定した。地場産業としての繊維工場が生産していたものと日系工場の生産物は種類が異なるので競合することはなかったはずだと言うのである。つまり日系企業が生産したのはほとんどが化繊であり、綿織物が中心で、しかも格子柄（ギンガムチェック）のサロン（腰布）にほぼ特化していたマジャラヤの繊維産業とは競合しなかったという。東洋紡と伊藤忠が華人資本と合弁でマジャラヤ近くのバンジャランに設立したユニロン社は綿布も生産したが、それは番手八〇番くらいの高級品であったのに対し、マジャラヤの地場産業が生産していたのは、三〇ないし四〇番手くらいの粗いものが中心であったので、これも競合することはなかったという（石河裕純とのインタビュー）。

確かに生産物の違いという点で旧来の織布業との棲み分けが一部成立してはいた。とはいえ、水野広祐は「綿布が化繊に代替されるようになったこと、綿織物部門にも華人・外資が侵入したことにより、これまで政府に保護されていたプリブミ中小企業は打撃を受けた」と述べている。すなわち消費者は綿布よりもアイロンの要らない化繊や混紡のほうが手軽だとして好んだのだという(水野広祐、一九九九年、七四頁)。

また当時バンドゥン工業大学の学生で、活動家の一人であったシャルミディ(Sjarmidi)は、次のように語った。

大企業と伝統的な企業とは生産物が異なるので競合していないとしても、たとえば原材料の奪い合いがあった。当時は、糸が品不足で、入手は極めて困難だった。しかし大企業は、川上から川下まで全部自前で生産、つまり糸も自分たちで生産していたので有利だった。それに我々の着るものも徐々に変わってきた。学校へ行くときに着ていた服はそれまでは種類が多様だったが、大企業が入ってきてからは学校の制服などもすべて大企業が生産するテトロンになってしまった。大企業は大量生産するので価格が安いためだ。

もちろんこの頃からサロンの着用よりもズボンをはくことが多くなってきたという衣服文化の変化もあるだろう。そして一九七〇年代頃から公務員を中心に制服のように誰もが着用したサファリ・スーツの材料としても、この化繊は浸透していった。

いずれにせよ、大都市の学生を中心とする活動家たちが主催するディスカッションや、それを伝えるメディアの報道においては、必ずと言ってよいほど日本が名指しで非難されている。長期的、間接的には、日本企業の進出が地場の繊維産業を圧迫していったことは事実であるが、それにもまして、活動家たちが抱いていた日本へのネガティヴなイメージによってこの問題をことさらに騒ぎ立てた側面があることも否めない。反日を叫び、ナショナル・センチメントに訴えるとき、弱い民族資本の商工業者が倒産に追い込まれたという図式は、国内的にも国際的にも訴える力が大きいだろう。さらにまた、そこには、のちに見ていくようにインドネシア政府内部の権力争いが絡んで、反日的なイメージが故意に作りだされていた面もあるのかもしれない。

インドネシア人の目に映った日本

ただ、マジャラヤのケースは別としても、それほどまでにネガティヴな対日イメージが作られていった背景には、日本の経済進出全体のなかに、やはりそれなりの原因があったのだろう。たとえば、日本の投資の約九五％が華人との資本提携であることも問題を深刻化させていた。外資導入法によれば、インドネシア側のパートナーが資本の五一％以上を出すような合弁でなくてはならず、したがって日本の大企業の投資に見合う大規模な資本を用意しなければならないわけであるから、資本力のあるインドネシア国籍の華人系の企業と組むことが多かったのである。しかも事業を円滑に進めるために多くのケースでは後ろに軍人のバックアップがあり、こうして日本、華人、軍人の連携ができあがっていった。民間のプリブミ（華人等の外来民族ではなく先住のインドネシア人）資本が十分に育っていない状況ではある程度やむをえないことであったとはいえ、プリブミの心情としては不愉快なことであった。あるとき、旭化成が新聞の求人欄に出した広告のなかで、条件として中国系インドネシア人であることが明記されていて問題になったこともあった。

さらに、インドネシアの文化、慣習全般への理解、とりわけ日本人にとって非常に異質な宗教と見なされていたイスラームへの理解が不足しており、たとえば礼拝（太陽の運行に従って定まった時刻に一日五回の礼拝が義務づけられている）の時刻に持ち場を離れることは生産ラインをストップさせ、生産効率を低下させるという理由から礼拝を許さなかったり、あるいは許したとしても職場内に礼拝の場を確保しないというようなことも相次いだ。宗教一般に対して非常に無頓着な日本人の基準をそのまま当てはめてしまった例である。

一九七三年に三井物産の使節団が訪イし、国家開発企画庁《バペナス》長官のウィジョヨ・ニティミハルジョと会談したとき、同長官は「ミツイがスロパティ公園（Taman Suropati）でやろうとしていること（引用者注：具体的に何を指しているのかは不明）は、日本企業の騙し戦略を繰り返しているだけである。日本企業が合弁するに際しては企業のインドネシア化に努めるなど、社会的影響にもっと気をつけるようにしてほしい」、と警告した（*Tempo*, 1973. 10. 6.）。

以下、インドネシアの新聞に具体的に挙げられた批判から、日本のどのような点が問題とされていたのかをいくつか拾い出して見てみよう。

①日本がインドネシアに対してやっていることでもっともひどいのは、正規の経済活動から外れたところで同意を取りつけるというやり方である。スカルノ時代に、日本企業がプロジェクトを持ち込んでイスタナ（大統領宮殿）と契約を結び、イスタナの指名した業者に仕事が落ちるというやり方を作ってしまった。体制が代わってもこの習慣は続いている。日本企業はインドネシアの役人が賄賂に弱いことを知っていて、それを利用する。政府高官の一族の系図や好みまでよく調べている

(*Harian Kami*, 1974. 1. 4. 社説)。
②(皮肉たっぷりに) 屑鉄や公害の輸出ばかりやっているのではなく、ほかならぬ技術移転をやってほしい (*Harian Kami*, 1974. 1. 4. 社説)。
③日本は経済のことばかりに関心を向けていて、インドネシアが丸裸になったり乾ききってしまったりすることなどにお構いなしだ……。経済的利益を追求するなかで、日本は社会的、政治的、文化的な諸要因に適正な評価を下して、その姿勢を思いきって変更しなくてはならない (*Harian Kami*, 1974. 1. 14. 社説)。
④ひとつには、まだ消え去っていない過去の経験による悪弊もある。現在の関係を考えるとき、日本は経済のことしか見ていない。しかしこれだけの大国になったのだからもっと大きな社会的責任をも果たしてほしい (*Kompas*, 1974. 1. 14. 社説)。
⑤インドネシアにおける日本企業については、すでに好ましくない影響や芳しくない印象が伝えられている。それはインドネシア政府の一部の高官の誤謬と軟弱さによって引き起こされたものである。そしてまた日本企業の一部の関係者がその弱点を利用しようとしたことによる (*Merdeka*, 1974. 1. 14.)。

こういった日系企業の投資パターン、営業パターンの問題に加えて、それに携わる日本人の行動、思考パターン、ライフ・スタイルなどに不適切な部分があり、これがさらにインドネシア社会をいらだたせることになった。日本人の急激な資本投資や経済協力の急増に伴って、これに従事するためにインドネシアへ赴任してきた日本人およびその家族の数は急速に増加した。九・三〇事件直後の一九六六年には二四二人に落ちていた (事件直前には約九〇〇人) 在留邦人の数は、開発政策の進展とともに再び増え、一九六八年には五九七人、一九六九年には一一二九人、一九七〇年には一五〇六人へと、わずか四年間で約六倍に増えた(4)(外務省領事事務局「在留邦人数統計」)。

このように日本人のインドネシアへの渡航は、あまりにも急激かつ大量(いわゆるオーヴァープレゼンス)に行われたうえ、一般的にインドネシアに対する理解や知識は非常に限られていたため、当初インドネシア社会とのあいだにさまざまな摩擦を生み出した。

経済的利益ばかりを追求し、現地社会に溶け込まない日本人は「エコノミック・アニマル」であるという批判が相次いだ。異文化に対する理解や寛容性に欠けており、インドネシア社会に対する関心が一般的に薄いということへの批判であった。たとえば、ナイト・クラブ・マルコポーロに、インドネシア語を流暢に話すある日本人が半ズボンにサンダル履きという姿で現れて顰蹙《ひんしゅく》を買い、大使館ならびにジャカルタ知事宛てに投書が寄せられるというようなこともあった。また、経済学者である某大学教授がインドネシアで行われたセミナーの席上、「インドネシア人は勤勉でないため進歩が困難である」と発言したことが新聞等で取り上げられ、インドネシア人の神経を逆撫でした。また、一九七三年秋頃、日本人学校の校長ならびに教頭がインドネシア人を侮辱するような態度をとっているとして、ローカル・スタッフが大使館にこの二名の教員の更迭を求めるという事件が起こり、これがインドネシアの新聞で取り上げられ、対日感情をいっそう悪化させたこともあった。

宮城大蔵は、一九五〇年代には日本は、「アジアの一国」として位置づけられることにより、インドネシアの激しいナショナリズムの矛先が向けられることを免れていたが、一九七〇年代には対外的反感の主たる標的になっていった、と分析している(二〇〇四年、二二三頁)。この時期、日本は、ドルショックやヴェトナム戦争の泥沼化で行き詰まって「アジアからの撤退」を取り沙汰されていたアメリカに代わり、大きな存在感を示すようになってきていた。アジアにおける西側の最大経済大国になった日本は、もはやアジアの一員などではありえず、むしろアメリカの代弁者としてインドネシアにとって脅威と映ったのかもしれない。

そして日本製品ボイコットなどの具体的な動きが一九七三年頃から顕在化してきた。それはインドネシア国内でも開発政策の進め方に対して起こってきた政府批判と結びついて、やがて一九七四年一月の田中首相訪問時の反日暴動《マラリ》事件へとつながっていくのである。

第2節　田中首相訪イと反日暴動

鬱積していた反日感情は一九七四年一月十五日の田中角栄首相訪イの際の反日暴動《マラリ》（インドネシア語で「一月十五日の災難」という意味の Malapetaka Limabelas Januari を略して malari という）によってピークに達した。それに先立つ数カ月前からインドネシア政府の開発路線に対する学生たちの不満と反日感情とが結びついて一連の急進的なデモや活動が展開されており、事件はある程度、予想されたものではあった。

過熱した対日批判

まず、反日暴動《マラリ》に先立つ数カ月間の学生たちによる反政府批判や対日批判の動きを見てみよう。

最初に顕在化した大きな出来事は日本と直接に関係のある問題であった。一九七三年六月に映画「ロームシャ」の上映禁止問題が持ち上がり、その背後に日本政府からの圧力があったのではないかという疑惑を呼んで、メディアでは激しい対日批判が連日続くことになった。この問題は第7章で詳しく述べるが、要点だけまとめると、「ロームシャ」と題するインドネシアの歴史映画が、すでに検閲を通っていたにもかかわらず、日本大使館からの抗議を受けて上映禁止になったというものである。日本大使館は関与を否定したが、情報省の映画検閲室長のスタルトが「日本大使館の抗議を受けて上映中止になった」と発言したため、国民の多くは強い反感を抱いた。ほとんどのメディアは少なくとも日本の関与を信じるような論調で、日本の大国主義を批判した。最終的に製作会社が補償を条件に上映禁止を受け入れたことで、この問題に関するメディアの対日批判は収束し、七月中頃には紙面からほとんど消えた。しかしこの事件がインドネシア国民の対日感情に与えた影響は大きい。特に軍事力を盾にインドネシア人を従わせた戦争中の軍の横暴な態度からまだ脱却していないという強い不信感が人々の心に残った。

二〇〇七年に制作されたNHKのドキュメンタリー番組は、反日暴動《マラリ》の数カ月前に映画「ロームシャ」の上映禁止問題が持ち上がり、このときの日本政府の対応がインドネシア人の不信感を増長し、これが反日暴動《マラリ》へとつながる一因になったことを示唆している。この事件が反日意識に拍車をかけたことはほぼ間違いなく、ここでもまた戦争の後遺症が一つのファクターとなっていたのである。

映画「ロームシャ」問題が下火になった八月には、バンドゥンで反華人暴動が発生した。これは標的が華人であり、華人に対するプリブミの憎しみは歴史的に根深いから、直接、日本の問題とは関係ないとも言える。しかし、日系企業が合弁のパートナーとしてもっぱら華人を選び、華人が外資導入の恩恵を受けていたことは大きな批判の的になっていた。そのことを考えればまんざら無関係ではない。

事件の発端は、バンドゥン市内で荷馬車と華人の運転する乗用車が衝突し、荷馬車の御者が華人運転手に殴られたことに端を発したと言われている。これを聞きつけた群集が事件現場に集まって暴徒化し、華人商店を襲い、商品を略奪し、焼き討ちなどを行なった。暴動は事件のあった通りからさらに繁華街一帯に広がり、最終的に一二九台の自動車、一六九台のオートバイが破壊され、また一五〇七軒の商店が略奪などの被害を受けた（増田与・後藤乾一・村井吉敬、一九七九年、一七四頁）。

政府はこの事件を、政府転覆を狙う共産党の残党によるものと発表したが、増田与らは経済開発の進行とともに年々顕著になる持てる層と持たざる層のあいだの格差に対する、後者の、無告の民の、ささやかな、だが怨念に満ちた呪いの表現だ、と記している（増田与・後藤乾一・村井吉敬、一九七四年、一一一頁）。

プリブミ企業の犠牲の上に華人および外資を優遇する政府の施策に批判的だった地元バンドゥンのシリワンギ師団の一部将校は、この事件の鎮圧に強硬な手段をとらず、むしろ破壊や略奪に加わった、とハロルド・クラウチは述べている。現にこの事件で一九名の軍人が逮捕されている（Crouch, p. 312）。

この頃から頻繁に、ジャカルタやバンドゥンの主要大学のキャンパスで学外の著名人などを招待して、討論会が開催された。まず、一九七三年八月十三日から十六日にかけてインドネシア大学のキャンパスで「現政府と今日の社会生活についての評価」と題する討論会が行われ、元社会党選出の国会議員スバディオ・サストロアトモ（Subadio Sastroatomo）、元マシュミ党リーダー、シャフルディン・プラウィラネガラ（Syafruddin Prawiranegara）、親欧米的な軍人T・B・シマトゥパン（Simatupang）、一九五〇年代に首相を務めた元国民党のアリ・サストロアミジョヨ（Ali Sastroamijoyo）、バークレーで学位を取った若手の経済学者ドロジャトゥン・クンチョロジャクティ（Dr. Dorojatung Kuncorojakti）らがパネラーとして参加した（Maruzuki, p. 72）。

次いで九月頃からは、政府が議会に上程した新しい婚姻法案をめぐって主としてイスラーム勢力から激しい批判が起こり、九月二十七日に、議会の総会が開かれている会議場へ約五〇〇人のデモ隊が乱入するという事件になった（*Pedoman*, 1974. 9. 28.）。この法案は七月三十一日に政府から提出されていたものので、この国ではムスリムの婚姻に関する初めての法的な取り決めであった。[5] クラウチによれば世俗化促進の一環としてアリ・ムルトポのイニシアティヴで作成されたものであると言う（Crouch, p. 313）。この事件に言及してハリアン・カミ紙の編集長であったブルハン・マゲンダ（Burhan Magenda のちゴルカル選出国会議員）は、「政府が今回の婚姻法問題でイスラーム勢力の言い分にもっと耳を傾けなければ、もっとラディカルで過激な連中が指導権を握るだろう」と論評している（*Harian Kami*, 1973. 10. 1.）。

この頃、治安秩序回復作戦本部（Kopkamtib）の司令官スミトロ（Sumitro）中将が、「長髪の若者たちがいろいろな問題を引き起こしている」と発言したことをめぐって、若者たちが激しく反応した。「長髪の若者が犯罪を犯していると言うが、その関係が証明されているわけではない。近頃の流行なのだ」「髪を短く切ったら田舎者と思われる」といった若者からの反発が相次いだ。また、「これはインドネシアの文化ではないとスミトロは言うが、ウマル・カヤム（Umar Kayam 引用者注：作家）、レンドラ（Rendra 引用者注：詩人、劇作家、演出家）など著名な文化人も長髪だ」という反論もあった（*Ekspres*, 1973. 10. 5.）。バンドゥン工業大学（ＩＴＢ）の学生が長髪問題に抗議してジャカルタへ行き、議会で一人芝居を演じたこともあった（*Tempo*, 1973. 10. 20.）。

次いでジャカルタの学生たちによって「十月二十四日請願書」（Petisi 24 Oktober）なるものが発表された。この日、インドネシア大学の経済学部の講堂で、スディロ（Sudiro）、アダム・マリク（Adam Malik 筆者注：外相）、Ｂ・Ｍ・ディア（B.M. Diah 筆者注：日刊紙「ムルデカ」社長）、ブン・トモ（Bung Tomo 筆者注：独立戦争の英雄）、コスマス・バトバラ（Cosmas Batubara 筆者注：六六年世代［二六八頁参照〕の学生運動闘士、のちの労働大臣）、ハリマン・シレガル（Hariman Siregar 筆者注：六六年世代の学生運動闘士、のちの反日暴動《マラリ》の中心的リーダー）ら、錚々《そうそう》たるメンバーが参加して、若者が果たすべき役割についての大規模な討論会が行われた（Maruzuki, p. 102）。

討論会終了後、約一〇〇人の学生がカリバタ英雄墓地へ墓参し、インドネシア大学学生会議の名において請願書を発表した。この請願書は、政府、軍、知識人、テクノクラート、政治家、つまりエスタブリッシュメントに対して向けられたもので、その内容は以下のようであった（Maruzuki, pp. 103–104）。

1　開発計画を見直し、貧困、無学、不公平がなくなるように、社会、政治、経済が釣り合いのとれた戦略を作る。
2　民を法の運用の不確かさと法律違反、汚職、権力の濫用、物価の高騰、失業から解放する。
3　民の声を代弁し、伝達する機構を強力なものにする。
4　未来を決定するのはわれわれの権利であるとともに義務であり、その未来は現在の状況と無関係ではない。

その後、十一月二十二日にはインドネシア援助国会議（ＩＧＧＩ）の議長を務めるオランダの経済協力大臣ブロンクスがインドネシアを訪れた。彼が到着した際に、「インドネシアのためのインドネシア」などのスローガンを掲げた学生のグループがクマヨラン空港でその到着を待ち受けていて、外国援助のあり方を批判する趣旨の書簡を手渡すという事件が起こった（*Ekspres*, 1973. 11. 23.）。

この頃になると直接日本をターゲットとした抗議活動も相次いだ。学生たちはウィジョヨ国家開発企画庁《バペナス》長官にも外国援助・外国投資政策に対する批判的書簡を提出したが、その書簡は六章のうち一章を費やして日本商品の広告を批判するなど、反日批判を明確に打ち出していた（外務省外交史料館文書 A'-433-①その1　三頁)。この段階で、援助や投資額において最大のパートナーであった日本が批判の主たる矛先になることは必然だと日本政府は判断するに至ったようだ。

さらに、十一月二十四日には、バンドゥンの学生たち二五名が、日本大使館に陳情/抗議を行い、日本の経済協力や民間投資は一部の悪徳当局者を利するのみで、インドネシア国民一般には何の利益ももたらしていないと非難した。同月三十日にもインドネシア大学の学生が大使館を訪れ、日本の合成ゴムがインドネシアの重要な外貨獲得資源である天然ゴムの市場をつぶそうとしているとして、合成ゴムの生産拡大の停止を要求した(外務省外交史料館文書 A'-433-①その1　四頁)。

十二月十日には、別の学生グループがトヨタ自動車の合弁会社(トヨタ・アストラ・モータース)を訪れ、当時ジャカルタ一の高層ビルであったヌサンタラ・ビル屋上に掲げられている同社の大きな広告を撤去するよう要求するとともに、ヌサンタラ・ビルに対しても、戦争の賠償で建てられた同ビルが現在、事実上日系企業の事務所として使われ、外国租界のようになっていることに対して抗議を行なった。そしてさらに屋上に登り、トヨタ社の広告にインドネシア国旗を掲げた(外務省外交史料館文書 A'-433-①その1　五頁)。

十二月十八日と翌一九七四年一月一日に、インドネシア大学の学生約二〇〇名が集会を開いて外国援助・外国投資への批判を行なった。また十二月三十一日にはアダム・マリク外相への陳情を行い、大統領補佐官制度の廃止を求めた。この際、田中首相訪問時にデモをするのであれば秩序正しく行うようにとアダム・マリク外相が述べたと伝えられ、日本大使館側はデモを容認するかのような外相の発言を警戒の念をこめて受け取った(外務省外交史料館文書 A'-433-①その1　八頁)。

そして一月三日には、インドネシア学生連合(HMI)のスポークスマンが、十日から大規模なデモ

郵　便　は　が　き

お手数ですが
50円切手を
お貼り下さい

160-0022

東京都新宿区新宿5-3-15

株式会社 草思社
愛読者カード係行

フリガナ お名前	性別　男・女 歳
ご住所　〒	
TEL　FAX	
E-mail	
ご職業	
ご購入店名　所在地	

ご記入いただいた個人情報は、お客様への出版案内の送付以外の目的には使用いたしません。出版案内をお送りしてもよろしいですか。（はい　いいえ）

書名【　　　　　　　　　　　　　　　　　　　　　　　】

●本書をどこでお知りになりましたか

1 書店で見て　2 書店店頭の宣伝物
3 出版のご案内　4 人にすすめられて
5 広告（新聞・雑誌名　　　　　　　　　　　　　　　　）
6 書評・紹介（新聞・雑誌名　　　　　　　　　　　　　）
7 テレビ・ラジオ（番組名　　　　　　　　　　　　　　）
8 インターネット（サイト名　　　　　　　　　　　　　）
9 その他（　　　　　　　　　　　　　　　　　　　　　）

●お求めになった動機は何ですか（複数回答可）

1 テーマ　2 タイトル　3 著者　4 帯にひかれて
5 装丁がよかった　6 広告を見て（媒体名　　　　　　　）
7 書評・紹介を見て（媒体名または評者名　　　　　　　）
8 その他（　　　　　　　　　　　　　　　　　　　　　）

●本書について以下の項目にかんしてどう思われますか

タイトル（とてもよい　よい　ふつう　悪い　非常に悪い）
装　丁（とてもよい　よい　ふつう　悪い　非常に悪い）
価　格（高い　やや高い　ふつう　やや安い　安い）

●本書についてご感想をお聞かせください

このご感想を新聞・雑誌広告やホームページ等に匿名で掲載させていただいてもよろしいですか。（許可する　許可しない）
☆ご協力ありがとうございました。

を行うと発表した。一方、ジャカルタの軍管区司令部は同日、指揮下の部隊に対して厳重な警戒態勢に入るよう命じた（朝日新聞、一九七四年一月四日）。

そしてこの頃からジャカルタ市内では連日のようにプラカードを掲げたグループが、行進したり座り込みをしたりという行動を続けた。批判が日本の経済進出のあり方と、日本と癒着している大統領補佐官に向けられており、田中首相の訪問に向けてそれが表明されていることは明らかだった。大統領補佐官制度は一九六六年八月に設けられたもので、当初は六人の陸軍将校と、経済政策に関する二つのシヴィリアンの専門家チームで構成されていたが、一九六八年までに一二人になり、ハロルド・クラウチによれば「影の内閣」と言われるほどに権勢を振るっていた（Crouch, p. 243）。

一九五〇年代にディポネゴロ師団でスハルトに仕え、その後スハルトとともにジャカルタに移って一九六〇年代に陸軍戦略作戦司令部（Kostrad）で仕えた二人の将校、アリ・ムルトポ（Ali Murtopo）とスジョノ・フマルダニ（Sujono Humardani）は、スハルトの信頼も厚く、社会からは特に批判の対象となっていた。スジョノはもともと軍の経理畑にいた人物で、資金調達に際して華人企業家との結びつきが深かった。新体制に入ってからは国際経済協力担当の大統領補佐官に任ぜられ、日本と太いパイプを持つことになった。一方、アリ・ムルトポは諜報畑を歩んできた人物で、特務機関（Opsus, Operasi Khusus）の長を務めたことがあり、一九七一年の総選挙に際しては政府の翼賛団体であるゴルカルの勝利に一役買ったと言われる。

このような補佐官が重用されたことにより、国軍は、スハルトの取り巻きと、そこから外された国防治安省系の将校とに二極化していった。国軍司令官のパンガベアン大将はスハルトに近かったが、治安秩序回復作戦本部司令官のスミトロ将軍は国防治安省の職業軍人の代表的な人物で、スハルトとは距離があった。スミトロは自分の部下をその副司令官に任命しようとしたが、スハルトがアリ・ムルトポと近い旧友スドモ（Sudomo）海軍中将を任命した。

一月九日には学生たちはゴルカルに対するデモを行い、アリ・ムルトポ、スジョノ・フマルダニ両大統領補佐官への批判を表明するとともに、田中首相訪イの際にデモを行う意向を表明した（外務省外交史料館文書 A'-433-①その1　九頁）。

さらに学生たちはスハルト大統領との対話を求めて大統領府や私邸へ押しかけ、メモランダムを提出したりしていたが、大統領が直接対話に応じ、三五大学の学生会議の代表約九〇人が面会した。大統領との直接対話など、強力なスハルト政権下ではめったにないことである。この席上、学生たちはスジョノ大統領補佐官と日本との特殊な関係について不満をぶちまけた。このとき出席していたパジャジャラン大学学生協議会の第一議長ハイルマン（Chairuman）は、この会談を振り返って「……あまり実りはなかった。お父さんと息子の当り障りのない会話（basa basi）のような感じだった」と述べた。またバンドゥン工業大学のある学生は「われわれが望んでいたのは、パ・ハルト（引用者注：スハルトに対する尊敬の念を込めた呼称）が日本との関係でこの国に損害を与えているような部下に対して強い態度をとることだった」と語った（*Abadi*, 1974. 1. 15.）。

またこの頃、日本風刺の歌や替え歌があちこちで流行していた。たとえばクス・プラスというバンドの歌の替え歌で、次のような歌詞だった。

〽俺が悪いんじゃない。もう一度文句いうけどさ。心の怒りはもう何度も起こっているんだ。なぜ君は絞首刑にされた？　君はコミッションをもらったから。君の日本の友だちから……（田中角栄の訪イを前にしてデモ隊が大統領補佐官スジョノ・フマルダニの人形を焼きながら歌ったと報道されている）

もうひとつは「マリ、マリ（さあ、さあ）」という歌で、次のような歌詞だった（*Indonesia Raya*, 1974. 1. 14.）。

〽さあ、さあ、堂々とやろうよ。裏門から入らないで。さあ、さあ、堂々とやろうよ。人々が静かに生活できるように。

さらに学生たちは「どこを向いても日本人」と歌いながら路上で次のようなスジョノ・フマルダニ批判の寸劇をやっていたという（朝日新聞、一九七四年一月十二日）。

「おい、おまえは誰だ」
「へい、スジョノでございます。あなた様はどなたさまで」
「俺は日本人だ。ここで投資をしたい」
「なら、まず手数料を下さいまし」

反日暴動の経緯

このような諸々の出来事の延長線上で、田中角栄首相訪問時に激しい暴動が起こった。田中角栄首相一行は、一月七日に日本を出発し、フィリピン、タイ、シンガポール、マレーシアの訪問を終えて一月十四日夜七時過ぎ、国際空港として数日前に開港したばかりのハリム空港に到着した。これより前、九日から訪問したタイでは学生デモが発生し、首相は時間を割いて学生代表と対話をしたが、その成果に対して学生たちはまったくネガティヴな評価をしていた（朝日新聞、一九七四年一月十一日）。マレーシアでは数十名のデモ隊が空港へ押しかけたが、それほど大きな抗議行動は展開されなかった。最初に訪問したフィリピンでは特に何の行動も起きなかったが、これは戒厳令による警戒が厳重だったためであり、実際、不満がくすぶっていなかったわけではないと見られている（朝日新聞、一九七四年一月十八日）。

田中首相のインドネシア訪問については、インドネシア政府は一度も公式に発表せず、表面上はほとんど歓迎の準備もなく、異様なほど慎重に対処していたというが（朝日新聞、一九七四年一月十三日）、当然、学生運動家たちは手ぐすね引いて待っていた。そして田中の到着をその夜に控えた十四日、多数の学生たちが、サレンバのインドネシア大学キャンパスに集合し、六台のバスをチャーターして空港へ向かったが、チャワンの交差点で警官たちから車を降りるように命令され、そこから約五キロの道を徒歩で空港へ向かわねばならなかった。しかも空港に着くと、警戒が厳重で中まで入れなかったのであるが、運よく数十名の学生だけがターミナルに忍び込むことができた。そしてＪＡＬ特別機がハリム空港に到着したとき、彼らはプラカードを片手に駐機場まで飛び出し、特別機に近づくという事件が起こった（*Suara Karya*, 1974. 1. 15. & *Indonesia Raya*, 1974. 1. 15.）。

田中首相は、同行した娘の真紀子とともにタラップを降りて出迎えの大統領夫妻や閣僚に挨拶をしたのち、敷きつめた赤絨毯を歩き終わると、その先端に停めてあった車に大統領とともに飛び乗り、あっという間に空港を後にした。国賓を迎えるときに通常行われる、両国国歌の演奏や閲兵式や一九発の祝砲などの儀式はすべて省略された。夕方の六時を過ぎた場合には、このような軍隊式の儀礼はやらないものだというのが表向きの理由であったが、あえて六時過ぎの到着としたのは、できるだけ式を簡略にという日本側の要請があったからのようである（朝日新聞、一九七四年一月十五日）。

首相と大統領を乗せた車は、他の四台の車と隊列を組んでドゥイコラ通りの方からこっそり空港を出て、サイレンも鳴らさずに裏道を通って無事、独立宮殿（イスタナ・ムルデカ）と同じ敷地内にある迎賓館（ウィスマ・ネガラ）に到着した。しかし、表通りを通った随行記者団の車は途中で群集から妨害

インドネシアの風刺漫画に登場した田中首相（出典：スダルタ，p. 43）

を受けたという（外務省外交史料館文書 A'-433-①その1　一二頁）。

翌十五日、田中首相は随員とともに迎賓館を出て独立宮殿まで徒歩で向かい、大統領夫妻に表敬訪問をした。そのあとスハルト大統領と二時間にわたって会談した。会談には、インドネシア側からはアダム・マリク外相、スダルモノ（Sudarmono）官房長官、駐日大使ユスフ・ラムリ（Yusuf Ramli）、外務省政治局長ディディ・ジャヤディニングラット（Didi Jayadiningrat）、同経済関係局長B・S・アリフィン（B. S. Arifin）が、また日本側からは鶴見清彦外務審議官、高島益郎アジア総局長と須之部量三大使が同席した（*Kompas*, 1974. 1. 16.）。

会談ではアサハン・プロジェクトや液化天然ガス・プラントの建設問題が主要なトピックであったが、それに先立ちスハルト大統領は学生たちに約束したとおり、日本の援助のあり方や、日系企業のあり方に対する不満がくすぶっていることを率直に伝えたという。それに対して田中は、その指摘を謙虚に受け止め、状況をよく見直してみると約束するとともに「日本はインドネシアの法律に従って合法的に投資しているのであり、決してインドネシアの経済を支配するようなことはしない」と語った（*Indonesia Raya*, 1974. 1. 16.）。

会談終了後アダム・マリク外相が記者団に語ったところによれば、日本は現在、日系企業を指導するための委員会を作ろうとしているということだった。この発言を受けて一人の記者が「では日本は過ちを認めたということですか」と尋ねると、マリクは、「過ちとはどういう意味かね。日本は合法的にこの国へ入ってきているのだから……」と答える一幕もあった（*Kompas*, 1974. 1. 16.）。

その頃デモ隊が大統領官邸前のムルデカ広場や日本大使館のあるタムリン通りを中心に集結していた。学生たちの要望を聞き入れて田中首相は彼らと対話することを了承していた。それを受けてこの日の朝、スドモ治安秩序回復作戦本部副司令官が、「十六日水曜日に大統領宮殿で直接、田中首相と対話する時間が与えられるから学生諸君はデモをしないように」と訴えたのであるが、すでに行動は開始されていた（*Abadi*, 1974. 1. 15.）。

午後になって大統領官邸裏やコタ地区で駐車中の日本車に対する放火が始まり、多くの車が運河に突き落とされた。このような事態になったため、その日の午後から予定されていた田中首相のカリバタ英雄墓地での献花と副大統領への表敬訪問はキャンセルされていた。午後三時過ぎ、二〇ないし三〇人ほどの中高生くらいの青年たちが日本大使館内に侵入し、日章旗を引き降ろして投石を行なった（外務省外交史料館文書 A'-433-①その1　一二一頁）。このとき大使館の窓ガラスが破壊されている。通常でも大使館の警備は堅く、ましてこのようなときは厳重な警戒をしていたと思われるが、そのようななかでこのような行為が可能であったということは驚きである。当時、日本大使館と同じ敷地内に、多くの日本企業が入居するオフィスビルがあり、そのために一般人の入構が比較的たやすかったという事情はあるものの、日章旗の引き降ろしにまで至るとは通常は考えにくいことである。デモ隊はこのあと大使館から数十メートル離れたロータリーにあるホテル・インドネシア前のポールに掲げられていた日章旗も引き降ろした（外務省外交史料館文書 A'-433-①その1 一二頁）。

アダム・マリク外相、パンガベアン国軍司令官、スミトロ治安秩序回復作戦本部司令官らがタムリン通りへ駆けつけ、日本大使館への陳謝とともにデモ隊に説得を試みたが効果はなく、夕刻からデモは暴動の様相を帯びてきた。トヨタ自動車の合弁会社（トヨタ・アストラ・モータース）のショールームを粉砕したり、路上で日本車を焼き討ちにしたり、スネン市場および華人系商店への放火、略奪などが発生した。夕方六時以降の外出禁止令が発動されたが、群集の動きはますます活発になった。夜半になってようやく軍隊および装甲車が市内に投入され、それによって事態は急速に回復に向かった。しかしこの日一日で八名が死亡、約四〇名が負傷、五〇〇台近くの車が焼き討ちにあった（外務省外交史料館文書 A'-433-①その1 一三頁）。

スハルト大統領主催の夕食会は大統領宮殿の敷地内であったので予定通り挙行された。この夕食会は、国家による晩餐会ではなく、ただ公式の宴という性格のもので、出席者も少なかった。スハルト大統領は夕食会の席上「このようなときに田中首相がインドネシア人民の真っ只中にいてくださったことは、首相がインドネシア人の願望や希望を理解するうえで有益であったと思います」と述べた（*Kompas*, 1974. 1. 16.）。

この日インドネシアの学校はほとんどが臨時休校になり、クマヨラン国際空港（ハリムと併行して引き続き使用されていた）は翌朝まで閉鎖となった。夕方六時以降の外出禁止令は二十一日まで続いた。

翌十六日は、前日ほどではないにしろ、引き続きサレンバのインドネシア大学付近、タムリン通り、スマンギ付近などでデモ隊と警備隊の小競り合いが生じたが、夕方までにはほぼ平常に近い状態に戻った。しかし、予定されていた田中首相と学生との対話は中止になった。この日の午後、田中首相は大統領宮殿（イスタナ・ネガラ）で記者会見し、次のように述べた。「私はデモに腹を立ててはいない。むしろこれを期《ご》に、日本人にいろいろなことを見直してもらい、日本人の態度にインドネシア人の願望に合致していないようなものがあるなら、それは改めていく」と述べた。また「日本でも一九四五年から五五年にかけて、たくさん反米デモや車の焼き討ちその他の暴力行為が起こった。しかし両国の関係は損なわれていない。こういうことはよりよい二国関係を築くための過渡期だと思っている」と言って「雨降って地固まる」ということわざを持ち出した。このことわざはタイでも引用された（朝日新聞、一九七四年一月十日）。また彼は、「デモがあっても滞在を短縮するようなことはせず、予定通り滞在する。ジャカルタは私が思っていたよりもずっと緑が多く、気候もよい。とても心地よく、満足している」と述べた（*Kompas*, 1974. 1. 17.）。

ところで襲われたのは日本関連の建物や自動車ばかりではなかった。スジョノ大統領補佐官の自宅も数百人のデモ隊に取り囲まれていたし、華人系の大統領顧問二人の家も「暴徒」に占拠されたという（朝日新聞、一九七四年一月十七日）。

この事件のため田中首相は、この間、迎賓館のある大統領宮殿敷地内から一歩も出られなかった。田中首相は、十七日、インドネシア側の要請に従って主要随員とともに迎賓館から三台の大型ヘリコプターでハリム空港へ向かった。その他の随員や随行記者団も早朝の外出禁止時間帯に軍隊の護衛付きで空港へ移動した（外務省外交史料館文書 A'-433-①その1　一四頁）。

十七日はほぼ正常に戻ったとインドネシアの新聞は伝えているが、しかし、スミトロ将軍はこの夜、夜間外出禁止令を強化し、騒乱に対しては断固たる措置をとるとの声明を出した（朝日新聞、一九七四年一月十七日）。この事件の余波で、二月初めに予定されていたサッカー日本代表チームの東南アジア遠征計画のうちインドネシアでの試合は、インドネシア・サッカー協会からの要請で中止になった（朝日新聞、一九七四年一月二十四日）。

事件の分析

一九七四年一月十五日の反日暴動は突然起こったわけではない。あそこまで過激な形をとるとは予想されていなかったが、大規模なデモが発生することは日本大使館を含めて誰もが予想していた。外務省文書によれば、現地の日本大使館は、すでに一九七三年初め頃から学生を中心とする若者たちのあいだで一連の政府批判や対日批判が表面化していたことに鑑み、田中首相の訪問中に何らかのデモが発生するであろうことは事前に十分察知していたようである（外務省外交史料館文書 A'-433-①その2　一頁）。

政府批判のベースには、不均衡な経済発展、その結果として発生する所得格差、インフレ、失業者の増加などの経済的な問題があり、国内総生産というパイの全体は大きくなっているにもかかわらず、それを享受できない人々の不満は大きくなっていた。そして、そのような歪んだ経済状態を生み出した元凶は外国資本、とりわけ日本資本の導入にあるということで、批判の矛先は日本に向けられたわけであるが、批判はさらに、そのような状況を許容している大統領補佐官制度へ向けられた。

このような体制に対する批判勢力の中心になったのは、インドネシア大学、インドネシア・キリスト教大学、バンドゥン工業大学、パジャジャラン大学など、ジャカルタとバンドゥンを中心とする大学の学生たちや若手の講師たち、さらに一九六六年のスカルノ政権打倒に力を貸した「六六年世代」と言われる指導者たちであった。彼らは、必ずしも一つのまとまった大きな組織ではなく、各大学の学生会議がお互いに連絡をとりあい、討論会を重ねたり、時として行動をともにしたりしてはいたが、組織というよりはフォーラム的なものであったように思われる。こうした多様なグループが、同じような要求を掲げて行動したことから、知識人だけのあいだであるとはいえ、国民的広がりをもっていたのが分かる。彼らの主張は幅広い層によって支持され、コンセンサスを得た世論を反映していたと考えられる。それはある意味で特定の強力な集団による大規模動員を伴った動きよりも底力のあるものである。

そしてその周辺には、スマトラ反乱に関連したとしてスカルノによって活動が禁止されていたインドネシア社会党（ＰＳＩ）やマシュミ党の系列の政治家がいたとインドネシア政府は解釈している。

軍内の反スハルト派将校の動きも無視できない。国軍の専門家であるハロルド・クラウチによれば、ナスティオン、ダルソノ（Darsono）、サルオ・エディ（Sarwo Edi）、ケマル・イドゥリス（Kemal Idris）など、非ディポネゴロ師団系で日頃からスハルトに批判的だった軍人を、政府は徐々に相対的に重要でないポストに追いやり、その批判を封じ込もうとしていた（Crouch, p. 236）。結局、事態はアリ・ムルトポらの主張する強硬路線に沿って収拾されていった（外務省外交史料館文書 A'-433-①その4　四頁）。

このように一九七四年一月の反日暴動は、急激な日本の経済進出に伴ってインドネシア社会に生じた変容と、文化的な摩擦、インドネシア政府の開発政策に対する不満が合わさって発生したものである。

日本外交の転換——いわゆる文化交流路線へ

それではこのような一連の動きを、現地の日本の外交筋はどの程度の危機感をもって受け止めていたのであろうか。事件後にまとめられた外務省文書によれば、日本政府はこれらの学生たちの動きを旧社会党系の分子と「回教」系の分子が中心になっている、というインドネシア政府の公式発表に基本的に沿った見方をしている。そして、日本への批判は経済進出のあり方と、邦人の「ビヘイビアー」に対するものが主であったと分析している（外務省外交史料館文書 A'-433-①その1 八頁）。

そのほか日中国交回復のテンポがあまりにも急激で、東南アジア諸国への配慮を欠いていたため「日本は中国と組んで東南アジアを支配するのではないか」という懸念を抱く者もいたと自民党の対外経済協力特別委員を務めていたある国会議員が述べている（朝日新聞、一九七四年一月十七日）。

朝日新聞は、「反日暴動を誘発したもの」と題する社説（一月十七日）のなかで「これまで日本政府が明確な指導理念もないまま、奔流のように政府借款や民間投資をインドネシアへ導入していったことにある」と述べている。

この事件は日本の政府にも財界にも大きな警鐘となった。この事件以後、日本の東南アジア認識は大きく変わり、経済偏重を是正するものとして「文化外交」という言葉が叫ばれるようになった[6]。たまたま事件より先、一九七二年に外務省、大蔵省、文部省を監督官庁として国際交流基金が誕生して、文化政策に力を入れる路線が敷かれていた。これは戦前から文化交流事業を担ってきた国際文化振興会が母体となって一〇〇億円を基金として設立されたものである。この基金のジャカルタ事務所が開設されたのは、ちょうど反日暴動《マラリ》直後の一九七四年二月のことであった。当初は日本大使館内に仮事務所を構えたが、翌年にはメンテンの一角に独自の事務所を構えて事業を開始した（小宮山猛、二七四—二七五頁）。

岩渕功一は、「日本とアジア諸国との間の文化交流とは、日本の戦争責任を明らかにしたうえで両国間で草の根の対話を促進することではなく、あくまでアジア地域における日本企業の経済活動を円滑にして国益を守るための方策として考えられていた」と述べているが、まさしく、そのような国益と隣り合わせで国際交流基金も登場してきたのであった（岩渕功一、一一頁）。

政府の肝煎りで創設された国際交流基金とは別に、反日暴動《マラリ》後に初めての本格的な企業財団が創設された。トヨタ自動車の資金で創設されたトヨタ財団である。ここでは「隣人を知ろう」というスローガンのもとに、アジア理解のためのさまざまなプログラムが開始された。たとえば、商業ベースに乗せることの難しい東南アジアの文学その他を翻訳し、出版する助成金、日本人の東南アジア研究のための助成金、東南アジアの人々への研究助成金などである。今日（二〇一一年）に至るまでこの助成金で翻訳出版された本は、東南アジア関係で六七冊、南アジア関係で五〇冊に上る。またアジア相互間（東南・南アジア各国で日本やその他のアジアに関する書籍を翻訳して出版するプログラム）では、二〇〇六年の時点で、東南アジアで三〇七冊、南アジアで一五三冊が出版されている。また研究助成の数は東南アジアの研究者への助成は二三七八件、日本人の東南アジア研究者への助成も一〇〇件を超える。これらが日本とインドネシアの相互理解にとって大きな貢献をなしたことは言うまでもない。

日本とインドネシアの関係を見るとき、反日暴動《マラリ》は一つの重要な分水嶺になったと言えよう。在留邦人のインドネシアに対する姿勢もこれを契機に少しずつ変化していった。少なくとも文化相対主義的な考え方が浸透していった。もちろん日本の経済進出の路線や企業展開のあり方が根底から変わるようなことはなかった。しかしながら少なくとも日々の運営のレベルでは、インドネシア人従業員に対する傍若無人な労使関係などは徐々に姿を消していったのである。

第6章　インドネシア社会に息づく日本軍政の名残

日本軍政の名残と言うと塹壕や、地下トンネル、あるいは戦場跡や戦争関連のモニュメントなどを思い浮かべる方が多いかもしれない。しかしここではそうではなく、独立後のインドネシア政府や社会に引き継がれてきたさまざまな制度や仕組のことを念頭に入れている。いかなる植民地支配においても、宗主国の統治の制度、システム、スタイル、そして組織原理などが独立後の新国家に引き継がれている例は数えきれないほどあるだろう。インドネシア共和国の独立後の法体系、官僚制度、地方行政制度などは、基本的にオランダ時代のそれを引き継いでいる。

日本軍政もわずか三年五カ月の短いものであったが、いくつかの制度や仕組を残した。たとえば六・三・三制の学校教育もそうであるし、中央行政府のなかに宗教を取り扱う官庁を独立して導入したことなどもそうである。ほかにも例は枚挙にいとまがないが、独立後の政権、とりわけ開発独裁と言われたスハルト政権において、中央集権的な統治機構のなかで住民を管理し、動員してゆくシステムとして導入された仕組と、日本の統治とのあいだに見られる連続性は重要である。

九・三〇事件で失脚したスカルノの跡を継いで一九六六年から実権を握ったスハルト政権は一九九八

年五月二十二日に崩壊するまで何と三二年間も続き、アジアで最長の政権であった。スハルト政権をそこまで長期に支えてきたメカニズムとは何だったのだろうか、統治の秘訣はどこにあったのだろうか。つまり、いったいそれまで何がこの政権を支えてきたのだろうか。本章ではそれを日本軍政との連続性という視点から考察してみたい。

第1節　スハルト政権の統治メカニズム

コーネル大学のベネディクト・アンダーソンは、一九五九年に始まるスカルノの「指導される民主主義」体制の特徴のなかに日本軍政時代との類似点が見られると述べ、ルクン・トゥタンガ（＝隣組）、フロント・ナショナル（＝日本時代の奉公会）、ゴトン・ロヨン議会（＝日本時代の中央参議院）、情報省の教化チーム（＝日本時代の宣伝部）などに見られる制度的繋がりのほか、軍隊に対する高い評価や、国民の祝日の祝い方、革命をロマンチックな冒険としてとらえる見方、バンドゥン精神の背後にある反白人感情、欧米の文化侵入に対する強迫観念など統治スタイルや、ものの考え方にも日本軍政が大きな影響を与えているとしている（Anderson, 1966, p. 25）。

またジャワ人研究者マングンウィジャヤは、スハルト体制下での支配エリートは日本の軍政下で育った人々であり、彼らの「民主主義」の概念は、日本占領期から大きなヒントを得ているとしている。すなわち彼は「国軍の二重機能と、日本の軍民混合した戦術とのあいだに類似性が見られる。すべてが日本の模倣ではないが、多くの制度や、社会問題の取り扱い方などにおいて日本の影響が見られる」とし、さらに隣組＝RT《エルテー》／RW《エルウエー》制度（後述、二八六・二九三頁参照）、警防団＝ハンシップ、青年団＝プラムカ、婦人会＝PKK《ペーカーカー》（家族福祉育成運動）やダルマ・ワニタ（後述、二七六頁参照）など、組織上の相関関係を指摘している（Mangunwijaya, pp. 13-15）。

このように、独立後のインドネシアには、日本の統治の遺産ではないかと思われるものが数多く見出される。あるいは、それは必ずしも日本の模倣ではなく、西欧的な議会制民主主義以外のアジア的な道を模索するとき必然的に出てくる唯一の選択肢（オールタナティヴ）なのかもしれない。しかし恐らくそれ以上の相関関係があるものと思われる。

本章はこの問題を、日本軍政との関連で、より具体的には日本軍政が示した統治のメカニズムとの関係で説明しようというものである（Kurasawa, 2009も合わせて参照されたい）。まず、ここでいう「スハルト体制」とはどんな特徴をもっていたのかを整理しておこう。

スハルト体制の特色

スハルト体制は「政治的安定」と「開発」をスローガンにして登場し、新体制（オルデ・バル）と呼ばれた。経済的自立政策と反新植民地主義闘争を第一としていたそれまでのスカルノ体制からは一八〇度転換し、ガタガタになっていた経済を立て直すために外資を導入し、外国からの経済援助を受け入れ、開発優先政策をとった。そして、開発を効果的に進めるためには、政治的安定を確保できる強い政権が必要であると考え、欧米的な多数決に基づく民主主義はインドネシアの現状においては政治的不安定をもたらすという判断から、パンチャシラ民主主義（後述、二七五頁）というものを提唱し、かなり自由の制約された選挙制度や議会の仕組を維持してきた。つまり「パン」か「自由」かの選択のなかで、とりあえず後者を犠牲にしてでもお腹をいっぱいにしようという道を意識的に選んだのである。そして一般に開発「独裁」と呼ばれる強固な統治を実施したわけである。しかし言語も文化も異なる多民族から成る一億二〇〇〇万人（一九七〇年頃）もの住民をこまやかに管理統制し、「指導」し、政府の思惑に向かって「動員」することは容易ではなかった。そのためには中央集権化を強め、一元的に末端まで支配権を行使できるようなシステムが必要であった。

そのひとつとして、それまで各地の慣習に従って運営されていた村落行政を中央集権的なものにして、中央からの一括的な統制が可能なようにした。インドネシアは多民族国家であるから、従来「むら」のサイズ、役割、権限、行政組織、村落共同体のあり様などは、地方によって多様であった。「むら」を表す名称でさえ一様ではなかった。そして植民地時代からスカルノ時代まで、ずっと、「むら」の自立性を重んじ、各地の慣習に基づいて行政を行うことがかなりの程度、許されてきた。

ところが、スハルト政権は「開発」という大きな目標の達成のためには国民を精神的に総動員する必要があり、このため草の根レベルの住民にまで一元的に「開発」と「パンチャシラ」の精神を徹底させる必要があった。つまり戦争中の日本のように、国民を「総動員」する体制が必要だったのである(1)。

そこでスハルト政権は、一九七九年に村落行政法を施行して、村落行政を全国的に画一化するとともに、村長をそれまでのように共同体の長としてだけではなく、国家の行政の最末端の責任者としても組み込んでいくという大きな改革をした。そしてそのために住民による村長選挙の制度にも干渉したし、村落に国軍の下士官を派遣して駐屯させ、その村落の行政や治安に責任を持たせた。インドネシア国軍は国防・治安だけでなく、政治的社会的役割も果たすべきであるという二重機能論に基づいて「国軍がむらに入ってきた（ABRI Masuk Desa）」のである。

このように国家から村落に通じるトンネルの風通しをよくしたのちに、住民に対して「パンチャシラ」を錦の御旗にした思想教育を行い、彼らの思考や価値観を画一的にしようとした。パンチャシラというのは一九四五年の独立の際にスカルノによって定められた建国イデオロギーで、「唯一の神への信仰」「人道主義」「インドネシアの統一」「代議制による英知に導かれる民主主義」「社会的公正さ」の五原則から成っている。ところがスハルト体制はこれを教育勅語的な国家イデオロギーにまで高め、国民の日々の生活にまで深く浸透させてしまった。さらに、一九八〇年以来インドネシアでは「パンチャシラ道徳」という授業が全国一斉に、すべての小・中・高校で行われているが、これは日本軍政時代のシュウシン（修身）の授業を思い出させるものである。

このパンチャシラ・イデオロギーのなかで強調されている理念のひとつは、為政者たちが「パンチャシラ民主主義」と名付けているものである。これは、英知ある人物が指導力を発揮し、一人一人が納得の行くまで話し合い（ムシャワラ）を続けて説得し、最後は全会一致（ムファカット）で物事を決定してゆくという、ジャワの伝統に基づいた民主主義である。スハルト体制下ではまたインドネシア国民を、大統領を父親とする大家族にたとえ、物事はお父さんの指導のもとに家族主義的に取り決め、また解決してゆくことが求められる。それに逆らう者は親心を理解できない親不孝者ということになる。こういう家族主義のなかでは、自分で考えて批判的に物事と取り組む姿勢は失われ、「長い物には巻かれよ」式の無気力感に捕らわれてしまう。

しかもスハルト時代には、「アジアの奇跡」と言われたほど目覚しい経済発展を遂げ、数値の上では国力も高まり、生活水準が上昇していった。少なくとも一九九七年にアジア通貨危機に襲われるまではそうであった。そのようななかでは、市民的自由を奪われているとか、経済的に搾取されているとかいう住民の意識はとかく薄められてしまい、顕在化してこなかったのだ。そしてそのことが、大きな不満の声を封じ、スハルト政権をかくも長期にわたって根底から支えるのに役立ってきたのである。

以上のような土台に立ってスハルト政権はさらに、住民を政府の意図する方向に統制し、動員するのに好都合ないくつかの個別的な統治メカニズムを考案した。そもそも強固な統制を敷いて独裁的に国家運営を進めていくというスハルト体制は、それ自体、戦時期の日本の統治と相通ずる性格を持っていたと思うが、なかでも次の三点においてとりわけ日本の統治との類似性が多く見られる。（1）体制翼賛と大衆動員のための組織、（2）情報伝達のテクニック、そして（3）住民掌握の装置、である。

翼賛と大衆動員のための組織――ゴルカルとダルマ・ワニタ

ここで体制翼賛と大衆動員のための組織というとき、念頭に置いているのは、ゴルカルという政治団体である。[2] これは、現在は「政党」になっているが、スハルト時代には正式には「政党」ではなく「職能グループ」であると規定されていた。しかし、実際には五年に一度の選挙を戦う際の政府側の政治団体として機能していた。職能別のさまざまな団体が集団で参加しているもので、その中枢にいるのは公務員と国軍将兵である。彼らとその家族はゴルカルに入らねばならず、したがって選挙の際にはゴルカルに投票することが義務づけられた。政府関係の役所の場合、投票は職場単位で平日に行われるので、どの職場で何人がゴルカルに投票せず野党に投じたかは一目瞭然であり、野党票が多く入った官庁の部署では当然その部局長の「管理」責任が問われる。したがって上に立つ者は日頃の部下の「指導」が重要なのである。

官僚機構と地方行政組織のネットワークを土台とし、官僚や地方首長に依存して翼賛組織を構築していくというそのやり方は、日本軍政下で作られたジャワ奉公会に酷似している。そしてそのジャワ奉公会は日本の大政翼賛会を模したものだと言われている。奉公会は地方行政機構と相互補完的な形で全国に張り巡らされたネットワークをもっていたが、ゴルカルもそれを踏襲し、各地方のゴルカル支部長には行政首長が就任している。

そしてそのゴルカル組織の女性版とも言えるのがダルマ・ワニタである。これは大統領夫人を頂点に、末端は村役人の妻に至るまでヒエラルキカルに編成されたもので、すべての公務員や軍人の妻たちが強制的に参加させられた。そして各部署や地方政府の責任者（局長、部長、課長、所長、州知事、県知事など）の妻が、その支部の長になるという仕組になっている。ダルマ・ワニタのリーダーはその女性本人の資質によって選ばれるのではなく、夫の職階によって決まるのであった。これは、「女性は夫を補佐する者」というこの国の一九七四年の婚姻法の考え方に基づいているのであるが、県知事夫人が県のダルマ・ワニタの長を務めるという図式は、日本軍政時代の「フジンカイ」と同じであった。

公務員の夫人たち、ならびに女性公務員から成るダルマ・ワニタは、草の根レベルまで滲透している家族福祉育成運動（ＰＫＫ《ペーカーカー》）と連携することによって幅広く影響力を及ぼしていた。家族福祉育成運動はダルマ・ワニタとは別個の組織であるが、双方とも官庁の機構とパラレルに組織され、全国会長は内務大臣夫人、州レベルの長は州知事夫人、県レベルの長は県知事夫人というふうに編成され、村では村長夫人がこれを統率するという点で、人脈的にほぼ重なっている。ただ家族福祉育成運動のほうは、公務員組織を超えて、村落レベルや都市カンポン（一般庶民の多くが居住する人口密集地域のことで、都市にありながら「田舎《カンポン》」的な生活様式や人間関係を残している地区）において一般住民のなかでも運動を展開しているため、より大きな広がりをもっているのである。

家族福祉育成運動は、「開発」において女性の活力を十分に汲み上げるための原動力として、一九七二年に中央政府により採択された（詳細は倉沢、一九九八年二月を参照）。その際、上からの押しつけという印象を避けるために、「プロジェクト」とか「プログラム」などという表現は避け、また明確な組織体を作り上げることも避けて、純粋な「運動」として展開された（Tim Penggerak PKK Pusat）。家族福祉育成運動は本来、保健衛生、教育、家庭教育など庶民の生活向上のために婦人を組織化して教育する活動が中心であるが、実はその一〇カ条の綱領のなかには、「パンチャシラの理解」という項目がトップにあげられており、このことからも分かるように、多分に政治的な任務も負っているのである。つまり、与党ゴルカルの集票マシンにもなっていて、選挙に際しては当然ゴルカルのイデオローグとして活躍するわけである。

スハルト時代の選挙法では、政党は村落部で選挙活動をすることが禁じられていたのだが、ゴルカルはこのような別働隊を隠れ蓑として実質的な選挙キャンペーンを行うことができたのである。

もちろん家族福祉育成運動は、住民の生活向上のためにそれなりの活動を行い、成果を上げてきた。たとえば、人口抑制のための家族計画の普及や、幼児死亡率の低下を目指した保健プログラムを側面から支援したり、貧困階層の栄養補給のための学校給食の炊き出しを実施したりするなど、現実に生活向上のための奉仕活動を実践し、そこそこの成果を上げてきた。そのことに対する住民の評価と信頼が家族福祉育成運動を通じてのゴルカルへの政治動員を容易にしてきたのである。

スハルト政権崩壊後の「民主化」のなかで、家族福祉育成運動は与党支持のための政治的な役割は存在を潜めたが、運動自体は継続しており、町内会の婦人会として文字通り福祉面で、それなりの役割を果たしている。

制服、朝礼、大衆集会などを好む集団主義的な発想、あるいは画一主義的な方向に住民をはめこんでいこうとする日本的なやり方が家族福祉育成運動を含むさまざまな活動のなかで見られるが、それも日本の影響を受けているのではないかと思われる。制服は現在インドネシアでは小中高校で全国一斉に定められたものを導入しているほか、各種の社会団体もそれぞれ制服を定め、家族福祉育成運動の行事のときにはそれを着て集まる。いくつもの組織に入っている人はその数だけ制服があり、それを身に着けることがひとつの誇りになっている。また、家族福祉育成運動のような社会組織は各地方支部代表を動員して大規模な全国大会や全国コンテストをしばしば開き、政府要人を招いて儀式ばった（多くの場合ミリタリー調の）雰囲気のなかでパフォーマンスを競うということがしばしば行われる。このように規律を重んじ、個よりも集団を重んじる発想には日本と共通するものがある。

情報伝達のテクニック――情報省とコンダンカイ

日本軍政の影響として第二にあげられるのは、情報伝達の方法である。具体的には、独立以来どの政権にとっても重要な要となってきた情報省という役所の役割である。住民を統制し動員するために情報操作を司る役所であるが、その特徴は、単に検閲や出版許可などによって情報を「統制」するだけでなく、為政者の側からの情報の絶えざる「発信」、より端的には広報・宣伝活動を行う機関だったという点である。メディアの取締り（検閲など）のほか、政府の意図を住民に徹底させるという、言わば「プロパガンダ」と「宣撫」の役割を負った官庁なのである。

この情報省は実は独立時に、日本軍政時代の軍政監部宣伝部が名称を変更し、その人材と機構をほぼそのまま引き継いで登場したものである。スカルノ時代にもスハルト時代にも重要な役割を果たした官庁であったが、スハルト政権崩壊後、権威主義や言論統制の象徴であるとして廃止された。

情報省が展開した諸政策のなかで日本軍政との類似性を想起させるものとしては、宣撫工作の手段として伝統芸能やマス・メディアを積極的に活用したことがあげられる。もちろん、これらは単なる日本軍政の模倣だとは思えない。しかしそれらの実施方法において、日本軍政時代の住民動員政策と相通ずる要素が見え隠れするのである。

日本軍は新しいプログラムを開始するたびに「農業指導員」「綿花栽培指導員」「ヒマ栽培指導員」などという肩書きで人材を育成して村落に送り込んだが、これは現在インドネシアの県や郡のレベルで公務員としてのステイタスをもった有給の普及員が、たとえば家族計画、農業技術革新、予防接種普及、文盲撲滅などプログラムごとに専門のトレーニングを受けて各省から配置されているのと類似している。その中心になってコーディネイトしているのが情報省所属の情報官《ジュル・プヌラン》であり、これは日本時代の宣伝工作隊に類似した役割をもっている。

たとえば日本軍政時代の宣伝部は、ワヤンなどの伝統芸能のストーリーを自分たちの都合のよいように解釈し、そこにアドリブという形で日本軍のメッセージを織り混ぜることによって一般民衆に訴えた。正義の味方が悪い王様を倒すというストーリーであれば、連合国を悪い王様になぞらえるというようなやり方である。この手法はスカルノもスハルトもともに採用している。

さらに、プロパガンダにマス・メディアや映像（日本時代には映画、現在はテレビ）をフルに活用している点にも類似性が見られる。とりわけ農村の大衆の教化・啓蒙のためにマス・メディアが画期的に活用された。そのひとつは、国営放送局に村落向けのラジオやテレビ番組（siaran desa）を定期的に放送させたり、あるいは既存の地方新聞社に村落の住民向けの嚙み砕いた内容の新聞を編集させ配布させるというプログラム（"Koran Masuk Desa"）である（倉沢愛子、一九九八年九月を参照）。これらを通じて、農村の人々にも関心ある番組や情報が、それぞれの地域の言語を使って提供された。

情報伝達の方法としてはさらに、日本時代、軍政関係者が村に足を踏み入れ、対面式で直接住民に訴えるのに使ったコンダンカイ（懇談会）という方式が、スハルト政権下では「プルトゥムアン（会合）」という名称で住民の日々の生活のなかに取り込まれた。草の根レベルでさまざまなグループを組織して、その定期的な会合の開催を促すものである。住民なら誰でも、少なくとも世帯単位で隣組（次節参照）には入っているし、そのほかにも若い者なら青年会、女性なら家族福祉育成運動に参加しているうえ、農民グループ、コーラン唱和のための集まり（プンガジアン）など、ほとんど誰もが複数の会合に定期的に出席している(3)。

日本軍が新たな政策を持ち込むときには、まず住民や住民の指導者を主体としたコンダンカイ（懇談会）を開催させる。その際、一見、脱政治的な親睦会を装うのだが、現実には上意下達の場としてそれが利用されている。つまり、当局の意を受けた指導者——イスラーム指導者であったり村役人であったり——がいて、必ず彼が会合をリードしていたのである。このような形は、スハルト時代になってから村落や都市のカンポン地区で頻繁に開催されている「会合」につながるものである。

「会合」は情報伝達の一般的な形態として決して目新しいものではなく、日本のコンダンカイとの連続性については断定しにくいが、そこにおいては日常の活動計画の立案や報告が行われるほかに、中央政府からの「メッセージ」の伝達や「指導」が必ず折り込まれ、しばしば政府関係者が来賓として参加して会合の内容を誘導する、というやり方には類似性が感じられる。つまり、会合の席には村長や村役人、その村に駐在している国軍の下士官、情報省の情報官、あるいはその時々の話題によっては関連官庁の役人がやって来て「講話」が行われるのだ。つまり、そのグループの性格に応じて内務省、保健省、農業省などの役人が列席する。そして話し合いが、「間違った」方向に行かないよう、ガイダンスと誘導を行うのである。つまり会合は、統治者から住民への情報伝達の場、言い換えれば、上意下達の場となっているのである。この方式の会合はスハルト政権崩壊後の現在でもなお、行政当局と住民のあいだのコミュニケーションの場として盛んに行われている。

コンダンカイのほかに日本軍は、さまざまな職能グループや階層ごとに人を集めて講習を受けさせ、大東亜共栄圏の論理や大東亜戦争の目的などに関して政治的な教化活動を実施した。たとえば、小学校教師のための講習会、村長のための講習会、イスラーム指導者のための講習会などである。いずれもその職種の技術的なアップグレイディングのためではなく、政治教育を主体としたものであった。

これは言うまでもなくスハルト時代のパンチャシラ道徳教育を思い起こさせる。学校教育において「パンチャシラ道徳」の授業があることは前述したが、学校教育以外でも、職場や職業グループを単位としてパンチャシラ講習会が開催され、国民は皆これを受けなければならないようになっていた。しかもそれは一度受ければそれで終わりというようなものではなく、ちょうど茶道の免許のように何段階ものステップにわたって綿密なカリキュラムが用意されているのである。そして就職や昇進のためには、どのレベルまでクリアしているかが重要な条件となる。

スハルト体制と日本軍政との三つの類似性のうちの第三点、すなわち「住民掌握の装置」に関しては、同政権崩壊後の民主化の時代においても依然として重要な意味をもっているので、以下に節を改めて詳しく考察したい。

第2節　住民掌握の装置――隣組

日本軍政との連続性を想起させるもうひとつのメカニズムは、スハルトの開発独裁体制のもとにおいて政治的安定を創出するうえで極めて重要な役割を果たした住民組織、RT《エルテー》（本稿では隣組と訳す）・RW《エルウエー》（本稿では町内会と訳す）である。これはジャワ奉公会と連携してグラスルーツで体制を支える機構として作られた日本時代の隣組・字常会《あざじょうかい》制度を起源とするものである。

現在インドネシアでRT・RW組織と呼ばれている隣保組織は、スハルト時代に法的枠にはめられ、全国的に画一的な組織として設立を義務づけられたものである。そして現実には行政の最末端のレベルにおいて、政府の補完的な役割を果たすことを求められるとともに、行政当局の絶えざる監視と「指導」のもとに置かれ、もっぱら上意下達のための情報ルートとして機能した。それはまた政府が住民を動員する際の基礎的なユニットであり、時には与党ゴルカルの集票マシーンとしても機能した。

それは基本的に上から押しつけられたもので、その運営においてはトップダウン的な性格が強く見られたが、しかし為政者は、それを「ゴトン・ロヨン」というインドネシア独特の相互扶助の精神を体現したものであると謳って住民の関心を取りつけ、さらに定期的会合においては住民の利益に基づいて、話し合い（ムシャワラ）と全会一致（ムファカット）により、住民のアスピレーションを上に伝えていく下意上達の性格を持つものであるとした。つまりボトムアップ的な政策決定の体裁を作り出すための組織だったのである。

まず、隣組制度の歴史的変遷を述べ、この日本起源の制度が実はスハルト時代のみならず、独立後のどの時代にも根強く生き続けてきたことを概観してみよう。

日本軍政期の隣保制度

現在のＲＴ・ＲＷ制度の起源は、第二次大戦期の日本軍統治時代に見出される。この国を一九四二年三月から四五年八月まで占領し、軍政を敷いた日本は、一九四四年一月にグラスルーツの住民を統制するために、日本で当時施行されていた隣組・町内会（部落会）制度を導入した（これに関しては倉沢愛子、一九九二年、二四二―二五三頁を参照）。これは一〇ないし二〇戸でひとつの隣組を形成し、さらに、数個の隣組が合わさってひとつの字《あざ》を形成するというものであった。

オランダ植民地時代には、当局は統治に際して村落社会の住民を直接把握することにさほど力点を置いていなかったため、末端の住民を掌握するためのメカニズムが皆無であった。その時代、インドネシアの村落はかなり高い自治を保証され、それに対して政府の干渉はかなり限定されていた。従来から村長は村民の選挙によって選ばれる習慣があり、彼らのステイタスはコミュニティーの長であって、オランダ植民地当局の官吏ではなかった。村長はオランダ当局から給与は受け取らず、村内にある職田《しきでん》からの上がりを収入とした。オランダは、徴税額の八％のコミッションを与えて地税の徴収を村長に委託したが、それさえ確保されれば、村落の行政に干渉することはあまりなかったのである。オランダは、外国資本の大規模な農園企業による輸出用換金作物の生産活動に重点を置き、米その他の食糧生産を中心とする「住民農業」部門にはほとんど利害関係を持たなかったので、彼らの経済活動にとって村落社会はさほど重要な対象ではなかったということである。

さらにオランダは、ごく一部のエリート「原住民」に対してのみオランダ式教育の機会を与え、一般の住民はむしろ無知のままにしておくほうが統治しやすいと考えた。そのため同化政策は最小限にとどめようとし、村落社会や都市周辺部に住む一般大衆に対する教育や啓蒙活動には積極的ではなかった。したがってオランダ政庁から基本的姿勢、価値観などを積極的に住民に伝達するメカニズムも備えていなかったのである。

それに対して日本軍の統治は、「住民農業」部門が生産する米と、労働力の確保を経済政策の根幹とし、また占領地住民に対する総動員政策を基本としていたために、どうしても村落社会に直接介入する必要に迫られた。そして、住民一人一人を啓蒙して、なぜ日本はインドネシアを占領せざるをえなかったのか、なぜこの戦争を戦わねばならないのかを説明し、納得させたうえで、大東亜共栄圏の構築に向けて住民の協力を引き出す必要があった。そして新しい政策を導入する際には、住民のあいだでそれを徹底させようとしたのであるが、そのようなメッセージを末端の住民にまで伝達するために隣組の常会制度が活用されたのである。

日本では常会開催に加えて、回覧板の配布によって、さまざまな情報が伝達されたが、識字率の低いジャワでは、これは導入されずに、もっぱら定期的な常会を開催させてその場で直接口頭で伝達した。この隣組の常会には、全世帯から戸主が等しなみに出席したが、これは土地所有の有無によって村の寄り合いへの参加者が限定されていたジャワの農村社会にとっては大きな変化であった。

軍政当局はまた、食糧その他の物資の強制的集荷や、ロームシャの徴発に際して、隣組ごとに割当量を課し、それを満たせなかったときには隣組員の連帯責任とすることによって、収奪の効率を高めようとした。

さらに、戦時体制であったので、隣組はメンバー同士で相互監視させることによってスパイ行為や反日的な活動を牽制し、また統制経済下の物資の配給ルートとしても機能した。

RT・RW制度を研究しているジャワ人歴史学者スワルノ（Suwarno）によれば、隣組・字常会導入前にジャワにはすでにそれと類似した社会組織があり、それを日本軍政当局が活用した。たとえば、死者が出たときの助け合いに際して組織するプラテナン（Pratenan）や、結婚、割礼や、出産などの儀礼を行う家族のために組織するシノマン（Sinoman）などの絆である（Suwarno, p. 1）。

隣組制度は比較的短期間にジャワ全域で組織され[4]、グラスルーツの住民を効果的に統制し、動員するうえで重要な役割を果たした。それは日本が敗北してこの地を去り、インドネシアが独立国家となったのちも廃止されることなくインドネシア社会に定着し、自発的に生き続けることになった。

独立直後の隣保制度（RT・RK）

日本時代の隣組・字常会制度は、独立後は、そのインドネシア語訳であるルクン・トゥタンガ（Rukun Tetangga 略してRT《エルテー》）ならびにルクン・カンポン（Rukun Kampong 略してRK《エルカー》）という名称で呼ばれた。ルクン・トゥタンガは、日本軍政時代にすでに軍政当局の公的な書類においてインドネシア語訳として使われていた名称である。一方、字常会は、ジャワ農村における既存のカンポン[5]（部落）を単位として編成されていたことが多かったので、そのままごく自然にルクン・カンポンという名称に移行した。

これを行政当局の介入によって制度化しようという試みはなかったわけではない。たとえばジョクジャカルタでは、もともと自治的な村落が存在しなかったため、スルタンの政府[6]は独立と同時に村落整備に乗り出し、その後一、二年のあいだに各地の村落で村落首長選挙が実施されるようになったのであるが、そのような村落整備のプロセスと並行して、一九四五年十一月十三日に指令を出し、一九四六年十二月までにＲＴ・ＲＫを整備するように指示した。そのベースとしては日本時代の隣組・字常会規定を引き続き活用したが、形態や役割についていくつかの点が明確に示された。たとえば、隣組内に福祉、社会、治安、総務、青年、婦人など六つの部門が設けられ、その長が任命された（Suwarno, pp. 15–16）。

またＲＴ長選挙は一九四六年一月十八日から一月二十三日のあいだに、またＲＫ長選挙はその後の二十四日から三十日にかけて行われることになった。選挙権を持つのは世帯主と十八歳以上の住民、被選挙権を持つのは二十歳以上の住民であるが、地方首長、役人、国軍兵士は被選挙権がないとされた。なお識字能力は条件とされなかった（Suwarno, p. 16）。

この時期のＲＴ・ＲＫ制度について、ほかにはあまり言及がないが、ミローネはたとえばスラバヤにおいては二〇〇を超えるＲＫが作られ、カンポン改良、識字率向上、米の配給などを行なったと述べている（Milone, p. 56, note 163）。

またスラカルタでは、一九四六年にスラカルタ市ルクン・トゥタンガ本部が結成され、そのもとで各村にＲＴのランティン（支部）が作られた。配給などをＲＴが担当し、その手数料が治安維持の費用、葬儀の際の援助金、文盲撲滅運動などの活動資金になった。また独立記念日その他の祭典を実施する場合にも母体になった（Department of Information, Indonesia p. 120）。

スマランではオランダとの闘争のなかで住民のあいだに「共和国志向」を根づかせるために、ＲＴが作られた。オランダに占領された地域の住民が、オランダの反インドネシア宣伝に感化されないようにするためであった。その後スマラン市が軍政下に置かれた際に、国軍のイニシアティヴで役人も協力してＲＴ中央幹部会（Pengurus Rukun Tetangga Pusat）が設立された。その任務はスマラン市内のＲＴ

を再生させたり活性化させたりすることであった。革命に対する裏切り者と見なされた者に対する復讐などが行われて治安状況が極めて悪かったことから、大戦後間もない当時のRTは治安維持がその主たる役割で、日本軍政期のそれと類似した性格を持っていた（Department of Information, Indonesia p. 121）。

一九五〇年代以降の隣保組織

一九五〇年代以降もRT・RKについては断片的、かつ地方的な情報しか見当たらない。

小林和夫によれば、ジャカルタでは一九五三年に就任した国民党のスディロ（Soediro）市長によって積極的な取り組みが行われた（小林和夫、二〇〇四年、三四―三六頁）。一九五四年五月にスディロ市長はRT・RKの設立を討議するための会議を開催し、席上ジャカルタ市の全郡長（ウェダナ）に対し、五月二十日を期してRT・RKを設立するよう命令した。同市長は、このRT・RKは経済問題、社会問題、治安、情報などをカバーするもので、このような組織は日本占領時代に作られたが、当時のものとの違いは、現在の制度は自発性（sukarela）に基づいていることである、と述べている（*Bintang Timur*, 1954. 5. 14.）。その結果、一九五五年四月までに全ジャカルタの九つの郡（kewedanaan）で四三二三のRTと四七六のRKが編成されたという（*Madjalah Kotapradja*, 1955. 4. 30. p. 17）。また一九五五年六月にはRT・RK総会が開催され、RT・RKの代表など三〇〇〇人が参加して、位置づけ、活動内容・機能について話し合われた（*Madjalah Kotapradja*, 1955. 8. 17.）。

小林和夫によればこういった動きの背後には急激な人口増加、市政業務の肥大化があった。それに加えて日本占領期のスディロ市長の政治的体験（奉公推進隊長）があると小林は述べている（小林和夫、二〇〇四年、三五頁）。

ジョクジャカルタでも、この時期には政府によるＲＴ・ＲＫへの干渉は比較的弱く、配給を実施したり、政府による食糧や衣料品の増産活動を援助するなどの福祉分野での活動が中心であった。社会活動としては文盲撲滅運動や、環境清掃、治安活動に重点が置かれ、総務は誕生、死亡、転出入などの記録をつけた（Suwarno, pp. 19–20）。

この時期には、行政がＲＴ・ＲＫを指導するというよりも、時にはＲＫが行政に積極的に関与するという傾向も見られた。スラバヤではRukun Kampong Kota Surabaya（ＲＫＫＳ）が結成され、存在しなかった「リンクンガン」（最末端の行政区画）に代わってカンポン行政を取り仕切るまでになった（小林和夫、二〇〇六年、一一一頁）。セロスマルジャン（Selosoemardjan）は「東ジャワ軍管区司令官が末端行政での補完機能としてのＲＫの役割の停止を命令するほどであった」と述べている（Selosoemardjan, 1961, p. 205）。

この時期のＲＴ・ＲＫについての非常に重要な指摘は、一九五五年の総選挙の前後には各党が票集めのためにＲＴ・ＲＫを積極的に活用する動きが見られたということである（Selosoemardjan, pp. 204–205, note 35）。

指導される民主主義期の隣保組織と共産党

一九五九年以降スカルノ体制に大きな変化が生じた。議会を解散して西洋的な議会制民主主義を放棄し、大統領に強大な権限を集中させる、いわゆる「指導される民主主義」を採用したのであった。地方政治においても、一九五九年大統領令第六号によって地方首長に大きな権力が移り、州議会（ＤＰＲＤ）の力は弱くなった（Suwarno, p. 22）。

それに基づいてジョクジャカルタ州政府は一九五九年十一月十七日に、またジョクジャカルタ市政府は一九六〇年二月三日にRT・RKを再編した。市政府はその三カ月後に、一九六〇年地方規定第九号のなかでJawatan Prajaという役所の指示に従って、RT・RKを強化する方針を盛り込んだ。それは政府により承認され保護される、非政治的な社会団体として位置づけられた。市政府からの財政的援助も必要と考えられた。RT・RKと政府との関係のなかで注目すべき点は、RT・RKは市内に一三あったKemantren Pamong Prajaと呼ばれる下部の行政単位による直接の指導を受けると規定されたことである。その指導は特に政治的分野で行われた（Suwarno p. 22）。

またジャカルタでは、ジャカルタ軍管区司令官（Pengusaha Perang Daerah Swatantra I Djakarta Raja）のウマル・ウィラハディクスモ（Umar Wirahadikusmo）中佐（のちの陸軍大将ならびに副大統領）の名で、一九五九年十一月九日に「ジャカルタ市におけるRT・RK定款（Anggaran Dasar Rukun Tetangga dan Rukun Kampong Kota Pradja Djakarta Raya）」が出された。これはいまだRT・RKが結成されていない地区においてはその設立を促し、また全市的にその形態や役割を画一化するための試みであった。「RT・RKは社会組織であり、政府によって保護されるが、政府の機関でも道具でもない」と位置づけられているが、RT・RK長の選挙に際しては区長（ルラー）あるいは区長によって指名された選挙管理委員会がこれを監視する（第一六条）とか、RKの会合には区長を招かねばならない（第二一条）、分郡長（チャマット）や郡長（ウェダナ）がこれを監督し指導する（二四条）などという規定があり、政府の干渉はかなり強まっている（*Pelaksanaan Peraturan Pembentukan RT-RK*）。

このように、「指導される民主主義」期になると、のちのスハルト体制下における政府と住民の関係の原型のようなものが見出されるのである。この現象がどの程度、全国的に当てはまるのかは不明であるが、少なくとも文献が入手できたジャカルタとジョクジャカルタにおいてはそのような傾向が見られる。

ところで、国家あるいは政府との関係とは別に、スカルノ時代のＲＴ・ＲＫは、政党、とりわけインドネシア共産党（ＰＫＩ）の影響を大きく受けていたと言われる。すでに一九五二年初めにはスラバヤのＲＴ・ＲＫは共産党の影響を受けるようになった、という記述もあるが、その傾向が本格的に強まっていったのは、一九五五年の初めての国政選挙が行われる頃からだったようである。

共産党の地方幹部をＲＴ・ＲＫの役員に就任させ、就職を斡旋し、食糧、小額の融資、政治上の情報などを提供したという記述もある（小林和夫、二〇〇六年、一一一頁）。

スラバヤでは共産党の影響下にある隣組制度の機能が非常に強くなり、正式な行政組織との区別がつかなくなった（Hindley, p. 158）。

共産党がいかに勢力を伸ばしていたかは、一九五〇年代のジョクジャカルタで、ＲＴ・ＲＫにおける青年たちの活動が「特定の政党」の影響を受けずに中立を保つようにせよ、という指示がJawatan Praja から出ていたということ、またジョクジャカルタ市が一九六〇年に出したＲＴ・ＲＫに関する規定のなかで、共産党員でない者からＲＴ・ＲＫの役員を選ぶようにという指導が行われたことからも分かる。しかしＲＴ・ＲＫの役員を掌握しようとする共産党の活動は活発で、一九六五年の九・三〇事件発生直前にはジョクジャカルタ市において、共産党関係者がＲＴ・ＲＫ役員の半数以上を占めるようになっていた（Suwarno, p. 21 & p. 23）。

九・三〇事件と隣保組織

一九六五年九月三十日から十月一日の未明にかけて発生した、いわゆる九・三〇事件は、この国の歴史の道筋を大きく変えることになった。この事件で六人の陸軍将軍が殺され、事態の収拾に乗り出したスハルト少将は、この事件は共産党の陰謀であるとして、共産党関係者に対する弾圧を開始し、むしろ共産党擁護的な立場を示したスカルノ大統領を、世論の力をバックに失脚へ向けて追いやった。一九六六年三月、スカルノ大統領から全権を委任されたスハルトはただちに共産党の活動を禁止し、その関係者の一掃に乗り出した。

共産党撲滅という大きな政治課題を達成するためのひとつの手段として、スハルトは既存の隣保組織を活用した。当時、共産党員ならびに共産党と関係を持っていた人物は、一様に九・三〇事件に関与したとして逮捕の対象になった。そのため多くの関係者は、逮捕を逃れるため、正体を知られていない新しい居住地を求めて逃げ延びた。

そこで政府は共産党関係者が逃げ込むのを防ぐために、隣組に転入者の身元確認の任務を負わせたのである。新しくその地域に転入してきた者はもちろんのこと、一日二日、知人宅に逗留する場合でさえ、組長に届け出て家族構成等を報告するとともに、共産党と無関係であるという証明書（前居住地の隣組長が発行）を提示しなければならないことになった。共産党関係者の一族にはこの証明書が交付されていないので、もし所持していないとなると、この新しい住民は「危険人物」であるということになる。つまりスハルト体制の発足時には、隣組はこうやって共産党関係者を封じ込めていくための手段として機能したのであった。

ジャカルタ特別市では早くも一九六六年十二月に当時の知事、アリ・サディキンの名で「一九六六年

知事決定　ジャカルタ首都特別地区ルクン・トゥタンガ、ルクン・ワルガ基本規定（Peraturan Dasar Rukun Tetangga dan Rukun Warga Daerah Chusus Ibukota Djakarta）」というRT・RWに関する条例を制定し、新体制下での隣保組織の法的整備を行なった。この法規において初めてルクン・カンポンに代わって、現在のルクン・ワルガ（ワルガは「家族」や「メンバー」の意）という名称が使われるようになった。その理由について上記の条例は、「ルクン・カンポンという名は後進的なイメージがあるので都市の雰囲気には合わない。この言葉には違和感を覚える。したがってルクン・カンポンという用語は変えたほうがよい」と述べている。また、実際にルクン・カンポンは、「家族」を基礎単位としているので、ルクン・ワルガのほうが家族を構成員の基礎とする社会組織の機能により近いためである、とも述べている。(7)

この知事決定の内容でいくつか注目に値する部分を紹介すると、RT・RWは政党のイデオロギーや束縛から解放された住民組織であるとしている（第三条）。またRT・RWの活動の基礎はパンチャシラ民主主義（Demokrasi-Pancasila）と、話し合いを通じて得られる全会一致（ムシャワラとムファカット musyawarah-mufakat）であるとされた（第四条）。その役員の選出は「区長《ルラー》のもとで編成された選挙管理委員会が監視し、投票結果は区長が同意し、分郡長（チャマット）が承認せねばならない」とされた。また第五条でおよそ四〇世帯をもってひとつのRTを構成するとしている。小林和夫はこれらの規定の主たる目的はインドネシア共産党の影響力の払拭と、ゴトン・ロヨンの復興であり、これはその後、全国レベルでの隣保組織の整備のために制定された一九八三年の内務大臣令の嚆矢《こうし》であったと指摘する（小林和夫、二〇〇六年、一二二頁）。

このジャカルタの一九六六年の知事決定以降、それを見習う形で各地方ごとにRT・RWを整備するための法的措置がとられ、各地でほぼ画一的な形で隣保組織が再編されていった。ジョクジャカルタでは一九七一年の総選挙に備えて「一九七〇年州規定第七号（Peraturan Daerah No. 7 Tahun 1970）」を発布したが、このなかでは地方政府のRT・RWに対する干渉を強めていた。たとえばRT・RWの役員の任免は市長によって承認されなければならないという規定がある。この州の一九四六〜四七年の規定では、地方政府が干渉することを厳禁しており、その後、一九六〇年の規定ではこれについては何も触れられなかったのと比べると、一九七〇年には地方政府の干渉が一段と強まったことが明確に分かる。

開発独裁期の隣保組織

スハルト体制が成立して何年か経つと、共産党はほぼ壊滅状態になってしまい、次第次第に隣組は主として体制への支持の取りつけ、さらに政府与党であったゴルカルのための集票マシンとして機能するようになった。また、隣組を基本単位として各種の翼賛的組織の支部を作り、その活動を通じて住民を教化したり、「指導」したりするためにも、この機能は重要になった。

それでは現実に、隣組は住民統制の手段としてどのように機能していたのであろうか。インドネシア政府は、一九八三年になってようやく、現状を追認する意味もあって遅ればせながらRT・RWに関する全国的な法令を制定した。「RT・RW制度に関する一九八三年内務大臣規定第七号」と呼ばれるものである。これは隣組に関する初めての全国レベルの法令である。スハルト政権崩壊後の現在もこの規定は生きており、ほぼこれを踏襲している。明文化されたのは一九八三年であるが、実際には一九七〇年代初めからほぼこのような形式と役割ができあがっていた。まずはその枠組みを見てみよう。

一九八三年の法令によれば、この組織はいくつかの世帯から成るRTと、それをいくつかまとめたR

Wから成り立っている。隣組とは「政府によって認められ、育成されるデサ（村）／クルラハン（町）レベルの社会組織」であり、そのメンバーは、「世帯主を代表として家族登録カード（Kartu Keluarga）に登録しているその地域の住民」であり、地域の住民とは「インドネシア共和国の国民であれ、外国人であれ、その地域に住むすべての人間を成員とする」と規定されている。その規模は、「村落部（デサ）においては多くとも三〇世帯、都市部（クルラハン）においては五〇世帯から成る」とされ、またその設立目的は次のように規定されていた。

a. 相互扶助（ゴトン・ロヨン）と家族主義に基づいたインドネシアの社会生活の価値を育成・維持し、継承すること
b. デサ／クルラハン・レベルで行政、開発、社会活動の任務遂行を円滑ならしめること
c. 人民の福祉向上のための努力のなかで、社会の自律的な潜在能力を集積させること

組長や役員に選ばれることができるのは、その地域内に住んで、隣組のメンバーになっている十七歳以上のインドネシア国籍保有者で、次のような条件に合致する人物である。

a. 神への信仰を持つ者
b. パンチャシラと一九四五年憲法に忠実な者
c. 国家と政府に対して忠実な者
d. 素行が良く、誠実で公平で、身心ともに健全で、人望のある者
e. パンチャシラと一九四五年憲法に基づいた単一国家のインドネシア共和国を裏切るような活動（共産党の九・三〇事件、あるいはその他の禁止された組織の活動など）に、いまだかつて直接的にも間接的にも関与したことがない者

f. 法廷の決定によって選挙権、被選挙権を剝奪されているのではない者
g. 身心ともに健全な者
h. ラテン文字の読み書きができる者(8)
i. その隣組に少なくとも六カ月居住していること

そして隣組の任務は次のように記されている。

a. 建国五原則(パンチャシラ)、一九四五年憲法、国家の基本的な見解に基づく社会生活の実現
b. 相互扶助(ゴトン・ロヨン)、自立、社会参加に向けて(住民を)動員する
c. 国家の安定を支える一環として平穏と秩序の創出に貢献する
d. 政府のひとつひとつのプログラムを周知徹底させ、それを推進するよう努める
e. 社会の全成員間の、そして社会の成員と政府とのあいだの橋渡しをする
f. 政府の責任である社会に対する奉仕を実施する
g. 生活環境の保全の一環として、地域の発展や経営という任務に積極的に関わる

法令の文面であるからいささか抽象的な表現であるが、実際の役割はたとえば次のようなものであった。ひとつは地域内の人口動態に関する管理である。住民は、出生、結婚、死亡、同居人の増減など家族構成に変化が生じたときには、必ず組長にそれを届け出なければならない。組長はいわば市役所の市民課のような役割を果たしている。また居住の手続きに際しては、出身地、職業、宗教、学歴などを記入して登録するので、組長は個人的なデータまで把握することになる。そして住民が入学や就職のため

に証明書が必要なときには、彼が窓口となってそれを発行する。

したがって、住民は隣組長との関係が良好であれば何の問題もないが、もしそうでないと、さまざまな嫌がらせをされて証明書がいつまで経っても出ない、というようなことも生じる。隣組長との関係の善し悪しと言うとき、スハルト時代には個人的な関係についてだけではなく、その住民の政治的立場を意味することも多かった。つまり、多くの場合、政府の見解や政治的立場を代弁している隣組長にとって、その住民がゴルカルに投票したか否か、政府に協力的であるか否かという政治的姿勢の問題が重要なのである。こうして隣組は住民の政治的動向の監視と反政府的な人間に対するハラスメントの場ともなるのである。

隣組活動のなかの一つの重要な要は、定期的に開かれる会合である。前述のように、インドネシアでは回覧板を回すという習慣はなく、すべてのお知らせを、会合の席上、対面して伝達する。そこでは単なる伝達だけでなく、時には行政当局から担当者がやって来て、生活指導や政治的教化も行われる。こうして与党への集票マシンとしての機能が強化されていったのである。

さらに、人口増加に悩むジャカルタでは、州政府が一九七〇年に「ジャカルタ閉鎖都市宣言」を出して、居住許可証の導入、露天商・ベチャ（輪タク）の営業制限をし、地方からのむやみやたらな転入を防止する方針をとったが、その際に隣組がチェック機能を果たしたという側面もある。つまり、ジャカルタですでに勤め先や就学先が決まっている人物以外は、隣組長のもとで正式に転入手続きをとることができないようにしたのである。

スハルト体制崩壊後の隣保組織

一九九八年五月のスハルト政権の崩壊から一三年経ち、いわゆる民主化のなかで社会がさまざまな変容を遂げた今日、ＲＴ・ＲＷ組織はなお存続している（この時期のＲＴ・ＲＷに関する詳細は倉沢愛子、二〇〇六年、ならびにKurasawa, 2009を参照）。すでに一九九九年の内務大臣規定によってＲＴ／ＲＷの設置は地方政府に委ねられ、必ずしも全国的に画一的なものである必要はなくなった。しかし筆者の知る限り、現実にそれを廃止した地方政府はひとつもない。権威主義的体制が崩壊しても、それが考案した統治のメカニズムは必ずしも一掃されず、継続しているのである。

隣組の与党の集票マシン的な役割や、反政府的な人物に対する監視の役割は薄れてきた。しかし、現在は二〇〇一年のバリ島テロ事件など、いわゆるイスラーム過激派による爆弾テロが相次ぐなかで、その取り締まりのために、ＲＴ／ＲＷが活用されている。それに関連して、ＲＴ長による住民の出入りや動態の管理が引き続き行われている。

さらに現在でも会合は依然として活発に定期的に行われており、基本的には、情報伝達や動員のためのチャンネルとしては重要であるように思われる。以上のような役割を担っていることは、少なくとも、村落社会や、あるいは村落的な生活形態や慣習や人間づきあいがほぼそのまま保たれている都市のカンポンについては、当てはまると言えよう。一般にスハルト時代から、比較的暮らし向きの豊かな人々の住む都市の表通りの地域では、隣組は相対的に活発ではなく、型通りの届け出をしたり、共同で地域の警備員を雇ったり、ゴミの処理のための費用を分担したりという程度の関係しか持たないことが多かった。しかし、生活の隅々にまで隣組の人々との関係を無視してはやっていけないカンポン社会では、日常生活における相互扶助システムの一環としても不可欠の存在のように思われる。

以上（1）体制翼賛と大衆動員のための組織、（2）情報伝達のテクニック、そして（3）住民掌握の装置というこの三つの制度・組織を通じて日本軍の統治とスハルトの権威主義体制との類似性を見てきた。

このように独立後の、特にスハルト体制下でのインドネシア政府の施策のいくつかは、日本軍の統治と酷似しているのであるが、しかし実はこれらの三つの制度・組織は、スハルトの新体制以前からすでに政治的に重要な役割を担っていた。スカルノ政権（旧体制）とスハルト政権（新体制）は、とかくその差異が強調されがちであるが、経済政策や共産党に対する姿勢、あるいは第三世界を重視した外交政策などにおいてはかなり大きな違いがあったものの、その統治スタイルや統治メカニズムにおいては類似性がある。上述の三つの制度・組織に関する限りは、旧体制、新体制を通じて継続的に国家の基本となっていたものである。その意味において、日本軍政の遺物はかなり長期にわたって独立後のインドネシアにまとわりついていたといえよう。

このような日本軍政時代のシステムが継続しているのは、意識的に模倣されているためなのだろうか、それともまったく偶然の一致なのだろうか。日本軍の統治と、スハルトの開発独裁は、基本的に権威主義的な性格で一致している。またスカルノ時代の後期もかなり独裁色の強いものであった。同じ体質の政権であれば、その戦略が類似してくるのはさほど不思議なことではないのかもしれない。しかし同時に、スカルノ時代の後期やスハルト政権の初期の支配者たちの多くは、日本の占領時代を生きた人々であり、なかには日本の教育を受けた者も多かった(9)ことを考えると、自分で意識していなくても、日本的な発想方法の影響を無意識のうちに受けていたのかもしれない。

第7章　いまだ癒されぬ戦争の傷跡

戦争が終わってはや六五年が過ぎた。戦争の時代を体験した人は毎年少なくなっていく。日本では一刻も早く忘れ去って、戦争を知らない新しい世代だけの時代になってほしいと思っている人たちも多いかもしれない。それでもインドネシアでは、この時代の歴史は語り継がねばならないものとして、重要な意味を付与されている。直接それを知る世代は少なくなっても、それを語り継ごうとする努力がなされている限り、決してそれを忘却の彼方に葬り去ってしまうようなことはないだろう。

日本の占領期に被ったさまざまな被害に対して、多くのインドネシア人はいまだに複雑な感情を持っている。反日ゲリラの抵抗が激しかったフィリピンやマレー、あるいは華僑の大量虐殺があったシンガポールなどと比べれば、対日感情は比較的穏やかであるが、しかしそれでも、現実に被害を被った人々がまだ数多く生存しており、その記憶も決して薄れていない。この六五年間の流れを見ても、忘れた頃にいろいろなきっかけで傷口が痛み出し、膿を噴出してきた。

経済協力や資本投資などで、インドネシアの経済に大きく貢献していると見られている日本に対して、インドネシアの国民はおおむね友好的であり、戦争の記憶が恒常的な反日感情を形成しているというようなことはないが、潜在的な感情としては存在していて、何かのきっかけで顕在化してくるのである。

本章ではインドネシアにとっては戦争処理はいまだに解決されていないことを実感させる三つの具体的な問題を取り上げて、インドネシア人の複雑な心情を描き出す。そのひとつは、第3章でも触れたが、一九七三年に発生した映画「ロームシャ」の上映禁止問題で、これは第1節で詳しく取り上げる。ロームシャというのは、日本軍の飛行場の建設や防衛工事などのためにほぼ強制的に徴発され、苛酷な環境のもとで労働を強いられたインドネシア人のことであるが、インドネシアの映画会社が作ったこの映画が、検閲をパスしながら突如として上映禁止になったため、その背後に日本大使館からの抗議があったのではないかとしてメディアを中心に反日世論が過熱した。この問題は、その翌年の田中角栄首相訪問時に起こった反日暴動の遠因のひとつになったと言われている。

二つ目はかつて日本軍の補助兵であったインドネシア人、すなわち兵補の人々が、兵役期間中に給料から天引きされていた貯金の支払いを要求した問題で、第2節で取り上げる。彼らは要求のために、「インドネシア兵補遺族福祉会」を結成し、各地に散在している仲間たちの登録を開始した。この組織はうまく機能せず、一九八九年にタスリップ・ラハルジョが中心になって大幅に改組し「元兵補連絡中央協議会」(Forum Pusat Komunikasi Ex-Heiho Indonesia) として再出発した。彼らが、日本への要求を提出する窓口としてこのような組織を作り、団結した背景には、オランダ政府がかつてオランダの植民地軍(KNIL)に従軍していたインドネシア人将兵に年金を出すことになったという事実がある。

次いで第3節では、韓国で口火が切られ、やがてインドネシアでも一九九〇年代に入って大きなイシユーとなった、いわゆる従軍慰安婦問題を取り上げる。この国でも、被害者の女性たちが名乗りをあげ、補償を求めて行動を起こし始めたが、結局アジア女性基金による償い金は受け取れずに失意のうちに多くが亡くなった。

第1節　映画「ロームシャ」問題

外資導入政策が本格的に始まり、多くの日系企業が猛烈な勢いでインドネシアに経済進出していた一九七三年、いまだ癒されぬ戦争の傷跡を痛感させられるような事件が発生して世論を賑わせた。インドネシアの映画会社が製作し、検閲を通過して一般公開を待つばかりだった「ロームシャ」と題する劇映画が、突然、上映中止になったのである。その背後に日本大使館からの圧力があったのではないかというのが一般的な見方で、大国主義的な日本のやり方に対して激しい反日の論調がメディアで展開された。

この映画はスリ・アグン・ウタマ・フィルム社によって製作されたもので、監督は、ソ連留学帰りのシュマンジャヤであった。この作品は一九七二年に情報省に脚本を提出して事前許可を取得したのち製作にとりかかり、一九七三年春に完成して五月に情報省の検閲をパスしている。同社が一九七三年四月に発表したシノプシスや試写会に出席した人々の話をまとめると、そのストーリーはおよそ次のようなものであった。

映画の粗筋

時は日本軍の占領時代（一九四二年～四五年）。ジャワの村では籾《もみ》の強制供出制度が実施されていて、農民たちが生産したコメの大半は「ノージ」（筆者注：農事組合のことと思われる）を通じて日本軍に売り渡さねばならなかった。そのため村人たちは自分たちが消費するコメも十分手元に残らず、空腹に悩まされていた。ある村に住む青年ロタはある日、空腹に悩む農民たちに、「ノージ」を襲撃してそこに集められている籾を奪うよう唆したとして逮捕され、強制労働収容所（romusha buangan）へ入れられる。そこは犯罪者など何らかの問題を起こした者ばかり収容して日本軍のための強制労働につかせるキャンプで、収容された者たちは「ロームシャ」と呼ばれた(1)。

ある日、ロタは仲間の年配のロームシャをいじめていた労務頭を殺してしまった。そのため収容所長であったコバヤシ・アキロ大尉のもとへ引き出される。そのコバヤシはオランダとの混血女性、ナニを「フジンカイ」にしていた。「フジンカイ」というのは、日本軍の慰め者として仕えることを強制された女性たちのことである。

ロタは労務頭になれば許してやると言われたが断ったため懲罰棟に収容され、連日虐待された。そのようなとき、ときどき食事を運んでくるナニと親しくなった。ナニはここにいる「フジンカイ」の女性たちは皆ロタの闘いを応援していると伝えた。コバヤシ大尉はロタに、日本海軍の太平洋における勝利を祝って開催された日本の伝統的な行事である格闘（adu gulat）に出場して日本兵に勝ったら自由にしてやると持ちかけた。ロタは出場し、ほぼ勝利を目前にしたが、対戦した日本兵は卑怯な手を使い、別の仲間が背後からロタを襲おうとした。しかし、ナニの叫び声によって助けられ、勝利を得た。

ロタとナニはだんだん親密になり、ある日、彼女は、「フジンカイ」の他の女性たちと組んで、密かにロタに武器を渡す。ところが、それが見つかってナニは追及され、銃殺されることになった。それが執行されるというその日にロタの仲間たちは立ち上がり、収容所は大混乱に陥る。ロタに助け出されたナニは、コバヤシに向かってピストルを突きつける。コバヤシは降参し、ロームシャたちに武器の使い方を教授してほしい、というロタからの提案を受け入れる。コバヤシ自身はその後「ハラキリ」という、名誉を重んじる方法で命を絶った。

スリ・アグン・ウタマ・フィルム社は一九七〇年に創立された映画会社で、これが五作目の作品だった。同社がこのような映画を作ろうと思ったきっかけは、大統領補佐官のアリ・ムルトポが、四五年の独立闘争時代の価値を若い世代に伝えるような映画を作ってほしいと提案したからだという。かつてロームシャとして働いたことがある主演俳優のロフィ・プラバンチャナ（プロデューサーの夫）自身の個人的体験も影響しているという（*Sinar Pagi*, 1973. 6. 9）。

それではこの映画の上映中止問題がどのように発生し、どのような展開を見せたのか、当時のインドネシアの新聞報道を中心にこの事件を追ってみよう。

映画「ロームシャ」の一場面。

映画上映の予告

情報省映画検閲室長のスタルト[2]がのちに語ったところによれば、この映画は一九七三年四月二十八日に検閲室へ持ち込まれた。当初のフィルムの長さは三一二三・四メートル。その四日後、つまり五月二日にスタルトと検閲室の二人のメンバー（パラ・マンル［Pala Manroe］

とイフティヤント〔Ichtiyanto〕でこれを審査した。川で裸でマンディをしている場面が風紀上よくないと判断され一一・四メートルだけカットすることにした。また日本語のセリフ部分に字幕を入れるようにと指示して検閲を通した。その後、五月九日に製作会社は宣伝用の一五八メートルの予告編を提出してきた。この短いフィルムも検閲をパスし、許可証にも署名された。製作会社はその後、自社で、五月三日に映画そのものの、また五月十日に予告編の試写会を行なった。五月十二日に、字幕を入れるためにジュリア・サブタイトリング社へ持ち込まれ、二十八日に戻ってきた（*Indonesia Raya*, 1973. 9. 11.）。

恐らくこの試写会に報道関係者が招待されたことが契機になったのであろう、五月十二日のシナール・パギ紙が、映画「ロームシャ」が香港での現像作業を終えて戻ってきて、近く上映開始されることを報じている。同じく十三日のブリタ・ブアナ紙の文化欄は、映画の粗筋を紹介するとともに、この映画が情報省による検閲に合格したことを伝えた。次いで、ジャカルタで開催される男子バドミントンのトマス杯の資金集めのために入場料二〇〇〇ルピア（当時のレートで約一五〇〇円）で五月二十日から二十四日までジャカルタ・シアターで試写会が行われること、タイとマレーシアのブローカーがすでに買い付けの契約をしていること、また七月十〜二十三日にモスクワで開催される映画祭に出品される予定であることなどを五月十八日のミングAB紙が報道している。また、「近日上映」の宣伝広告が五月二十一日のコンパス紙に掲載されている。つまり当初は、ちょっとした話題作として、この映画が紹介されていた。

突然の上映中止　背後に日本大使館の抗議？

ところが、五月二十八日に突如コンパス紙が、すでに検閲をパスしていた映画「ロームシャ」は情報省によって保留にされ、上映延期になったと報じて世間をびっくりさせた。ちょうどこの日、字幕を入れるために五月十二日にジュリア・サブタイトリング社へ持ち込まれていたフィルムが（情報省に）戻ってきたところだった（*Indonesia Raya*, 1973. 9. 11.）。

情報省のジョハルディン（Djohardin）映画総局長は、「内容が政治的で日本との関係にとって好ましくないため再検討する必要がある」と語った。ところが、その直後に、同じ情報省の映画検閲室長スタルトが「日本大使館員が抗議してきた」と述べたために、世論は色めき立った（*Sinar Harapan*, 1973. 6. 2. 社説）。スタルトによれば、その日本大使館員は映画を見もしないで抗議してきて、その後一〇日も経った五月二十九日になってようやく映画を見にきたという。スタルトは映画総局長から電話でその旨を伝えられ、「多分、日本大使館に告げ口をした第三者がいたのであろう」と述べた（*Pedoman*, 1973.6.4.）。映画総局長は「日本大使館から抗議があったのか」という問いに対しては「正式にはわれわれはまだ何も抗議を受けていない」と答えた。

次いで治安秩序回復作戦本部（Kopkamtib）司令官のスミトロ将軍は「映画『ロームシャ』の処遇はまだ検討中であり、どういう結論になるか分からない」「歴史や英雄のことを描いた映画はよいものだ。しかしその時代の空気（アトモスフィア）に合うかどうかも重要だ」と語った（*Kompas*, 1973. 6. 4.）。矢面に立っていた情報大臣は、六月五日に、大統領宮殿内の執務館《ビナグラハ》での会議を終えて車に乗り込む前に、「国益のために上映禁止が決定された」と慌しく語った（*Kompas*, 1973. 6. 6.）。

この間、いったい日本大使館は関与しているのか否かという点に世論の関心が集まり、さまざまな憶測がなされたが、ようやく六月七日の新聞に、日本大使館のプレス・アタッシェが映画上映禁止に際しての日本の関与を否定したという記事が報道された。彼は情報省に招待されて映画を見たが、「そのと

映画「ロームシャ」のポスター。

きにはすでに映画は凍結されていた。われわれは内政干渉になるようなことは決してしない。見たあとで何の意見も述べていない。それ以前に治安秩序回復作戦本部関係者や情報省関係者は見ていた」と語った（*Kompas*, 1972. 6. 7. など）。

この日本大使館員の発言についてスタルトは「それは嘘だ。（書面による）正式な抗議ではないが電話で情報大臣に対して伝えられた。日本人自身はまだ見ていなかったのだから恐らく試写会に出たインドネシア人の誰かが日本側に報告したのだろう」と反論した（*Abadi*, 1973. 6. 9.）。

実際にインドネシアの各紙は日本大使館員の発言を額面どおりに受け取る様子はなく、日本の関与があったか否かを推測する記事はこれ以後も引き続いて掲載した。

いくら日本大使館や情報大臣が否定しても、インドネシアの世論は日本に対して疑惑の目を向け続けた。まず、日本の関与があったか否かという点にインドネシア国民の関心は集中したが、その判断材料としては、第一に映画検閲室長スタルトが記者たちに対して行なった「日本の抗議によって上映が差し止めになった」という明確な発言を繰り返し引き合いに出した。製作をしたスリ・アグン社は「正式には何の通知も受けていないが、スタルト氏から日本大使館からの抗議によって上映が差し止めになったと聞いた」と発言している（*Sinar Pagi*, 1973. 6. 9.）。情報省の職員であるスタルトが、同じく情報省の大臣や映画総局長と異なる発言をしたということは重要である。日本のケースから推し量れば、恐らく省内では、彼に対して発言を慎むようにというプレッシャーがかかったのではないかと思われるが、彼はのちになっても発言を翻してはいない。彼の発言には、生粋の映画人として、自分が良しと判断して許可した作品の上映が政治的な理由から中止とされたことに対する強い怒りのようなものが感じられる。

もっとも映画総局長自身もまた「腕白な子供がいて、近所から静かにさせてくれと文句を言われたら、黙って見ているわけにはいかない」という曖昧模糊とした発言をしたことがある。彼はさらに「要するにそのための補償金は出ますよ。どこからかは知らないけどね」という含みのある発言もしている（*Tempo*, 1973. 6. 16.）。

インドネシア政府の外務省筋も、そのような見解を匂わせる発言をしている。六月五日には外務省のプレス・オフィサーのジョコ・スジョノ（Djoko Soejono）が、「日本大使館から抗議があったが、その理由は分からない。恐らく、日本兵の残虐さを描いているというのが理由ではないか」と語り、日本の関与を確認する発言を行なった（*Sinar Pagi*, 1973. 6. 5.）。またアダム・マリク外相は、この問題で六月十九日に国会の第一委員会に召喚されたとき、「私の知る限り日本からの抗議はなかった。あるとすればまず外務省へ来るが、ここへは来なかった。裏から抗議が届けられていれば別だが……」と語り、正式ルート以外での抗議がありうることをほのめかした（*Berita Buana*, 1973. 6. 20.）。

さらに国家情報調整局（BAKIN）の長官は、日本が抗議したということは否定したが、日本が情報省と治安秩序回復作戦本部にメモを送ったということは否定しなかった（*Sinar Harapan*, 1973. 6. 13.）。また日本大使館員ヨネダ（米田）は、テンポ誌の記者、サリム・サイドに対し流暢なインドネシア語で「確かに私たちはこの映画が好きではありません。われわれの関係は現在良好です。なぜ過去のことを再び持ち出すのでしょう?」という意見を表明したことがテンポ誌で報じられた（*Tempo*, 1973. 6. 16.）。この程度の表現でさえ、直接的表現を避けるジャワ人の世界では、十分な反対表明として受け取られただろうと思われる。

日本大使館やスミトロ司令官がいくら公式的に関与を否定しても、このような各種の発言の行間を国民は読み取り、この間の新聞の論調は非常に反日的であった。表立った抗議ではなくとも、日本サイドから何らかのシグナルが送られ、それをインドネシア・サイドが気遣って強硬な手段をとったとする見方が一般的だった。「正式な抗議ではなかったにせよ、不満や懸念を表明したのではないか、だとすれば、それは内政干渉ではないか」というような論調が連日続いた。

それでは、実際、真相はどうだったのであろうか。果たして日本側は何らかの抗議や懸念を表明していたのであろうか。二〇〇七年四月二十一日に報道された「封印された映画――１９７４年インドネシア反日暴動の裏で」と題するＮＨＫ・ＢＳのドキュメンタリー番組によれば、日本大使館は早くもこの映画の上映について最初の新聞報道があった直後から、非常に憂慮していたようである。すなわちこのドキュメンタリー番組制作に際してＮＨＫが入手した極秘資料によれば、日本大使館は、五月十二、十三日頃に、この映画について大統領補佐官のスジョノ・フマルダニに何らかの申し入れをした。その内容までは分からないが、スジョノを通じて情報省に問い合わせたところ、この映画はすでにその段階で検閲をパスしていることが分かった。しかし恐らく日本側の意図を汲み取ったスジョノは、とりあえず上映を差し止めさせたうえで、マスフリ情報大臣とともに治安秩序回復作戦本部員に映画を鑑賞させ、そのうえで上映禁止を決定したという。そのような措置は五月十三日以前にとられていたようであるが、実際にそのことが報道されるのはなぜか五月二十八日になってからのことであった。

そしてその翌二十九日に日本大使館員八名が情報省の検閲室で映画を見ている。恐らく日本側がそれを要望したものと思われる。このクロノロジーを見ると確かに、日本側が見る前にすでに映画は上映禁止になっていた。しかし日本大使館員がその映画を見た結果、この映画は、一貫して日本軍の残虐行為を描いているためインドネシア人に日本占領期の苦い体験を思い出させると考え、やはり何らかの方法で上映をやめさせることが望ましいと判断したようだ。その場では特に何も発言しなかったが、その場に立ち会っていたスタルト検閲室長は、のちに、「日本人たちは傲慢さを見せた」と述べている（*Sinar Pagi*, 1973. 6. 12.）。

その後、六月三日に日本の田中弘人大使がスジョノ大統領補佐官と秘密裏に会見し、日本のイメージを傷つけることを狙っているような箇所があると言及するとともに、日本政府は補償に応じられない旨を伝えた。またスジョノ大統領補佐官は、スタルト検閲室長が上映中止は日本の抗議によるものだと述べたことについて、これは政府の方針に反することであるので厳重に注意すると述べたと言う。やはりスタルトに対してプレッシャーがかけられた模様である。

なお、ここで出た「補償」というのは、最初に日本側が懸念を表明した段階でスジョノ大統領補佐官が日本大使館員に対して「すでに検閲が通っていたので情報大臣は補償を求められると困惑する」と述べ、日本側にその肩代わりをしてほしいという口振りであったということと関連している。製作会社の側から補償を求めたのかどうかは別として、インドネシア政府としても、製作開始前の脚本チェックでもOKを出し、さらに完成後の検閲も通っている作品を禁止することにはかなりの無理があるのを承知で、相当な補償金が必要であると覚悟していたようである。

いずれにせよ、日本大使館側から何らかの申し入れがあったことは事実のようである。巧みに、正面からの「抗議」は避けたものの、もっとも親しいスジョノ・フマルダニ大統領補佐官に申し入れをし、「あ・うん」の呼吸で彼もその意図を理解した、というのが真相のようである。

いずれにせよ、日本大使館は懸念を抱いているということが、日本と太いパイプを持っていたスジョノ補佐官に伝えられ、それを敏感に感じ取ったスジョノが情報大臣や治安当局（治安秩序回復作戦本部）に申し入れをし、近日中に迫っていた上映にストップをかけたというのが実情のようだ。

検閲を通過している作品に対してこのような措置をとることの難しさを認識していたマスフリ情報大臣は「国益の問題として判断が下された」と語り、政治的理由に帰した（*Indonesia Raya*, 1973. 6. 6.）。映画総局長のジョハルディンも「現在、処遇はいくつかの関係機関の代表からなる特別調査チームが政治的側面から検討している」と語り、もはや情報省ではなく、政治や治安関係者の手に判断が委ねられていることを仄めかした（*Berita Buana*, 1973. 6. 8. & *Indonesia Raya*, 6. 25.）。

対日批判

メディアでは、日本政府からの抗議があったという前提に立って、それは大国主義的な内政干渉であるという批判的な論調が明確に出てきた。当時の雰囲気を理解するために以下に反日的論調のいくつかを要約して紹介しよう。

●驚いた。まだ「兄貴（ソーダラ・トゥア）[3]」の干渉があったのか。われわれはすでに独立したのではないのか（*Abadi*, 1973. 6. 5. 寸評）。

●"Mereka Kembali"（彼らは戻ってきた）という映画[4]はオランダの占領時代の残虐性を描いているが、オランダ大使館は抗議していない。日本だけがそんなことをして、両国関係に悪い影響を与えるのではないかと心配だ。恐らく日本は昔の歴史を恥じているから、このような映画にフラストレーションや怒りを感じているのだろう。ストーリーから見れば、「ロームシャ」は、インドネシア青年にとっても日本軍にとっても英雄的な側面を描いている。コバヤシ大尉はクシャトリア（武士）として自害という道をとり、その遺体は日本国旗に包まれたからである（*Indonesia Raya*, 1973. 6. 4.）。

●ナチスの残虐性を描いたからといってドイツ政府がアメリカに抗議したことはあるか（*Berita Buana*, 1973. 6. 7.）。
●インドネシアの製品を大量に買い付け、IGGI（インドネシア援助国会議）の最大のドナーであり、最大の投資国だからといって、われわれはいったいどこまで日本の要望に応じなければならないのか（*Pedoman*, 1973. 6. 21.）。
●日本ももっと大人になって、歴史から学ぼうという姿勢を持てば、自ずとこの映画は日本の若い世代にとっても役に立つことが分かるだろう。今の日本政府があの戦争は崇高なものであり、日本にとって不可欠な戦争だったと考えているなら別だが……。もし日本がそのように考えているのだとすれば、われわれも考え直さなければならない⑸（*Sinar Pagi*, 1973. 6. 8.）。
●日本は自分たちの影響力がどの程度なのか、インドネシアの対日依存度はどのくらいなのかを知りたかったのだろう。最近のタイでの反日運動のようなことが起こりはしないかと日本が心配しているのは大いにありうることである（*Kompas*, 1973. 6. 11.）。
●日本が干渉したとすれば、それは大国主義の表れ以外の何ものでもない（*Jakarta Times*, 1973. 6. 12.）。
●この「ロームシャ」のケースは、インドネシアの民主主義と法的な基盤を脅かした……。七〇％のインドネシア国民は日本時代に被害を蒙っている。現在ダイ・ニッポン（引用者注：占領中にインドネシア人に使わせた呼称）は再びわが国を支配しようとしている（問い合わせのために国会に押し寄せた六六年世代の若者代表の発言）（*Pedoman*, 1973. 6. 18.）。
●これは新しいタイプの植民地主義か（*Sinar Pagi*, 1973. 6. 12.）。
●法律援護協会（ＬＢＨ）会長のブユン・ナスティオンは、「今度の差し止めが日本大使館から来たのだとすれば遺憾である。もしそうだとすれば友好国がやることとしてはもっとも愚かなことだ」と述べた（*Indonesia Raya*, 1973. 6. 15.）。

●もし日本が抗議したのだとすれば、日本は「戦場にかける橋」や「トラ・トラ・トラ！」に対してはどうして抗議しなかったのだろうか。（日本は）いまだにファシズムの精神を持っている。こういう物語で気分を悪くするのは日本だけだ（*Ekspres*, 1973. 6. 22. 映画欄に引用されたスタルトの発言）。

いずれのメディアも、あくまで「日本からの干渉があったとすれば」という仮定で語っていることではあるが、論調は非常に厳しい。そしてそのような干渉に屈したインドネシア政府に対する怒りも強く表明されている。

日本の関与があったかどうかは別として、このように政治的判断で映画の上映が禁止されることに関しても批判が向けられた。その一つは、映画業界への悪影響を指摘するものである。六月十二日のシナル・ハラパン紙は、「情報大臣は昨年のアジア映画祭で、現在、毎年六〇〇本の映画を輸入しているが、第二次五カ年計画のあいだに、これに食い込んで年間五〇〇本くらいは国産してほしいと述べていたけれども、今回の上映中止措置はインドネシア映画の製作に打撃を与えるだろう」と述べている（*Sinar Harapan*, 1973. 6. 12.）。

もう一つは今回の上映中止措置に関わる手続き上の法的問題である。法律援護協会（ＬＢＨ）会長のブユン・ナスティオンは、「今なすべきことは、禁止の法的根拠がどこにあるのかを明らかにすることだ」と述べてこの措置を批判した（*Indonesia Raya*, 1973. 6. 15.）。

「映画の上映の可否を決定する最高の権限をもっているのは情報省検閲室で、ここは法規によってその権限が定められている。したがっていったん許可したものを不許可にするとすれば、その権限をもつのも検閲室である」という意見も出た（*Pedoman*, 1973. 6. 25.）。

また、インドネシア映画評議会会長のマリア・ウルファ・スバディオは、「検閲室の判断に問題があったときは、情報大臣、映画評議会会長、検事総長の三者から成る委員会でこれを審議することになっているが、今回はその手続きを経ていない」と語った（*Jakarta Times*, 1973. 6. 16.）。

この間、フィルムは情報省の検閲室に留め置かれていた。問題が持ち上がってから、報道陣はそれを見る機会を与えるよう要求したが常に拒否された。一部の人々のあいだで映画を見せるという話が何度か持ち上がっても、その都度キャンセルされた。一度は六月十八日に国会の第一委員会の議員たちに見せるということだった。ところが、彼らが情報省検閲室まで赴いたところ突如キャンセルになり、そこで昼食をご馳走になっただけで引き揚げた。実はこのとき記者たちもともに見ることを要求していたが、それはあらかじめ情報省に拒否されていた（*Kompas*, 1973. 6. 28.）。

正式に禁止命令

さて、映画総局長が語ったように特別チームによって検討された結果、六月末になってようやく「正式に」禁止になったと発表された。しかし奇妙なことに発表は情報省からではなく、アダム・マリク外相の口から述べられた。彼は六月二十七日に情報省映画検閲室でこの映画を見た。このとき外務省付きの記者六名が外相に誘われたにもかかわらず情報省側からストップがかかって一緒に見ることは許されなかった。映画を見終わったマリク外相は外で待っていたこの顔見知りの記者たちに「あの映画を禁止することを支持するよ」と述べた。いくつかの新聞に報道された彼の説明をまとめると次のようになる。

「最初、私はこの映画は歴史的なもので若い世代が見なければならないと思っていた。しかしこの映画はロームシャ問題の本質を描いておらず、ただインドネシア人のインドネシア人に対する残虐性を描いているだけである。おばあさんが殴られたり、インドネシア人がインドネシア人を鞭で打ったり、女性たちが虱《しらみ》を食べたりというような、史実と異なることも出てくる。この映画はインドネシアの品位を落とすものだ。インドネシア人の心を傷つける。この映画を見てから恥ずかしくなった。描くなら日本人の残虐性を描くべきだったが、この映画では日本人は善人として描かれている。もし私が日本人ならむしろ上映に賛成するよ」（*Indonesia Raya*, 1973. 6. 28., *Kompas*, 1973. 6. 28., *Indonesia Raya*, 1973. 6. 29., *Jakarta Times*, 1973. 6. 29., *Pedoman*, 1973. 6. 29., *Abadi*, 1973. 6. 29.）。

アダム・マリクのこれらの発言にはいくつか不自然な点がある。ひとつは彼の態度の急変である。映画を見る前には、「上映中止には賛成できない」と語り、「この映画を一般公開したほうがよい、なぜならアメリカもナチスの残虐性を描いた映画を見せているのだから」と述べていた（*Sinar Harapan*, 1973. 6. 28. & *Indonesia Raya*, 6. 29.）。そして記者たちにも一緒に見ようと誘いかけるなどかなりオープンであった。第二に、もちろん見たことによって考えが変わるのは大いにありうることであるが、映画の内容に対する説明が、これまでそれを見た人々の大方の評価とかなり異なっていることである。大筋ではインドネシア人の英雄的な闘いを描いているが、そのために日本人の残虐性が強調されていて、それに対して日本サイドが遺憾に感じている、あるいは感じるであろう、というのが一般的な理解であった。しかしマリク外相はこの映画は日本人を善人に描き、インドネシア人の残虐行為を強調していると述べて、それを理由に上映禁止に賛成すると述べている。映画に対する評価はたぶんに主観的なものであり、まったく異なる見解が出ることは不思議でないかもしれないが、このような趣旨の発言はこれまで情報相もスミトロ司令官もしていないので非常に唐突な印象を受ける。

　実際この映画が史実に即していないがゆえに、歴史ものとして受け入れがたいかどうかに関しては、筆者がシノプシスを見る限りでは、そのようには思えない。ロームシャ問題を中心にしているが、同時にコメの供出や慰安婦というような、日本軍政のなかで最も苦い記憶としてインドネシアの人々の脳裏に残っているいくつかの象徴的な問題を適宜に織り交ぜて劇的に描いている。しかし同時に、日本の軍人がインドネシア人に武器の使い方を伝授して彼らの闘争に協力するという、戦後の独立戦争のなかで実際にあったことを想起させるエピソードも挿入している。ソ連の強制労働収容所を連想させるような懲罰的な意味のロームシャ強制労働収容所が実際に存在したかどうかは疑問であるし、「フジンカイ」なる用語が日本人軍人の愛人という意味に使われていたというのも初耳であるなど、いくつか史実に照らして不確かな点もあるが、基本的にはインドネシア人の英雄的な闘いを描いた歴史ものと考えてよいと思われる。確かに、収容所長のコバヤシは、インドネシア人に武器の扱い方について伝授することを強制されて受け入れており、最後にはこのすべてを恥じて名誉を守るために切腹する、という設定になっており、これをもって日本人を善人として描いているとしても、それは単純に善人としてのみ描いているわけではない。テンポ誌記者のサリム・サイドは、同誌の映画欄でこの映画を取り上げ、全体的に芸術的観点から厳しい評価を下しているが、そのなかで、（この映画は）コバヤシ役のハミド・アリフの演技で持っており、コバヤシは完全な人間（manusia utuh）として描かれている、と述べている。つまりコバヤシは多くの反日映画に出てくる日本人のようにマンガチックではなく、まじめに苦悩する一人の人間として描かれているという肯定的な評価のようである（*Tempo*, 1973. 6. 16.）。

　このように見ていくとアダム・マリクの批評はかなり唐突に聞こえる。何らかの意図があって、日本の抗議によって禁止を決定したということを否定したいがために、あまりにも極端な表現を使ってしまったのではないだろうか。「これほど日本のことをよく描き、インドネシア人の残虐性のほうを強調している作品に日本が抗議するはずはないだろう」と言わんばかりである。

そして翌日、外務省で開いた記者会見の席上、マリク外相は、この映画の上映禁止が正式に決定されたと発表するのである。そのとき製作会社に対しては補償金が支払われることも発表された。補償金に関しては、国会（ＤＰＲ）議員のイスマイル・ハサン・メタラムが、「製作会社に損害を与えないよう政府がフィルムを買い取ればよい」と発言したことが新聞紙上で報じられ、センセーションを呼んだ（*Abadi, Indonesia Raya, & Sinar Harapan*, 1973. 6. 7.）。すなわちこの発言は、理由が何であれ上映禁止に対して厳しい批判を投げかけていた世論とは真っ向から対立するもので、基本的に上映禁止を認めるものだったからである。しかし実はこれ以前から、上映禁止に対して何らかの補償金を支払うという話がすでに水面下では取りざたされていたようである。早い段階で、製作会社はお金で決着をつける可能性をほのめかされていたようで、製作費がいくらかかったかというような問い合わせがあったと述べている。

最終的な金額は四八〇〇万ルピアくらいになるということだった。自らも映画人であるスタルト検閲室長が、この種の映画の製作費は、三〇〇〇万ないし四〇〇〇万ルピアと計算し、それに利子分を上乗せしたものだという（*Indonesia Raya*, 6. 29.）。しかし製作会社側は、以前から、製作費に九六〇〇万ルピアかかったと主張しており、金額には大きな開きがあった。

海外での上映

その後、この禁止はインドネシア国内だけで有効なのか、それともマレーシア等における上映に対しても課せられるのかどうかが取りざたされた。この頃すでにマレーシアでは上映されていた。七月七日のストレート・タイムズ紙によれば、マレーシア・フィルム・インダストリーズという配給会社がマレーシア、シンガポール、ブルネイにおける向こう五年間の上映権を獲得しており、すでにタンジュンカラン、カジャン、クランで上映されているということだった。上記の配給会社によれば近くクランタン、トゥレンガヌ、パハンでも上映予定であり、中止するつもりはない、ということだった。シナル・ハラパン紙は、マレーシアでは上映されていることを伝える際に「マレーシアの日本大使館員は、ジャカルタの大使館員よりも敏捷さという点で負けるようだ」という皮肉っぽい表現を使っている（*Sinar Harapan*, 1973. 7. 3.）。恐らくインドネシア国内で湧き上がった反日の声の強さに驚いてマレーシアでは特に手を打たなかったのであろう。しかし実際にはマレーシアの日本大使館もこの問題を重視しており、本省への報告のみならず、インドネシア大使館とのあいだの情報のやり取りもあったようである。

製作会社のスリ・アグン社は、海外のことはインドネシアの関与すること（urusan）ではない、と述べた。しかし情報省映画総局長のジョハルディンは「六月末にインドネシアで禁止されれば自動的に海外での上映も禁止される」と述べ（*Sinar Harapan*, 1973. 6. 30.）、さらに七月初めに「映画『ロームシャ』はマレーシアでも上映しないで引き揚げる、またモスクワ映画祭への参加はキャンセルされる。また近いうちに禁止命令を書面で正式に出す。禁止は国内のみならず国外でも有効だ」と述べている（*Abadi*, 1973. 7. 5.）。

七月半ばには情報大臣自らも、映画「ロームシャ」は国内のみならず国外でも上映を禁止される、と述べた（*Sinar Harapan*, 1973. 7. 18.）。このように当局は一貫して海外での上映に対しても強い反対姿勢を見せた。

最終的決着

それでは、この問題は最終的にどのように決着がつけられたのであろうか。

この映画は最終的には製作会社に送られた一九七三年九月六日付けの情報大臣決定（一九七三年第七〇号）により、国の内外で上映することが正式に禁止された。つまりインドネシア国内のみならず海外においても上映が禁止されたのである。それに対して製作会社に四五〇〇万ルピアの補償金が払われることが、その「決定」のなかで謳われている。プロデューサーに届けられた書面によれば、補償金は別途これに関する決定書が出される予定で、しかるのちに全国映画育成資金（Dana Pembinaan Perfilman Nasional）から支出するということであるが、製作会社は、上映延期に対する損害賠償は受け取ったが、製作費の弁償に当たるお金は今日に至るまで受け取っていないと述べている（*Tempo*, 2006. 4. 16. p. 53)。資金繰りは日本企業に援助を求めようと考えていたが、日本側が結局払わなかったのか、それとも払ったにもかかわらず、それが製作会社の手に渡っていないのか、それはいまだに不明である。

この書面での正式通知よりも一月ほど前の八月六日付けで、「日本大使館からの抗議」説を主張しつづけてきた検閲室長のスタルトはその職務を解雇された。その少し前に情報大臣は「元々あの映画は検閲を正式に通過していなかった。プレスがそのように報道しただけである。検閲室の関係者が個人的にこの映画製作に利害関係があって、そのためにこういうことになったのである。その関係者にはしかるべき措置がとられるであろう」と語り、暗にスタルトに対する処分をほのめかしていた（*Sinar Harapan*, 7. 18.)。解雇に対してスタルトは、九月十一日になって新聞紙上で反論を載せている（*Indonesia Raya*, 9. 11.)。

九月六日付けの情報大臣決定のなかで、フィルムのネガも複製したポジもすべて国益のために情報省が保管する、と明記されている。この決定書のなかでもう一つ興味ある内容は、「この決定は定められた日から有効であるが、のちに決定のなかに誤りが見出されたときには変更される」という表現があることである。それゆえフィルムは、破棄されることなく、恐らく情報省のどこかに保管されつづけていたのではないかと思われる。ただしスハルト政権崩壊後の一九九九年に情報省が解体されたとき、その種の資料がどのように処理されたのかは分からない。事件から三三年経った二〇〇六年四月十六日号のテンポ誌が「検閲引出しのなかのセルロイド」と題し、これまでに上映禁止となった映画についての特集記事を載せている。このタイトルは、禁止になった六〇本以上の映画フィルムが情報省のお蔵のなかに眠っていることを示唆している。これまで多くの人々がこの映画「ロームシャ」のフィルムを探し求めたが、どこでも手に入らなかった。スハルト政権が倒れて報道や表現の自由がかなり大幅に保障されるようになった現在でも、この映画はまだ姿を現さない。いまだに「幻のフィルム」なのである。

しかしこの映画が今どこにあるかもさることながら、考えなければならないのは、この映画はどのような問題を残したかということであろう。日本大使館の関与があったことはほぼ明らかであるが、しかし当時インドネシア政府関係者はあれほど躍起になって関与がなかったことを主張していた。にもかかわらず世論はそれをあまり信用せず、あくまで日本の関与があったという前提で激しい対日批判が展開された。すでにくすぶっていた日本に対する不満がこれによって一気に爆発したような感じであった。皮肉なことに、反日感情の高まりを防ごうとして行なった上映差し止め措置が、かえって反日の空気をいっそう強めたのである。

法律家のブユン・ナスティオンは、「日本が本当に抗議したとしたら遺憾である。それによって日本のイメージはもっと悪くなるから、愚かである」と述べているが（*Sinar Harapan*, 1973. 6. 13.）、まさしくそれによって日本のイメージはさらに悪くなったといえよう。

ちょうどその頃タイでは反日デモが続いていた。インドネシアがそのような事態になるのを避けようと思ったのであろうが、かえって火に油を注ぐような結果になってしまった。「隠蔽」によってイメージを悪化させるよりも、歴史を正面から見据えようとする姿勢をもてなかった日本外交の弱さが現れている。映画「ロームシャ」で描かれたようなことは当時のインドネシアの歴史教科書には載っていて、誰もが学校で学んでいたことである。しかし当時の日本にはインドネシアで歴史がどのように教えられているかを直視しようとする余裕もなかった。インドネシアについてあまりにも無知だったのである。日本の占領統治がどのようなものであったか、特に庶民の生活のレベルでどうであったのかということについての情報も、当時の日本ではまだ一般的に共有されていなかったのである。日本統治のネガティヴな側面についての自覚が欠如していた当時としては、日本の外務省関係者の目にはこの映画が史実を歪めて日本を悪く描いた反日的なものと映ったのかもしれない。

前述したＮＨＫの番組は、この事件が引き金となって翌年一月の田中訪イ時の反日暴動があれほどに激しくなったと解釈している。その直接的な関係は分からないが、映画「ロームシャ」問題をめぐるインドネシアの新聞の論調は極めて厳しいものであり、その段階でこれを深刻な警告として受けとっていたならば、状況はあそこまで深刻にはならなかったかもしれない。現在の日本外交ならばありえないような対応をしたということは、インドネシアを見くびっていたとも言える。当時の日本には大国主義的な姿勢がちらついていたのかもしれない。

第2節　兵補の貯金返済要求

兵補とは

一九七〇年代の映画「ロームシャ」問題に次いで、戦争の傷跡としてインドネシア社会が大きく取り上げたもうひとつの問題は、兵補の積立貯金支払い要求問題である。兵補規程（陸亜密三六三六、一九四二年九月二十三日）の第三条によれば、兵補というのは、東南アジアの占領地において、現地の住民のなかから募集して日本軍各部隊に配属された「帝国臣民ニアラザル」兵たちのことである。インドネシアにおいては、その募集形態は大きく二つに分けることができる。一つは、オランダ植民地軍（KNIL）の兵士だったため、オランダの降伏によって捕虜となっていたインドネシア人たちのうち、日本に忠誠を誓った者を登用した。これは主として初期におけるものである。前川佳遠理の詳細な研究によれば、日本軍は、南方各地での連合軍捕虜のうち「土着亜細亜民族」に対しては日本軍への忠誠を宣誓させたのち、これを解放し、日本軍の補助兵力として活用するという方針をとった。インドネシアでは五万五〇〇〇人のインドネシア人俘虜がいたが、ジャワ人を中心に解放され、のちにはその対象は親オランダ的とみなされていたメナド人、アンボン人などにも及んだ。そのうち非常に多くの者が兵補として再動員されたようである（前川、五四―七二頁）。

その後、一般の住民のなかから募集し、組織だった訓練を施すことが考案された。このグループの兵補の正式採用は、南方軍（岡集団）司令部によって一九四三年四月に「兵補規程施行細則」（一九四三年四月二十二日交付）が定められた直後から開始された。日本語教育を半年以上受けた独身青年のなかから、軍政監部文教局、州、市、および侯地（筆者注：王侯領）事務局長官の推薦によって兵補要員が選ばれることになっていた。年齢は「兵補規程施行細則」によれば十八歳から二十歳、『インドネシアにおける日本軍政の研究』によれば十六歳から二十五歳であった。この兵補要員は、二カ月にわたって軍事訓練を受けたのち試験に合格すれば採用されるということだった（『インドネシアにおける日本軍政の研究』一九〇―一九一頁）。募集の宣伝のために「兵補の歌」や、「兵補」と題するドキュメンタリー映画が製作された。

彼らはいわば外資系企業のローカルスタッフのように、現地駐屯の日本軍各部隊によって直接採用されたので、「兵補規程施行細則」によれば、各占領地と作戦地間で軍隊が移動する際には兵補を除隊させ、移動先において改めてその地域の住民から補充することになっていた。しかし、現実には部隊の移動とともに移動先へ連れていかれた兵補は多数に上ったようである。たとえばジャワ島出身の兵補は、マレー、シンガポール、ビルマ、フィリピン、カリマンタン、モロタイ、ハルマヘラなどへ派遣され、実戦にも参加した。

終戦後、第一六軍当局が連合軍に提出した報告書によれば、ジャワで採用された兵補の総数は二万五〇〇〇人となっている（西嶋コレクション JV45 "Explanations....."）。兵補は歩兵を主体としていたが、一部は戦車部隊、自動車部隊などにも配属された。多くの場合、各小隊にほぼ平均して配属され、ジャワの日本軍兵力全体の約一〇%を占めていたという（太田弘毅、一四頁）。兵補は、兵士とは名ばかりで、現実には軍隊内部で労務に従事させられ、むしろロームシャとあまり変わりがないケースも多かった。(6)

兵補協会の設立

一九七四年に日本人の墓参団がモロタイ島で遺骨収集をしたが、そのときそこで見つかったすべての遺骨を日本へ持ち帰って東京の千鳥ヶ淵戦没者墓苑に納骨した。しかし実はモロタイ島では八〇一人のインドネシア人兵補も戦死しており、持ち帰られた遺骨のなかには彼らのものも含まれていた。この日本の行為に対して元兵補の人々から怒りの声が上がり、これをきっかけとして各地で兵補の諸権利を擁護するための団体の結成が始まった（日本インドネシア兵補協会編著、一四一一五頁）。

それらはなかなか全国的な組織に発展することがなかったが、やがて一九八九年に元兵補連絡中央協議会（Forum Pusat Komunikasi Ex-Heiho Indonesia 以下略して兵補協会とする）という組織が作られた。自身マランの片桐部隊の兵補であり、その当時は某私立大学の講師をしていた法学士のタスリップ・ラハルジョが会長となり、ジャカルタ近郊のブカシ県ポンドック・グデにある彼の自宅を事務所にしていた。

この協会の要望項目は以下の三点に集約される。

1　正式な文書による兵役の解除と解除時の二階級特進
2　元兵補にも元日本兵と同じ権利を授与してほしい
3　給与の三分の一の天引き貯金を払い戻してほしい

第一の「解除」の問題は、ジャワ島のように戦闘がないままに終戦を迎えた地域では正式な解除手続きが行われたが、戦場へ行っていた兵士については、混乱状態で解散したため、手続きが完了されていないということである。さらに身柄を連合軍に拘留され、尋問を受けたのち、ようやく出身地への帰還が認められたという経緯がある。

ジャワを占領していた陸軍第一六軍の場合は一九四五年八月二十日に、「軍は情勢の推移に応じ兵補を解散せんとす」という命令（治作命甲第一一一九号）を出し、さらに解散に際して以下のものを支給するようにとの参謀長指示が出された（日本インドネシア兵補協会編著、二〇頁）。

給与に関して、兵補所帯に方《あた》りて交付すべきものは、
イ．退職手当として俸給月額の六ケ月分
ロ．被服、個人支給の分全部（寝具共）の外民需用衣料二着分
ハ．食糧、米、砂糖、塩各一〇日分
ニ．需品、個人支給の分及び兵補用として部隊に保存しあるもの全部（日用品は一回分）

タスリップ・ラハルジョによれば、多くの兵補は、明確に「除隊」と言い渡されず、ただ明確な理由もないままに出身地に戻るようにと言われたそうで、長期休暇と思い、その後の命令を待っていたが何の連絡もなかったということであった（同氏とのインタビュー）。

第二の、日本兵と同じ扱いをということに関しては、「兵補規程」の第六条で「兵補の身分は軍属に準じてこれを取り扱うものとす」となっている。しかし軍人恩給その他において戦後の両者の扱いはまったく異なっていた。

第三の、天引き貯金の払い戻しは、実は彼らの最も中心的な要望である。兵補たちは、除隊の際にまとめて支払うという了解のもとにほぼ一様に、その給料の三分の一を強制的に軍事貯金として天引きされていた。ところが、多くの兵補は、上述のように終戦時の混乱のなかで、正式な除隊手続きなどないままに自然解散してしまったため、預けていた貯金も払い戻されないままになっている。これを何とか

支払ってほしいという声は、筆者が博士論文のためにジャワの村々で調査していた一九八〇年前後に、元兵補たちの口からよく聞かされたものである。

結成された兵補協会はまず、全国に散らばる元兵補及びその遺族に登録を呼びかけた。一九九一年三月までに少なくとも二万二一〇〇人が登録したと言われている。そのうちジャワ島に配属されていた者が八四四一人、ボルネオ・セレベス・ハルマヘラが一万二一〇〇人、インドネシア以外ではビルマに二八〇〇人、シンガポールおよびタイ周辺に七五〇人が配属されていた(日本インドネシア兵補協会編著、一三頁)。

それらの名簿を手にジャカルタの日本大使館を訪れてその要求を伝えたが、大使館側は、「一九五八年に締結された賠償協定で解決済みである」としてとりあわなかった。これは補償要求ではなく、預けておいた貯金の払い戻し要求である、と訴えても日本側は聞き入れなかった。元兵補たちの考えでは、賠償は日本政府とインドネシア政府のあいだの取り決めであるが、兵補問題は個人と日本政府のあいだの問題であり、賠償ではカバーされていないというものであった。

彼らの活動の背後には、特定の政治団体があるわけではなかった。スハルト時代であるから、そのような政治的な活動は許されるはずもなかった。またそれゆえに運動は素人集団の集まりで、戦略もなかった。日本に対して、彼ら自身は、悪意よりは心情的に共感を持っている者が多く、自らを「コウグンヘイシ」と位置づける者もいた。少なくとも運動の中心にいた人々はそうであった。しかし「初めから日本大使館は自分たちを敵対勢力としか見てくれないんだ」と彼らは語っていた。日本でも、一九九〇年六月にその運動を支援する団体が結成され、タスリップ・ラハルジョ氏らを招いて戦後補償問題を考える講演会を開くなどの活動が展開され、運動は盛り上がってきた。

その翌年の一九九一年十月に、天皇皇后がインドネシアを訪問したが、その訪問の初日に、兵補協会の代表がその存在をアピールするために、国営アンタラ通信のビルで大規模な記者会見を開いた。そのことが翌日の各紙に掲載され、天皇の訪問と結びつけて紙面を賑わした。

その後、いわゆる従軍慰安婦問題が大々的に取り上げられて戦後補償の問題が日本の世論を賑わせるようになると、兵補協会の活動も活気づいた。第3節で見るように、兵補協会が元従軍慰安婦の登録も代行するようになり、慰安婦問題とのセットで闘おうという兆しが見えてきた。

日本の郵政省は、「大日本郵便貯金通帳」は第二次世界大戦中、旧日本占領南方地域において、旧日本陸・海軍軍政監部が管理していた貯金であり、旧郵便貯金法（明治三八年法律第二三号）及び旧郵便貯金規則（明治三八年逓信省令第三号）に基づくものでないため、その取り扱いを行なっていない、という見解を示している。終戦当時の事実関係を掘り起こしていくと、郵便貯金は、終戦時にすべて独立インドネシア共和国政府の管轄下にある銀行に引き渡されたので、支払うとすれば銀行に支払い義務があるということだった。しかし銀行に引き継がれたとき、それまでの

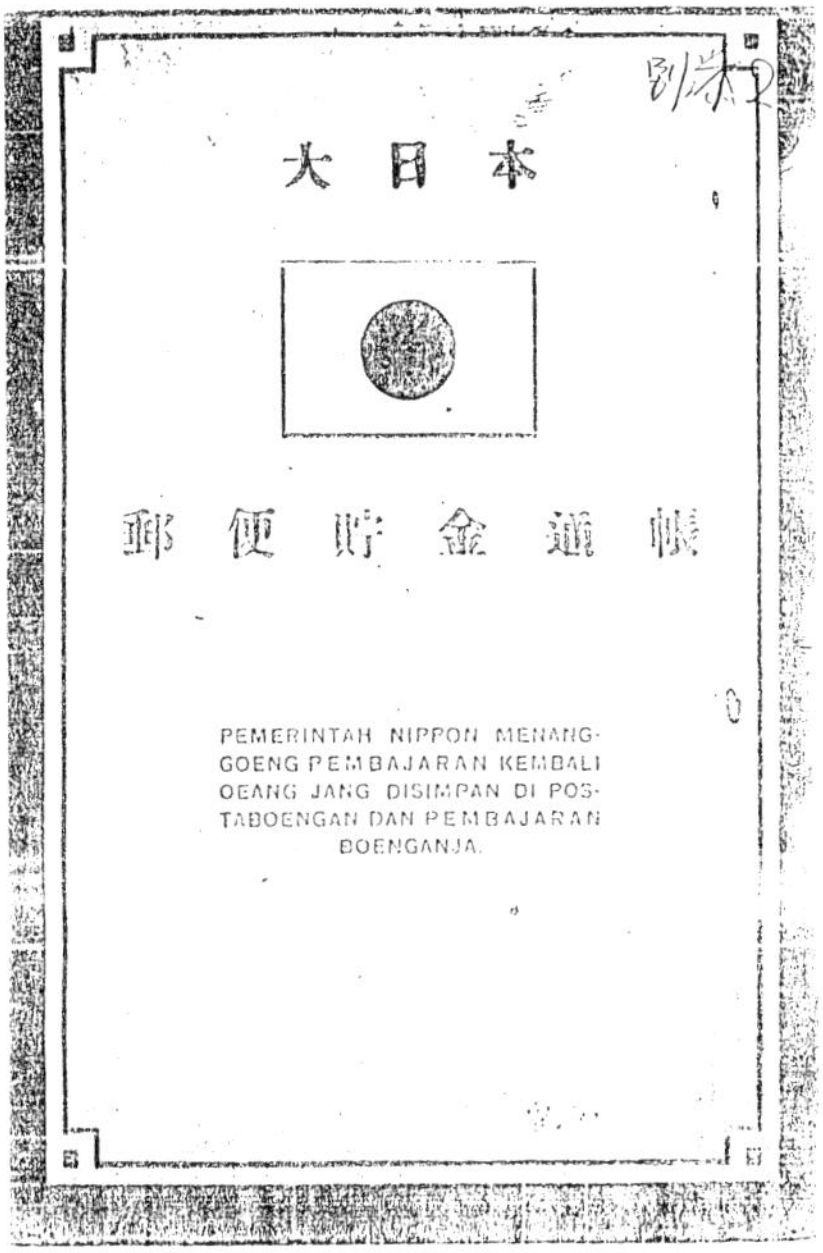

兵補の郵便貯金通帳。「日本政府は郵便貯金で預けたお金とその利子の支払いを保証します」と書かれている。

預金者のデータまでは引き継がれなかったのであろうか。インドネシア政府側もそのような問題があることは当時掌握していなかったようである。まして兵補たちは、そのようなお上の事情を知るすべもなかった。本当に責任をとるとすれば、日本軍が、郵便貯金を引き渡すときに、預金者のデータも付け加えるべきだった。日本インドネシア兵補協会もその冊子のなかで、「日本軍政の終了時に債権者に対して何らの保護策もとらなかった日本の責任が問われるのは当然です」と述べている（二七頁）。

仮に日本側が何らかの責任を認めたとしても、実際には困難がある。天引き貯金に関するデータは、日本側にもインドネシア側にも何ら残っていないのである。前述のように兵補は各部隊ごとに採用したため、その名簿は軍の大本営等には提出されていない。つまり彼らが日本軍で勤務していたことに関しては正式な記録が残っていないのである。当時の所属部隊の資料や貯金通帳をたまたま個人的に所持している場合はよいが、そうでない場合は何の証拠もないということになる。たとえ日本政府が対応するとしても、そこが難しいところである。

政府は何もしなかったが、終戦時に第一六軍の作戦参謀として終戦処理業務に携わった宮元静雄元大佐が「いや私たちが途中で放り出したんだから何とかせにゃならん」と言って何度か個人的にインドネシアを訪問し、駆けずりまわった。結局、彼にできることは、遅ればせながら、彼の名前で兵補の兵役の解除命令を出すことだけだった。金銭的な救済は彼にはとてもできることではなかった。

オランダ植民地軍（ＫＮＩＬ）は、インドネシア人の元将兵に対して恩給まで支払っている。一方、日本は預けておいたお金すら返してくれない、ということで、当初かなり日本にシンパシーを感じていた兵補たちも徐々に反日的になっていくのが感じられた。

結局、兵補協会の活動は、創立以来会長であったタスリップ・ラハルジョの退陣とそれに続く死によって自然に細っていった。一九九八年五月から、退役軍人会のジャカルタ地区の役員をしているアリフィアン・マルパウン（Arifian Marpaung）が会長になったが、引き継ぎが行われる前に前会長が死去したため、それまでの活動の記録、会計その他に関する書類も行方不明で、しかもこれまでの情報が十分に引き継がれていない。兵補協会の場合、登録料が一万二〇〇〇ルピア（当時のレートでおよそ六〇〇円）、カード支給手続き料として一万五〇〇〇ルピア（当時のレートでおよそ七五〇円）を本部に収めることになっており、さらに支部が独自でなにがしかの仲介手数料をとっている。つまり兵補協会本部には登録者一人当たり二万七〇〇〇ルピアが入ったわけで、これまで合計約二万五〇〇〇人が登録したと言われているので、その総計額は六億七五〇〇万ルピア（通貨危機前のレートで約三三七五万円）にもなる。これらの大量の資金がどこへ行ってしまったのか、それに関してはさまざまな疑惑さえ噂されている。いずれにせよ新執行部にはその資金は引き渡されていないのである（アリフィアン・マルパウンとのインタビュー）。

そのような形で残念ながら運動は尻すぼみになり、挫折してしまった。当事者たちが次々と鬼籍に入ってしまった今、再び運動が盛り上がることは考えられない。しかし遺族たちの心には、「日本政府は何もしてくれなかった」という不満だけが残るだろう。

第3節　火を噴いた慰安婦問題(7)

兵補問題に次いで火を噴いたのが慰安婦問題である。一九九一年十二月に韓国で名乗りを上げた元慰安婦の女性たちが日本の裁判所に補償金の支払いを求める訴えを起こし、いわゆる慰安婦問題が国際的にクローズアップされるようになった。この日本批判の声が、やがてインドネシアにも伝わり、マスコミを賑わせるようになったのは一九九二年七月のことである。七月六日付けの全国紙、コンパスが、「日本軍が第二次大戦中、アジア諸国の女性を慰安婦として募集するにあたって、軍が関与していたという事実を証明する文書を発見した」という趣旨の読売新聞の記事を紹介した。さらに翌日のコンパス紙は、日本大使館情報文化担当、畠薫書記官の談として、インドネシアの慰安婦に関する四つの資料が発見されたと述べている。その四点とは、（一）南スラウェシの民政府（インドネシアの海軍占領地域を統括した日本軍の行政機関）の資料で慰安所の運営方法、給与、報酬等について記述されたもの。（二）台湾軍がカリマンタンより慰安婦五〇人の派遣を要請した手紙。（三）台湾軍参謀長がカリマンタンへ慰安婦五〇人の派遣を要請した手紙。（四）ジャワ島における慰安所の運営に関する報告、である。

次いで七月七日の各紙に、「日本政府がその六日に、朝鮮半島、中国、台湾、フィリピン、インドネシア出身の元慰安婦に対する謝罪の意を表明した」と報道された（インドネシアの慰安婦問題に関する日本側の資料についての詳細は後藤乾一、一九九五年を参照）。

多くのインドネシア人女性が、日本軍将兵の性的な相手をさせられたことはインドネシア社会では周知の事実であり、筆者自身、一九八〇年から八一年にかけてジャワ農村で実施した調査のなかでしばしば耳にした。それは、「この村の〇〇さんの娘が、学校へ入れてやると騙されて日本軍に連れていかれ、日本兵の女にさせられた」、というような話である。

その場合、必ずしもすべてが厳密な意味での慰安婦を意味するわけではない。非常に多くの女性が、特定将校の「女中」あるいは「現地妻」のような形で、専属的に性的な奉仕をさせられていた。もちろん、そのようなケースの場合、「強制」によるものだけではなく、そのことにより本人あるいは家族に対して保証されるさまざまな金銭的、物質的な利益を考えて、ある程度、納得のうえでその道を選んだ者もいる。あるいは時には純粋な恋愛に近い形で関係が始まった場合もあるだろう。インドネシアでは、そういったさまざまなケースと、厳密な意味での慰安婦を、ほとんどの人が区別して理解していない。

そのように日本軍の性的犠牲になった女性が多数いる、ということは当時を知る人々のあいだではよく知られていたし、それを題材とした小説や映画は早い時期から作られていた。たとえば、一九八三年には「カダルワティ——五つの名を持つ女」（*Kadarwati: Wanita dengan Lima Nama*）と題する小説が出版され、映画化もされた。さらに一九八六年には「欲望の奴隷」（*Nafsu Budak*）と題する映画が製作・上映された。この映画はあまりにも有名で、そのため今でもマスコミ等では、「慰安婦」を象徴する言葉としてしばしばこの「欲望の奴隷」という表現が比喩的に使われるほどである。

しかしその頃の小説や映画、あるいは人々の記憶のなかでは、このような日本軍の性的犠牲になった人々が「イアンフ」という明確な用語で認識されることはなかった。この言葉自体はインドネシア社会ではきわめて新しいもの、つまり、一九九〇年代にいわゆる従軍慰安婦の補償問題が持ち上がってからのものである。

一九九二年七月初めに始まった報道は、日本政府が慰安婦に関して軍の関与を認めたかどうかという点に関心を集中させていたのであるが、やがてしばらくすると、私は慰安婦にさせられた犠牲者であると名乗り出る人々の証言が報道されるようになった。

七月十二日にコンパス紙が、「インドネシアにもあった従軍慰安婦問題」と題して、二人の男性の証言を載せた。一人はジャワ島ソロ市（スラカルタ市）在住のウィナルソ（Winarso 退役軍人で当時は州議会議員）で、彼は「ソロで起こった悲劇の証人になる用意がある」と名乗り出て、彼が商業学校に通っていた頃、その隣り合わせの敷地にあったフジ旅館（オランダ時代のHotel Rusche で、実は軍慰安所として使われていた）で見聞きしたことを語った。彼はかねてからそこに住む女性たちに興味があったが、ある夜、風呂場の窓越しに、一人の女性と話す機会があった。それによれば彼女は騙されてここへ連れてこられ、日本兵の相手をさせられているということだった。ちなみにウィナルソはのちに朝日新聞、日本電波ニュースの取材を受け、日本のテレビでも八月十五日にそのインタビューが放映された。

もう一人の証人は、西カリマンタン州議会議長のアリフで、彼は十六歳の頃、リアウ州のタンジュン・パウの日本軍の宿舎で働いていたとき、鉄道建設に携わっていたワタナベ少尉指揮下の日本軍部隊のもとに慰安所があったと証言した。

その数日後、一九九二年七月十七日に、「元慰安婦だったと認めた女性」と題して、四段抜きの大きな記事がコンパス紙に載った。前述のウィナルソ氏の証言をもとに、コンパス紙の記者が、当時ソロ市のフジ旅館で働かされていた女性を探し出したのである。カランアニャル県在住のトゥミナという女性で、彼女は料理人として働かないかと誘われてソロの町に出たところ、フジ旅館に閉じ込められて、他の女性と一緒に日本軍将兵の相手をさせられたと証言したのである。これ以後さらに何名かの女性がマスコミの取材に応じて自分たちの体験を語った。

ちょうどこの頃、一九四四年にスマランの俘虜収容所から連れ出されて慰安婦にされたオランダ女性がいたとの記録を朝日新聞の記者がオランダで発見し、その旨の報道が日本でなされたが、それを七月二十二日付けのビジネス・インドネシア紙が報道している。ほぼ同じ頃、インドネシアの週刊誌、テンポのオランダ特派員もこの資料をオランダで見つけ、一九九二年七月二十五日号で九頁にわたる特集記事を組んで大きく報じた。

さらにテンポ誌は、同年八月八日号でも、一二頁にわたる慰安婦問題の特集を組み、ジャカルタ、トラジャ、マカッサル（ウジュンパンダン）、スマラン、バンカ島で慰安婦にさせられた女性たちの体験を紹介した。またこのなかで日本の海軍特警隊の禾晴《のぎ》道が書いた『海軍特別警察隊』という書物を紹介し、そのなかで著者がアンボン島で見聞した慰安所に関する記述を紹介している。

これらの一連の報道では、これらの女性を意味するものとして、「ジュウグン・イアンフ」、あるいはインドネシア語で「ワニタ・プンヒブル」（Wanita Penghibur）という新しい言葉が使われ、インドネシア社会に定着するようになった。慰安婦自身、自分たちがこのような名称で呼ばれるとは、当時は露知らず、報道によって初めて知ったのだった。

日弁連弁護士のインドネシア訪問

このように、いわゆる「従軍慰安婦」問題がインドネシアのマスコミに登場するようになると、人権問題でさまざまな闘争を展開していた法律援護協会（ＬＢＨ）がこの問題に関心を示すようになった。そのようななかで、一九九三年四月に日本の村山晃を団長とする日本弁護士連合会（以下略して日弁連）の弁護士五名が、朝日新聞の大村哲夫の案内で（ただし個人の資格で）ロームシャならびに慰安婦の調査に訪れた。彼らは訪問に先立って法律援護協会に連絡をとり、調査の協力を依頼した（プユン・ナスティオンとのインタビュー）。この調査はあくまで、その年の十月に東京で開催予定であった戦後補償に関するセミナーのための事実関係調査を目的としており、弁護士個人の資格で行われたものであった。しかしインドネシアのマスコミのなかには、日本政府がいよいよ慰安婦の補償問題に乗り出してきたというニュアンスで報じるものや、あるいは日本の弁護士がやって来たのはインドネシアの元慰安婦の訴訟を援護するためだと報じるものもあった。こういった報道に関しては、当事者から確認をとらず、法律援護協会関係者からの情報に基づいて書くというインドネシアの新聞記者の取材方法に大きな問題があったのであるが、いずれにせよ、これらの報道はいよいよ補償がもらえるのかという誤解を与え、その後、何百人という元慰安婦が相次いで名乗り出る契機となったのである。

こうして日弁連弁護士の訪問時には元ロームシャと並んで元慰安婦と称する女性たちが法律援護協会に押しかけた。特にジャカルタ本部とともに一行の訪問先になっていたジョクジャカルタ支部ではそうであった。のちに慰安婦の補償獲得闘争の先頭に立つようになったマルディエム（日本名ももえ）も、このとき名乗り出た一人である。一部の人には日弁連の弁護士が直接対応したが、総数があまりに多く、全員に面会することはできなかった。そこで法律援護協会ジョクジャカルタ事務所は、名乗り出てきた人たちにとりあえず名前、住所、日本時代の体験等を簡単に書いてもらって、いったん引き取りを願った。これが、法律援護協会による、いわゆる「登録」作業の始まりである。

法律援護協会への登録

これを聞きつけて、その後も登録にくる女性が現れた。彼女たちへのマスコミの取材合戦が始まり、一九九三年を通じて新聞紙上でその紹介が相次いだ。法律援護協会ジョクジャカルタ支部は一九九三年八月末で、とりあえず登録受付をいったん打ち切ったが、この時点で登録者は三七一人になっていた（*Republika*, 1993. 9. 18.）。ただしこの女性たちの登録は自己申告に基づくものであり、法律援護協会側は、特に認定作業や事実関係の調査を行なってはいない。しかも慰安所で働かされた厳密な意味での慰安婦だけでなく、日本人の現地妻や日本軍将兵に強姦された被害者なども入っている。

法律援護協会ジョクジャカルタ支部のブディ・ハルトノ弁護士は、同年九月にインドネシア政府の大統領、官房長官、外務大臣ならびに社会大臣宛てに、ロームシャならびに慰安婦の補償問題について政府の支持と助言を求める書簡を送った（*Republika*, 1993. 9. 18.）。

このように日弁連弁護士のインドネシア訪問を契機に、慰安婦問題はいっそうインドネシアのマスコミの脚光を浴び、報道が過熱したのであるが、このためにそれまでインドネシアでほとんど問題にされていなかった慰安婦問題が、「日弁連弁護士の訪問によって」インドネシアにも持ち込まれた、という誤解が生じたほどであった。たとえば、すでにその前年七月に何度か慰安婦問題について報道していたコンパス紙までが、一九九六年十一月十六日の記事のなかではそのような認識を示していて、それに対して、ソロで最初に証言をしたウィナルソが投書欄で反論する（*Kompas*, 1996. 11. 28.）というようなこともあったほどである。また日本政府にもそのような認識があり、慰安婦問題はインドネシア側から出てきたのではなく、日本側から「火をつけた」のだという誤解が一部に強く残っている。

兵補協会による慰安婦の登録

法律援護協会ジョクジャカルタ支部による登録が、主としてジョクジャカルタを含む中ジャワ在住者を対象にして一九九三年から行われたのに対し、ジャカルタを含む西ジャワ方面における登録は、一九九五年になってから兵補協会によって行われた。

兵補協会の説明によると、彼らが慰安婦の登録も行うようになったのは、かねてから理解を示していた高木健一弁護士が、この協会の本部を訪れたとき、「慰安婦の実態調査をしてみたらどうですか」と持ちかけたのが始まりだという。

そこで、全国に支部をもつ兵補協会のネットワークを利用して登録受付が開始された。個人的データを書き込む登録用紙を協会側が用意し、そこに名前、生年月日、出生地、住所、日本時代の呼び名、一九四二年から四五年までの居住地のほか、覚えている日本人の名を二名、日本人の知人の名を一名記入させている。ここでも厳密な意味の慰安婦だけでなく、日本軍将兵に強姦された者、特定の日本軍将校の現地妻にされた者なども含み、wanita suluh（日本軍のために用意された女たち）という広い定義のもとに登録を受け付けている。兵補協会では、そのなかから一部の人々を抜き出し、日本軍政時代の体験に関する二五項目の質問から成る調査票を使ってより詳細な調査を行なっている。これらの質問に対しては、aからdの四つの選択肢が用意され、そのなかから選ぶようになっている。この調査は、バンドゥン支部のヘリ支部長が中心になって行われたため、データは西ジャワ地区のものが最も整っている。

アジア女性基金の償い金に対する姿勢

その後、元慰安婦の女性たちへの償い金の支払いを主たる目的として一九九五年七月にアジア女性基金が設立されたが、そのときインドネシアのマスコミではこのことが大きく取り上げられることはなかった。また法律援護協会、兵補協会ともに、この基金の設立の経緯や活動内容について正確な情報はほとんど入手していないようであった。たまたま筆者は一九九六年二月から七月までジョクジャカルタに滞在しており、この間しばしば法律援護協会支部に足を運ぶ機会があったが、同協会が入手する情報は、ここを訪れる日本の支援団体関係者の口から間接的に入るものに限られているという印象を受けた。

ちなみに同協会は、組織が一体となって慰安婦問題を扱っているのではなく、そのジョクジャカルタ支部のメンバーの一人である弁護士のブディ・ハルトノが、半ば個人的に元慰安婦の法的代理人となって活動を進めているような形であった。つまり法律援護協会は必ずしも一枚岩ではなく、第一にジャカルタとジョクジャカルタとのあいだのコミュニケーションも限定されているようであったし、さらにジョクジャカルタ支部内でもブディだけが浮き上がっているようであった。そのため、ジャカルタの本部に届いている情報が必ずしもブディに共有されていないというような状況が見られた。

ブディが女性基金のことを最初に知ったのは、一九九六年二月十二日に彼の事務所を訪れたアジア・プレス・インターナショナルのスタッフ（虎松彩乃という日本女性）の口からであったという。このときブディは「その資金は日本の市民によって、自発的ではない形で集められたものであるから、政治的には法律援護協会は拒否する。しかし人道的見地から見れば、すでに年老いている元慰安婦の人たちの状況に鑑み、受け取るだろう」と述べ、アジア女性基金の償い金を受け取るとも受け取らないとも態度を表明しなかった（ブディとのインタビュー）。

ところがブディは、その後、戦後補償問題で日本側での支援の中心になっていた有光健らの招待でアジア太平洋の戦争犠牲者の集いに出席するため、一九九六年七月十二日から二十二日にかけて、元慰安婦のマルディエムとともに日本を訪れた際、アジア女性基金は政府が責任逃れをするために作ったまやかしの組織であるという認識を持つに至り、これ以後、償い金の受け取りを拒否するという方針を明確にするようになった。また、このときブディは、中国、韓国、台湾、フィリピンの慰安婦たちとアジア女性基金の償い金は受け取らないと約束しあったという（ブディとのインタビュー）。

一方、兵補協会の対応については、これまで法律援護協会に比べて報道される機会も少なく、その主張も明確ではない。アジア女性基金が設立された時期は、ちょうど兵補協会が元慰安婦の登録を大規模に開始した時期とほぼ重なっており、この頃、女性基金についての情報をどの程度、正確につかんでいたかは不明である。彼らは補償金の支払いを強く求めているが、女性基金からの償い金に対する態度は一度も明確に表明していない。そうこうするうちに、後述のようにインドネシア政府が償い金の個人的支払いを拒否するという方針に出たため、政府に逆らって行動をとるわけにはいかなくなってしまった。

インドネシア政府は慰安婦問題に関し、日本国政府から何らかの公式発表があったときに、それに対するステレオタイプ的なコメントをすることはあっても、それ以外では態度を明確に表明することも日本政府に要望を出すこともなかった。一九九三年四月の日弁連弁護士の訪問時には、記者のインタビューを受けてインテン・スウェノ社会大臣は、「日本政府が賠償をするなら、それは十分なデータに基づいて実施されなければならない。不公平であったり、誰かが損をするような形で行われてはならない」と答えている。しかも、そのとき大臣は、「日本政府は元慰安婦を探し出さねばならない」と語り、犠牲者たちが名乗り出ることを暗に奨励していた（*Indonesian Observer*, 1993. 4. 21）。しかしそれ以外には意見の表明はほとんどなく、そのことが結果的に、慰安婦の補償獲得問題に対して、政府は積極的に支持していないという印象を与えていた。

たとえば、法律援護協会ジョクジャカルタ支部のブディ・ハルトノは、この問題でしばしば大統領や社会大臣に書簡を送ったが、特に内容のある回答を受け取ったことはなかったという。また、慰安婦の代表としてジョクジャカルタのマルディエムら数人の女性が社会大臣に会見を求めてジャカルタへ行ったが、社会省ではBiro Hukum（法律問題）担当の職員に会えただけであった（ブディとのインタビュー）。これは政府が先頭に立って日本政府に要求を突きつけてきた韓国の態度とは対照的である。このような態度は、ロームシャ問題、兵補の天引き貯金払い戻し要求においても同様に見られる。

一つには、日イの友好関係に鑑みて、政府がこの問題に正面から取り組むよりは、民間団体に任せたほうがよいという考えがあったというが、しかし背後から法律援護協会や兵補協会の活動を支援するという姿勢も見られなかった。

そのようななかで、アジア女性基金からの償い金の受け取りをめぐって、インドネシア政府は一九九六年後半から個人補償は受け取ることを拒否するという方針を打ち出してきた。つまりインテン・スウェノ社会大臣が一九九六年十一月に、「慰安婦問題に関するインドネシア政府と日本政府の合意の結果として、アジア女性基金を通じて三億八〇〇〇万円（当時のレートで約九〇億ルピア）が一〇年間に支払われることになった。第一回目の支払いとして七億七五〇〇万ルピアが、ウンガラン（Ungaran 中ジャワ）、マゲタン（Magetan 中ジャワ）、ビンジェイ（Binjei 北スマトラ）、パレ・パレ（Pare-pare 南スラウェシ）、クンダリ（Kendari 東南スラウェシ）の五カ所で、社会福祉施設の充実のために支出される」と発表したのである。社会大臣によれば、「インドネシア政府は当初から、補償金の支払いは要求しておらず、ただ日本政府がよい解決法を見つけてくれるよう求めていた。この方針の背後にはインドネシア民族、とりわけ犠牲者たちの harkat（品位）と martabat（尊厳、威信）を守るという意味があった」という（*Kompas*, 1996. 11. 15.）。

この、個人補償は受け取らず、女性基金のお金は養老院建設のために使うという見解は日本側の了解を得ておらず、社会大臣が一方的に発表した形だったので日本側を驚愕させた。しかしやがて一九九六年十二月二十二日から二十五日までにアジア女性基金は三人の代表をジャカルタに派遣し、社会省の担当者と話し合った結果、ほぼインドネシアの希望通りの形で両国間で決着を見ることになった。そして、アジア女性基金の原文兵衛理事長は、一九九七年一月十日に行なった記者会見で、インドネシアへの補償金は個人に対しては支払われず、養老院建設のために支払うという旨の発表を行なった。

そして一九九七年三月二十六日に橋本龍太郎首相の大統領に宛てた謝罪の手紙が日本大使館を通じて届けられ、それを受けてアジア女性基金理事の山口達男（元駐シンガポール大使）と社会省のアスモノ次官のあいだで補償金の支払いに関する覚え書きが調印された。

このような決着に対して法律援護協会ジョクジャカルタ支部は抗議を続けている。元慰安婦の法的代理人であるブディ・ハルトノは「アジア女性基金を通じて日本政府から渡される九〇億ルピアは、元慰安婦たちの権利であって、社会大臣が計画しているように養老院を建てるためのものではない。……社会大臣は法に反したことをしており、一九九三年以来闘っている慰安婦たちに損失を与えるものである」と述べた。ブディはさらに、資金を悪用しようとしている社会大臣、ひいてはインドネシア政府を訴えるとも言っている。ただし橋本首相が大統領に謝罪の手紙を送ったというのが本当なら、慰安婦たちの闘いの第一歩は達成された、とも述べている（*Suara Pembaruan*, 1997. 3. 29.）。一九九七年八月十八日付けでアジア女性基金がある日本人新聞記者宛てに出した手紙をブディは受け取っており、そのなかではインドネシア政府が日本政府のやろうとしている個人補償を拒んでいるのだと記されていた（*Kontan*, 1997. 11. 24. 号）。

法律援護協会に登録している元慰安婦の女性たち自身も社会大臣の決定には抗議している。コンタン誌の一九九七年十一月二十四日号は、「〝欲望の奴隷〟たち、インテン大臣を訴える」という見出しで五人の元慰安婦が社会大臣を訴えたことを報じている。その一人のマルディエム（日本名ももえ）はすでに早くから、「女性基金の資金が養老院の建設に回されると聞いて我慢ならない。どんなことがあっても私は（養老院へ入るよりは）家族のもとで死にたい」と述べていた（*Gatra*, 1997. 1. 25.）。インドネシアでは、血縁者が一人でもいる限り、老人を養老院へ入れるのは一族の恥だという考え方が強く、よほどのことがない限り、現在名乗り出ている元慰安婦たちが女性基金の資金によってつくられる養老院を利用することはないだろうと見られている。

また当事者以外でも社会大臣の方針に対しては批判的な者が多く、インドネシア大学政治社会学部のムハマッド・ブディヤトナ教授の、「従軍慰安婦への寄付は直接渡したほうがよい」という意見が新聞に大きく出た。「そうしないと日本人はインドネシア政府に悪いイメージを抱くだろう。直接（元慰安婦に）渡さないと、（お金は）役人の手に落ちてしまう危険性がある。（本当に慰安婦であったかどうかの認定が困難というのはまた別の問題である」というのが彼の見解であった（*Suara Pembaruan*, 1997. 4. 12.）。

インドネシア女性に対する暴力反対運動（ＧＡＫＴＰＩ）も、政府が慰安婦への補償金を養老院の建設に使うという決定を取り消すよう求めた。同団体の機関紙は、社会大臣宛ての手紙を掲載し、そのなかで、なぜ権利のない者たちにそのお金を渡すのか、と問いただしている（*Kompas*, 1997. 5. 30.）。

一方、もちろん少ないが、社会大臣案に賛成の声もあり、同じくインドネシア大学政治社会学部のジェイムス・ダナンジャヤ教授は、社会大臣の政策を評価し、支持している（*Suara Pembaruan*, 1997. 4. 12.）。

このように全体的に見ると、社会大臣の案に対してはかなり風当たりが強かった。一九九八年五月のスハルト政権崩壊によって、慰安婦問題に関する政府の方針が変わり、個人補償が受け取れるようになる可能性が期待されたが、結局、既定の方針は貫かれ、現在に至っている。

第４節　慰安婦たちのたどった道——歴史的実態

さて、以上が、インドネシアにおいて慰安婦問題がどのような経緯で社会問題となり、また犠牲者の女性たちとそれを支援する民間団体がどのような形で補償問題と取り組んでいるか、そしてインドネシア政府はアジア女性基金の償い金支払いに対してどのような姿勢をとったかについての概要である。

次に、元慰安婦の女性たちが日本時代に実際に体験したことについて述べたい（詳細は倉沢愛子、一九九九年を参照）。インドネシアにおける慰安所や慰安婦に関する戦争当時の文書は、筆者の知る限りまったく残っていないため、その実態を把握する作業は極めて困難である。そもそもインドネシアにおける日本軍ならびに軍政当局の資料は、終戦時に多くが日本軍の手によって焼却されたと言われている。焼却を免れた一部の資料は、まもなく終戦処理のために上陸してきた連合軍によって接収され、その内容に応じて一部はイギリスに、また多くのものは旧宗主国のオランダに送られた。したがって、もし従軍慰安婦に関する記録が残っているとすれば、それはむしろイギリスないしオランダの文書館にあるはずだが、それも現在までのところ発見されていない。

インドネシア各地の俘虜収容所からオランダ女性が連れ出されて慰安婦にされたことは、終戦直後に連合軍により戦争犯罪として問題にされ、それに関与した日本軍関係者がバタヴィアのBC級戦犯裁判で裁かれたため、その裁判関係の記録がオランダに残っている。ところがインドネシア人慰安婦については、バタヴィア軍事法廷では不問に付せられたため、何も文書が残っていないのである。

このように公文書が皆無に近いため、以下の記述は関係者からの証言に頼らざるをえなかった。筆者が一九八〇年から八一年にかけて、ジャワの農村で日本軍政期の歴史に関する聞き取り調査を実施したときに、元慰安婦たちに会って話を聞きたいと思ったのであるが、その段階では本人も周囲の者も口が固く、一人も会うことはできなかった。

しかし、補償問題との絡みで多くの人が名乗り出てきてから、面接調査はかなり容易になった。とはいえ、彼女たちの多くは、これまでにもすでに多くの日本人の訪問を受け、そのたびに「今度こそは補償が」、と期待したが、いつも裏切られてきたという現実があるため、かなり懐疑的になっていた。しかもすでに○○さんに話したのになぜ同じ日本人に対して何度も同じことをしゃべらなくてはならないのか、と不思議がる。日本国内の支援者たちの考え方が一様ではなく、さまざまな組織や個人がそれぞれ異なる立場や思惑から調査しているという事情は理解しかねるようであった。そこで調査する側の意図をかなり詳細に尋ね、よほど納得がいかないと面会してくれない。補償問題に関する将来のよい展開を期待して喜んで証言してくれるという時期は去ったように思われる。

そのようななかから法律援護協会ジョクジャカルタ支部を通じて慰安婦四五名、兵補協会を通じて二五名（ただし、うち四名は代理の家族）、慰安所を直接見聞した証人三名の証言を得ることができた(8)。この筆者自身が行なったインタビューに加えて、関係者がかつて新聞・雑誌・テレビ等を通じて語ったこと、彼女らが手記にまとめたもの、日本人ならびにインドネシア人研究者や支援団体のメンバーがこれまでに面接調査をした記録などを参考にし、判明したいくつかの点を以下にまとめたい。

慰安婦募集の過程

インドネシアにおいても、当初、慰安婦はもともと売春を生業としていた女性たちを中心に募集された。しかしそれでは十分に賄うことができず、やがて一般の女性から募集され、その過程で強制的な要素が加わった。人種的な近似性のゆえに、マルガレタ（ホ・スイ・リウ）のような中国系の女性が好まれたようであるが、絶対数が少ないので、圧倒的多数はプリブミの女性であった。ジョクジャカルタのマルディエムのように一部の慰安婦は都市部から選ばれたが、多くは村落社会から募集された（マルディエムとのインタビュー）。

前述したように、名乗り出ている女性たちのなかには、慰安婦ではなくて日本人将校の現地妻だった者、日本人将兵による強姦などの性的被害に遭った者なども数多く含まれている。そこで、筆者との面接に際しては、本来の意味の慰安婦、すなわち軍が管理する慰安所に一定の期間置かれて、繰り返し性的な相手をさせられた者、という範疇にあてはまる女性だけを選別してもらうよう依頼した。しかし、にもかかわらず、選ばれたなかにはさまざまなタイプの女性が混ざっていた。なかでも多いのは、軍全体が活用できる慰安所ではなく、特定の部隊だけが活用できる私設慰安所にいた女性たちである。多くの場合、軍の兵舎や、軍が運営している工場の内部に、女性を多数住まわせ、将兵が必要に応じて「活用」するという形であった。なぜか、西ジャワ地区での調査対象となった女性のなかにこのタイプが多かった。

当人たちはもちろんのこと、兵補協会や法律援護協会の関係者にも、その種の私設慰安所で活用された女性と、軍管理の慰安所で働かされた本来の慰安婦との区別はつかないようであった。ここではとりあえず便宜上、前者を「準慰安婦」、後者を「慰安婦」というふうに区別し、そのおのおのについて叙述するが、強姦などの被害者や現地妻のケースについては特に触れない。

慰安婦の場合、募集の経緯については、多くが居住地の区長や隣組の組長を通じて「学校へ行かないか」とか「いい仕事があるが応募しないか」という形で誘いを受けたと述べている。単なる誘いであった場合もあれば、ノーと言えないような強い雰囲気だったこともある。労務者の徴発も同じであるが、徴用令が施行されていた朝鮮や台湾とは違って、占領地では形式上は自由応募ということになっていた。とはいえ、それでは現実にはなかなか人数が集まらないので、村長や区長にノルマが課されることが多かった。当時の権力関係からして、住民は村の役人や長老にはとても逆らえない状況であったため、そうなると実質的にほぼ強制に近かったのではないかと思われる。

日本軍の占領期には、総動員体制のもと、村落社会に対する介入や干渉が強化され、住民を強力に統制して、特定の目的に向けて動員するためのメカニズムが導入された。本来、共同体の代表であった区長の性格を政府の役人であるかのように変え、こまやかに中央の命令を実行させていった。また、日本の組織を真似て隣組制度が導入され、これを通じて上意下達や相互監視を徹底させた。米の供出、労務供出などにおいても、目標が達成されなかった場合には最終的には隣組に連帯責任が課され、組長に大きなプレッシャーがかかる。そのため組長は何とかして命令を遂行しようと努力し、その皺寄《しわよ》せを個々の住民が受けるのであった。ロームシャの場合でも、慰安婦の場合でも、より貧しい者、より弱い者にとりわけ大きなプレッシャーがかかるのが常であった。

なかには実際に娘がどんな仕事をさせられるのか実態をうすうす感じていた親もいるようであったが、日本軍の命令に反抗することの恐ろしさからのほか、食糧難、生活苦のなかで差し出された前金に心を動かされて仕方なく娘を手放すこともあったと言われる。

「強制」とは言っても、日本軍将兵が銃を突きつけてというようなケースはむしろ少なく、以上述べたような行政機構や村役場を通じての半強制が行われていたというのが一般的であろう。

それに対して、純粋な慰安婦ではなく「準慰安婦」の場合には、日本軍将兵が個人的に女性を「手込めにする」、あるいは上官の個人的な命令を受けて「女狩り」に行く、つまり、軍人が直接手を下して連行したというケースが多かったようである。この場合は、村から町に働きに出ている女性が帰り道を襲われるというようなケース、あるいは、両親が仕事で出掛けていて一人で留守番しているあいだに拉致されるというようなケースが見られる。

連れていかれたときの少女たちの年齢は想像以上に低く、十四〜十五歳というケースもかなりある。村落社会での結婚年齢はかなり若かったうえ、慰安婦の対象とされたのは「未婚の女性」であったことを考えると、そのような年齢になってしまうものと思われた。ほかに未亡人も恰好の対象とされた。ただし、「準慰安婦」の場合は、家庭状況を調べたうえでの連行ではないので、場合によっては夫のいる既婚者が連れていかれた場合もあるし、年齢もまちまちである。

輸送状況の困難な時代であったので、もちろんジャワ島内で働かされた者が絶対数では多いが、カリマンタンなど遠くの島へ送られた者もいる。これは、出身地から切り離すことによって、逃亡を防ぐという意味があったのかもしれない。現に、「なぜ逃亡しなかったのか」というような質問に対し、「逃げだしても匿《かくま》ってくれるところがなかったから」というような回答が多かった。私の聞き取り対象者のなかで、自分が住んでいた島以外へ連れていかれた者は五名いた。

慰安所の状況

慰安所の運営は多くが日本人軍属や民間人に任されていたようである。元慰安婦の多くは、背後に日本人がいたことを知っており、その日本人の名もおおむね明確に記憶しているが、日常的に直接、女性たちを管理したのは、インドネシア人男性であることが多かった。

慰安所は将校用、一般兵士用、民間人用などに分かれていた。同じ市内にいくつかあり、ランクの高い慰安所では日本人女性や朝鮮人・台湾人女性が働いていたという。実は日本人慰安婦も多数インドネシアに送られていた。その多くは、本来、売春を職業としている者で、本人の希望に基づいて募ったと言われているが、真偽のほどは分からない。彼女たちは終戦間際になると俄看護婦となって陸軍病院へ移され、現に終戦時には看護婦として連合軍当局に報告された。したがって収容所や引揚者名簿のなかでは看護婦という扱いになっている。

新たに慰安所として新設された場合もあるが、なかにはソロのフジ旅館のように、既存のホテルや、スカブミのスハルティンが働いていた慰安所のように、レストランを改造したものもあった。いずれも女性たちは個室を割り当てられ、そこを三交代制で複数の仲間と共同利用した（スハルティンとのインタビュー）。

慰安婦たちは、当時は地域社会から白い目で見られ、日本軍による「犠牲者」として同情を受けることはほとんどなかった。したがって日曜日などに外出許可が出ても地域の人々との交流はまったくなかった。

兵隊たちは、休暇が出ると一斉に慰安所に駆けつけることが多かったので、しばしば団体で列を成してやって来た。そのため、慰安婦たちは、おおむね短時間のうちに多くの客の相手をしなければならないことが多かった。なかには一晩に数人から一〇人くらいを受け入れたと証言している者も少なからずいた。

兵隊たちは慰安所の入口で切符を買って「有料」で慰安所を利用するわけであり、慰安婦にも客の数に応じて収入が入ることになっていた。しかし彼女たちの訴えによれば、多くの場合、その報酬は未払いになっていたという。ただし、食事、衣装、化粧品などには事欠かなかった。周辺にいた証人たちの証言によれば、その生活は豊かで華やかでさえあったという。

しかし問題は金銭的、あるいは物質的なことではなく、ほとんど自由を束縛されたうえ、一日に何人も客を強制的に取らされ、心もからだも疲弊してしまったことである。多くの女性が健康を害している。ただし性病に対しては、日本側も非常に敏感になっており、必ずコンドームの使用が義務づけられていたうえ、毎週定期的に軍医や衛生兵による検査が行われた。しかし、それ以外の健康管理は十分に行われていなかったようである。しかも避妊具の使用を義務づけていたにもかかわらず、マルディエムのように妊娠する者もいた。そのような場合には、強制的に堕胎させられたが、中絶を罪悪であると教わってきたイスラーム教徒の彼女たちにとって、それは精神的な重圧であった。

私設慰安所の場合

それに対して、「準慰安婦」たちが入れられた、軍の兵舎内や工場内の私設慰安所の場合は、いろいろな意味で環境がもっと悪かったようである。準慰安婦の場合は、いわば、その部隊の将兵が女性を拉致してきて、そのまま有無を言わさず自分たちの欲望の捌け口として使ったわけであるから、これらの女性の存在は軍司令部には秘密であったと思われる。そのため、慰安婦に一般に講じられていたような、健康管理のための措置もなされなかった。すなわち妊娠や性病を防ぐための避妊具の使用も恐らく義務づけられてはいなかったであろうし、軍医や衛生兵による定期的な健康診断もなく、その意味で性病の蔓延に対する衛生的な措置は何ら取られていなかった。

また、彼女たちを利用する日本軍将兵は、正式の慰安所の場合のように切符を買ったりはしていない。したがって女性たちはもちろん何の報酬も受けていない。それどころか彼女たちのための食料、衣料品の正式な支給さえなかったようである。したがって多くが、食事はありあわせで、時には一日一食であった、などと述べている。

彼女たちの場合、多くは遠方へ連れていかれることはなく、居住地の近くで奉仕させられている。たとえ、遠くの部隊が連れていきたいと考えても、公的な存在ではなかったから、その輸送手段を確保することもできなかったのであろう。

終戦後

日本軍が降伏したとき、慰安婦たちはその場で自然解散という形になった。すでに一九四五年八月十五日以前に、連合軍の攻撃を受けてその地の日本軍が逃走したような地域では、慰安婦たちも命からがら逃走している。出身地の近くで働かされていた女性たちにとっては、自力で故郷へ戻ることは物理的には困難ではなかった。しかし現実には、恥ずかしくて故郷には帰れなかったという者が多かった。現に、家に戻ってきても近所の人々が罵ったり、悪口を言う場合があったという。日本軍による犠牲者として同情するよりも、思いやりのない軽蔑の眼差しを向ける者が多かったのであろう。

カリマンタンなど遠隔地で終戦を迎えた者はすぐには帰郷できない場合が多かった。マルディエムのように、現地のカリマンタンで結婚相手を見つけ、ずっとのちになってからジャワへ戻る機会を得た者もいる。反対にバンカ島からパレンバンへ連れていかれたマルガレタも、故郷には帰れずにパレンバンに留まり、やがてその地で結婚した。

かなり多くの女性がその後、過去を隠して結婚しているが、なかには健康を害して結婚できず、一生独身で暮らした者もいる。

また結婚した女性のなかで、子宝に恵まれた者は比較的少なく、慰安婦時代の日常が、いかに彼女たちの健康を蝕《むしば》んでいたかがよく分かる。

一九九〇年代に慰安婦問題が補償問題と絡めて持ち上がる以前から、元慰安婦の女性たちにしばしば接近して補償金を取ってやると話を持ちかけ、手数料を取り、そのまま姿を消す詐欺まがいの者がいたという（ジョクジャカルタのスハルディンとのインタビュー）。また一九九〇年代の登録時にも、自ら兵補協会や法律援護協会との仲介を買って出たりして、いざ補償金がもらえたときにはその一部を自分が取ることをもくろんでいる者がいたといわれる。

慰安婦は主として無学の貧しい農民の娘たちから募集されたため、今でもその生活は苦しい者が多い。また、高齢であるため、登録済みの慰安婦のなかから毎年多くがこの世を去っていった。

筆者の調査から十数年を経た今日、多くの者はすでに他界した。最も戦闘的であったジョクジャカルタのマルディエムも二〇〇六年についに亡くなった。結局、名乗り出て恥ずかしい思いをしただけで、誰一人として個人的には日本政府から謝罪もされず、一銭の補償金ももらえなかった。結局この問題は、個々の犠牲者とその家族の心のなかではいまだに未解決である。そして同じことが兵補関係者にもあてはまる。

以上、インドネシア社会が諸手をあげて「親日」を表明することに対して、いまなお時折水を差す原因となっているイシューとして、ロームシャ、兵補、慰安婦問題を取り上げてみた。現状を見ると、これらの問題は恐らく未解決のまま放置されるであろう。韓国などと違ってインドネシアの場合、戦争の傷跡にまつわる問題で政府が日本政府に対して強硬に何らかの要求をすることはあまりない。また、そうした問題をめぐって多くの国民の意見を結集した世論として盛り上がることも少ない。それだけこの国が「親日」的であることを示しているのだともいえるが、その「親日」はあくまで日本の経済的な重要性に基づく側面が大きい。韓国のように経済力がさらに増し、日本の援助をさほど必要としなくなったとき、それでもインドネシア社会に同じような「親日」的な傾向が見出されるのかどうか、それはまったく未知数である。

終章　インドネシアにおける対日歴史認識[1]

インドネシアの人たちがしばしば批判し、また苛立ちを感じるのは、日本人の考え方のなかにいまだに日本のインドネシア占領を肯定的に捉えようとする傾向があること、少なくともインドネシアの独立に結果的に貢献したのだから悪いことばかりしたわけではないという見方をする人が多いことに対してである。

さらにもうひとつは、日本は教育その他の場で過去の事実を若い世代に語り継ごうという努力をしていないため、在留邦人の多くが日イ関係の歴史に関してあまりにも無知である、ということに対してである。それとは対照的に、インドネシアの中・高校の教科書における日本関係の記述は大量で、インドネシアの人たちは一般に日本のことを比較的よく知っており、また日本語の学習が盛んであるのをはじめとして、日本に対する関心も高い。このようなギャップの上に立った日イ関係は、微妙な問題を数多く含んでいる。日本の経済援助に対しても、一方でその必要性を認識し、歓迎しながらも、常に警戒心を伴っていてアンビヴァレントである。

本章では、戦争をめぐるインドネシアの対日認識がどのようなものであるかを、主として教科書の分析を通じて明らかにし、日本とのあいだにどのようなギャップがあるのかを検証する。

「日本軍政」と「インドネシアの独立」をめぐる認識

インドネシアにおける日本軍の占領は一九四五年八月十五日をもって終了したが、その直後の八月十七日にスカルノらによって独立が宣言されたことにより、日本がその独立の実現に大きく関わったかのような捉え方をされることが多い。確かにインドネシアの独立は日本軍政期のさまざまな政策によってもたらされた政治的社会的変動と無関係ではなく、その関係はきわめて複雑で、事実関係の正確な把握もたやすくない。しかしこの問題は対日歴史認識について考えるうえで避けて通れないので、本論に入る前にここでまずインドネシアの独立問題をめぐる当時の日本政府ならびに軍当局の動きを資料に基づいて整理しておこう。

開戦を前にして一九四一年十一月二十日の大本営政府連絡会議において策定された「南方占領地行政実施要領」には、「原住土民ニ対シテハ……ソノ独立運動ハ過早ニ誘発セシムルコトヲ避クルモノトス」と述べ、独立運動を刺激するような方策を取ることを禁じていた。また日本放送協会のラジオ・トウキョウでのアジア向けの放送に際しては「東亜解放」はよいが「東亜民族解放」という言葉は使わないようにとの指導方針があった（北山節郎、六二頁）。さらに東条首相は、一九四二年一月と四月の議会演説で「東インドは永久に確保する」との方針を表明していた。日本側には石油をはじめとする重要国防資源を数多く産出するインドネシアを手放す意思はなかったのである。占領統治にあたってインドネシアの民族主義者に協力を要請し、あるいは住民を動員するに際しても、軍政当局は決して「独立」を約束するようなことはしなかった。オランダに対する反感や抵抗精神を植えつけるような宣伝や精神教育には力を入れたものの、「独立」は禁句であった。

一九四四年七月にサイパン島の陥落を受けて東条内閣が総辞職したのち、後任の小磯内閣が九月七日にようやく「将来東インドに独立を許容する」ことを約束した。その決定の裏には、貿易の断絶によって物資が不足したり、日本軍の収奪によってインドネシア国民の生活が困窮を極めて反日暴動なども相次ぐようになったりして、このままではこれ以上スカルノら民族主義者の協力を得ることも難しいという事情があった。つまり、これ以上彼らの心をつなぎとめておくためには、「帝国編入」というこれまでの方針を転換せざるをえなかったのである。

しかしこの約束をしたのちも日本側は、紅白のインドネシア民族旗や、民族の歌とされていた「インドネシア・ラヤ」の歌を認めた以外には、独立に向けて何ら具体的な行動を起こさなかった。そのため小磯声明発表当時は感激の涙を流して軍政当局者と抱擁しあったというスカルノらも苛立ちを隠さなくなった。彼は準備万端整えてから行動に出ようとしている日本側の慎重な動きに対して、「それは家庭をもつのに応接セットも必要だ、ラジオも必要だというのと同じだ……」と述べ、「まず独立し、それから機構や制度の整備をすればよい」という見解を示して日本側をせっついた（オランダ国立文書館文書 Ichibangase Yasuo のレポート p. 2）。

そこでようやく一九四五年三月に、独立準備調査会を発足させることが発表されたが、そのメンバー構成と人選が終わり、実際に第一回会合が召集されたのは、それからさらに三カ月を経た六月のことであった。

ほとんどインドネシア人委員のみから構成された独立準備調査会において、将来の独立国家の形態、領域、憲法、建国の基本イデオロギーなどが討議され、大急ぎで採択された。それを受けて八月には独立準備委員会を発足させることを日本側が認め、スカルノらはその正式な通達を受領するために、ヴェトナムに置かれていた南方総軍の司令部へ赴き、寺内正寿元帥に面会した。その旅から帰国したのが八月十四日で、何とその翌日に日本軍はポツダム宣言を受け入れて終戦となったのである（詳細はKurasawa, 1997を参照）。

ポツダム宣言によって終戦時の現状維持を義務づけられていたため、それまで準備を進めてきたインドネシアの独立計画はそこで頓挫することになった。しかも日本軍は終戦という事実を当分インドネシア側には秘密にすることにした。しかし海外放送をひそかに傍受したりしていたインドネシアの人々の口から終戦の噂が広まり、急進的な民族主義者たちはスカルノに、この権力の真空状態を利用して急遽、独立宣言をするようにと迫った。さまざまなやり取りがあったのちに、ようやくスカルノらは独立宣言を行うことを承諾した。

しかしこのことは、この地を支配していた日本の陸軍に対しては秘密裏に進められ、独立宣言文起草のための話し合いは、ジャカルタにあった海軍武官府の駐在武官、前田精《ただし》大佐（終戦後少将）の官邸を借りて行われた。それは前田の個人的な善意から出た決断であり、このことはのちのち陸海軍の関係者のあいだでしこりを残すことになった。

こうして八月十七日にスカルノらの名において独立が宣言されたのだが、ここで重要なのは、この宣言は、小磯声明に基づく独立準備の路線の上に立って行われたものではなく、それとは無関係に、それどころか、日本当局の思惑に反するような形で行われたということである。ただ、ここで事実関係を複雑にしているのは、独立準備調査会で討議された建国にまつわる諸事項や、そこで起草された憲法草案や建国五原則などが微調整されたのち、ほぼそのまま新生国家によって活用されたということである。

それらは、日本軍の支配下であっても、スカルノら民族主義者自身の手で準備されたものであったから、自分たちで独立を宣言した新しい国家が採択することに何ら矛盾を感じなかったであろう。彼らの脳裏には、日本軍が用意したものという意識はまったくなかったのではないかと思われる。

以上のような複雑に絡み合った事情のほかにも、日本軍が組織し訓練したジャワ防衛義勇軍がのちにオランダとの独立戦争（一九四五～四九年）を戦ううえで役に立ったとか、第1章で述べたように日本軍を離脱し、現地に残留した一〇〇〇名近い日本人が、インドネシアの独立戦争に参加してオランダと闘ったというような事例に基づいて、日本側には、インドネシアの独立に貢献したという意識が強く、そのことが戦争責任に対する自覚をきわめて曖昧にしてきた。日本軍によって〝育てられた〟ジャワ防衛義勇軍の将校の一人であったスハルトが、のちにインドネシアの国軍を、さらには国家を率いるようになり、〝恩返しに〟かつての教官たちを独立記念日の式典に招待したり勲章を授与したりした事実も、そのような意識を強化するのに役立ってきた。

確かに、戦後のインドネシアを率いてきたエリートのなかには、日本軍政に対して個人的にはさほど悪くない思い出をもっている人が多い。たとえばスハルトのように、日本軍政期の諸政策を通じて昇進する機会を与えられ、独立後、重要な役割を担うことができた人は、当然、日本に対してネガティヴな感情は抱いていない場合が多い。そして現在、外交やビジネスを通じて現地で日本人が接する人たちのなかには、そのように幸運な過去をもつ人が比較的多い。しかしその一握りのエリートたちの感情が、インドネシアの対日認識を代表していると考えるのは危険である。多くの庶民、とりわけ食糧生産と労働力供給の最前線にいた農民たちは、前代未聞の厳しい収奪のもとで苛酷な生活を強いられていた。そのことは各地で農民一揆が相次いだことからも計り知ることができる。

それでは、インドネシア政府の統一的な見解としての対日歴史認識、さらには現実に国民の大多数が抱いている対日歴史認識はどのようなものなのだろうか。

歴史研究・回想録・マスコミ・展示物に見る日本のイメージ

スカルノ時代には国家の見解を代表するスタンダードな歴史書というようなものは存在しなかったため、この時期の公式な歴史観を知ることは難しい。しかし、反植民地主義および反新植民地主義の世界的なリーダー格であり、共産主義をはじめとする急進的なイデオロギーをも公認していた国家であるから、日本をファシズムと位置づけてそれを厳しく批判する立場の歴史が主流であったのではないかと思われる。筆者は、一九五〇年代に日本人を母としてインドネシアで生まれ育った日イ混血の子供たちの多くから、学校の歴史の授業で日本時代の勉強をするたびに身の縮むような思いをした、とよく聞かされている。またその頃に教育を受けたインドネシア人の多くが、日本時代のことを聞かれて、「三年半の日本の支配は、オランダの三五〇年間の支配よりも苛酷だった」というようなかなりステレオタイプな発言をすることから見ても、教科書に現れた歴史観が推測される。

スハルト政権になってから、国軍史研究所のヌグロホ・ノトスサント准将（歴史学博士。のちにインドネシア大学学長、教育文化大臣を歴任）がこの国の歴史学研究の主流になり、教育文化省は彼を中心に『インドネシア国民史』（*Sejarah Nasional Indonesia*）六巻本を編纂し、一九七四年に刊行した。以後この本がほぼこの国のスタンダードな見解を表すものとされた。このヌグロホ主導の国史は、その後、少しずつ改訂されて一九八四年の第四版まで出版された。

この第四版では、日本軍政期の歴史は第六巻目（「現代史」）に八七ページにわたって詳細に記述されている。その内容は「占領政府の組織と発展」「インドネシアの（民族）運動と日本」「住民の動員」「戦時経済」「教育・社会コミュニケーション・文化」「将来のインドネシアの地位についての約束」「独立宣言に先立つ日々」の七つのパートから成っている。日本の統治のさまざまな側面に幅広く言及しつつも、基本的には苛酷な支配という見解に立ち、日本の「貢献」を最小限に評価しようとするものであった。そして、日本軍政期が独立への戦いの準備の時代であったという位置づけはなされていない。

ヌグロホ自身の研究テーマは、日本軍が組織し訓練したジャワ防衛義勇軍に関するもので、彼の博士論文は *The PETA Army During the Japanese Occupation of Indonesia* と題し、国際交流基金の出版助成を得て一九七九年に早稲田大学出版部から刊行されている。義勇軍は、日本軍の防衛のための補助兵力として編成されたインドネシア人軍であったが、のちにインドネシア人がオランダとの独立戦争を闘うに際しては国軍の中核になったという経緯があり、日本軍政の数少ない〝光の遺産〟として日本軍関係者がしばしば取り上げるものである。

しかるにヌグロホは、この設立は日本側の意思であったというよりも、ガトット・マンクプラジャという民族主義者が日本側に陳情して作ったものであるとして民族の独自性を強調するとともに、その将兵の多くはのちに確かにインドネシア国軍に入隊したが、義勇軍そのものはあくまで国軍形成の「一端」を担うものでしかなかったとして、日本の関与を最小限に評価しようとした。

一九八五年にヌグロホが急死したために、その後インドネシアの歴史学界の主導権は彼とは学風を異にする歴史学者の手に移った。とはいえ日本軍政期の研究に関しては、これに積極的に取り組む影響力のある研究者が出なかったため、これ以後、歴史学界における対日認識が大きく変わったという事実はない。また、新たな国史編纂事業が行われることもなかった。

一九九八年にスハルト政権が崩壊したのち、それまでのスタンダードな歴史観を再考しようとする動きがようやく起こり、新たな国史編纂の準備作業が始まった。とはいえ、見直しの対象とされているのは、主としてスカルノ政権が倒れてスハルト政権が登場するきっかけとなった一九六五年の九・三〇事件をめぐる評価に関してであり、日本軍政期に関しては必ずしも〝書き替え〟は検討されていなかった。この作業はスハルト政権が倒れて一三年を経た現在、まだ完成していない。そのため現在に至るまでいまだに一九八四年改訂のヌグロホ版国史が流通しているが、言論が多様化した今日、もはや重きを置いて読む人は少なくなってきている。

いまや歴史学者の見解は一様ではなく、日本時代に教育を受けた一部の老齢の研究者のなかには、個人的なノスタルジアに基づいて、日本占領の光の部分をも指摘する者もいるが[2]、おおむねは、日本の支配は〝残酷〟な統治であり、もっとも厳しい時代であったという評価が引き続き中心をなしている。

そもそもインドネシアの歴史学界では、近年、日本軍政期に対する研究は低調であり、これという成果がほとんど出ていない。

最近の歴史学の傾向として、独立運動や独立戦争に焦点を当てたナショナリズム昂揚のための政治史よりも、これまであまり関心をもたれなかった社会経済史に対する関心が強まってきている。政治的アジテーション的なスタンスよりも、イデオロギー性の弱い実証的な研究に変わりつつある。すなわち、一九七〇年代・八〇年代にインドネシア大学を中心にヌグロホ教授のもとでの日本軍政期の政治史的な研究が学生の卒業論文を賑わせたのと対照的に、現在はジョクジャカルタのガジャマダ大学を中心に社会経済史的な論文がいくつか出されている。たとえば、ジョクジャカルタの華僑に焦点を当てたディディ・クワルタナダ（Didi Kwartanada）の研究がある。このなかで著者は、日本の占領下で中国系の住民は身の安全を確保するために対日協力へと向かわざるをえなかったが、このことを通じて中国人社会の再編が行われた結果、現地社会生まれの「プラナカン」よりも中国文化と中国語を保持した「トトク」の勢力が相対的に強化されて、戦後の華人の勢力分布にも影響を与えたと指摘している。また、日本軍政期のジャワ島東端の穀倉地帯における農業構造の変化を分析したナウィヤント（Nawiyanto）の研究などがあげられる。

ある国の歴史観の形成に影響を与えるうえで、歴史書と並んで重要なものとしては、関係者による回想録をあげることができるであろう。インドネシアでは、その多くはステレオタイプな歴史観に沿ったものが多い[3]。

日本時代の学校の同窓会の会誌などに見られるように、多様な内容の回想録が出現しつつあるとはいうものの、その数はまだ少なく、特定の世論の形成に資するような存在にはなっていない。一つには国定の歴史の考え方があまりにも強固で、個々の民間人の主張が持つ影響力が限られているからかもしれない。

書物ではないが、展示物にもその選択や表現方法において、出展する側の価値観や歴史観が鮮明に現れるものである。インドネシアでは、ジャカルタ市の中心部の大統領官邸前にある独立記念塔《モナス》の地下に、オランダによる植民地化以来の民族闘争の歴史がジオラマで展示されている。そこには日本軍政時代を代表するパネルがひとつだけある。このひとつだけ選ばれたトピックは「ロームシャ」で、肉体労働に従事するやせ細ったインドネシアの労働者に向かって、日本軍兵士が刀剣を振り上げている光景が描かれている。ロームシャという日本語起源の言葉はもはやインドネシア語にもなり、インドネシアの辞書に記載されているほど定着している。つまり、日本軍政時代を象徴するシーンは、ロームシャが〝苛酷〟な扱いを受けている姿なのである。

この種の論調は各地にあるモニュメント（記念碑）や歴史建造物の展示においても見られる。たとえば、カリマンタン島のポンティアナ市近郊のマンドルに建立された、日本軍に虐殺された人々の慰霊碑などである。この地では一九四三年にスパイ容疑で数千人が逮捕され処刑されたと言われるが、この事件は日本軍の残虐性を示すものとして、そしてまたインドネシアがいかに日本軍に対して抵抗したかという例として多くの教科書にも取り上げられている。

同様に、スマトラのブキティンギでは、日本軍が最後に立て籠もるために作った大きな地下壕の跡が記念博物館として一般公開されている。インドネシア側は、その建設に際して使われたロームシャが、最後に秘密保持のために殺されたという解釈をしており、このモニュメントも日本軍の残虐性を示す役割を果たしている。

その他の媒体としては、テレビの特別番組など、マス・メディアが歴史観の形成に与える影響も考えられる。日本では終戦記念日の前後に多数制作される記念番組が、その時々の歴史認識の動向に影響を与えたり、またそれを反映したりしていると思われるが、インドネシアでは日本軍政期に関するドキュメンタリー番組等はほとんど制作されていない。一方、日本軍政期を題材にした小説、劇映画などはかなり早くから出版され、製作されている。その多くは日本軍の残酷さを強調したもので、小説、映画ともに従軍慰安婦を題材にしたものもある。第7章で紹介した幻の映画「ロームシャ」もその一つである。

インドネシアにおける歴史教育

さて、国民の歴史認識の形成にとってもっとも影響力のあるのは学校教育であろう。首藤もと子は、歴史教育の内容を通じて一国の歴史認識を捉えようとする方法が、どこまで歴史認識の実情と合致するかについて留意すべき点が二つあるとして、(一) 歴史教育が何を目的とし、どのような内容に重点を置いているかという点、(二) 就学率や進学率、学校教育における歴史教育の位置づけなどを考慮する必要、を指摘している(首藤もと子、一九九七年、四五三―四五五頁)。以下この二点に留意して歴史教育を見てゆこう。

インドネシアでは、学校教育における歴史の地位は高く、小・中・高のいずれにおいても歴史の授業が行われている。その重点は自国の歴史に置かれ、世界史は相対的に比重が小さい。カリキュラムの改訂によって多少の変動はあっても、概して日本の場合よりもはるかに多くの時間を歴史教育に割りあてている。そしてそのなかで日本軍政期について割かれている割合は、教科書によってかなりのばらつきがあるものの、一般に非常に高い。スハルト時代のインドネシアでは、教科書は教育文化省発行の国定教科書と、同省の審査をパスした民間出版社のものとがあったが(首藤もと子、一九九七年、四五五頁)、いずれも国家の基本的見解を反映していると考えられる。インドネシアにおける学校教育の専門家である西村重夫によれば、教育文化大臣が変わるとカリキュラムも変更になり、その時々の大臣の見解が強く反映されたと言うが(西村重夫、一一五頁)、日本軍政期の歴史に関する限りは現在に至るまで大きな変化はほとんど見られない。一応カリキュラムの変遷を見てみよう。

前述の歴史学者ヌグロホが教育文化大臣になり、彼の主導で作られた一九八四年の新カリキュラムでは、一般の歴史と分離して「民族闘争史」という科目が設定され、独自の教科書が編纂された。必ずしも抵抗の歴史だけが書かれているわけではなく、オランダによる植民地化以降の歴史はすべてこのなかに収められており、日本軍政期もその一端を占めている。一般の歴史から独立させたこの教科書は、すべての学校が採択したわけではないが、一九七三年から導入されていた「パンチャシラ道徳」という科目とともに愛国心を昂揚させる役割を果たした。

その後、一九九四年にカリキュラムは改訂されたが、依然として歴史教育には重点が置かれ、「民族闘争史」という独立した科目も引き続き存在した。このカリキュラムでは歴史教育の目的を「過去から現在までの社会の発展について理解し、国民意識と愛国心およびインドネシア国民としての誇りを培い、さらに世界の諸国家との関係について広い知識を得ること」と位置づけている（首藤もと子、一九九七年、四五四頁）。

このカリキュラムでは、小学校では四年生以上が社会科を学ぶ。社会科の教科書は地理と歴史に分かれており、日本軍政期については、五年生の二学期全部をそれに充てている。西村によれば、小学校の教科書では日本軍政時代について中学、高校の教科書よりも詳しく記述し、また日本に対する評価もより厳しかったという（西村重夫、一二一頁）。

その後、一九九八年にスハルト政権が倒れて〝民主化〟が開始されてから再びカリキュラムの改訂が行われ、これが二〇〇四年から施行された。この新しいカリキュラムでは歴史が相対的に重要でなくなり、授業時間数がかなり縮小された。これまで小学校から高校まで歴史は必修であったのが、高校生の場合、二年生から理科系を選択した学生は、ほとんど歴史を学ばなくなる。また独立した科目としての「民族闘争史」は廃止されて一般の歴史のなかに組み込まれた。

二〇〇四年から施行されたカリキュラムのもう一つの特徴は、「能力に基礎を置いたカリキュラム」（Kurikulum Berbasis Kompetensi = KBK）と呼ばれるものの導入である。これは現場の教員が教科書に記載されていないことでも自分の能力に基づいて自由に教室で論じてよいという方針である。これにより、ステレオタイプな国定の歴史観とは異なる見方が教室に持ち込まれる可能性も出てきた。まだ導入されたばかりで、その功罪はまったく未知数であるが、歴史観の多様化につながるであろう。

歴史教科書の分析

それでは以上のようなカリキュラムのもとで、日本軍政期に関してはどのような認識から、どのような歴史教科書が編纂されてきたのだろうか。以下において、一九八四年、一九九四年、二〇〇四年のそれぞれのカリキュラムに基づく高等学校の教科書の代表的なものをいくつか取り上げ、日本軍政期に関する記述を考察してみよう[4]。

まず一九八四年のカリキュラムに基づいて刊行されたドディ・イスカンダル（Drs. Dodi R. Iskandar）編の *Penuntun Pelajaran PSPB Berdasarkan kurikulum 1984 untuk SMA Kelas I*（一九八四年のカリキュラムに基づく民族闘争史、高等学校一年生用）（Ganeca Exact Bandung社、一九八八年）では、日本の占領に関する記述は三つの章にわたっており、全一八四ページのうち六四ページ（三五％）を占めている。すなわち第四章「住民の苦悩について」、第五章「三A《あ》運動・プートラ・中央参議院について」、第六章「独立準備」、の三章である。扱っている項目は、日露戦争の勝利、トコ・ジュパン（戦前オランダ領東インドに居住して商業活動を営んだ日本人の総称）、日蘭会商、ジャワ上陸作戦、ジョヨボヨ王の予言、統制経済、増産キャンペーン、奉公会、農事組合、森林開墾、家畜の供出、籾供出、衣料品不足、綿花栽培、ロームシャ、隣組、日本化政策（日の丸、君が代、軍票、日本時間、皇紀）、官報の発行、義勇軍、推進隊、回教青年挺身隊、政治参与、反日蜂起（アチェのアブドゥル・ジャリルの蜂起、タシクマラヤのスカマナ塾の蜂起、インドラマユの蜂起、ブリタルの義勇軍の蜂起）、最敬礼、小磯声明、独立準備調査会、独立準備委員会、パンチャシラの起草、ジャカルタ憲章の起草、レンガスデンクロック事件など、かなり幅広いトピックに渡っている。また、独立宣言文の起草が前田武官邸で行われたことについても触れている。特にロームシャに関する記述は三ページにも渡っている。

　次に、一九九四年のカリキュラムに基づく教科書としては、ガラクシー・プスパ・メガ（Galaxy Puspa Mega）社の *Sejarah untuk SLT kelas 2*（中学校の歴史、二年生用）を概観しよう。これは、一章（全一九五頁のうち二五頁）を費やして日本軍政期を扱っている。その章のタイトルは"Pendudukan Jepang dan Perjuangan untuk Mewujudkan Negara Indonesia Merdeka"（「日本軍政と独立国家インドネシア実現のための闘い」）と名づけられており、このことからも分かるように、日本軍政は独立のための闘いの時期として位置づけられている。明治維新からの歴史を半ページ程度で簡単に説明したのち、日本が東南アジアへ侵略するに至った経緯を説明している。そして「占領目的」のなかでプートラ（スカルノ、ハッタら民族主義者による軍政協力のための運動）、MIAI《ミアイ》（イスラーム諸組織の連合体）、ジャワ奉公会などの大衆組織、あるいは義勇軍のような軍事組織の設立について触れたのち、「経済資源や労働力の搾取」、そして「独立実現のための闘い」について論じている。

　最後に、二〇〇四年のカリキュラムに基づいて編纂され、現在出回っている教科書を二冊紹介しよう。ひとつは各種あるインドネシアの歴史教科書のなかで、もっとも広く採択され、発行部数も多いエルランガ社の「インドネシア史ならびに一般の歴史」（編纂者イ・ワヤン・バドリカ、二〇〇五年刊）である。マラン教育大学の教員によって編纂されたこの教科書では、日本軍政に関する章は「日本の占領とインドネシアの独立準備への努力」と題し、記述は一七ページにわたっている。他の多くの教科書にあるような「独立のための闘争」という表現ではなく、「独立準備への努力」という柔らかな表現にしているのは注目に値する。この日本軍政に関する章のなかでは、一九四五年八月十七日の独立宣言については触れず、五月から六月にかけての独立準備調査会の動きや、八月の独立準備委員会の動きについて述べたのち、戦争の終結（八月十五日でなく十四日と記載）を記述して終わっている。

この教科書の特徴は、日本についての記述を鎖国から始め、欧米諸国との関係を断ち切って国を閉ざしたのちもオランダとのみ交易を続けたことなどに触れている点である。しかし鎖国そのものに関する評価や詳しい説明はなく、わずか数行を割くに留まり、その後、記述はいきなり一九世紀に飛んでペリーの来航によって開国を迫られたことに触れている。大政奉還によって明治維新を迎えたのち、欧米に追いつくための文明開化と工業化政策がとられ、近代化が進んだ。そして、その近代化がアジア太平洋地域における日本の帝国主義的政策を生んだという捉え方をしている。

二〇〇四年のカリキュラムによるもうひとつの教科書は、インドネシア最大の出版社であるグラメディア・グループに属するグラシンド（Grasindo）社刊行のものである。ここでは、日本軍政期を扱った章は、「日本占領政府による抑圧に対する闘争とインドネシア独立のための闘争」と題し、日本軍政期の抑圧に対する闘いも独立のための闘いの一環として捉えられている。

以上、一九八四年、一九九四年、二〇〇四年と一〇年置きに改変されたカリキュラムのもとで刊行された三冊の教科書を見てきた。この三冊だけでは偏りがあるかもしれないので、これらのほかにここに紹介しきれなかった十数冊の教科書を参照したが、取り上げているトピックの選択において多少の違いはあるものの、大きな差異は見られなかった。これらの教科書の多くに共通しているいくつかの特徴をあげると以下のようである。第一に、日本軍政期をオランダ植民地時代、あるいは独立戦争期とは分離して独自の時代として単独の章を立てて論じていることである。また教科書全体のなかで日本時代が占める割合は、教科書によってばらつきがあるが、概してかなりのページ数をとっている。

第二に、いずれも「苛酷な時代であった」という論調が全体を貫いているが、アジテーション的な論調は少なく、おしなべて記述が客観的かつ冷静なことである。その傾向は時代を経るほどに顕著になる。ひとつには、実証的研究が進んでさまざまな事実関係が明らかになってきたことによるのだろう。それだけに、そこに突きつけられた内容には重みを感じる。

第三に多くの教科書が記述を戦前の日本の対アジア政策から始め、一連の対アジア拡張政策のなかにインドネシアの占領も位置づけようとしていることである。

第四に、たとえば、華僑の運命やオランダ人捕虜の運命などについての言及はほとんどなく、いまだに民族主義的な立場を強く反映していることである。

第五に、戦後の日本による戦争賠償支払いの問題などについてはまったく言及していないことである。

インドネシア国民の対日認識と政府の本音

さて、このような教科書の認識はどの程度まで個々の国民のそれと一致しているのだろうか、あるいははずれがあるのだろうか。筆者の体験では国民の多くは教科書の〝残酷〟イメージをほぼそのまま自分の見解として受け入れており、尋ねられればステレオタイプな回答をする人が多い。しかしその一方で、スハルト時代の開発を支えた経済大国としての日本の存在感も大きく、まず特に個人的な体験や深い関心を持っている人々を除けば、必ずしも教科書の中身どおりの厳しい対日イメージを抱いているわけではないようだ。世代により、居住地により、社会階層によりかなり異なっているものの、日本軍政期の歴史に対する解釈を尋ねられれば〝残酷〟イメージが口をついて出るが、現在の日本に対してはさほど悪いイメージを持っていないというのがおおよその傾向ではないだろうか。しかしそれは、戦時期に日本が行なったことに対する評価、つまり歴史の評価そのものが変わってきているということではない。歴史のなかの日本と、現在の日本とを区別しているにすぎないのではないかと思われる。

またインドネシア政府は、歴史教科書においては厳しい見解を示しつづけながらも、現実の外交の場では、日本の戦争責任をあまり厳しく追及しないという姿勢をとっているようだ。経済大国日本の機嫌を損ねまいとする思惑が常にちらついているように思われるのである。

第7章1節で述べたように、一九七二年に、「ロームシャ」という映画が製作されたとき、日本政府の反応をおもんぱかって、インドネシア政府はいったん検閲を通ったこの映画を封切り直前に上映禁止にしたという経緯があった。また、一九八〇年代初頭に日本の教科書に対する批判が噴出したときや、一九九〇年代初めに慰安婦問題で日本への批判が高まったとき、インドネシアの政府やマスコミの対日論調は他のアジア諸国に比べて常に穏やかであった。マスコミはそれらの問題について日本に対して厳しい言葉で言及はするものの、大きな反日キャンペーンを呼び起こすような論調にまで至ったことはない。政府の思惑を感じ取って自己規制を行なっているとも考えられる。

とはいえ、二〇〇一年に、日本がインドネシアを独立させるためにいかに助けたかを誇張する東京映像製作の劇映画「ムルデカ・17805」が日本で上映されたときには、その歴史解釈に対してインドネシア当局は不快感を示し、インドネシア国内では上映禁止になった。インドネシア人は日本軍を歓迎したとか、日本がインドネシアの独立を助けたとかいうような解釈に対しては明確な姿勢をとるようである。

ごく最近は、アフガニスタン攻撃やイラク攻撃における、対米追従の日本外交にかなりのマイナス・

イメージを抱いている知識階層やイスラーム運動家なども多い。現在の日本に対する認識がネガティヴなものに変わるとき、必ずや歴史認識の問題もまた蒸し返され、反日感情も再び高まるであろう。日本の国連安保理事会の常任理事国入りの決議に際してインドネシア政府は反対に回った。中国の強い圧力があったからだと言われるが、中国か日本かの択一を迫られれば中国を取るということであろう。連合国中心に形成された国連においては日本はいまだ敗戦国としての負の立場に追いやられているのであるが、その現状をインドネシアが容認したということの背後には、戦争によって日本から被害を被った国だという自覚がいまだにインドネシア人の心にあることを示しているのかもしれない。日本＝インドネシア関係とはそんな爆弾をいまだに抱えているのである。

結論にかえて

以上見てきたように本書は、戦争によって変更させられた（移動させられた、破壊された）状況を「元に戻す」作業として始まった敗戦後の日本＝インドネシア関係を、終戦から一九七〇年代初頭までを中心に記述したものである。「序」で述べたようないくつかの主題を検証するなかで見えてきたことがいくつかある。

まず第一に、戦後間もない時期の関係は、両国とも何が最大の国益かという点でのコンセンサスが欠如していて、右往左往していたのではないかという仮説であるが、これに関しては次のような状況が判明した。

まず一九四五年から一九五一年までの日イ関係の主たるイシューは、戦争により移動を余儀なくされたインドネシア人、日本人の帰国をめぐる問題であった。この問題を取り扱った政治主体は実はインドネシアでも日本でもなく、駐日オランダ軍事使節団やGHQであった。つまり、この時代の日イ関係においては、日本とインドネシアは主たるプレーヤーではなく、実際には、オランダとGHQの関係、あるいは時にはバタヴィアの総督府と東京のオランダ軍事使節団との関係にほかならなかった。そこでは、主役のオランダは、自分たちの国益に基づいてこれらの人々の帰国問題を取り扱った。その際、基本的には法律重視を貫くが、その法律の解釈においては、その人物がインドネシアに帰ること、あるいは居住することが、インドネシア共和国を利することになりはしまいかという判断が必ず加わった。しかしそれすらも、バタヴィアと東京とでは温度差があり、しばしば解釈は食い違った。

次いで、インドネシア独立戦争の終結（オランダによる主権委譲）ならびにサンフランシスコ講和会議で、インドネシアも日本もそれぞれに完全な「独立」を取り戻すと、ようやくこの二国間での直接的な関係が開始された。しかし、その時期のインドネシアの背後にはいまなおオランダが、また日本の背後にはアメリカがいて、それらの国の思惑や発言が大きな影響を与えていた。インドネシアでは、オランダが依然として経済の大部分を握り、国の至るところでオランダ色が強く残されていた。これを払拭して脱植民地化のプロセスを徹底させようとするナショナリズム路線と、経済的豊かさのためには当分は現状を維持するしかないと考える現実主義者との対立が見られた。そのナショナリズムは時には日本に対しても向けられ、独立戦争に参加した「残留日本人送還」というような強硬な姿勢へとつながったこともあった。最終的には実現しなかったものの、脱植民地化はオランダに対してのみならず、日本に対しても向けられたのであり、実に複雑な構図がそこにはあった。

日本も、当初は、賠償支払いの是非をめぐる基本的姿勢の違いという国内の対立要因を抱えており、これが日イの関係を築くに際して国益をはっきり見定めることを妨げていた。つまり、いったんサンフランシスコ講和条約で支払いを認めておきながら国内のかなり大きな政治勢力、官僚、財界のあいだで、「インドネシアは敵国だったわけではなく」「むしろインドネシアの独立のために自分たちは戦った」のであるから、「日本はインドネシアに対して支払い義務はない」、という考えが深く宿っており、その考えがことあるごとに顔を出し、賠償交渉は捗らなかったのである。

第二に、やがて一九五〇年代末になると両国とも取るべき路線をはっきり見極めるようになってきた。インドネシアは、スカルノが強固な独裁的権力を掌握して欧米的な民主主義を否定するとともに、経済的にも明確に「オランダ離れ」の路線を取るようになる。そしてその背後には賠償資金を通じて日本から期待できる経済的サポートが一つの力となっていた。

一方、日本も、最終的には、賠償支払いは東南アジアへの先行投資であるという位置づけから政府が国内世論をまとめていき、解決に向かった。そして一九五〇年代中頃から六〇年代中頃にかけての日本は、かなり明確に、アメリカ一辺倒ではない政策を打ち出している。バンドゥン会議（一九五五年）への出席はその一例であるし、インドネシアの地方反乱（一九五八年）をアメリカが密かに援助していたことを知りつつも、スカルノ政府への賠償の支払いを続行して政権を支えたこと、またその後インドネシアが左傾化して単にオランダのみならず西側諸国全般との関係が悪化していき、国際社会から孤立していった時期にも、引き続き友好関係を持ち続けたことなどに表れている。つまりこの時代、単に冷戦やアメリカとの同盟関係だけでは解釈しきれない別のファクターが日本を動かしていたのである。それは一貫して東南アジア重視、なかでも資源豊かなインドネシア重視という実利的なファクターであったが、アジアのリーダーとしての役割を模索するある種のアジア主義的、政治的色彩を帯びたものでもあったのかもしれない。そしてそれは戦前・戦中の「アジア主義的」な潮流が人脈的に続いていたことと無関係ではないだろう。

このような明確な国益の提示に反対する声はそれぞれの政府の内部に根強くあったが、最終的には双方で強いリーダーシップを発揮した二人の指導者がその道筋をつけてゆくことになった。スカルノと岸信介である。

第三に、スカルノと岸による交渉の妥結とも関係するが、戦前戦中と戦後の人脈の連続性については、以下のようなことが分かった。人的連続性は、日本軍政のあり方と、インドネシアの独立経緯の特殊事情に帰因するものである。すなわち、インドネシアにおいては、スカルノら戦争中の対日協力者が独立国家建設の中心人物になったため、建国の過程において日本との友好的な関係が維持され、そのことが個々の人間関係においても反映している。つまり戦争中活躍した日本人の多くは、おおむね当時のインドネシアのカウンターパートたちと戦後も良好な関係を維持していたのである。初期の日本＝インドネシア外交関係、あるいは経済関係はこのように古い時代の「貯金」を使って維持されていたのであった。しかしながらこの人脈は、スハルト政権が誕生し、日本の大企業の進出の時代になると、相対的に重要さを失っていった。

ところで、インドネシアが戦争中の対日協力者たちが中心になって築かれた国家であったということは、戦争が残した傷跡の清算に関しては不徹底な要求しかできなかったということの遠因にもなった。サンフランシスコ講和条約に基づいて支払いが求められた国家賠償は支払ったが、ロームシャ、兵補、慰安婦などとして徴発された人々に対する手当ては何もなされなかった。

そのことも含めて、「序」で提起した第四の問題、つまり戦後は終わったのか、戦争の残映はもう姿を消したのかという問いであるが、これは微妙な形でインドネシア社会に生き続けている。確かに戦争の記憶を持たない新しい世代は、日々の生活のなかで経済大国としての日本のプラスのイメージを膨らませて育ってきた。日系の子供たちがその血筋をできるだけ隠そうとして過ごした一九五〇年代、六〇年代と比べて、今は日本の血を受け継いでいることをむしろ誇りにする子供たちも多い。一方で、戦争の被害に遭った当事者たちが年齢を重ね、一人二人と姿を消してゆき、戦後補償問題は立ち消えになりつつある。

とはいえ、その子孫たちはまだ複雑なわだかまりを持っていることが少なくない。両国の当事者たちのあいだで、かつて一度も、問題をさらけ出して「和解」のための積極的な努力がなされなかったことにより、あたかも潰瘍を残したまま傷が癒えたときのような後味の悪い回復しかなされなかったのである。また、学校の歴史教育の場では依然として〝残虐な日本軍政〟という言説が語り継がれている。その教科書は、改定のたびに感情的な記述からより客観的な記述に移りつつあるものの、まだ基本的な論調は不変である。それは「歴史的事実」として恐らく変わることはないだろう。日本にとって戦後は終わったようであるけれど、インドネシアにとってはまだ終わっていないのである。

さて、本書は、一九九一年から始めた戦後の日イ関係の研究をちょうど二〇年かけてまとめたものである。聞き取りの多くは調査の初期の頃に行なっていたため、今は亡き方々の貴重な声を紹介することができた。少しずつ原稿を書きためて準備してゆく過程で、日本、インドネシア、オランダの公文書が解禁になって、これらも参照することができるようになった。その間、多くの方々からのご協力やご支援を得た。インタビューに応じてくださった方々の数は日本、インドネシア合わせて一〇〇人を超えるが、本書では直接引用させていただいた方々のお名前しか掲載できなかった。しかし、そのお話の内容は、背後の状況の理解や、筆者の歴史認識の形成に反映されている。

この研究の先達である西原正先生、後藤乾一先生、首藤もと子さんには色々と貴重なご助言をいただいた。特に後藤先生は、原稿に目を通し、適切なご指摘やコメントを下さった。さらに若き将校として日本軍政に携わられ、その後、独自に戦後処理の歴史研究を進めてこられた大庭定男氏からも、多くのことをご教示いただくとともに資料の提供を受けた。インドネシア国立文書館のモナ・ロハンダ女史には資料探索の過程でお世話になるとともにオランダ語の解読を指導していただいた。その他ここにお名前を一人一人出すことはできないが多くの方々に支えていただいたことに関して謝辞を申し上げたい。

そして『日本占領下のジャワ農村の変容』以来、私の研究を支え、見守り、多くの出版を手がけてくださった草思社の加瀬昌男さん、細かく文章をチェックし、アドヴァイスを与えて下さった平山潤二さんには、何とお礼を申し上げてよいか分からない。とりわけ加瀬さんの存在がなければ私の研究の多くはこの世に出ることはなかったであろう。この本はもう二〇年越しの同氏とのお約束であるが、加瀬さんの励ましがなかったら完成していなかったかもしれない。折り返し点を過ぎた私の研究者生活の成果をまとめる良い機会を与えてくださったことを深く感謝したい。

引用文献

刊行物

●書籍・学術誌

アジア留学生協力会・国際学友会編「インドネシア賠償留学生の思い出」（手稿本）一九八五年
荒敬『日本占領史研究序説』柏書房、一九九四年
池尾勝巳『インドネシアの経済と日本』インドネシア通商産業協会、一九五四年
池田義彦「プルダニア銀行創成時代の思いで」『プルダニア銀行の回想——創立三十周年記念側面史』大和プ銀会、一九八九年
石井正治『南から——インドネシア残留元日本兵の回想』西田書店、一九八四年
石原広一郎「私の履歴書」『私の履歴書』二十二集、日本経済新聞社、一九六四年
市川喜久『土浦愛隣会のこと——引き揚げ者・母子家庭の人々とともに』ふるさと文庫、筑波書林、一九九〇年
井上尚『田辺引き揚げの回想（前編）——現地の婦女子を引率して』二〇〇〇年（私家版）
井上哲郎『バパ・ジャンゴ——インドネシア独立闘争秘話』講談社、一九五三年
岩渕功一『超える文化、交錯する境界——トランスアジアを翔けるメディア文化』山川出版社、二〇〇四年

インドネシア日本占領期史料フォーラム『証言集――日本軍占領下のインドネシア』龍渓書舎、一九九一年
内海愛子・村井吉敬『赤道下の朝鮮人反乱』勁草書房、一九八〇年
江上芳郎『南方特別留学生招聘事業の研究』龍渓書舎、一九九七年
大住昭・工藤裕子『アドゥー・サバール・プルダニア――実録インドネシア日系合弁銀行の50年』株式会社エヌ・エヌ・エー、二〇〇八年
太田弘毅「陸軍南方占領地の兵補制度（上）（下）――『兵補規程施行細則』を中心に」『政治経済史学』一五二号、一九七九年一月
大庭定男「敗戦後バンドン」陸軍経理学校幹部候補生隊第十一期生会編『暁告げし防人の賦』一九八七年
大庭定男『ジャワ敗戦抑留日誌　一九四六～四七』龍渓書舎、一九九六年
外務省『わが外交の近況　一九六八年版』
金沢謹『思い出すことなど』国際学友会、一九七三年
菊池輝武「裏切られたインドネシアの花嫁たち」『婦人公論』三八巻一一号、一九五二年一一月
北山節郎『ラジオ・トウキョウ――戦時体制下の日本の海外放送Ⅱ「大東亜」への道』田畑書店、一九八八年
桐山昇「日本軍政崩壊と東南アジア――戦争責任・植民地再征服そして独立への国際秩序」『歴史学研究』六七二号、一九九五年六月
倉沢愛子『日本占領下のジャワ農村の変容』草思社、一九九二年
倉沢愛子「インドネシア脱植民地化の過程にみる日本とオランダ」『歴史学研究』六七二号（一九九五年六月）
倉沢愛子「戦前・戦中のインドネシア人日本留学生の軌跡」『20世紀アジアの国際関係Ⅲナショナリズムと国家建設』原書房、一九九五年一一月
倉沢愛子『南方特別留学生が見た戦時下の日本人』草思社、一九九七年
倉沢愛子「女性にとっての開発――インドネシアの家族福祉運動の場合」恒川恵一他編『岩波講座　開発と文化6　開発と政治』岩波書店、一九九八年二月

倉沢愛子「インドネシアの村落開発における情報伝達――『クロンプンチャピル』を中心に」『アジア経済』第三九巻九号（一九九八年九月）
倉沢愛子「スハルト政権崩壊の歴史的意義」『歴史学研究』七一八号（一九九八年一二月）
倉沢愛子「インドネシアにおける慰安婦調査報告」女性のためのアジア平和国民基金「慰安婦」関係資料委員会編『「慰安婦」問題調査報告・一九九九』女性のためのアジア平和国民基金、一九九九年二月
倉沢愛子「インドネシアの国家建設と日本の賠償」『講和問題とアジア』（年報日本現代史第五号）一九九九年八月
倉沢愛子『「大東亜」戦争を知っていますか』講談社新書、二〇〇二年
倉沢愛子「国家とコミュニティーの狭間で揺れ動くジャカルタのＲＴ／ＲＷ――婦人会（ＰＫＫ）会合の分析を通じて」『ヘスティアとクリオ』第三号（二〇〇六年七月）
倉沢愛子「九・三〇事件（一九六五年）とインドネシア共産党撲滅」松村高夫・矢野久編著『大量虐殺の社会史――戦慄の20世紀』ミネルヴァ書房、二〇〇七年
倉沢愛子「インドネシアの経済発展と日本企業――マジャラヤの地場繊維産業衰退問題をめぐる新解釈」『三田学会誌』一〇二巻二号（二〇〇九年七月）
倉沢愛子『インドネシアと日本――桐島正也回想録』論創社、二〇一一年
厚生省援護局『引揚げと援護三十年の歩み』厚生省、一九七七年
後藤乾一『火の海の墓標――あるアジア主義者の流転と帰結』時事通信社、一九七七年
後藤乾一『昭和期日本とインドネシア』勁草書房、一九八六年
後藤乾一『原口竹次郎の生涯――南方調査の先駆』早稲田大学出版部、一九八七年
後藤乾一「インドネシアにおける『従軍慰安婦』問題の政治学」『近代日本と東南アジア』岩波書店、一九九五年
後藤乾一『日本占領期インドネシア研究』龍渓書舎、一九八九年
後藤乾一「元日本兵クンプル乙戸（１９１８年～２０００年）と戦後インドネシア」『アジア太平洋討究』第四号、アジア太平洋研究センター、二〇〇一年

小林和夫「ゴトンロヨンが制度化されるとき――ジャカルタにおける住民組織RT・RKの整備過程（一九五四～一九五五）」『東南アジア――歴史と文化』三三号（二〇〇四年）
小林和夫「スハルト新秩序体制におけるRT・RW制度の嚆矢――ジャカルタにおける一九六六年RT・RW法制化」『東南アジア――歴史と文化』三五号（二〇〇六年）
小林寧子「インドネシアの家族法とイスラーム法」柳橋博之編著『現代ムスリム家族法』日本加除出版、二〇〇五年
小林寧子『インドネシア　展開するイスラーム』名古屋大学出版会、二〇〇八年
小宮山猛「文化交流と日本語教育」早稲田大学社会科学研究所・インドネシア研究部会編『インドネシア――その文化社会と日本』早稲田大学出版部、一九七九年
坂田善三郎「インドネシア経済開発計画の概況――スミトロ計画の推進を中心として」『アジア問題』一九五四年一二月号（特集「アジア開発計画の構想と現実」）
白幡友敬「インドネシア賠償協定の成立と今後の見通し」『経団連月報』第六巻三号（一九五八年三月）
島上宗子「ジャワ農村における住民組織のインボルーション」『東南アジア研究』第三八巻四号（二〇〇一年）
首藤もと子『インドネシア――ナショナリズム変容の政治過程』勁草書房、一九九三年
首藤もと子「教育にみる日本軍政期の認識――インドネシアの歴史教科書を中心に」倉沢愛子編『東南アジア史のなかの日本占領』早稲田大学出版部、一九九七年
スダルタ著・村井吉敬訳『パシコムおじさん――マンガでみる現代インドネシア』新宿書房、一九八五年
武貞秀士「岸信介論――その思想的根基と戦後東南アジア経済外交の新局面」（慶応義塾大学法学研究科修士論文、一九七三年）
田口三夫『アジアを変えたクーデター――インドネシア9・30事件と日本大使』時事通信社、一九八四年
立川京一「インドシナ残留日本兵の研究」『戦史研究年報』第五号、防衛研究所、二〇〇二年三月
テー・キャン・ウィー他著、水野広祐訳『インドネシアに対する日本の直接投資――試験的調査の結果』アジア経済研究所、一九七八年

デヴィ・スカルノ『デヴィ・スカルノ回想記——栄光、無念、悔恨』草思社、二〇一〇年
東門容『さくら、ムラティの花咲く陰に——インドネシア独立戦争に協力した日本兵』思想の科学社、一九九二年
永塚利一『久保田豊』電気情報社、一九六六年
永野護「賠償支払いこそ日本経済再建の途」『アジア問題』一九五五年六月号（特集「インドネシアの現状分析」）
新垣安子「フィリピンと日本の狭間に生きる人たち」『新沖縄文学』八四号、一九九〇年夏
西村重夫「インドネシア——独立を勝ちとったという誇り」『世界の歴史教科書——一一ケ国の比較研究』明石書店、二〇〇二年
日本インドネシア兵補協会編著『インドネシア——兵補の訴え』梨の木舎、一九九三年
賠償問題研究会編・外務省賠償部監修『日本の賠償』世界ジャーナル社、一九六三年
原彬久『岸信介——権勢の政治家』岩波新書、一九九五年
原朗「戦争賠償問題とアジア」『岩波講座　近代日本と植民地8　アジアの冷戦と脱植民地化』岩波書店、一九九三年
早川清『忘却の青春——インドネシア独立戦記』教育出版センター、一九八〇年
林英一『東部ジャワの日本人部隊——インドネシア残留日本兵を率いた三人の男』作品社、二〇〇九年
坂野徳隆『サムライ、バリに殉ず——インドネシア独立戦争の英雄になった旧日本兵の記録』講談社、二〇〇八年
福祉友の会『インドネシア独立戦争に参加した「帰らなかった日本兵」一千名の声——福祉友の会二〇〇号「月報」抜粋集』ジャカルタ、二〇〇五年
藤崎信幸「インドネシア賠償問題の経緯とその背景」『アジア問題』一九五五年六月号（特集「インドネシアの現状分析」）
前川佳遠理「太平洋戦争における日本軍の捕虜政策とアジア系捕虜の軍事動員——インドネシアにおける兵補制度を中心に」上智大学へ提出した博士論文、二〇〇九年
増田与・後藤乾一・村井吉敬「インドネシアの1974年1月15日事件」『社会科学討究』第一九巻第三号（一九七

四年四月）
増田与・後藤乾一・村井吉敬『現代インドネシアの社会と文化』現代アジア出版会、一九七九年
増田与編訳『スカルノ大統領の特使――鄒梓模回想録』中公新書、一九八一年
水野広祐『インドネシアの地場産業』京都大学出版会、一九九九年
宮城大蔵『バンドン会議と日本のアジア復帰――アメリカとアジアの狭間で』草思社、二〇〇一年
宮城大蔵『戦後アジア秩序の模索と日本――「海のアジア」の戦後史　一九五七―一九六六』創文社、二〇〇四年
宮沢喜一『東京・ワシントンの密談』実業之日本社、一九五六年
宮元静雄『ジャワ終戦処理記』ジャワ終戦処理記刊行会、一九七三年
リーファー、マイケル著・首藤もと子訳『インドネシアの外交』勁草書房、一九八五年
早稲田大学大隈記念社会科学研究所編『インドネシアにおける日本軍政の研究』紀伊國屋書店、一九五八年

Anderson, Benedict, "Japan : The Light of Asia", in Silverstein edit., *Southeast Asia in World War II : Four Essays*, New Haven : Southeast Asia Studies, Yale University, 1966
Anderson, Benedict, *Java in a Time of Revolution*, Ithaca, Cornell University Press, 1968
Budi Hartono & Dadang Julianto, *Derita Paksa Perempuan*（強いられた女性たちの苦しみ）Jakarta, Sinar Harapan Press, 1997
Crouch, Harold, *The Army and Politics in Indonesia*, Ithaca, Ney York : Cornell University Press, 1978
Department of Information, Indonesia, *Republik Indonesia Propinsi Djawa Tengah*（インドネシア共和国中ジャワ州）, Djakarta, 1952
Dick, Howard, *The Indonesian Interisland Shipping Industry : An Analysis of Competition and Regulation*, Singapore : Institute of Southeast Asian Studies, 1987
Didi Kwartanada, "Kolaborasi dan Resinifikasi : Komunitas Cina Kota Yogyakarta pada Jaman Jepang 1942-1945"（協

力と再意味づけ——日本軍政期のジョクジャカルタにおける中国人コミュニティー）ガジャマダ大学へ提出した卒業論文、一九九七年

Dwi Daralis Hardini, “Hubungan diplomatic Indonesia Jepang tahun 1951–1958 : Suatu kajian mengenai Pampasang Perang”（日本・インドネシア外交史　一九五一—一九五八　戦争賠償に関する研究）三月一一日大学へ提出した卒業論文、一九八九年

Feith, Herbert, *The Decline of Constitutional Democracy in Indonesia,* Ithaca, New York : Cornell University Press, 1962

Hindley, Donald, *The Communist Party of Indonesia, 1951–1963,* Berkley and Los Angels : University of California Press, 1964

Kahin, George M., *Nationalism and Revolution in Indonesia,* Ithaca, New York : Cornell University Press, 1954

Keppy, Petrus Johannes, *Hidden Business : Indigenous and Ethnic Chinese Entrepreneurs in the Majalaya Textile Industry, West Java, 1928–1974,* Doctor Thesis submitted to Vrji Universiteit, Amsterdam, 2001

Kurasawa, Inomata Aiko, “Indonesia Merdeka Selekas–lekasnya : Preparations for Independence in the Last Days of Japanese Occupation” in Taufuk Abdullah edit., *The Heartbeat of Indonesian Revolution,* Jakarta : Gramedia Pustaka Utama, 1997

Kurasawa, Aiko, “Swaying between state and community : The role of RT/RW in post-Suharto Indonesia” in Read and Pekkanen edit., *Local Organization and Urban Governance in East and Southeast Asia : Straddling State and Society,* London and New York, Routledge, 2009

Mangunwijaya, “Some notes about the Indonesia Raya dream of the Indonesian nationalists and its impact on the concept of democracy among the ruling elites in Indonesia” paper presented in the conference on Democracy in Indonesia in the Fifties and the Nineties. Monash Univ. 17–20 Dec. 1992

Maruzuki Arifin S. E., *Peristiwa 15 Januari 1974 : Fakta, analisa lengkap dan latar belakang Peristiwa 15 Januari 1974*

（一九七四年一月一五日事件——事実、分析、そして背景）, Jakarta, Publishing House Indonesia INC., 1974
Meijer, Hans, *Den Haag-Djakarta : De Nederlands-Indonesische Betrekkingen 1950–1962*（ハーグ＝ジャカルタ——一九五〇年から一九六二年のオランダ＝インドネシア関係）Utrecht : AURA, 1994
Milone, Pauline D., *Urban Areas in Indonesia : Administrative and Census Concepts,* Berkley : University of California Press, 1966
Nagata, Yuriko, *Unwanted Aliens : Japanese Internment in Australia,* Queensland : University of Queensland Press, 1996（永田由利子『オーストラリア日系人強制収容の記録——知られざる太平洋戦争』高文研、二〇〇二年）
Nishihara, Masashi, *The Japanese and Sukarno's Indonesia : Tokyo-Jakarta Relations, 1951–1966,* Honolulu : University Press of Hawaii, 1976
Osman Raliby, *Documenta Historica : Sedjarah Dokumenter dari Pertumbuhan dan Perdjuangan Negara Republik Indonesia*（インドネシア共和国の成長と闘争のドキュメント歴史）, Jakarta : Bulan-Bintang, 1953
Nawiyanto, *The Rising Sun in a Javanese Rice Granary : Change and Impact of Japanese Occupation on the Agricultural Economy of Besuki Residency 1942–1945,* Yogyakarta : Galang Press, 2005
Pelaksanaan Peraturan Pembentukan RT-RK（ＲＴ—ＲＫ設立規則実施要領）Jakarta : Jajasan Res Publica, 1961
Marwati Djoened Poesponegoro & Nugroho Notosusanto edit., *Sejarah Nasional Indonesia I-VII,* Jakarta : 1984
Sartono Kartodirdjo, Marwati Djoened Poesponegoro & Nugroho Notosusanto edit., *Sejarah Nasional Indonesia I-VI,* Jakarta : 1977
Soebagio, I. N., *Mr. Sudjono Mendarat dengan Pasukan Jepang di Banten 1942*（スジョノ法学士、日本軍とともにバンテンに上陸）, Jakarta, Gunung Agung, 1983
Suwarno, PJ, *Dari Azajokai dan Tonarigumi ke Rukun Kampung dan Rukun Tetangga di Yogyakarta (1942–1989) : Sebuah Tinjauan Historis*（ジョクジャカルタにおける字常会・隣組からＲＫ／ＲＴへ——歴史的考察）, Yogyakarta : Universitas Sanata Darma, 1995

Selosoemardjan, *Social Change in Jogjakarta,* Ithaca, N. Y : Cornell University Press, 1961
Suka Duka Pelajar Indonesia di Jepang : Sekitar Perang Pasifik 1942-45（インドネシア人日本留学生の喜びと悲しみ——太平洋戦争の頃　1942-45）, Jakarta : C. V. Antarkarya 1991（日本留学同窓会組織が一九九二年に出版した戦中・戦後の留学生たちの回想録集。本稿では *Suka Duka*...と略す）
Sutter, John O., *Indonesianisasi : Politics in a Changing Economy 1940-1955,* Ithaca, New York : Cornell University Southeast Asia Program, 1959
The, Liang Gie, *Sedjarah Pemerintahan Kota Djakarta*（ジャカルタ市政府の歴史）, Djakarta : Kotapradja Djakarta Raja, 1958
Tim Penggerak PKK Pusat, PKK and Dasawisma（家族福祉運動チーム編）*An Introductory Approach to Enhance Family Welfare,* Jakarta, 1992

●**新聞**（発行地・政党色・刊行期間）

Abadi（発行地ジャカルタ、マシュミ系、一九四七年—一九七四年）
Berita Buana（発行地ジャカルタ、一九四五年—二〇〇三年）
Bintang Timur（発行地ジャカルタ、自由主義的、一九五三年—終刊時期不明）
Harian Kami（発行地ジャカルタ、反スカルノ学生運動を母体として誕生、一九六六年—一九七四年）
Harian Rakyat（発行地ジャカルタ、共産党系、一九五一年—一九六五年）
Harian Umum（発行地スラバヤ、自由主義的、一九四九年—現在）
Indonesia Raya（発行地ジャカルタ、一九四九年—一九五九年、一九六八年—一九七四年）
Indonesian Observer（発行地ジャカルタ、英字新聞）
Jakarta Times（発行地ジャカルタ、英字、一九七〇年代）
Kompas（発行地ジャカルタ、キリスト教系、一九六五年—現在）

Kontan（発行地ジャカルタ、タブロイド紙、一九九六年—現在）
Merdeka（発行地ジャカルタ、民族主義系、一九四五年—現在、現在は*Suara Merdeka*と改称）
Mestika（発行地メダン、自由主義的、一九四八年—終刊時期不明）
Nusantara（発行地スラバヤ、一九六〇年と一九七四年に発禁処分を受けるも現在まで継続）
Pedoman（発行地ジャカルタ、社会党系、一九四八年—一九六一年、一九六八年—一九七四年）
Pikiran Rakjat（発行地バンドゥン、一九五〇年—現在）
Republika（発行地ジャカルタ、イスラーム系、一九九三年—現在）
Sinar Harapan（発行地ジャカルタ、一九六一年—一九八六年）
Sinar Pagi（発行地ジャカルタ、創刊時期不明—一九七八年）
Suara Karya（発行地ジャカルタ、ゴルカル系、一九七一年—現在）
Suara Pembaruan（発行地ジャカルタ、*Sinar Harapan*の後身、一九八七年—現在）
Suluh Indonesia（発行地ジャカルタ、国民党系、一九五三年—終刊時期不明）
Times of Indonesia（発行地ジャカルタ、英字、一九五二年—終刊時期不明）
朝日新聞
読売新聞
産経新聞

●雑誌

Tempo（発行地ジャカルタ、一九七一年—一九九四年、一九九八年—現在）
Ekspres（一九六九年—一九七四年）
Gatra（発行地ジャカルタ、一九九四年—現在）
Madjalah Kotapradja

『中央公論』一九五七年一月号
『週刊読売』一九五二年七月二日号
『エコノミスト』一九五九年二月一四日号
『アエラ』一九九一年一二月一〇日号
『福祉友の会月報』

インタビュー・書簡（特に付していない限り肩書きは当時のもの）五十音順

＊多数の方々にインタビューさせていただいたが、紙面の都合で本書で直接引用した方々のお名前のみを掲載させていただいた。

（1）戦前・戦中の留学生関係（肩書きは一九五〇年代のもの）

アダム・バソリ（戦前の留学生、在東京インドネシア政府代表部経済担当領事）一九九三年八月三日、ジャカルタにて
アフマッド・ブサール夫人（戦前の留学生の妻）一九九三年、ジャカルタにて
ウマル・トシン（戦前の留学生、ビジネスマン）一九九三年八月、ジャカルタにて
ウマルヤディ（戦前の留学生、外務省）一九九三年七月三一日、八月二一日、ジャカルタにて
ウマルヤディ夫人（せつこ）（戦前の留学生の妻）一九九三年六月二二日、ジャカルタにて
オマル・バラック（戦前の留学生、ビジネスマン）一九九三年七月二三日、ジャカルタにて
クスナエニ（元南方特別留学生、インドネシア大使館の商務アタッシェ）一九九三年七月二八日、八月二日、一九九七年七月一七日、ジャカルタにて
サエラン夫人（絹子）（南方特別留学生の妻）二〇〇八年三月一一日、ジャカルタにて

サガラ（南方特別留学生、ビジネスマン）一九九三年八月一九日、ジャカルタにて
サム・スハエディ（南方特別留学生、外務省）一九九三年一月一四日、一九九六年九月一〇日、ジャカルタにて
スヤティム（南方特別留学生、ビジネスマン）一九九三年八月一九日、ジャカルタにて
スヤティム夫人（たねこ）（南方特別留学生の妻）二〇〇八年三月一一日、ジャカルタにて
ジョン・ライス（戦前の留学生、海運業）一九九三年八月一八日、一九九六年九月二〇日、ジャカルタにて
ジョン・ライス夫人（戦前の留学生の妻）一九九三年八月一八日、ジャカルタにて
シティ（スジョノの長女）一九九三年八月一五日、ジャカルタにて
トラスノ・カリプロゴ（戦前の留学生、インドネシア銀行）一九九二年七月三一日、一九九六年九月三日、ジャカルタにて
ハッサン・ラハヤ（元南方特別留学生、元古鉄輸出業者協会会長）一九九三年七月、ジャカルタにて
ペリック・パネ（日本名藤野）（南方特別留学生、ＮＨＫ勤務）一九九七年六月九日、二〇〇八年二月二八日、東京にて
マジッド・ウスマン夫人（おさだひろこ）（戦前の留学生の妻）一九九五年三月二三日、一九九七年一月二日、ジャカルタにて
マリオノ・ミルトティハルジョ（戦前の留学生）一九九二年九月一日、一九九三年一月一五日、三月一八日、八月二日、一九九六年九月九日、一二日、二〇〇八年三月九日、ジャカルタにて
ムハディ（南方特別留学生、在東京インドネシア政府代表部ローカルスタッフ）一九九三年八月二〇日、ジャカルタにて
ムリオノ・ブンタラン（南方特別留学生）一九九二年九月一〇日、一九九七年八月、ジャカルタにて
ユスフ・ムイド（南方特別留学生、バティック組合）一九九三年七月二七日、ジャカルタにて

（2）日イ混血と戦争花嫁関係

ウメムラ、ユスフ（清）（日イ混血、オーストラリア抑留体験者）二〇〇八年一〇月四日、一一月二二日、神奈川にて
大庭定男（バンドゥン駐屯の主計中尉）二〇〇八年九月二九日、東京にて
落合（旧姓森）秀雄（国際結婚引率）一九八〇年二月六日、東京にて
菊池輝武（インドネシア女性と結婚して引き揚げ）一九九二年九月二五日、二〇〇八年三月二八日、ジャカルタにて
グラーヴェ、ウラジミール（ヴェーラ・グラーヴェの息子）二〇〇八年一〇月一三日、東京にて
難波春子（旧姓平木）（日イ混血、オーストラリア抑留体験者）二〇〇八年六月九日、神奈川にて
プルマディ、エディー（旧姓ミズタニ）（日イ混血、オーストラリア抑留体験者）二〇〇八年八月一二日、バンドゥンにて
七條春子（日イ混血）二〇〇八年八月一二日、バンドゥンにて
トミコ・ミズタニ（富子）（旧姓平木）（日イ混血、オーストラリア抑留体験者）二〇〇八年七月二一日、スカブミにて
リディア・シディック・ダヌブラタ（旧姓グラーヴェ）（ヴェーラ・グラーヴェの妹、日露混血）二〇〇八年七月二二日、八月一三日―一四日、一二月二九日、バンドゥンにて
S（ヴェーラ・グラーヴェの夫）二〇〇九年一月二四日、京都にて

（3）残留日本人関係

メダンでの合同インタビュー／庄司重雄、弘田実、山本敏、矢野昇、馬場一、中原、藤平（いずれも残留日本人）、一九七四年一〇月一一日
川路進（一九五二年に帰国した残留日本人）一九七五年六月二七日、東京にて

（４）賠償関係（特に付していない限り肩書きは賠償交渉ならびに支払い実施当時のもの）

アブドゥル・ハビル（Abdul Habir）（二代目の賠償使節団長）一九九三年八月二一日、ジャカルタにて

石井サトリア（淑普）（ジャカルタの日本総領事館に勤務）一九九三年三月三〇日、四月六日、ジャカルタにて

エノッホ・アマンク（元ＰＰ３２グループ留学生、文部省の留学生派遣担当部長）一九九二年五月、ジャカルタにて

エノッホ・アマンク夫人（ＰＰ３２グループ留学生の妻）二〇〇八年三月一一日、ジャカルタにて

桐島正也（東日貿易のジャカルタ事務所勤務）一九九三年八月、ジャカルタにて

高橋健二（木下商店ジャカルタ駐在員）一九九五年六月二日、東京にて

デヴィ・スカルノ（スカルノ大統領夫人）二〇〇八年七月から二〇〇九年九月まで一二回、東京にて

鴇沢（ときざわ）安文（野村貿易ジャカルタ事務所に勤務）一九九五年三月二九日、ジャカルタにて

長友保（木下商店ジャカルタ駐在員）一九九五年三月二八日、ジャカルタにて

西嶋重忠（民間ロビイスト、戦時期ジャカルタの海軍武官府勤務）一九九二年二月一四日（アジア経済研究所におけるヒアリングの内容を関係者のご厚意で提供していただいた）

ルスリ・アムラン（外務省賠償局長）一九九三年八月二一日、ジャカルタにて

（５）慰安婦・兵補関係

マルディエム（元慰安婦）一九九六年五月六日、ジョクジャカルタにて

マルガレタ（ホ・スイ・リウ）（元慰安婦）一九九六年八月、ジョクジャカルタにて

スハルティン（元慰安婦）一九九六年五月、スカブミにて

スハルディン（元慰安婦）一九九六年五月、ジョクジャカルタにて

ブユン・ナスティオン（法律援護協会代表）一九九五年八月、ジャカルタにて

ブディ・ハルトノ（法律援護協会ジョクジャカルタ支部付き弁護士）一九九六年五月、ジョクジャカルタにて

タスリップ・ラハルジョ（兵補協会初代会長）一九九一年、ブカシにて

アルフィアン・マルパラン（兵補協会二代目会長）一九九六年、ジャカルタにて

（6）その他

石川裕純（東洋棉花インドネシア駐在員）二〇〇八年九月八日、ジャカルタにて

シャルミディ（バンドゥン工業大学の活動家）二〇〇八年八月一四日、バンドゥンにて

一次資料（一次資料に関しては、参照のみで直接引用しなかったものも掲載した）

A．蘭印政庁官房長官文書（Algemeen Secretarie 以下ASと略す）

インドネシア共和国国立文書館所蔵

以下のⅠからⅣまでのグループ分けは、本書で扱ったテーマごとに倉沢が意図的に分類したものである。本書で引用した文書は文書番号 AS-1019, 1027, 1029, 1099 ならびに 1592 に収録されているが、ひとつの文書番号のもとに多数の文書がまとめられていて特定しにくいため、グループごとに倉沢が日付順に①②などの番号を振った（以下、B、C、Fについても同じ）。文書にオランダ語のタイトルが付いている場合はまずそれを記述し、そのあとに（　）内に和訳を付した。タイトルがない文書に関しては、その大意を日本語で示した。さらにそののちに、作成者、作成日、作成地、文書館の文書番号を付記した。なお、特に明記しない限り文書の用語はオランダ語である。

Ⅰ．駐日オランダ軍事使節団関係

① オランダ軍事使節団の開設について。ファン・モーク蘭印副総督からマッカーサーへの手紙（1946. 3. 9.）AS-

1592
② オランダ軍事使節団の開設について。ファン・モーク蘭印副総督からマッカーサーへの手紙（1946. 5. 13.）AS-1592
③ “Far Eastern Commission” 日付不明 AS-1592
④ “Nederlandsche Missie in Japan” 駐日オランダ軍事使節団（1946. 3. 2. 東京）AS-1592
⑤ “Nederlandsche Missie in Japan” 駐日オランダ軍事使節団、スヒリング中将から蘭印副総督宛て書簡（1946. 7. 17. 東京）AS-1592
⑥ “Nederlandse Militaire Missie naar Japan: Verslag 1947” 駐日オランダ軍事使節団、一九四七年度の報告書（1948. 1. 1.）AS-1592
⑦ Oversicht van de Taak den de Verrichte Werkzaamheden van de Japan Commissie 対日委員会の任務と業績に関する要約（1949. 12. 14. バタヴィア）AS-1592

Ⅱ. 日本残留インドネシア人留学生関係

① 戦争中日本へ行ったインドネシア人の帰国について。蘭印軍中将オーエンからの手紙（1945. 9. 2. マニラ発）AS-1027
② “Daftar moerid2 jang bersekolah ke Nippon” ボルネオ出身のインドネシア人留学生七人の名簿。バンジェルマシンのインドネシア人教育視学官から駐日オランダ軍事使節団のスヒリング中将宛て（1945. 12. 11. バンジェルマシン発）AS-1029
③ バンジェルマシン出身のインドネシア人留学生の名簿について。蘭印赤十字中央情報局ボス氏から官房長官宛て（1946. 2. 5. バタヴィア発）AS-1029
④ “Indonesische Studenten in Japan”（在日インドネシア人学生）蘭印政庁教育省から蘭印副総督宛て（1946. 2. 18. バタヴィア発）AS-1029

⑤ 在日ボルネオ出身留学生の帰国に際しての身元調査。ファン・デル・プラスから副総督宛て（1946. 2. 20. バタヴィア発）AS–1029

⑥ 在日ボルネオ出身留学生の帰国に際しての身元調査。政庁官房から駐日オランダ軍事使節団長スヒリング中将へ（1946. 2. 23. バタヴィア発）AS–1029

⑦ 在日ボルネオ出身留学生の帰国に際しての身元調査。ポンティアナ、バンジェルマシン、バリックパパンの州長官宛て書簡（差出人不明）（1946. 2. 13.）AS–1029

⑧ “Terugkeer van in Japan studeerenden naar hun oorspronkelijke woonplaatsen”（日本で学んでいる学生の昔の居住地への帰還について）ボルネオ出身インドネシア人留学生三名に関する出身地からの調査報告。バンジェルマシンの州警察から（1946. 3. 26. バンジェルマシン発）AS–1029

⑨ “Terugkeer van in Japan studeerenden naar hun oorspronkelijke woonplaatsen”（日本で学んでいる学生の昔の居住地への帰還について）バンジェルマシン出身の学生ハサン・ビン・アンワルについての報告。バンジェルマシンの州警察から（1946. 4. 1. バンジェルマシン発）AS–1029

⑩ バンジェルマシン出身の学生ハサン・ビン・アンワルについて。バンジェルマシンの蘭印民政担当司令将校（Conica）からバタヴィアの副総督宛て（1946. 4. 8. バンジェルマシン発）AS–1029

⑪ バリックパパン出身の学生アブドゥル・ムイスについて。東ボルネオ州の蘭印民政担当司令将校（Conica）から政庁官房宛て（1946. 4. 17. バリックパパン発）AS–1029

⑫ “Terugkomst leerlingen uit Tokyo” 二人の学生の東京からの帰国について。ポンティアナから政庁官房宛て（1946. 4. 24. ポンティアナ発）AS–1029

⑬ アメリカ国務省からのメモランダム（1946. 4. 30.）ならびに帰国を希望するオランダ臣民一八二名の名簿 AS–1029

⑭ Repatrieering van Ned. onderdanen in Japan naar Nederlandsch-Indie（日本に滞在しているオランダ臣民の蘭印への帰国について）駐米大使の名においてO. Reuchlinがハーグの外務大臣宛てに送った手紙（1946. 5. 3. ワシント

ン発）AS-1029

⑮　ボルネオ出身留学生（オマル・バラックとアブドゥル・ムイス）が赤十字経由で故郷へ送った電報二通（1946. 5. 13. & 14.）AS-1029

⑯　"In Japan Studeerenden"（在日学生）クタイの副理事官エンゲルスから政庁官房宛て（1946. 6. 14. クタイ発）AS-1029

⑰　海外領土省大臣から蘭印副総督への手紙（1946. 6. 22. ハーグ発）AS-1029

⑱　内務大臣代理のファン・デル・ヴァルから教育宗教大臣・蘭印諜報局（NEFIS）長官ならびに検事総長宛ての手紙（1946. 7. 26. バタヴィア発）AS-1029

⑲　"Dutch Indonesian subjects living in Japan" 極東委員会のサンフランシスコ支部がまとめた報告書（日付不明）（英文）AS-1029

　　添付リスト1　戦前から住んでいるインドネシア人一三世帯の名簿

　　添付リスト2　国際学友会の学生八一名の名簿

⑳　Repatrieering van Ned. onderdanen in Japan（日本に滞在しているオランダ臣民の蘭印への帰還について）教育宗教省のスハーラデルから蘭印政庁の内務大臣宛て（1946. 8. 15. バタヴィア発）AS-1029

㉑　Repatrieering van Ned. onderdanen in Japan（日本に滞在しているオランダ臣民の蘭印への帰還について）内務大臣ドゥ・W・ホーヴェンから副総督宛て（1946. 8. 29. バタヴィア発）AS-1029

㉒　Repatrieering van Ned. onderdanen in Japan naar Ned-Indie（日本に滞在しているオランダ臣民の蘭印への帰還について）（極秘）ファン・デル・ヴァルからバタヴィアの官房長官へ（1946. 8. 29. バタヴィア発）AS-1029

㉓　Repatrieering van Ned. onderdanen in Japan（日本に滞在しているオランダ臣民の蘭印への帰還について）蘭印諜報局（NEFIS）のユングスラーヘルから内務大臣宛て（1946. 8. 30. バタヴィア発）AS-1029

㉔　Repatrieering van Ned. onderdanen in Japan（日本に滞在しているオランダ臣民の蘭印への帰還について）検事総長から蘭印政庁の内務大臣宛て（1946. 9. 3. バタヴィア発）AS-1029

㉕ 日本に滞在しているオランダ臣民の蘭印への帰還について。内務省のファン・デル・ヴァルから官房長官宛て（1946. 9. 4. バタヴィア発）AS–1029
㉖ Versoek om beslissing（決定願い）。在日インドネシア人協会（スリカット・インドネシア）からシャフリル首相宛て（1946. 9. 12. 東京発）AS–1019
㉗ Repatriatie van Ned. Onderdanen uit Japan（日本に滞在しているオランダ臣民の蘭印への帰還について）駐日オランダ軍事使節団政治経済問題顧問ペニンクからの報告書（1946. 9. 18. 東京発）AS–1029
㉘ Repatrieering van I Goesti Ngoerah Ktoet Darmawisastra（イ・グスティ・ングラ・クトゥ・ダルマウィサストラの日本からの帰国について）バリ・ロンボック州理事官からバタヴィアの内務省宛て電報（1946. 9. 24. デンパサール発）AS–1029
㉙ 引揚船チサダネ号の出発について。駐日オランダ軍事使節団のスヒリング中将から副総督宛て（1846. 9. 26. 東京発）AS–1029
㉚ Repatrieering van I Goesti Ngoerah Ktoet Darmawisastra（イ・グスティ・ングラ・クトゥ・ダルマウィサストラの日本からの帰国について）ファン・デル・ヴァルから副総督宛て（1946. 9. 30. バタヴィア発）AS–1029
㉛ Repatrieering van in Japan studeerende leerlingen（日本で勉学していた学生の帰国について）南ボルネオ州長官デールマンから副総督宛て（1947. 1. 6. バンジェルマシン発）AS–1029
㉜ Repatrieering van in Japan studeerende leerlingen（日本で勉学していた学生の帰国について）副総督から南ボルネオ州長官デールマン宛て（1947. 1. 18. バタヴィア発）AS–1029
㉝ Terugkeer naar Ned. Indie van in Japan verblijvende Ned. Onderdanen（日本に滞在しているオランダ臣民の蘭印への帰還について）検察庁の Algemeene Recherche 部長のファン・ホフからバタヴィアの入管局宛て（1947. 1. 28. バタヴィア発）AS–1029
㉞ Terugkeer naar Ned-Indie van in Japan verblijvende Ned. Onderdanen（日本に滞在しているオランダ臣民の蘭印への帰還について）入管局長H・グイトから副総督宛て（1947. 2. 11. バタヴィア発）AS–1029

㉟ 日本に滞在しているオランダ臣民の蘭印への帰還後の処遇について。駐日オランダ軍事使節団ペニンクから（宛て先不明）（1947. 3. 4. 東京発）AS–1019

㊱ 三月二四日発のチバダック号で帰還する乗船予定者について（乗船予定者名簿添付）。駐日オランダ軍事使節団から官房長官宛て（1947. 3. 20. 東京発）AS–1029

㊲ Repatrieering van Ned. Onderdanen uit Japan met SS "Tjibadak"（チバダック号で帰還するオランダ臣民について）（乗船予定者名簿添付）入管局グイトからの手紙（1947. 5. 6. バタヴィア発）AS–1029

㊳ 駐日オランダ軍事使節団からバタヴィアの入管局長宛て（1947. 5. 12. 東京発）付録：一九四七年五月一三日に神戸を出発してチバダック号で帰還した者の名簿 AS–1029

㊴ Repatrieering naar Ned. Indie van eennige categorien Ned. Onderdaan in Japan（ある種のカテゴリーの在日オランダ臣民の帰国について）検事総長から副総督宛て（1947. 5. 31. バタヴィア発）AS–1029

㊵ チバダック号でのオランダ臣民の帰国の機会について。駐日オランダ軍事使節団のペニンクから官房長官宛て（1947. 6. 23. 東京発）AS–1029

㊶ Repatriatie Machmoed Nataatmaja en gezin uit Japan（マフムッド・ナタアトマジャ一家の日本からの帰国について）バタヴィアの入管局長からプリアンガン州長官宛て（1948. 9. 24. バタヴィア発）AS–1019

Ⅲ. 日イ混血関係

① 横浜のキャンプにいる混血日本人について。駐日オランダ軍事使節団政治経済問題顧問のペニンクからハーグの外務大臣宛て（1946. 6. 26. 東京発）AS–1029

② 横浜のキャンプに収容されているオランダ臣民について。外務省から海外領土相宛て（1946. 7. 27. ハーグ発）AS–1029

③ 横浜周辺のキャンプに収容されているオランダ臣民について。海外領土相から蘭印副総督宛ての手紙（1946. 8. 2. ハーグ発）AS–1029

④ Inlichitingen betreffende B. K. en E. Mizutani（ミズタニ三兄弟についての情報）AMACAB（連合軍軍政部民事部門）からテ・ヤム・フ氏宛て（1946. 8. 30. バタヴィア発）AS–1029

⑤ Terugkeer naar Ned-Indie van in Japan verblijvendem oorspr. door de Ned-Indiesche Regeering geinterneerde Ned. onderdanen met Japansch bloed（日系の血を引き、蘭印政府によって抑留され、現在日本に滞在しているオランダ臣民の蘭印への帰還について）バタヴィアの法務省入管局長から副総督宛て（1946. 9. 11. バタヴィア発）AS–1029

⑥ ルイーズ・ミズタニから副総督宛ての嘆願書（1946. 9. 20.）AS–1029

⑦ 日本に滞在している日系オランダ臣民について。総督府主席官房からハーグの海外領土大臣宛て（1946. 9. 19. バタヴィア発）AS–1029

⑧ Afvoer van Java naar Japan van Ned. Onderdanen met een Japanschen vader（日本人を父親に持つオランダ臣民のジャワから日本への送還について）入管局長から副総督へ（1946. 11. 22. バタヴィア発）AS–1029

⑨ Opzending van Nederlandsche onderdanen van Japanschen bloede（日本人の血を引くオランダ臣民の送還について）総督府の官房から駐日オランダ軍事使節団宛て（1946. 12. 4. バタヴィア発）AS–1029

⑩ オーストラリアに抑留されていたステイス夫人（イギリス人の妻、旧姓ナカムラ）と二人の娘について。入管局長H・グイトから副総督宛て（1947. 3. 14. バタヴィア発）AS–1029

⑪ Afvoer naar Japan van door de Ned. Militaire Missie naar Ned. Indie teruggezonden Japanners（オランダ軍事使節団によって蘭印へ送り返された日本人の再送還について）検事総長から副総督宛て（1947. 12. 12. バタヴィア発）AS–1029

⑫ Terugzending naar Japan van ten onrechte naar Ned. Indie teruggebrachte Japanners（間違って蘭印へ送り返された日本人の送還について）（日付け不明）AS–1019

⑬ Afvoer naar Japan van door de Ned. Mil. Missie naar Ned. Indie teruggezonden Japanners（オランダ軍事使節団によって蘭印へ送り返された日本人の再送還について）駐日オランダ軍事使節団団長のスヒリング中将から副総督へ

（1948. 1. 21. 東京発）AS-1029

⑭ Nederlands Onderdaanschap（オランダ臣民としての資格について）駐日オランダ軍事使節団副団長から外務省極東局長スフールマン宛て（1948. 10. 9. 東京発）AS-1029

⑮ Aantekening voor de Algemene Secretarie（混血のオランダ臣民に関する）官房長官へのノート（1948. 10. 22. バタヴィア発）AS-1029

⑯ Nederlands onderdaanschap van in Japan verblijvende in Indonesie geboren Japaneers（インドネシア生まれで日本に居住している日本人のオランダ臣民権について）オランダ法務省の法制局長からインドネシアにおける女王の代表（副総督）宛て（1949. 1. 18. 2p. ハーグ発）付録に法令 AS-1019

⑰ 日本在住のオランダ臣民権をもつインドネシア生まれの日本人について。極東局長J・A・デス・ラニッツから駐日オランダ軍事使節団宛て（1949. 2. 18. ハーグ発）AS-1029

Ⅳ. 日本人男性と結婚して来日したイ女性関係

① ペニンクの報告書（1946. 9. 21.）AS-1099

② 日本の男性と結婚して日本に来た二人のロシア系女性について。駐日オランダ軍事使節団政治経済問題顧問のペニンクからバンドゥンのN・グラーヴェ氏宛て（1946. 11. 18. 東京発）AS-1029

③ グラーヴェ氏について。プリアンガン州理事官のクラウセンから駐日オランダ軍事使節団宛て（1946. 12. 12. バンドゥン発）AS-1029

④ グラーヴェ氏の二人の娘の帰国について。駐日オランダ軍事使節団から官房長官宛て（1947. 1. 15. 東京発）AS-1029

⑤ Memorandum voor Luit. Hoogweg（ホーフヴェグ中佐へのメモランダム）ペニンクから（1947. 1. 16. 東京発）AS-1019

⑥ Toelating in Ned-Indie van in Japan verblijvende Javanen met hun echtgenooten（日本に夫と滞在しているジャワ

人の蘭印への入国許可について）入管局長から副総督宛て（1947. 3. 28. バタヴィア発）AS-1029

⑦ Terugkeer naar Ned-Indie van Chinto Homura, Chinkoku Homura en Chang Ma Sei（チント・ホムラ、チンコク・ホムラならびにチャン・マ・セイの蘭印への帰還）入管局長から副総督宛て（1947. 5. 2. バタヴィア発）AS-1029

⑧ Repatrieering van met Japaners getrouwde vrouen, Nederl. Onderdaan（日本人と結婚したオランダ臣民である女性の帰還について）法務大臣ヒーテンから蘭印副総督宛て（1947. 5. 7. バタヴィア発）AS-1019

⑨ Liefste Olga en Vera en Sasaki（親愛なるオルガ、ヴェーラ、そして佐々木さんへ）レナからの手紙（1947. 5. 30. バンドゥン発）AS-1029

1. バンドゥン在住のレナがオルガ（ロシタ）、ヴェーラおよびササキに宛てた手紙

2. レナがタサカとツチヤに宛てた英文の手紙

⑩ 日本人と結婚して日本へ行ったカトリック女性の婚姻の正当性と帰国費用についての問い合わせ。バタヴィアの司教から総督府のファン・ポル宛て（1947. 6. 13. バタヴィア発）AS-1029

⑪ 日本人とオランダ臣民との結婚についてのガイドライン。外務省極東局長スフールマンからバタヴィアの官房長官宛て（1947. 7. 11. バタヴィア発）AS-1029

⑫ グラーヴェ家の姉妹について。駐日オランダ軍事使節団政治経済問題顧問のペニンクから入管局長へ（1947. 7. 16. 東京発）AS-1029

⑬ 宗教的見地から見た結婚の有効性について。外務省極東局長スフールマンから東京のオランダ軍事使節団スヒリング中将へ（1947. 8. 4. バタヴィア発）AS-1029

⑭ Huwelijken. gesloten tussen Japanners en R. K. vrouwen van NI nationaliteit（日本人とオランダ国籍の女性とのあいだの結婚について）入管局長H・グイトから外務省極東局長スフールマン宛て（1947. 8. 8. バタヴィア発）AS-1029

⑮ 入管局長から副総督宛て（1947. 8. 8. バタヴィア発）AS-1029

⑯ 日本人男性と結婚したオランダ臣民のステータスについて Statdsblad 1947 No. 64 に基づく解釈。蘭印政庁法務

省法制課主席のＪ・Ｆ・コルネリスから副総督宛て（1947. 8. 15. バタヴィア発）AS–1029

⑰ Huwelijken van Nederlandse onderdanen met Japaners（日本人男性と結婚したオランダ臣民のステータスについて）オランダ軍事使節団のバタヴィア事務所ハネグラーフから東京の使節団長のスピリングへ（1947. 8. 25. バタヴィア発）AS–1029

⑱ 敵国市民との婚姻に関する一九四五年一一月一七日の Staadsblad F 278 について。海外領土大臣の名において次官からインドネシアにおける女王の代表宛て（1949. 8. 31. ハーグ発）AS–1029

⑲ 入管局長から副総督宛て（1947. 9. 11. バタヴィア発）AS–1029

⑳ 法務大臣から副総督宛て（1947. 10. 1. バタヴィア発）AS–1029

㉑ Terugzending van Ned. Onderdaan uit Japan in het bijzonder van de dames Grave（オランダ臣民、特にグラーヴェ家の婦人たちの帰還について）官房長官から東京のオランダ軍事使節団長宛て（1947. 10. 28. バタヴィア発）AS–1029

㉒ Intrekking van het besluit gevolgen van het huwelijk met vijandelijke onderdaan Nr. II Ontwerp van wet No. 2（敵性国人との結婚に関する法令の取り消し）第二号法令の内容　AS–1019

㉓ Intrekking van het besluit gevolgen van het huwelijk met vijandelijke onderdaan Nr. II Memorie van Toelichting No. 3（敵性国人との結婚に関する法令の取り消し）解説　AS–1019

B. 駐日オランダ政府外交代表団関係文書（オランダ国立文書館所蔵 toegang no. 2. 05. 116）

Archief van de Nederlandse diplomatieke vertegenwoordiging te Japan（Tokio, 1946–1954）

I. **Inventaris 346** Indoneisiers in Japan en de Japanse belaangstelling voor het Indonesische standpunt in het conflict met Nederland（在日インドネシア人ならびにオランダとの抗争におけるインドネシアの立場への日本人の関心）

① Memorundum : In Japan vertoevande Indonesiers（メモランダム：日本在住のインドネシア人）1947. 5. 14
② Japan en de Indoneisische beweging（日本とインドネシアの運動）1947. 11. 15
③ "Indonesiers in Japan en Japanse activiteit met betrekking tot Nederlands Indies"（在日インドネシア人と日本人の蘭印関連活動）海軍顧問ミュラー大尉から海軍参謀長宛て報告書 1947. 12. 12
④ Nota over de Indonesische Kolonie in Japan（日本におけるインドネシア人のコミュニティー）（日付不明であるが一九四八年七月以降と推定される）駐日オランダ軍事使節団の政治経済問題顧問ケテルが作成した八頁にわたる報告書
⑤ "The Indonesian National Movement" 1948
⑥ Indonesische Demonstratie（インドネシア人のデモ）駐日オランダ軍事使節団からの報告 1949. 1. 12
⑦ Anti-Nederlandse betoging（反オランダ・デモ）駐日オランダ軍事使節団長のモーウ（Mouw）からハーグの外務省宛て報告 1949. 1. 20
⑧ Report of arrest of United nation National（ＧＨＱからオランダ軍事使節団宛て 1949. 2. 5）

Ⅱ. **Inventaris 348** Indonesische vertegenwoordiging in Japan 1949–51（日本におけるインドネシア政府の代表）

① バタヴィアから東京へ送られた電信（1949. 12. 23）
② Memorundum : Viering van Indonesie's onafhankelijkheid door Serikat Indonesia（スリカット・インドネシアによるインドネシア独立の祝典）東京のバロン・レーウェからファン・グーリックへ 1949. 12. 30）
③ ハーグの外務省から駐日オランダ軍事使節団宛て（1950. 5. 2）
④ Indonesische vertegenwoordiging in Japan（日本におけるインドネシア政府の代表）駐日オランダ軍事使節団から外務大臣宛て 1950. 5. 20
⑤ 駐日オランダ軍事使節団からハーグの外務省宛て（1950. 10. 23）

Ⅲ. **Inventaris 397** Terugkeer van Japanners（geboren in NEI）naar Nederlands-Indie（蘭印出身の日本人の蘭印への帰還について）

Ⅳ. **Inventaris 398** Repatriatie van Japanners en Nederlanders naar Japan 1947–1952（日本人ならびにオランダ臣民の日本への引き揚げ）

① List of persons who wish to be repatriated at middle of the month May（1947. 3. 19）スリカット・インドネシア作成

② Japanese civilians in Java desirous of staying there（終戦連絡中央事務局からＧＨＱ宛て 1947. 4. 5）

③ “Request for passport Repatriation to Japan”（Hasan Sadily 夫妻から駐日オランダ軍事使節団スヒリング宛て 1948. 5. 12）

④ Reentry into Japan of Japanese nationals mistakenly repatriated to Indonesia（オランダ軍事使節団からＧＨＱの Diplomatic Section 宛て 1949. 3. 10）

Ⅴ. **Inventaris 400** Japanse huwelijkswetgeving, met name huwelijken van Japanse onderdanen met buitenlanders（日本の婚姻法、すなわち日本人と外国人との結婚について）

① Jap and woman claiming Dutch nationality（英軍の Falkland Cary 少佐から 1946. 4. 3）

② Meededeelingen betreffende huwelijken（結婚に関するガイドライン）バタヴィアの蘭印総督府日本人問題事務局のドゥ・ヘールから元日本軍の地区隊長宛て 1946. 4. 3 11p

③ 「ジャワにおける日本人と現地婦女との関係」（平賀健太によるステートメント）

④ バタヴィアの入管局長の中国・日本出張報告（1947. 9. 2）

⑤ バロン・ルーウェ・ファン・アドゥアルド（Baron Lewe van Aduard）からハーグの外務大臣宛て書簡（1948.

12. 13)

C. オランダ国防省文書（残留日本兵関係）（オランダ国立文書館所蔵 toegang no. 2. 13. 132）

Ministerie van Defensie Collectie Archieven Strijdkrachten in Ned. Indie（1938–1939, 1941–1957（1960）

I. **Inventaris 439**（一九四八年二月から七月までのオランダ軍の文書）

① Japanners, Brits-Indians en Duitsers bij de Rep. Strijdkrachten（共和国戦闘勢力に参加している日本人、英領インド人、およびドイツ人）オランダ軍政治部門長のリエル中佐（政治問題担当）から副総督宛て（1948. 1. 26）

② Gegevens betreffende Japanners（日本人関係データ）東ジャワ Recomba、副州長官イオンケルからスラバヤのA師団長宛て（1948. 1. 30）

③ Japanners. in Rep. Dienst（共和国軍に従軍している日本人）参謀長ブールマン・ファン・フレーデン少将から（1948. 2. 17 バタヴィア発）

④ Japanse krijgsgevangenen（deserteurs）（日本の戦争捕虜、逃亡者）蘭印諜報局（NEFIS）のヒューウェンフィゼンからバタヴィアのオランダ軍司令官へ（1948. 2. 21）

⑤ Jap. In Rep. Dienst（共和国軍に従軍している日本人）エールプ中佐（中部スマトラ軍司令部）から（1948. 3. 4 パダン発）

⑥ Japanse krijgsgevangenen（deserteurs）（日本の戦争捕虜、逃亡者）フェルデルホフ検事総長から（1948. 3. 17 バタヴィア発）

⑦ Jap. In Rep. Dienst（共和国軍に従軍している日本人）西ジャワの司令官ストックマンズ少佐から（1948. 3. 22 バンドゥン発）

⑧ Japanse krijgsgevangenen（deserteurs）（日本の戦争捕虜、逃亡者）政治問題担当リエル中佐から（1948. 3. 23

バタヴィア発）

⑨ In Indonesie vertoevende Japanners（インドネシアにオーヴァーステイしていた日本人）海軍顧問のミュラー大尉からハーグの海軍大臣宛て、朝日新聞記事（1948. 4. 12. 大阪版）の英語訳と送り状（1948. 5. 8）

⑩ Japanners en Duitsers（日本人とドイツ人）リエル中佐から治安委員会第五小委員会の共和国側委員長宛て（1948. 6. 5 バタヴィア発）

⑪ "Japanners"（日本人）治安委員会第五小委員会のオランダ側委員長リエル中佐（政治問題担当）から共和国側委員長宛て（1948. 6. 10 バタヴィア発）

⑫ Richtlijnen t. a. v. behandeling van Japanners（日本人の取扱いについての基本方針）オランダ軍のリエル中佐（政治問題担当）から蘭印諜報局（NEFIS）長官宛て（1948. 6. 18 バタヴィア発）

⑬ Richtlijnen t. a. v. behandeling van Japanners（日本人の取扱いについての基本方針）オランダ軍のリエル中佐（政治問題担当）から東部ジャワ、中部—南部スマトラ、バタヴィアの部隊宛て（1948. 6. 18 バタヴィア発）

⑭ Bespreking van Sub-commisie V（第五小委員会の会合 1948. 6. 21）

⑮ Uitlevering van Japaners en Duitsers（日本人とドイツ人の引渡し）オランダ軍のリエル中佐（政治問題担当）から憲兵隊宛て（1948. 6. 23 バタヴィア発）

⑯ Uitlevering van Japanners en Duitsers（日本人とドイツ人の引渡し）治安委員会第五小委員会のオランダ側委員長リエル中佐（政治問題担当）から共和国側の委員長宛て（1948. 7. 16）

⑰ 治安委員会第五小委員会のオランダ側委員長リエル中佐（政治問題担当）から共和国側の委員長宛ての二通の電報（日付不明）

Ⅱ. **Inventaris 2037**（一九四八年六月から一一月頃までのインドネシア共和国の文書のオランダ語訳）

① ハッタ副大統領から国家警察長官宛ての命令（1948. 6. 10 ジョクジャカルタ発）

② ハッタ国防大臣から国軍参謀長への指令

③　ハッタ国防大臣から国軍司令官への指令
③ａ　ハッタ副大統領から内務大臣・国家警察長官宛て指令
④　治安委員会の共和国側メンバー、マフムッド大尉からジョクジャカルタの治安委員会委員長宛ての報告書（スマトラにおける日本人について）1948. 7. 15 ブキティンギ発
⑤　マフムッド大尉のスマトラ視察報告（スマトラにおける日本人について）
⑥　治安委員会のハルヨノ少佐から国防省宛て（1948. 8. 11）
⑦　シャムスアールによる東ジャワ視察報告（1948. 11. 24）
⑧　ジャワ、スマトラにおける日本人・ドイツ人についての内部情報（1948. 11. 24）
⑨　スカルディ大尉からの活動報告（共和国領土内における日本人、ドイツ人について）1948. 6. 28
⑩　同右（1948. 7. 6）
⑪　ソロの法務省次官に宛てたハルヨノ少佐の文章（インドネシア国籍を獲得した日本人を一掃することの法的・技術的困難について）1948. 7. 1
⑫　一九四八年六月二八日の第五小委員会における話し合い
⑬　共和国領土内に住む日本人についての情報に関する治安委員会第五小委員会のラフマットからレイメナ博士ならびにシマトパン大佐、ならびに治安委員会書記宛ての報告（1948. 8. 14 ジョクジャカルタ発）
⑭　同右、ドイツ人関係
⑮―⑯　欠如
⑰　日本人の名簿　一九四八年一〇月一二日現在　バニュマス州警察からの報告　二名
⑱　日本人の名簿　一九四八年八月二五日現在　ジョクジャカルタ州警察からの報告　二名
⑲　日本人の名簿　一九四八年八月二一日現在　スラカルタ州警察からの報告　二名
⑳　日本人の名簿　一九四八年八月一一日現在　ジョクジャカルタ州警察からの報告　三名
㉑　日本人の名簿　一九四八年七月三一日現在　ジョクジャカルタ州警察からの報告　七名

㉒ 日本人の名簿　一九四八年七月一九日現在　マディウン州警察からの報告　一名
㉓ 日本人の名簿　一九四八年六月二九日現在　ケドゥー州警察からの報告　三名
㉔ 日本人の名簿　一九四八年七月二七日　バニュマス州警察からの報告　二名
㉕ 日本人の名簿　一九四八年六月二五日　パティ州警察からの報告　二名

Ⅲ．その他のオランダ文書

① 国防省文書　旧番号　GG—8「離隊逃亡者に告ぐ」1946. 6. 3
② 内務省文書　Exhibitum 3 Juni 1946 "Aanhouden Japanners in Dienst Republik"（共和国軍による日本人の拘留）
③ Nefis Publicatie No. 72 "Japanse Deserteurs"（日本の逃亡者について）Batavia 1947. 11. 27（Sectie Krijgsgeschiedenis 027）

D．日本軍政関係

Ichibangase Yasuo, "Report of Preparative Investigation Committee for Indonesian Independence" 13 November 1946（オランダ国立文書館文書 PGIII-195）
第一六軍司令部 "Explanations regarding all kinds of armed bodies"（早稲田大学所蔵西嶋コレクション JV45）

E．イギリス国立文書館（旧 Public Record Office）文書

FO 0371/46430 & 46431 Japanese Demonstrations in Favour of Indonesian and Indo-Chinese Independence (Memorandum by the Representative of the British Chiefs of Staff, 9 Nov. 1945)

F．外務省（日本）外交史料館文書

I．「太平洋戦争終結による在本邦外国人の保護引揚関係雑件」（マイクロフィルム番号　K'-0091）

K'-0091-① 「インドネシヤ人の帰国の件」 終戦連絡中央事務局管理部長から終戦連絡神戸事務局長宛て、一九四七年一月二四日
K'-0091-② Repatriation of Netherlands East Indies Nationals GHQのコーレイ大佐から終戦連絡中央事務局経由日本政府宛てメモランダム、一九四七年一月二八日
K'-0091-③ 「インドネシア人の引き揚げに関する件」 吉田某から終戦連絡神戸事務局長宛て、一九四七年三月二〇日

Ⅱ. 「太平洋戦争終結による在外邦人保護引揚関係」

（1） 在外各地状況及び善後措置関係（蘭印の状況）（マイクロフィルム番号 K'-0006）

K'-0006-① 「横浜入港福建号にてバタビアから帰還した元軍人戦犯者大中智よりの情報」一九四九年九月七日
K'-0006-② 「スマトラ地区帰還者依り聴取せる一般資料調査報告書」一九五二年六月一六日
K'-0006-③ 「ジャカルタよりの帰還者依り聴取せる調査報告書」一九五二年八月一六日頃

（2） インドネシア残留邦人関係（マイクロフィルム番号 K'-0002）

K'-0002-① 甲斐総領事から外務大臣宛ての電報、一九五三年三月三日
K'-0002-② 甲斐総領事から外務大臣宛ての電報、一九五三年三月一三日
K'-0002-③ 「インドネシア残留日本人の送還に関する件」一九五三年三月二〇日
K'-0002-④ アビディン総領事との会談の件、アジア局第三課、一九五三年四月八日
K'-0002-⑤ 甲斐総領事から岡崎外務大臣宛ての電報、一九五三年四月二〇日
K'-0002-⑥ 外務大臣から甲斐総領事宛ての電報、一九五三年四月二三日
K'-0002-⑦ 「インドネシア残留者情報の件」一九五三年五月三〇日
K'-0002-⑧ 在留邦人引き揚げに関する件、メダンから本省宛て電報ならびに添付の書簡、一九五三年七月四日
K'-0002-⑨ 藤崎ジャカルタ総領事から外務大臣宛て、一九五四年一月三〇日

K'-0002-⑩　一九五三年三月から一九五四年二月までの「インドネシア在留邦人送還の経緯」をまとめた報告書
K'-0002-⑪　藤崎ジャカルタ総領事の報告書、一九五四年三月九日

Ⅲ.「日本インドネシア平和条約及び賠償協定交渉関係一件」――沈船引揚げに関する中間賠償協定（マイクロフィルム番号 B'-0151）

B'-0151-①　第二巻（一）「インドネシア大統領と会談の件」甲斐総領事から岡崎外務大臣宛て、一九五三年三月四日
B'-0151-②　第二巻（一）「岡崎大臣の会談に関する件」甲斐総領事から犬養法務大臣宛て、一九五三年一〇月四日
B'-0151-③　「岡崎外相より賠償問題に関する報告の件」ラングーンの小長谷総領事から犬養法務大臣宛て、一九五三年一〇月一一日（極秘）
B'-0151-④　第二巻「スカルノ大統領との会談要旨報告の件」藤崎総領事代理から岡崎外務大臣宛て、一九五三年一一月二四日
B'-0151-⑤　第二巻「賠償関係情報に関する件」マニラの大野事務所長から岡崎外務大臣宛て、一九五三年一一月二六日

Ⅳ.「日本インドネシア平和条約及び賠償協定交渉関係一件」（マイクロフィルム番号　B'-0152 & 0153）

B'-0152-①　第四巻（一）調書「対インドネシア賠償交渉経緯」一九五八年三月
B'-0152-②　第四巻（二）「賠償問題に関しスカルノ大統領と会見の件」倭島公使から岡崎外務大臣宛て、一九五四年一月一一日
B'-0152-③　第四巻（二）「日本の賠償能力如何」アジア局第二課、一九五四年一月二二日
B'-0152-④　第四巻（二）「インドネシアの戦争損害額についての政務次官の衆院外務委における言明説に関する件」倭島公使から岡崎外務大臣宛て、一九五四年二月九日

B'-0152-⑤　第六巻「日本とインドネシアとの賠償交渉経緯大要――特に一九五四年一月より一九五五年七月まで」一九五五年七月
B'-0152-⑥　第六巻（八）「日イ賠償交渉に関する件」倭島公使から重光外務大臣宛て、一九五六年四月一七日
B'-0152-⑦　第七巻「倭島公使による交渉　一九五七年三月アリ内閣崩壊前後まで」
B'-0152-⑧　第八巻「東南アジア諸国出張報告（別冊）」小林中作成、一九五七年一〇月二五日（引用部分は四「スカルノ大統領との会談要録」一九五七年九月二三日）
B'-0153-①　第九巻「岸総理とスカルノ大統領第一回会談」（手書き）一九五七年一一月二七日
B'-0153-②　第九巻「岸総理とスカルノ大統領との会談要旨の件」高木公使から藤山外務大臣宛て、一九五七年一一月二八日
B'-0153-③　第九巻「日イ賠償交渉に関する件」高木公使から藤山外務大臣へ、一九五七年一一月二九日

V．賠償関係新聞論調（一九五八年一月～）（マイクロフィルム番号　B'-0153）

VI．「アジア協会設立に関する件」（マイクロフィルム番号　I'-89）

I'-89-①　外務省アジア局第一課　一九五三年九月一〇日
I'-89-②　各省連絡幹事会　一九五三年一二月一五日
I'-89-③　外務省アジア局　一九五四年一月七日

VII．「田中総理東南アジア訪問関係」（CD A'-433）

A'-433-①　（外務省アジア局南東アジア二課作成）
総理訪イ中のジャカルタ情勢　その1　事態の推移と関連措置　一九七四年一月二二日
総理訪イ中のジャカルタ情勢　その2　背景・見通し等　一九七四年一月二三日

総理訪イ中のジャカルタ情勢　その3　事件収拾に伴なう内外資政策　一九七四年一月三〇日
総理訪イに際するジャカルタ情勢　その4　事件収拾に伴なう政府高官人事　一九七四年一月三〇日
総理訪イに伴なうジャカルタ情勢　その5　日本人関係被害状況　一九七四年一月三一日
A'-433-② 外務省情文（情報文化）局報道課「東南アジアの対日観――田中総理の東南アジア五ケ国歴訪」補遺
一九七四年二月一二日
A'-433-③ 外務省アジア局南東アジア二課「田中総理インドネシア訪問の際のいわゆる『一月一五日暴動事件』の背景」（翻訳資料　亜東2　合第0215号）一九七五年三月一〇日

Ⅷ．その他の外務省資料

外務省領事事務局「在留邦人数統計」
在インドネシア日本大使館情報文化部編 *Daftar Alumni Indonesia dari Jepang*（日本留学生同窓会名簿）

G．個人的に入手した一次資料

七條重信の手記
「インドワラ通信」
兵補協会「法的地位の管轄権ならびに元兵補に元ヘイタイ（日本兵）と同等の権利を授与することに関する要望」
アニー・スティスからの書簡（二〇〇八年八月一一日付け）

注

第1章

1 オランダの海軍顧問ミュラー（Muller）が一九四七年十二月にまとめた報告書（駐日オランダ政府外交代表団関係文書 Inventaris 346-③）に書かれている数字とほぼ一致する。ところで、独立を宣言したばかりのインドネシア人のことを連合軍やオランダ当局がどのように表記しているかは興味深いところである。極東委員会の文書は英語で Indonesian、東京のオランダ軍事使節団の文書も Indonesier というオランダ語が使われている。これ以後、国籍問題を問う文書においては「オランダ臣民（onderdaan）」という用語が使われるようになる。

2 戦後もずっと日本に定住して大阪外国語大学のインドネシア語教授を務めた。

3 ジョン・ライスの父アユブ・ライス（Ayub Rais）はのちにインドネシア共和国初代の副大統領になったモハメッド・ハッタの従兄弟で、ジョンの留学はハッタに勧められたからだという。ジョン・ライスはその後、早大在学中、岩田愛之助に接近し、彼の影響を強く受けるようになった（ジョン・ライスとのインタビュー）。

4 南方特別留学生制度に関しては、後藤乾一『日本占領期インドネシア研究』（龍渓書舎、一九八九）に収録された、「南方特別留学生制度の理念と実態」と題する詳細な研究を参照されたい。極東委員会が作成した南方特別留学生の名簿は、国際学友会の資料に基づくもののようで、比較的正確である。後藤乾一の前掲書に掲載してある

（二三六―二七一頁）留学生名簿と照らし合わせても一名の誤差があるだけである。

5　一九四三年六月に策定された「学徒戦時動員体制確立要綱」により、当時、日本国内の大学・専門学校ではあまり授業が行われなくなっていたが、文部省は特に留学生に対しては配慮するよう努め、一九四四年十二月に「留日学生教育非常措置要綱」を制定して、留学生を文部省指定の学校に集めて別途教育することが定められた。

6　カリマンタン出身のペリック・パネ（Pelik Pane）は、寮の一室に集められて放送を聞かされたとき、教官の手前、口には出さなかったが、「心の底では、これでまた自由になれると思った」と述べている（インドネシア日本占領期史料フォーラム、一九九一年、六一一頁）。

7　中国、南方、満蒙の学生に対する国際学友会の資金援助は一九四六年九月をもって打ち切られることになった。このうち南方からの留学生に対しては、「至急帰国を斡旋し、余儀なく残留するものには住居を提供する程度の援助を与えること」という方針が出されたという（金沢謹、一九七三年、一〇七頁）。

8　スリカット・インドネシアは戦前に存在したが戦争中は解散状態だった。その事務局は淀橋区柏木四丁目となっているので、どうやら国際学友会の寮のなかに置かれていたようである。

9　極東委員会がそれ以前に作成した名簿によれば一八二人のインドネシア人がいるということだったが、ここではさらに増えている。オランダ軍事使節団の一九四八年の報告書によれば（駐日オランダ政府外交代表団関係文書 Inventaris 346-④）、この約二六〇人という数は、すでに帰国した者を含んでいたり、名前が二重に記載されていたりするので、実数よりずっと多くなっていることを認めている。

10　マジッド・ウスマンはインドネシアからの初めての留学生として一九三二年に来日し、明治大学で学んだ。開戦直前に、日本人の夫人を連れて帰国したが、親日的だとしてオランダ官憲から警戒され、開戦と同時に当局によって身柄を拘束された。日本軍の侵攻後、釈放され、出身地のスマトラで軍政に協力していたが、一九四三年に国際文化振興会に招かれて日本へやって来た。彼に関してはその後、一九四七年一月にバタヴィアの検察庁から入管局宛ての手紙のなかで、多くのインドネシア人に帰国許可を出すという方針を述べたのちに「ただ特別なケースとして、スマトラへの帰還を望んでいるマジッド・ウスマンという人物に関しては帰国を許す前にまず尋問する必要がありります」と述べられている（蘭印政庁官房長官文書 II-㉝ AS-1029）。アリフィン・バクリに関しては詳細は不明である。

11　ちなみにサウジアラビアでは、一九四六年八月に同国在住の約二〇〇〇人のインドネシア人がジェッダのオランダ領事館に行き、オランダのパスポートを返却したという。彼らはサウジアラビア政府がインドネシア政府と直接関係を持ち、インドネシア国籍保持者として認めてもらえるよう望んでいた（Osman Raliby p. 383）。

12　『引揚げと援護三十年の歩み』にはインドネシア人の送還について「長らくオランダ政府とアメリカ合衆国政府との間に交渉が進められていたが、昭和二二年三月下旬までに二回にわたり、神戸港から一〇三六人が送還された」と記載されている（一五五頁）。これによると、連合軍関係者の送還は日本の所管外に置かれていることが分かる。なお、この数字は留学生のみならず、後述する混血や国際結婚組も含まれていると思われるが、それにしてもかなり大きな数である。

13　チバダック号は、インドネシアからの日本軍引き揚げに使われていた船で、宮元静雄参謀の記録によれば第二次の引揚船として一九四七年一月十九日にバタヴィアを出航して日本へ向かった（宮元、五三五頁）。これが二月四日に神戸に入港し、あらかじめ申し出ていたインドネシア人を乗船させて翌日出発したのであろう。

14　終戦連絡中央事務局は、占領軍と日本政府との連絡にあたる中央機関として終戦後まもなく一名の長官のもとに内務、大蔵、商工など各省からの要員を配置して作られた。その所属を内閣直属とするか外務省の機構とするかをめぐって意見の対立もあったが、結局、外務省側の意見が採用され、外務省外局の「中央事務局」（長官：岡崎勝男）、その下に横浜と京都に、ついで奈良・呉・横須賀・佐世保等に終戦連絡地方事務局が設置された（荒、一〇三―一〇四頁）。

15　リストによれば三三名であるが、本文中で後藤は三六名（ジャワ一二名、スマトラ六名、海軍軍政地区一八名）と記している。その差異は、スマトラが三名多いことである。後藤によれば一九四七年の帰国のほかに一九四八年に二名が帰国しているが、これは同じ帰国事業によるものかどうか分からない。

16　実はこの名簿に出ていないが、もう一人、当初はただ見送りに来ただけだと称していたマウリッツ・タノスの夫人、あきこが出港間際に乗船したということを、同じ船で出発しスラウェシまで同行したスヤティム夫人が証言している（同夫人とのインタビュー）ので、実際には六組の夫婦がいた。なおラファイエ夫人は名簿ではラトナ・ヌルヤティというインドネシア人名になっているが、実は日本女性である。

17 これらの収容所には、オランダ領東インド在住者のみならずオーストラリア、ニュージーランド、ニューギニア、ニューカレドニア、フィジー在住者も収容された。これらの地域に住んでいた台湾人、朝鮮人も収容された。蘭領東インド在住者は、その中で最大のグループで、彼らの費用はすべてオランダ政府が負担するということで受け入れられた。クレーメル号とヘエムスカーク号で一九四九人が運ばれたが、その後、一部の者は捕虜交換で釈放され、インドネシアへ戻って日本軍の占領統治に協力した。オーストラリアでの抑留者についてはYuriko Nagata, 1996に詳しい。

18 インドの収容所の元抑留者たちの親睦団体が戦後日本で刊行していた『インドワラ通信』のなかで、そのような形で終戦時にアジア各地に帰還したメンバーの消息がしばしば報道されているほか、台湾、香港、セイロンなどへ帰還した当人たちの手記も掲載されている。ただし引揚者たちはいったん全員シンガポールに送られ、そこにしばらく滞在したのち、行き先別に振り分けられた。しかし同様の手続きが元蘭領東インド居住者に対しては行われなかったということのようである。

19 乗船予定者名簿の住所欄に「金沢キャンプ」と記された者は三月出港で一名（ローレンソ・ツジ）、五月出港で二名（タカシ・タケナカ十四歳とススミ・ヤマシタ二十三歳）いる。五月出港の二名はともにメナドの母親のもとへの帰還を希望している。

20 トミコの姉春子がオーストラリアのキャンプの元監視員フランシス・スプラウト（Fransis Sproat）に八月二十日付けで書いた手紙のなかで、「兄弟も、妹たちも母も先週ジャワへ戻りました」と記している（Nagata, p. 222）ことから、一九四七年八月に出発したと思われる。

21 アニー・スティスは自分たちはイギリス国籍だったので、もし父が生きていたら抑留されることはなかっただろうと述べている（同氏から筆者宛ての書簡）。

22　日本男性と親しくなっていた女性は混血に限らないが、イギリス軍や日本軍当局に積極的に掛け合っていたのはほとんどが欧亜混血の女性たちであったという。

23　彼女たちが日本行きをそこまで強く望んだ理由としては、夫への愛情のほかに、このまま残っていてもオランダ人コミュニティーからは白眼視されるということへの恐れもあったのではないかと大庭定男は分析している（同氏とのインタビュー）。

24　なおメナド人である菊池夫人のバアトは、日本人との結婚に適応し、今日に至るまで幸せな家庭生活を送っている。菊池は東京にインドネシア料理のレストラン、ジャカルタに日本料理のレストランを開店し、両国で活躍し、日本政府から叙勲も受けた。晩年はジャカルタで暮らしている。

25　大庭定男は、既婚の男性が多かったため彼らはインドネシアで深い仲になった女性たちを連れて帰ることを躊躇していたが、英軍が責任を取らせるような形で結婚させたため拒否することができなかったようだと述べている（同氏とのインタビュー）。

26　帰国の費用を誰が負担したかに関しては詳細が分からないが、戦前からの在留者や南方特別留学生は無料だったと聞いている。一方、離婚して帰郷する女性たちは、自由意思で日本へ渡ったと判断されて自費帰国になったようである。自費での帰国だったことに対する抗議が、バタヴィアの教会関係者から出ている。

27　実際には、いったん離隊したものの発見されて連れ戻された者も非常に多かったと推定されるが、この九〇四名という数字はそれを含まないものと思われる。なお、終戦時にジャワ一六軍の作戦参謀であった宮元静雄大佐は、「ジャワ、バリ、ロンボック島において逃亡者は将校四名、下士官五五名、兵一一八名、軍属二六名、一般邦人三一名の計二七七人（筆者の計算では二三四人）であると記している（宮元、三七五頁）。

28　この二人の貢献を、のちにスカルノ大統領が称え、一九五八年の訪日の際に「市来龍夫君と吉住留五郎君へ、独立は一民族のものならず、全人類のものなり」と書いた記念碑を東京芝の青松寺に建てた。このことも解放史観を勇気づける根拠となっている。

29　一九四七年十二月二十日の朝日新聞によると、「日本人と結婚した女性はジャワだけでも二万人はいるといわれる。……子供もバタヴィアに三〇〇〇名をはじめ全国で五〇〇〇余名。日本人と親しかったということで迫害され、都会に出てきたものが多い」という。これらの母子の圧倒的多数は、夫が妻子を捨てて帰国してしまったケースである。

30 『アエラ』の一九九一年十二月十日号によれば、その時点で、インドネシアに二五五人、タイに五五人、ヴェトナムに五〇人、フィリピンに四八人、その他の地域に一三一人の日本人が残留しているということだった。

31 従来ほとんど全員が何らかの形で戦闘に参加したと解釈されてきたが、その後見つかったインドネシア側の調査資料などによると、純粋な民間人として生計を立てていた者もかなり多いようである（オランダ国防省文書 Inventaris 2037）。さらに、一、二名ではあるが、オランダ軍に加担した者もいたという（外務省外交史料館文書 K'-0006-②「スマトラ地区帰還者依り聴取せる一般資料調査報告書」一九五二年六月十六日）。

32 このビラはオランダの旧国防省文書館で見つけた。現在は国立文書館に移管され、新たな分類番号がつけられているものと思われる。

33 日本政府の外交文書によれば、懸賞金は日本人一名につき日本円で約三〇〇〇円から五〇〇〇円であった（外務省外交史料館文書 K'-0006-②「スマトラ地区帰還者依り聴取せる一般資料調査報告書」一九五二年六月十六日）。終戦処理期の日本＝インドネシア関係を研究している大庭定男によれば、終戦直後にインドネシアに進駐してきた英軍は、日本軍逃亡兵よりは残留ドイツ人（Uボートや武装商船乗組員など）がインドネシア軍を援助しているのではないか、特に新設空軍の指導、空軍機の操縦をしているのではないかということのほうにより神経質になっていたのがイギリス国立文書館（旧ＰＲＯ＝Public Record Office）所蔵の英軍の文書から読み取れるという（同氏から筆者宛てのメール）。

34 以下の七條についての情報は彼が残した手書きの手記、ならびに娘の春子とのインタビュー（二〇〇八年八月、バンドゥンにて）によるものである。なお七條については第2節でも紹介した。

35 たとえばスマトラ義勇軍の指導者であった東門容は、元の教え子たちに乞われて日本軍を離脱し、インドネシア独立軍に参加したが、一九四七年にオランダ軍に逮捕され、釈放された戦犯関係者とともに翌年、日本に送り返された（東門、二三八頁）。

36　ハーグの国立文書館（ＡＲＡ）所蔵の国防省文書（toegang no. 2. 13. 132）のなかに収められている Inventaris 439（一九四八年二月から七月までのオランダ軍の文書）ならびに Inventaris 2037（一九四八年六月から十一月頃までのインドネシア共和国の文書のオランダ語訳）である。

37　この時期オランダは、日本人の問題のみならず、ドイツ人、ならびに英印軍を離脱して独立戦争に参加したインド兵の問題も併せて論議している。

38　日本人の登録のための所定のフォームが残されているが、そこには、①名前、年齢、生地と生年月日、日本の住所、②日本軍政時代の所属、役割、階級、終戦時の居場所、③いかにしてその部隊を去ったか、などを書き込むようになっていた。

39　日本軍政時代、日本人民間人は胸に桜のバッジをつけていたため、インドネシア人たちから「サクラ組」と呼ばれた。

40　井上は東海岸州長官の秘書であったと言われるが、マツマ中佐なる人物については確認できなかった。

41　アロンという秘密結社は、オランダ植民地時代から、伝統的首長（土侯）が所有し、オランダ農園に貸し付けていた土地の耕作権を求めて活動していた。日本軍のスマトラ進駐時に、Ｆ機関（藤原岩一大佐を長とする特務機関）が民衆の歓心を得るために、「土侯政権は間もなく壊滅するからお前たちは好きな土地を好きなだけ所有することができるようになる」と空約束をしたために、彼らの日本軍に対する怒りは募っていた。メダン市の南西にあるアルネミヤ分州で彼らの反乱が起こったとき井上はその討伐と宣撫に赴いた。この事件に関しては井上哲郎の手記の五〇―七三頁に詳しい。

42　建国挺身隊は、インドネシアの将来の独立が決定されたのち一九四五年初めにスマトラの東海岸州で井上らによって秘密裏に作られた防諜組織で、約三万人のメンバーを擁していたという。それを二分して、山地方面の隊員を中核とするものを「猛虎隊」と名づけた（井上哲郎、八七―九一頁）。

43　この報告書には市来龍夫の名前も出てくる。「スジャトノ少佐に使われている日本人がいる。この地の日本人の多くは中部ジャワから来た。たとえばイチキとその友人たち。彼らはすでにウィンケ（Winkje）の大隊に移り、ウィンケと一緒にマランへ移った」という短い一節である。

44　このデータは、日本名、インドネシア名、生年、年齢、出身地、日本軍時代のポスト、現在のポストなどを含んでいる。

45　内海・村井（一九八〇年）は「ダルル・イスラムに加わっていた日本人は最低八人はいる」と述べている。二五四頁。

46　一九四七年七月（オランダが第一次警察行動〔第2章の注1参照〕を開始した時期にあたる）に、オランダ軍が厳しい取り締まりを開始し、約一〇〇人の日本人の身柄を拘束し、それが今回の強制送還者の大部分になっていると朝日新聞は報じている。

47　ちなみにここであげられている六名は、小沢（東京都出身）、田中元軍長（大分県出身）、岡田（元スマトラにいた軍属）、原田（朝鮮人）、吉田（朝鮮人）、犬堂（熊本県出身、元軍長）である。

48　残留日本兵の調査に関する回答のひとつとして西ジャワの司令官からの報告（一九四八年三月二十二日付け）のなかで、ワナラジャにインドネシア国籍をとってアブ・バカル Abu Bakar というインドネシア名を使っている日本人がいたが、インドネシア軍が撤退したとき西ジャワに置いていかれたと述べられている（オランダ国防省文書Inventaris 439–⑦）。この人物はのちにオランダ軍に捕まって処刑された青木清四郎である。

第2章

1　オランダは、一九四七年七月に西ジャワの大部分と中部ジャワの西半分、さらに北スマトラのメダン周辺のゴムやタバコの生産地、油田のあるパレンバン周辺を軍事的に占領した（第一次警察行動）。その後、一九四八年一月にレンヴィル協定を締結し、さらに国連も介入して調停を始めたが両国は折り合わず、一九四八年十二月には、オランダは共和国の首都であったジョクジャカルタをも占拠して大統領、副大統領を拉致してしまう（第二次警察行動）。インドネシアの独立革命についてはGeorge Kahin（1954）, Benedict Anderson（1968）, 首藤もと子（1993）を参照。

2　主権委譲の段階でのオランダの投資額は農業関係の一二億五〇〇〇万ないし一四億ギルダーをトップに、石油（五億ないし八億ギルダー）と鉱山（四億ないし七億ギルダー）がそれに次ぎ、合計三一億五〇〇〇万ないし三五億ギルダーと見積もられていた（Meijer, p. 648）。

3　たとえば、一九五〇年一月二十三日に蘭印軍のウェステルリング（Westerling）大佐の部隊がバンドゥンを攻撃し、クーデターを謀って住民二五人、ウェステルリングの部下二人、六〇人のインドネシア軍人が死亡するという事件が起きた。また、一九五〇年四月二十四日には元東インドネシア国の最高裁判事だったスモキル（Soumokil）博士がアンボンで南マルク共和国の独立を宣言した。また、アンボン人やメナド人の元蘭印軍兵士で、オランダ陸軍（Koninklijke Landmacht）に移っていた者たちは、マカッサルで反乱を起こした（Feith, pp. 212-213 & Meijer, p. 106）。

4　このとき、インドネシア共和国のパスポートがまだ間に合わなくて、アダム・バソリは、それに代わる証明書だけを持って出発したという（同氏とのインタビュー）。

5　スジョノはすでに前年五月にインドネシア政府の通商代表団の長として来日し、日本政府との交渉にあたっていた。オランダ軍事使節団はこの頃、たぶんスジョノがやっている仕事がやがてここでのインドネシア政府外交代表部開設につながるのではないかという推測をしている（駐日オランダ政府外交代表団関係文書 Inventaris 348-④）。

6　なおインドネシアの新聞報道（*Harian Umum*, 1952. 5. 28. & 7. 24.）によれば、総領事館では外交交渉を行えないので、日本側は大使館レベルの関係を望んでいたという。

7　その後、日本総領事館はバリックパパン通りへ移転、さらに国交回復して大使館へ昇格する頃にはイマム・ボンジョル通りに移転していた。タムリン通りの現在地に移ったのは一九六七年のことである。

8　超過分支払い方法について、日本は七五％をドルで、二五％をポンドで支払うことを要求したのに対し、インドネシアはその反対の割合を要求して物別れになったためである（*Harian Umum*, 1952. 6. 1.）。当時インドネシアは、ポンド・スターリングに対して出超であったので、ポンドでの支払いを望み、一方、日本はドルで受けとることを望んだためずれがあった（池尾勝巳、三二五頁）。

9　すなわち、一九五二年後半から一九五三年前半にかけての八カ月間で、ゴム輸入代金総額三二〇〇万ドル中、インドネシアからの分が一九〇〇万ドルにもなった。日銀がインドネシアのゴムを輸入しようとする業者に金利三％でドルのクレジットを供与することになったうえ、一九五三年二月十三日から十九日までのあいだポンド圏からの輸入が中止された結果、インドネシアのゴムの買いつけに殺到したことによる（*Mestika*, 1953. 3. 7.）

10　日本政府のこの会議への参加は、インドネシアの対日感情を幾分和らげるのに貢献したが、しかし、その開会式の挨拶でインドネシアは日本の参加については何も言及しなかった。

11　学友会の寮は終戦までは柏木寮だけであったが、そこは各地に散らばっていた留学生たちが集まってくると満員になり、鎌倉市の大町にも寮が開設された。一方、関西方面では京都の北白川上終《かみはて》町にも寮が開設された。ただし、やがてフィリピン、ビルマ、マラヤの学生が全員帰国し、インドネシアの学生の一部も帰国してしまうと、鎌倉の寮は閉鎖され、学生たちは再び柏木に戻った。

12　オランダ軍事使節団はなるべく許可を出さないでほしいという要望を事前に伝えたが、米軍の憲兵司令官は、ナショナリズムは妨げられるべきではない、という基本姿勢を取り、許可を出したという（駐日オランダ政府外交代表団関係文書 Inventaris 346–④）。

13　九人というのは、アミール・ハサン、アフマッド・ブサール、ジョン・ライス（以上、戦前の留学生）、スヤティム、スハルジ・ブミノト、リファイ、サエラン、ハサン・サドリ、タノス（以上、南方特別留学生）の妻たちである。このうちハサン・サドリ夫人はインドネシアの気候や生活文化になじめず、健康を損ねているという理由で一九四八年五月に、日本へ戻る許可申請を東京のオランダ軍事使節団宛てに出している。そのなかで、彼らの結婚は日本の戸籍に登録して入籍していなかったので、夫人は法的には日本の国籍を保持していると主張している。このち夫人は帰国し、二人の関係は消滅したものと見られる（駐日オランダ政府外交代表団関係文書 Inventaris 398–③）。

14　この時期インドネシアに住んでいた日本人としては、次節で詳述するように、いわゆる残留日本人が約三〇〇余名いた。日本女性と残留日本人との接点は、国交回復後には日本企業の進出に伴って、そこで働く人たちのあいだでは生じてきたが、この時期にはあまり報告されていない。

15 たとえば一九四七年に帰国したジョン・ライス（実業家）の妻は一五年、アフマッド・ブサール（医師）の妻は一〇年、一九五〇年にインドネシアへ渡ったウマルヤディ（外交官）の妻は一二年後に里帰りできた（夫人たちとのインタビュー）。

16 PP32の派遣先は日本だけではなく、オランダやアメリカにも送られている。たとえば、のちのスハルト時代に内務大臣を務めたルディニはこのプログラムでオランダへ、経済テクノクラートして著名なウィジョヨはアメリカへ留学した（エノッホ・アマンクとのインタビュー）。いずれにせよ、南方特別留学生を凌ぐ数の留学生が日本へ送られているわけであるが、その存在は一般にあまり知られていない。

17 一九五二年に帰還した者たちの証言によれば、独立戦争中はインドネシア側の態度は良かったが、終了後は急に冷淡になったという（外務省外交史料館文書K'-0006-①「スマトラ地区帰還者依り聴取せる一般資料調査報告書」）。

18 外務省の史料も、一九四九年初めから井上哲郎と黒岩通元大尉がメダンの憲兵隊に身柄を拘束されていることを述べ、これらの人物の存在と今回のアチェ地区居住邦人のメダンへの強制移送とを関連づけている（外務省外交史料館文書K'-0006-②「スマトラ地区帰還者依り聴取せる一般資料調査報告書」）。

19 川路は近衛部隊の見習い士官で、スマトラ義勇軍の指導に当たっていたが、終戦後インドネシア軍に身を投じた。スパイ容疑でインドネシア側に逮捕されたことがあるが、たまたまコタラジャの憲兵隊長が義勇軍時代の教え子であったため釈放され、メダンでしばらく憲兵隊の訓練に当たっていた。その後、ムジャヒディンに参加したものである。

20 井上は一九五三年に日本で手記を出版しているので、少なくとも一九五二年中には帰国したものと思われる。

21 日本政府はソ連、中国（当時の呼称では中共）などの共産圏からは残留日本人を引き揚げるという方針をとっていたが、非共産圏では特に問題になっていなかった。

22　その後の一九五四年二月四日付けの「インドネシア残留邦人数」と題する外務省史料によればジャカルタ総領事館管内（メダン、タパヌリ、パレンバン、西部ジャワ、中部ジャワ）一九七名、スラバヤ領事館管内（東部ジャワ、カリマンタン、マランラワン？〔原資料の判読困難〕）四五名、計二四二名となっている。

23　医師免許は持っていないが、見よう見まねで医療行為をする日本人が非常に多かったと言われている。これはかなりあとの時代まで続き、インドネシア政府が問題にするようになると、在郷軍人会が、同会の診療所の監督下で働いているという形をとるようアレンジしてくれ、ことなきを得たという。

24　基本的に外国人は国軍から排除することになっていたようであるが、現実には、たとえば、バリで独立戦争を戦った平良定三は、マカッサルの抵抗勢力討伐のためにバリからの派遣軍に加わってくれないかと軍から依頼され、わずか三カ月間ではあったが、再び軍服を着た（坂野徳隆、一九五頁）。

25　インドネシア内務省の調査によれば送還対象となる日本人は、およそ二七〇名であったという。なお、この藤崎総領事の報告のなかではインドネシア外務省の発言内容に関して「残留邦人」という訳語と並んで「在留邦人」という訳語も使われているのが注目される。

26　このときインドネシア政府はアチェに投獄されているもう一人の日本人と合わせて送還を要求していたが、その後、一九五四年二月に、この一〇名に関しては日本政府が旅券を発給するならその上で関係機関と協議すると回答し、日本側はその要請に応じた（出典は本文で掲げた外交史料館文書と同じ）。

27　後藤乾一も結局、強制引き揚げは実行に移されることはなかったようだと述べている（二〇〇一年、五五頁）。ただ、その後もぽつぽつと帰国した日本人はいたようで、一九五六年六月三日付けの朝日新聞は、六月二日に大阪入港の東京船舶貨物船日昌丸で一六年ぶりにスマトラから久保武彦（三十八歳）が帰国したと報じている。彼によればスマトラ全土で日本人が一八〇人ほどいるが、帰国の意思はないという。

28　このニュースはスラバヤ在外事務所が、一九五二年八月に戦前インドネシアに在住していた日本人の親交クラブである南北会宛てに知らせてきたものであるという。なお、この記事のなかでは独立記念日を十一月二日としているが、これは明らかな間違いである。

29　そのような評価が行き着く先として、その後一九五八年五月にはインドネシアの独立闘争に運命を捧げた二人の日本人、吉住留五郎と市来龍夫を記念する、スカルノの文字を刻んだ石碑が、日本で除幕された。そしてそのニュースはインドネシアでも報道された。スカルノは前に訪日したときにその伝言を託したのである（*Nusantara*, 1958. 5. 16.）。

30　これとは別に、西イリアンやモロタイ島などでは、終戦を知らないで今なお留まっている日本兵がいるということがしばしば伝えられていた。一九五五年一月六日のインドネシア・ラヤ紙は、「一〇年前にすでに戦争が終わっているのに、まだ西イリアンに留まっている日本兵が一〇〇ないし二〇〇名いるとみられており、日本から軍関係者が来て、空からパンフレットを投下し、投降を呼びかける予定がある」と報じている。現に、その頃、四名が出てきて投降したという。また、一九五六年一月二十一日付けの朝日新聞は、スルー・インドネシア紙からの情報として、モロタイ島付近で九人の日本兵がインドネシア軍に投降した旨、日本総領事館から外務省に連絡があったと報じている。

31　うがった見方をすれば、日本国政府、とりわけ外務省の出先機関は、残留日本人にまつわるもろもろの面倒な問題を抱え込みたくないがために、彼らをむしろ一刻も早く帰化させて日本国政府の責任から引き離そうとしたということも考えられなくはない。

32　このような側面をことさら強調しようという動き自体は古くからあり、一九五四年二月には、東宝スタジオの谷口千吉監督がインドネシアの独立戦争をテーマにした映画を製作する計画があったと、インドネシアの新聞が報じている。池部良演じる主人公の日本兵が、恋人である日イ混血の女性（ヤマグチ）から、独立戦争に参加するよう迫られて身を投じる、という筋書きで、これを日イ合作で製作することを考えていたようである。打ち合わせのため東宝の谷口千吉監督と田中（友幸と思われる）プロデューサーが来イし、インドネシア映画連盟（Perfini）総裁ウスマル・イスマイルに会ってストーリーの原案を提示したが、同氏は「歴史を蒸し返すような事柄を含んだストーリーにならぬように」と、非常に警戒的な発言をしている（*Harian Umum*, 1954. 2. 6. & 2.12.）。

33　市来龍夫の生涯を描いた後藤乾一の先駆的な著書（後藤乾一、一九七七年）では、市来を「アジア主義者」として位置づけている。

第3章

1　ただし韓国には一九六五年に国交が正常化されたとき、賠償の意味をこめて、朝鮮銀行を通じて日本へ搬出された地金銀《じきんぎん》や被徴用韓国人の未払い給与などの請求に対する支払いを行うとともに経済協力三億ドルが支払われた。

2　国民総生産は、『朝日年鑑』一九五二年版による。ところで、このインドネシアの要求と並行してオランダは、賠償はその当時その地域に住んでいたすべての住民を対象とすべきであるから、当然、オランダ系住民に対しても支払われるべきである、として権利を主張した。サンフランシスコ平和条約調印に際してもオランダは連合国のなかでただ一カ国、請求権の放棄に不満を表明していた。そして吉田首相に書簡を送って、別途、事実上の賠償支払いの内諾を得たうえで講和条約に調印したという経緯があった。オランダは、「蘭印にいたオランダ系住民に対する賠償だけ単独で要求することはできないので、これはインドネシア政府と共同で要求すべきものである。したがって、インドネシア政府は日本から受け取る賠償の一部をオランダに引き渡すべきである。旧蘭印における損害は、二五〇億ギルダー（一八〇億ドル）。そのうち連合軍将兵に対する賠償額は二五〇〇万ドルである」と主張している（*Mestika*, 1952. 3. 27.）。結局、日本は一九五六年三月になってオランダ人の私的請求権に関して議定書を結び、一〇〇〇万USドル相当のポンドを五年年賦で支払うことになった（桐山昇、一〇―一一頁）。

3　しかし、のちに外務省がまとめた調書のなかでは「フィリピン、ビルマ等は物質的損害に重きを置いたが、インドネシアは徴用労務者の死亡に対する補償に重きを置いて来た」と述べられており、日本側もその人的被害は意識していたようである（外務省外交史料館文書 B'-0152-⑤）。

4　なぜかインドネシア国内では、対日賠償請求額は八〇億ドルと伝えられていたようで、この一七二億ドルという数字はコンフィデンシャルにするようインドネシア側から求められていた。しかし翌一九五四年二月に小滝外務政務次官が衆議院外務委員会でこの数字を言明したため、このことがUP電でインドネシアに伝わって注目を集めることになった（外務省外交史料館文書 B'-0152-④）。

5　当時ジャカルタの総領事館に勤務していた残留日本兵のサトリア石井によれば、倭島公使は総領事館で毎日、ジュアンダ首相とアポイントをとろうと必死にインドネシア外務省に電話を入れていたが、インドネシア外務省は取り次いでくれなかった。そこで石井は、一九五二年頃からジャカルタと日本とのあいだをしばしば往来していた菊池輝武（六六頁参照）の人脈（妻の弟がのちにスカルノの副官となったバンバン・ウィジャナルコであった）を頼み、レイメナ副首相に取り次いでもらい、副首相とのあいだで数回会合を重ねたという（サトリア石井とのインタビュー）。

6　サトリア石井は倭島公使がジャカルタから本省宛てに送った電文を電信担当官が暗号化する前に清書する仕事をしていたが、彼の記憶によれば「日本の占領中、公共施設、インフラなどの国有財産に与えられた被害の多くは、連合軍の爆撃によるもので、これは日本国には責任がない。従ってこの分は賠償を払う意思がない」という趣旨の電信があったという。彼によれば、レイメナ副首相との会談でも倭島公使はこのような基本姿勢で話を進めたようであるという（同氏とのインタビュー）。また鄒梓模によれば、倭島も、また彼の交渉のカウンターパートであったスカルジョ・ウィルヨプラノトもともに気性が激しく、二人のあいだがうまくいかなかったことも交渉の進展に災いしていたという（増田与編訳、七五頁）。

7　座談会「インドネシア賠償の解決と今後の問題」『経団連月報』第六巻三号（一九五八年三月）二一頁における大野勝巳外務次官の発言。

8　西嶋は戦前からインドネシアに在住し、日本占領下では海軍武官府に勤務していた。また清水斉と金子智一は軍政監部宣伝部に勤務していた。

9　一九五〇年代前半の天然ゴムの年間輸出量は七〇万トン余りで世界の生産量の四〇％を占めていた。錫は年間生産量三万四〇〇〇トンで世界の生産量の二〇％を占めていた（首藤もと子、一九九三年、二三二頁）。

10　この「自立的で積極的な」（Bebas Aktif）外交というのは、独立戦争中の一九四八年九月の中央国民委員会で公式に承認された外交方針で、その解釈には相違があるものの、各党ともほぼ一致して肯定している理念であった。

11　小林中が一九五七年九月に訪イしたとき、在ジャカルタ・アメリカ大使館のアリソン大使は、日本の賠償支払いは共産主義との関係で非常に重要な意味をもっているとして、訪イ中の小林がインドネシア政府とのあいだで賠償問題を積極的に話しあうよう働きかけたという(Nishihara, p. 47)。ただしそれがアメリカ政府の一致した思惑であったかどうかはわからない。スマトラ等で中央政府に対する抵抗の動きが発生すると、それに梃入れしようとするアメリカ政府の態度には、中央政府を利する賠償の早期解決を必ずしも歓迎しない雰囲気もあった。宮城は、アリソン大使がダレス兄弟の牛耳るCIAなどの動きの蚊帳の外に置かれていたことを指摘している(宮城大蔵、二〇〇四年、一六頁)。

12　なお、アジア協会に糾合したのは、アジア産業協力会(小林中会長)、アジア経済調査会議(松永安左エ門議長)、南洋協会(藤山愛一郎会長)、国際技術協力協会(下中弥三郎会長)、アジア産業技術協会(八田嘉明会長)、南方農林協会(岩田喜雄理事長)、東南アジア産業経済調査会の七団体である。

13　この点で中国重視の立場をとる岡崎嘉平太、松村謙三や高碕達之助たちとは路線が異なっていた。

14　技術協力の必要性については一九五七年四月に第一回目の東南アジア訪問を前にして発表した東南アジアへの経済協力についての基本構想のなかでも強調されている(朝日新聞、一九五七年四月二十九日付け)。

15　スカルノ大統領自ら賠償交渉のイニシアティヴをとるということはこれまではなかった。彼がどのような意向をもっていたのかさえ、特に明言したことはなかった。彼が強力な権力を掌握し、政策決定に重要な影響力をもつようになったのは、この前年くらいからで、そのために大統領に小さな政治的権限しか認めていない一九五〇年憲法の廃止を模索し始めていた。

16　接収のイニシアティヴをとったのは親ムルバ党のパムラハルジョ中佐であったという(Feith, p. 584)。

17　マイケル・リーファーは「一九五七年十二月に戦後賠償問題が解決され、平和条約が結ばれたことは、偶然の一致以上のものがあった」と述べ、地方の反乱により大幅に減少した外貨の補充のためにそれが必要であったことを指摘している(リーファー、七五頁)。

18　職業を持たないオランダ人はインドネシアで歓迎されないという決定は、内閣の関知しないところで法務省が勝手に決めたものであるという。このことからも、この当時のインドネシア政府の対応は非常に混乱していたことがうかがえる（Meijer p. 588）。

19　これに基づき一九五八年七月には大使館が開設され、初代大使として黄田多喜夫が着任した。また、東京に開設されたインドネシア大使館には経済畑出身で、それまでチェコスロバキア大使であったアスマウン（Asmaoen）が任命された（*Nusantara*, 1958. 5. 29）。

20　「静養」ということが表向きの理由になっているが、一国の大統領がこのように政情の不安定な時期に四〇日間も国を空けるということは通常ありえないことであり、何らかの真意がほかにあったのではないかと思われる。

21　三月十二日には政府軍が中部スマトラ奪回のために降下するなど、状況はさらに緊迫し、この頃、連日、日本の新聞の紙面を賑わしていた。

22　なお、ヌサンタラ紙の一九五八年三月七日付けによれば、このとき国会で野党から「インドネシアが分裂したら賠償の支払いは二つに分けて実施するのか」という質問が出たが、岸首相は、近いうちにジャカルタの政府がもとの地位を取り戻すだろう、と答弁した。

23　石原は戦前二・二六事件の首謀者に資金提供して取り調べを受けるなど、国粋主義的な傾向の強い人物であった。合弁銀行の設立に関して彼と交渉していたスミトロ・ジョヨハディクスモ元財務相がスマトラ臨時政府側のリーダーの一人となっていたことなども彼を動かした要因の一つであったかもしれない。

24　日本軍政期のスカルノの立場や、その時期に日本人とのあいだで温めた個人的友情から来る信頼感、それに由来するスカルノの日本に対する「人懐っこさ」、さらに戦前の岸の経歴から推察できるアジア認識などがこういった判断の遠因の一つとなっていることも否めないであろう。

第4章

1　このとき就航したオランダとジャワを結ぶ汽船会社は、Stoomvaart Maatschappij Nederland（SMN）と Rotterdamsche Lloyd R. L. である（Dick. pp. 5-6）。

2　インドネシアの港の多くは大型船舶の寄港に適していなかったので、船は平均して二五〇〇トン級で、少しでも多くのデッキ・パッセンジャーを乗せられるよう重層甲板になっていた（Dick, p. 12）。
3　なお朝日新聞一月二十三日付けによれば日本が要求していたのは七〇シリングではなく六〇シリングであった。
4　インドネシアは日本だけでなく、ポーランド、フィンランド、西ドイツ、ユーゴスラヴィア、イタリアなどからも買いつけ交渉を行なっていた（*Nusantara*, 1958. 6. 6.）。
5　賠償初年度の船舶をすべて、もともと鉄鋼関係専門で、インドネシアとの取引もあまりなかった中小商社の木下商店が受注したというのは注目すべきことである。
6　なおヌサンタラ紙の六月十九日付けによれば七二〇万ドル。
7　たとえば、一九五八年度最初のミナハサ地方議会は、賠償額の五分の一を中央政府に要求することを決めた。この要求は、ミナハサ（北スラウェシ）では一五億ルピアの損害があったという計算に基づいている。また、東カリマンタンのプラノト（Pranoto）副知事は、日本占領期の損害を調べるための委員会を設置すると名乗りを上げ、賠償の分配について中央政府と話し合うための代表団の派遣を決定した（*Nusantara*, 1958. 1. 21.）。最終的にジャワが主要な二六件中一四件、金額にして全体の五九％の賠償資金を獲得した。それに対してスマトラはわずか八％しか獲得できなかった（Nishihara, p. 101）。
8　この使節団は大使館とは別組織で、団員はインドネシア外務省の役人ではあったが、治外法権などの外交特権はもっていなかった。なお、西原によれば、初代賠償使節団長のバスキはスカルノの親戚でもあったという（Nishihara, p. 156）。
9　木下商店についてはNishihara, pp. 106–112に詳しい。
10　たとえば、一九五九年二月十三日の衆議院予算委員会では、社会党の今澄勇議員が岸内閣と木下商店をめぐる汚職疑惑を追及している（朝日新聞、一九五九年二月十三―十四日、ならびに『エコノミスト』一九五九年二月十四日号、二四―二五頁参照）。
11　日本人指導員は、運転指導中には二八名、その後は四名常駐していたという（『日本の賠償』一二七頁）。
12　ネヤマ・トンネルとは日本の占領期にブランタス川下流域に洪水防止のためにつくられた排水用トンネルである

が、この頃までに崩壊してしまったため賠償資金を使って、より恒久的なものに作り替えられた。

13 当時、文部省の役人で、賠償留学生の派遣を担当したエノッホ・アマンクによれば、彼が留学生として京大で学んでいた一九五六年にスカルノが私的に日本を訪問したことがあり、その時すでにスカルノは「将来、武士道精神を学ばせるため大量の留学生を日本へ派遣したい、その時はよろしく頼む」と同氏に語ったという。留学生の派遣に際しては、文部大臣よりもむしろジュアンダ首相が自ら指揮をとったという。なお賠償留学生の総数は『わが外交の近況　一九六八年版』三二八頁によれば三八四人になっている。

14 共産党系の学生は主として共産圏へ送られたため、日本に来た者は少ない。しかし、九・三〇事件後の共産党弾圧のなかで、二、三名の学生がカンボジアへ亡命したという。また本国へ送還された者も二、三名いる（エノッホ・アマンクとのインタビュー）。

15 この事業には、小林中、ブリヂストン・タイヤの石橋正二郎、木下茂、西嶋重忠らが関与していた。

16 以下、デヴィに関しては特記しない限り同夫人とのインタビューに依拠している。またデヴィ・スカルノ、二〇一〇年も参照されたい。

17 以下、桐島正也に関しては特記しない限り同氏とのインタビューに依拠している。また倉沢、二〇一一年も参照されたい。

18 日本からメッカ巡礼船を調達する件に関しては、すでに一九五一年に当時の宗教大臣であったワヒッド・ハシム（第四代大統領アブドゥルラフマン・ワヒッドの父）が来日している。このとき一八日間滞在してオオサカ・シセン（原文通り）会社の船をチャーターする約束を取りつけた（*Tempo*, 2011. 4. 24 p. 97）。その後、一九五四年四月に、日立造船がインドネシアのイナコ（INACO）社から受注したメッカ巡礼船四隻のうち二隻（各六八〇〇総トン、一隻当たり九四〇〇万円）が、それぞれ広島と大阪の造船所で進水したと報道されている（朝日新聞、一九五四年四月二十一日）。

第5章

1　スハルトは、戦時中、日本軍によって養成されたジャワ防衛義勇軍の将校として頭角を現し、それが契機となって独立戦争中はインドネシア国軍で活躍し、それがベースとなって戦後のキャリアを築いた人物である。その意味で日本との人脈がなかったわけではないが、日本軍政時代の影を引きずっていたという側面は薄かった。

2　ここに至るまでの日本政府ならびに諸外国の動きに関しては宮城大蔵（二〇〇四年）の著作の第六章「開発体制の構築と日本」に詳しい。

3　一九九二年にオランダがインドネシア政府の対東チモール政策を批判して援助の中断を表明したことからインドネシア政府との関係が悪化し、オランダを議長国とするＩＧＧＩは解散に追い込まれた。これに代わって翌年からは世銀を中心とするCGI（Consultative Group on Indonesia）が発足した。

4　このような在留邦人の数の増加に伴って、一九六九年にジャカルタ日本人小学校が教員二名、生徒一一名をもって発足し、また翌年には中学校も併設された。当初はテベット地区の日本人クラブのなかにあったこの学校は、生徒数の増加に伴って一九七二年にはジャカルタ市南部のラグナンに新設されたキャンパスに移った。

5　それまでの民法は外国人ならびにキリスト教徒を対象としたオランダ時代の法律だった。新しい法案はイスラーム教徒の婚姻や離婚に法的保証や制約を与えるものであったが、その条項の一部がシャリア（イスラーム法）に違反しているとして、ムスリムたちは反対運動を続けていた（内容に関しては小林寧子、二〇〇五年、九六―一〇一頁を参照）。

6　国交回復当初は、アジア諸国に残した戦争の傷跡への配慮もあって、日本はあえて、政治的・文化的色彩を脱色して、純粋に経済関係のみでアジア諸国への接近を図った。岩渕功一の表現を借りれば「日本の帝国主義との繋がりにおいての『アジア』との関係を断ち切ろうとする強い力」がそこには見られたのである（一六頁）。したがって一九五〇年代・六〇年代にはこれというような日本文化の意図的な伝播は見られなかった。

第6章

1　日本軍は、「大東亜」戦争の遂行のために、占領地の全住民の力を、物理的にも精神的にも総動員しなければならなかった。特に、食糧調達や労務調達に際しては、村落社会に依存する部分が多かったため、村落への梃入れが不可欠だったのである。

2　ゴルカルはスハルトの新体制下の独特の政治組織であるかのように見られがちであるが、このアイディアはスカルノ政権の後期に、「指導された民主主義」制度を支えるものとしてすでに登場していた。そしてまたスハルト政権崩壊後の今日もなお存続している。

3　島上宗子は、ジャワの村落社会における会合の重要性に着目し、一人の村人が複数の会合に出席していることを強調している（島上宗子、二〇〇一年）。

4　一九四四年六月二十日付けのインドネシア語日刊紙、アシア・ラヤ（*Asia Raya*）によれば、一九四四年四月現在の隣組の数は以下のようであった。これによるとジャワ全域の戸数は八九六万七三二〇で、隣組の合計は五〇万八七四五であった。ということは一七ないし一八戸にひとつの割合で隣組が作られていたことになり、この数字が確かであるとすれば、非常に急速に普及したということになる。

5　カンポンというのは「田舎」や「故郷」を意味するマレー語起源の言葉であるが、村落部では非行政的な単位としての集落を意味する。つまり「むら」より一つ下の単位、英語で言えばハムレットのような単位である。日本軍政時代の字常会はこれを単位として作られた。

6　ジョクジャカルタは、植民地化以前のマタラム王国の中心地で、オランダの支配下に入ったのちもその王（スルタン）による自治が認められていた。

7　Penjelasan Atas Peraturan Dasar Rukun Tetangga dan Rukun Warga Daerah Chusus Ibukota Djakarta p. 1 による。なお、実際にはルクン・カンポンとルクン・ワルガは単に名称が変わったのみならず、規模が異なる。

8　年配者などでイスラーム塾でアラビア文字は学んだが、アルファベットは読み書きできない人がいるためにこのような規定がある。

9 スハルトは、日本軍が作って指導したジャワ防衛義勇軍の将校であった。

第7章

1 実際には、「ロームシャ」という用語は、もっと広い意味で使われ、日本軍のために徴発されて、防衛工事や軍用飛行場、道路、鉄道などの建設に従事させられた労働者のことを指す。

2 スタルトは日本軍政時代、ジャワで映画を製作していた日本の映画会社のカメラマンとして働き、日本の映画製作技術を学んで、独立後、最初の国営ニュース映画社の社長になった。それ以後ずっと映画畑を歩んできた人物である。

3 日本の占領時代、日本側は、自分たちは「兄」で、インドネシアは「弟」だという比喩をしばしば使い、このことはインドネシア人のプライドをひどく傷つけた。ここではその忌まわしさを想起させるような用語をあえて使っている。

4 独立戦争時代、オランダによってバンドゥンを追われて中部ジャワへ後退していたシリワンギ部隊が、再び勝利を得て戻ってくるあり様を描いた劇映画で、ちょうどこの少し前に上映されていた。

5 この指摘は日本人の心にずっしりと響くものがあるだろう。当時の占領に関与していた当事者たちの多くには、「われわれはアジア解放のために血を流したのであって、インドネシアを敵にした覚えはない」という心情がある。そして、「インドネシア人に与えた苦痛はすべて、戦時期ゆえの物資不足や労働力不足からきており、戦時なのだから誰もがある程度、身を犠牲にすることはやむをえなかった」と正当化している。「日本国民も同じように苦しんだのだから」という論理なのだが、これはインドネシアの人々に言わせれば「(日本軍に)来てくれと頼んだわけではない」「余計なおせっかいだった」というのが本音であろう。しかし彼らはそのような不躾《ぶしつけ》な態度を表面に出さないため、日本人には理解できない。恐らくそこにインドネシア国民と日本国民とのあいだの大きな食い違いがあると思われる。この不幸な食い違いを解消しないまま日本はインドネシアとの交流を再開したのだった。

6　南方総軍参謀の森文雄がまとめた「労務者調査票」では、「兵補」も労務者の一部として分類されている。

7　第3節と第4節は「インドネシアにおける慰安婦調査報告」女性のためのアジア平和国民基金「慰安婦」関係資料委員会編『「慰安婦」問題調査報告・一九九九』財団法人女性のためのアジア平和国民基金、一九九九年刊に掲載した拙稿をベースにしている。

8　この聞き取り調査は一九九五年から九六年にかけて実施した。一部の調査に際して当時、東京大学大学院生であった西芳美さんにご協力いただいた。紙面で感謝を述べたい。

終章

1　本章は「インドネシアにおける対日歴史認識」『国際問題』五四九号（二〇〇五年一二月号）に掲載した拙稿を再録したものである。

2　たとえば、オランダ時代の歴史に関する権威であるインドネシア大学歴史学科元教授のラピアン博士は、メナドの中学校時代の思い出を懐かしく綴ったエッセーを一九九一年にジャカルタで開催された国際会議で発表した。また日本占領下でアチェの石油兵補学校を卒業したガジャマダ大学歴史学科のイブラヒム・アルフィアン元教授は、二〇〇五年八月にジョクジャカルタで開催された日本軍政期に関するシンポジウムのなかで、この学校の重要性を強調する論調の研究を発表している。しかしこれらは、この時期を専門とする歴史学者の歴史研究というよりもむしろ、たまたまよい体験をした一部のエリートが個人的に抱くノスタルジアと同列に解釈するほうがよいであろう。

3　二〇〇四年十二月に台北で開催された第一八回アジア歴史家会議（ＩＡＨＡ）においてウィリアム・ブラドレイ・ホーソンが発表した"Sexual Exploitation and Resistance: Indonesian Language Representation of the Japanese Occupation since the Early 1990s"と題する論文のなかでいくつかの新しい回想録が紹介されている。

4　簡単に入手できる二〇〇四年のカリキュラムに基づく教科書以外は、たまたま筆者が所有していたものや入手できたものを紹介することにする。したがって特にそれを選んだ決定的な理由はない。

〈マ行〉

〈ヤ行・ラ行・ワ行〉

〈ナ行〉

〈ハ行〉

〈サ行〉

〈タ行〉

事項索引

〈ナ行〉

〈ハ行〉

〈タ行〉

〈カ行〉

〈サ行〉

人名索引

〈ア行〉

著者略歴――――
倉沢愛子 くらさわ・あいこ

1946年生まれ。東京大学教養学部・同大学大学院修了。コーネル大学大学院にて博士号（インドネシア史）取得。在インドネシア大使館専門調査員、名古屋大学教授等を経て1997年より慶應大学経済学部教授。日本占領期の歴史ならびにインドネシア現代社会における開発と社会変容の関連を研究テーマとする。著書に『日本占領下のジャワ農村の変容』『二十年目のインドネシア』『女が学者になるとき』『南方特別留学生が見た戦時下の日本人』（以上、草思社）、『ジャカルタ路地裏フィールドノート』（中央公論新社）、『「大東亜」戦争を知っていますか』（講談社）、『インドネシア イスラームの覚醒』（洋泉社）、『変わるバリ 変わらないバリ』（勉誠出版）、『インドネシアと日本――桐島正也回想録』（論創社）などがある。

戦後日本=インドネシア関係史

2011年10月25日 第1刷発行

著　者 倉沢愛子
装　丁 中島かほる
発行者 藤田 博
発行所 株式会社 草思社
〒160-0022 東京都新宿区新宿5-3-15
電話 営業 03(4580)7676 編集 03(4580)7680
振替 00170-9-23552

印　刷 株式会社三陽社
カバー 株式会社栗田印刷
製　本 加藤製本株式会社

ISBN978-4-7942-1853-7 Printed in Japan 検印省略
http://www.soshisha.com/

草思社刊

日本占領下のジャワ農村の変容

倉沢愛子 著

侵略と解放の二面をもつ日本統治の実態と影響を検証する。綿密な現地調査とオランダでの資料探索をもとに完成した実証史学の成果。サントリー学芸賞受賞。品切れ

定価 8,971円

南方特別留学生が見た戦時下の日本人

倉沢愛子 編著

太平洋戦争下、日本は南方の占領地域から二百名を超える国費留学生を迎え入れた。いま老境を迎えた元留学生九人が当時の様子を率直に語る。貴重なインタビュー。

定価 1,995円

一中尉の東南アジア軍政日記

榊原政春 著

南方軍の中枢で勤務していた将校が書き残した、日本占領下の東南アジア全域についての克明な記録。「大東亜共栄圏」の実態を明らかにする第一級の資料。

定価 3,045円

デヴィ・スカルノ回想記
栄光、無念、悔恨

ラトナサリデヴィ・スカルノ 著

若くしてインドネシア大統領夫人に。やがて起った政変のまっただ中を生き抜いて、海外に亡命して欧米の社交界に。あまりに劇的に現代史を生きてきた女性の自叙伝。

定価 2,100円

＊定価は本体価格に消費税5％を加えた金額です。